Hussein Hamdan

Der christlich-islamische Dialog der Azhar-Universität

GEORGES
ANAWATI
STIFTUNG

Schriftenreihe der Georges-Anawati-Stiftung

Nummer 13

Hussein Hamdan

Der christlich-islamische Dialog der Azhar-Universität

HERDER

FREIBURG · BASEL · WIEN

Bei der vorliegenden Arbeit handelt es sich um die leicht überarbeitete Dissertation, die im Wintersemester 2013/14 von der Philosophischen Fakultät der Eberhard Karls Universität Tübingen angenommen wurde.

MIX
Papier aus verantwortungsvollen Quellen
FSC® C083411
FSC
www.fsc.org

Originalausgabe

www.herder.de

Umschlaggestaltung: Christian Langohr, Freiburg
Umschlagmotiv: © JuhaHuiskonen / iStockphoto.com

Satz: Barbara Herrmann, Freiburg
Herstellung: CPI books GmbH, Leck

Printed in Germany
ISBN 978-3-451-33564-8

Danksagungen

An erster Stelle möchte ich Prof. Dr. Lutz Berger und Prof. Dr. Günter Kehrer für die Betreuung meiner Arbeit herzlichst danken, die stets ein offenes Ohr für mich hatten und mir in vielen intensiven Gesprächen wertvolle Anregungen gegeben haben. Für das kurzfristige Erstellen eines dritten Gutachtens bin ich ebenfalls Prof. Dr. Heidrun Eichner zu Dank verpflichtet.

Prof. Dr. Urs Baumann, meinem Mentor und Freund, danke ich herzlich für die Möglichkeiten, die er mir schon als junger Student gegeben und mir Zugänge zum Dialog in Theorie und Praxis vermittelt hat.

Danken möchte ich ganz besonders der Konrad-Adenauer-Stiftung, die mir durch ein Stipendium im Rahmen der Graduiertenförderung im Zeitraum vom November 2007 bis September 2009 überhaupt ermöglicht hat, mit der Promotion zu beginnen.

Für die Aufnahme dieser Arbeit in ihre Schriftenreihe möchte ich der Georges-Anawati-Stiftung von Herzen danken. Ein herzlicher Dank gilt auch den beiden Vorstandsvorsitzenden Cornelius G. Fetsch und Werner Höbsch sowie Herrn Konrad Hahn, die bei der Abstimmung zur Veröffentlichung meine Ansprechpartner waren.

Für die großzügige finanzielle Förderung dieser Veröffentlichung danke ich neben der *Georges-Anawati-Stiftung* ebenfalls herzlich der *Diözese Rottenburg-Stuttgart*, der *Stiftung Weltethos für interkulturelle und interreligiöse Forschung, Bildung und Begegnung* sowie der *Stiftungen Landesbank Baden-Württemberg.*

Des Weiteren gilt es meinen Interviewpartnern, Prof. Mahmūd al-ʿAzab, Dr. ʿAlī as-Sammān, ʿĀdil al-Ḫafāǧa und Prof. Dr. Holger Albrecht für die wertvollen Gespräche, die ich in Kairo mit ihnen führen konnte, vielmals zu danken. Ihre Ausführungen waren für den Abschluss dieser Arbeit essentiell. Ebenfalls danken möchte ich allen, die mir bei der Kontaktvermittlung behilflich waren.

Einen besonderen Dank richte ich an meinen Freund, dem Tübinger Islamwissenschaftler, Max Heidelberger, der in den letzten Jahren unzählige Stunden mit mir verbrachte, um über die Arbeit zu diskutieren und sie kritisch zu hinterfragen. Dieser stets fruchtbare Austausch hat mir geholfen wesentliche Teile der Arbeit zu optimieren. Gedankt sei auch mit dem Religionswissenschaftler, Dr. Michael Blume, einem weiteren Freund, der mir in den letzten Jahren in vielen Belangen zur Seite stand. Herrn PD Dr. Hansjörg Schmid danke ich für sein Engagement hinsichtlich der Veröffentlichung dieser Arbeit.

Zum Abschluss möchte ich meiner Familie für alles, was sie mir gegeben hat von Herzen danken. Ohne sie wäre ich nie soweit gekommen. Meinen Schwiegereltern danke ich für ihr immerwährendes Interesse an meiner Arbeit und die Unterstützung, die ich von ihnen erfahren habe. Ein spezieller Dank gilt meiner geliebten Frau, die mich in den letzten Jahren durch viele schwierige Phasen begleitet und tatkräftig unterstützt hat.

Tübingen, im August 2014
Hussein Hamdan

Meinen beiden Brüdern gewidmet

Inhalt

Vorwort der Georges-Anawati-Stiftung

Die Georges-Anawati-Stiftung hat dieses Buch in ihre Schriftenreihe aufgenommen, ein Forum für die zeitgenössischen Engagierten in der Begegnung von Christen und Muslimen und den Theoretikern des christlich-islamischen Dialogs. Die Absicht ist, Erfahrungen und Überlegungen zu den beiden Bereichen einem breiten Publikum zugänglich zu machen. Die Reihe soll helfen, ein neues Bewusstsein für den interreligiösen und interkulturellen Dialog zu wecken.

Dr. Hussein Hamdan hat über den „Christlich-islamischen Dialog der Al-Azhar-Universität" in Kairo geforscht. Dabei stieß er auch auf den Namensgeber der Stiftung, P. Georges Anawati, der einen intensiven Austausch mit den Professoren dieser Hochschule pflegte. Im Abschnitt „Das Bild des Christentums in der Magalla" erwähnt er in seinem Buch P. Anawati, der sich mit Prof. Baraka über das Gottesverständnis der Religionen auseinandersetzt. Der Hintergrund dieser Auseinandersetzung ist eine Akademieveranstaltung, die von der al-Azhar anlässlich des Besuches einer vatikanischen Delegation 1978 in Kairo organisiert wurde. P. Anawati und Prof. Baraka sollten einen Vortrag über „Der gemeinsame Glaube an den einen Gott in Christentum und Islam" halten. Auf Betreiben von Prof. Baraka wurden die Vorträge aus dem Programm gestrichen, weil er mit der Ausführungen von P. Anawati nicht einverstanden war. P. Anawati hielt den Vortrag später vor der „Association des Jeunesse Musulmanes" im Beisein von Shaykh al-Sharabâsi. Daraufhin publizierte Prof. Barakat seinen Text als Klarstellung in der al-Azhar- Zeitschrift. P. Emanuel Pisani, ein Mitbruder von P. Anawati, hat über die beiden Texte gearbeitet. Sein Ergebnis soll in diesem Jahr bei L'Harmattan in Paris veröffentlicht werden.

Al-Azhar gilt als die älteste Lehranstalt in der islamischen Welt. Sie begann im Oktober 975 mit den Vorlesungen des Richters Abul Hassan Ali ibn an-Nu'man über schiitische Jurisprudenz. Während der Herrschaft der schiitischen Fatimiden gründete der Großwesir Yaqub ibn Killis (979–991) im Jahre 988 die Hochschule mit den Schwerpunkten Kalâm und Rechtswissenschaft. Nach der Eroberung Bagdads durch die Mongolen (1258) stieg sie zum bedeutendsten Bildungszentrum von internationalem Rang des sunnitischen Islam auf. Der Name al-Azhar ist von az-Zahrâʿ abgeleitet, ein Beiname der jüngsten Tochter des Propheten Muhammad.

In der Geschichte der Begegnung zwischen Christen und Muslimen oder im christlich-islamischen Dialog hat die Universität al-Azhar anfangs keine sichtbaren Spuren hinterlassen. Das änderte sich dann mit der Eroberung Ägyptens durch Napoleon 1798. In Begleitung der napoleonischen Armee waren auch Wissenschaftler verschiedener Disziplinen, und die suchten das Gespräch mit den Professoren der al-Azhar-Universität. Für die al-Azhar-Universität begann nun der Dialog mit der Moderne. Die Professoren bekamen Einblick in den damaligen Stand wissenschaftlicher Errungenschaften in Europa. Diese Konfrontation leitete an der al-Azhar-Universität eine theologisch-wissenschaftliche Reformbewegung (nahda) ein. Die bekanntesten Vertreter dieser Bewegung sind Mohammed Abdu und Rashid Rida. Die Ergebnisse ihrer Reformen findet man konzentriert im Korankommentar, al-Manâr, der bis heute das Denken des sunnitischen Reformislam beeinflusst.

Der christlich-islamische Dialog und die Begegnung von Christen und Muslimen sind heute Normalität. Das „Handbuch christlich-islamischer Dialog“, Band 12 der Georges-Anawati-Schriftenreihe, ist ein Beweis dafür. Christen und Muslime, Kirchen und islamische Organisationen und Institutionen pflegen seit Jahrzehnten einen intensiven Austausch. Der Anstoß dazu kam vom II. Vatikanischen Konzil mit seiner Erklärung über die nichtchristlichen Religionen, „Nostra

Aetate". Ein zweiter Grund ist sicherlich der Zuzug von Frauen und Männern aus islamischen Kulturkreisen nach Westeuropa seit den 60-ziger Jahren. Nach den Terroranschlägen islamistischer Bewegungen in New York, Washington, Madrid und London ist der christlich-islamische Dialog auch ins Zentrum der Politik gerückt. Medien und Politiker haben die Religionen als gesellschaftliche und politische Gesprächspartner wiederentdeckt. Sie vertreten nun die Meinung, dass der interreligiöse und interkulturelle Dialog für den Erhalt des Weltfriedens absolut notwendig sei.

Wir müssen allerdings zwischen interkulturellem und interreligiösem Dialog unterscheiden. Kultur und Religion beeinflussen sich, sind aber nicht deckungsgleich. Das stellt man auch in Ägypten fest, wo der Islam über Jahrhunderte die Gesellschaft, die Normen für Recht und Gesetz bestimmt hat. Heute wird diese Realität allerdings in Frage gestellt. Der arabische Frühling ist das sichtbare Zeichen. Nicht klassische islamische Werte, wie Gerechtigkeit, wurden eingeklagt, sondern Freiheit und Demokratie, Errungenschaften der Moderne.

Beim christlich-islamischen Dialog muss zwischen Dialogebenen, Dialoginhalten, Dialogmethoden und Dialoggruppen unterschieden werden. Mit Blick auf die Dialogebenen kann dieser Dialog weltweit, national oder international geführt werden. Bezüglich der Inhalte des Dialogs ist zu unterscheiden, ob über theologische Aussagen wie Gottesvorstellungen, Offenbarung und Anthropologie gesprochen wird, oder ob problemorientiert ethische Problemstellungen wie der Frieden, Bewahrung der Schöpfung und Globalisierung der Wirtschaft in einer offenen, pluralistischen und demokratischen Gesellschaft diskutiert werden. Zudem kennt der interreligiöse Dialog unterschiedliche Methoden. Besteht er aus einem Erfahrungsaustausch der Gläubigen verschiedener Religionen oder wollen die Teilnehmer eine Erklärung zu einem gesellschaftspolitischen oder politischen Ereignis abgeben, um ihre Positionen in den öffentlichen Diskurs einzubringen?

Auch der Rahmen beim interreligiösen Dialog spielt eine große Rolle. Ist es eine bilaterale Begegnung von Vertretern zweier oder zwischen Anhängern mehrerer Religionsgemeinschaften? Und zum Schluss ist es entscheidend, welche Gruppen oder Vertreter der Religionen in den Dialog treten. Das Gespräch wird jeweils davon geprägt, wer es führt und mit welchem Ziel. Religiöse Würdenträger, Theologen, Jugendliche, Frauen oder Männer sind unterschiedlich motiviert und lassen sich gelegentlich auch mal von eigennützigen Interessen leiten.

Dr. Hussein Hamdan untersucht in seiner Arbeit die Initiativen oder die Partizipation der al-Azhar-Universität im Dialog mit Christen und mit Kirchen und christichen Organisationen. Er beginnt seine Untersuchung mit den Dialogveranstaltungen in London (1936) und in Paris (1939). Er erwähnt auch andere Kongresse in den letzten Jahrzehnten, an denen Vertreter der al-Azhar teilgenommen haben: der Kongress von Tripoli (1976), Cordoba (1974 und 1977) und Wien (1993). Zu diesen Tagungen liegen bereits auch ausführliche Analysen vor, wie z. B. die Analyse von den Tagungen in Wien, die Dr. Elisabeth Karamat im 2. Band der Georges-Anawati-Schriftenreihe veröffentlicht hat.

Ein Schwerpunkt der Arbeit von Hussein Hamdan ist dem Dialog zwischen der al-Azhar-Universität mit dem Vatikan mit seinen Höhen und Tiefen gewidmet.

Er zeigt die diplomatischen, politischen und theologischen Schwierigkeiten auf, wenn auf institutioneller Ebene ein religiöser Dialog geführt wird. Trotz dieser Besonderheit muss er geführt werden, er ist notwendig, denn er gibt politische und religiöse Impulse, die wiederum für den Dialog des Lebens als Orientierungshilfe hilfreich sind.

Die Georges-Anawati-Stiftung begrüßt die Veröffentlichung von Dr. Hussein Hamdan. Er eröffnet uns das Tor zum Verständnis des interreligiösen Dialogs einer von vielen Muslimen anerkannten Institution. Seine Quellen sind sowohl Interviews mit Azharisten als auch die offizielle Zeitschrift der al-Azhar-Universität. Er leistet eine Übersetzungsarbeit, denn er verschafft den deutschen Lesern Einblicke in das Gedankengut der arabisch sprechenden Muslime.

Hans Vöcking
Stiftungsrat der Georges-Anawati-Stiftung

1. Einleitendes Kapitel

1.1 Einleitung

Spätestens seit den Anschlägen vom 11. September 2001 auf das World Trade Center in New York ist das Interesse am Christlich-islamischen Dialog rapide gewachsen.

Unter dem Begriff Dialog können sehr unterschiedliche Dinge verstanden werden. So hat der Dialogbegriff „ontologische, religionsphilosophische, ethische, pädagogische und darüber hinaus gesellschafts- und geschichtsphilosophische Relevanz gewonnen“ und wurde in jüngerer Zeit ebenfalls auf die Logik angewandt.[1] Am bekanntesten dürfte der Dialog als ein literarischer Gattungsbegriff sein, wie dies in der Antike und im Mittelalter primär der Fall war. Da sich Platon in seinen Dialogen dieses literarischen Mittels bediente, werden die sogenannten „Platonischen Dialoge“ häufig auch mit dessen philosophischen Vorstellungen, insbesondere mit Platons Deutung des Denkens als „Rede der Seele mit sich selbst“ und seinen Vorstellungen über die Dialektik in Verbindung gebracht.[2] In der deutschen Philosophie des 20. Jahrhunderts wird unter Dialog „ein Gespräch, das durch wechselseitige Mitteilung jeder Art zu einem interpersonalen „Zwischen“, das heißt zu einem den Partnern gemeinsamen Sinnbestand führt“, definiert.[3]

Der im heutigen arabischen Sprachgebrauch verwendete Begriff für Dialog ist *ḥiwār.* In den beiden großen arabischen Lexika *Lisān al-ʿArab* und *Tāǧ al-ʿArūs* wird *ḥiwār* mit *„ǧawāb“*, also „antworten, wenn man angesprochen wird“, wie-

---

1 Historisches Wörterbuch der Philosophie, Band II: Dialog, dialogisch (J. Heinrichs), S. 229.

2 Ebd., S. 226.

3 Ebd.

dergegeben.[4] Im modernen Sprachgebrauch bezeichnet *ḥiwār* ein Gespräch oder eine Unterhaltung sowie einen Disput oder eine Auseinandersetzung und natürlich auch Dialog.[5]

Im Kontext dieser Arbeit ist der interreligiöse Dialog – im Arabischen als *al-ḥiwār baina al-adyān* (Dialog zwischen den Religionen) bezeichnet – von Bedeutung. Der Dialog zwischen Christen und Muslimen steht hierbei als das Hauptthema im Vordergrund.

In diesem Rahmen lassen sich unter Dialog Aktivitäten verstehen, die von Anhängern der jeweiligen Religionen gemeinsam gestaltet werden und darauf abzielen, die Verständigung zwischen ihnen zu fördern und „einer ausdrücklichen religiösen Motivation entspringen".[6]

Ist in dieser Arbeit von christlich-muslimischem Dialog die Rede, wird von einem Dialogbegriff nach dem eben genannten Verständnis ausgegangen. Welche Haltung allerdings al-Azhar zum Dialog hat, ist Gegenstand von Kapitel 4.

Eine ähnliche Definition des interreligiösen Dialogs wie die bereits erwähnte, findet sich bei Edouard Méténier, der dem Dialog zusätzlich eine theologische Dimension verleiht. Demnach sei interreligiöser Dialog einerseits „eine umfassende Zusammenarbeit (pleine coopération), welche auf einer gegenseitigen Solidarität fußt, die auf der irdischen Ebene gelebt wird" und andererseits „eine gemeinsame Suche nach der transzendentalen Wahrheit auf der spirituellen Ebene."[7] Darüberhinaus betont Méténier, dass der interreligiöse Dialog immer vor dem Hintergrund des entsprechenden gesellschaftlichen Kontextes gesehen werden muss.[8]

Tagungen und Konferenzen dienen meist als Plattformen, bei denen Vertreter beider Religionen sich näher ken-

---

[4] Ibn Manẓur, Bd. 4, S. 218; Az-Zabīdī, Bd. 3, S. 162.

[5] Wehr, S. 192.

[6] Schmid, Auf dem Weg zur Normalität, S. 47. Hansjörg Schmids Erklärung bezieht sich auf Dialoginitiativen in Deutschland. Sie lässt sich aber ohne weiteres auf die Verhältnisse außerhalb Deutschlands übertragen.

[7] Méténier, S. 114.

[8] Ebd.

nenzulernen versuchen und über Gemeinsamkeiten, Unterschiede oder aber auch Lösungsansätze für ein friedliches Miteinander debattieren.

Eine zentrale Frage, die sich in diesem Zusammenhang immer häufiger stellt, ist die nach den Dialogbemühungen der bedeutenden und einflussreichen islamischen Institutionen weltweit. Die derzeit in Europa vorherrschende Meinung bemängelt das angebliche Schweigen hoher muslimischer Geistlicher zu Terroranschlägen. Außerdem ist von Hassparolen gegen den Westen die Rede und die schlechten Lebensverhältnisse der christlichen Minderheiten in islamisch-geprägten Gesellschaften werden angeprangert. Da die Dialogbemühungen zwischen kleineren christlichen und muslimischen Gemeinden kaum Einfluss auf das Weltgeschehen nehmen können, wird es als Aufgabe der zentralen religiösen Institutionen erachtet, miteinander den Austausch zu suchen und gemeinsame Werte publik zu machen. Grundsätzlich entsteht der Eindruck, dass die islamische Welt keine allgemein anerkannte Institution vorweisen kann, wie sie z. B. auf christlicher Seite der Vatikan, der zumindest das Zentrum des Katholizismus bildet, darstellt. Bei der Suche nach einem oder mehreren ebenbürtigen Ansprechpartnern, trifft man als erstes auf die Azhar-Universität in Kairo. Ihren Status hat die Universität nicht nur deshalb, weil sie die größte und bekannteste islamische Institution weltweit ist, sondern auch aufgrund der ihr nachgesagten tausendjährigen Tradition, in deren Verlauf sie eine interessante Entwicklung erfahren hat.

Al-Azhars[9] Gründung geht auf die fatimidische Herr-

[9] Der Name „al-Azhar“ (die Strahlende) scheint sich erst spät durchgesetzt zu haben, da die Moschee lange Zeit hauptsächlich unter der Bezeichnung *Masǧid al-Qāhira* (Moschee von Kairo) bekannt war. Bezüglich des potentiellen Ursprungs der Benennung finden sich bei den Historikern verschiedene Überlieferungen. Am wahrscheinlichsten dürfte die Version sein, welche besagt, dass der Name der Moschee auf den Beinamen der Prophetentochter Fāṭima, *az-Zahrā'* zurückgeht, da die Fatimiden schließlich ihren Stammbaum auf sie zurückführten. Siehe dazu: aš-Šinnāwī, Bd. I, S. 28–29.

schaft in Ägypten zurück. Das Heer der Fatimiden[10] war 969 in Ägypten einmarschiert, und ein Jahr später wurde mit dem Bau der Azhar als Hofmoschee begonnen. Ihre Einweihung fand am 23. Juni 972 (7. Ramadan 361) mit dem ersten Freitagsgebet statt.[11]

Dort fanden das Gebet (*ṣalāt*), die Predigt (*ḫuṭba*) und das Freitagsgebet (*ǧumʿa*) nach ismailitischem Ritus statt,[12] aber auch weitere Veranstaltungen wie die *ʿĀšūrāʾ*-Trauerfeierlichkeiten[13] wurden dort abgehalten.[14] Damit hatten die Fatimiden ein Zentrum geschaffen, das „ein Symbol für die geistige Herrschaft der Fatimidendynastie"[15] darstellte und der Verbreitung ihrer schiitischen Lehren eine Plattform bot.[16]

Das fatimidische Kalifat fand nach zwei Jahrhunderten sein Ende und mit den Ayyubiden[17] gelangte eine sunnitische Dynastie an die Macht, unter der die Stellung von al-Azhar ins Wanken kam. Die Ayyubiden verfolgten das Ziel, alle schiitischen Merkmale und Bräuche zu beseitigen und grün-

---

10 Die Fatimiden bildeten von 899–1171 (286–567 H.) in Nordafrika und später in Ägypten ein Gegenkalifat zu den Abbasiden und gehörten der Ismāʿīlīya (auch Siebener-Schia) an. Ihr Name lässt sich auf die Prophetentochter Fāṭima zurückführen, von der sie angeblich abstammten. Vgl. EI^2: Fāṭimids (M. Canard); Für einen guten Überblick über die *Ismāʿīlīya* siehe Halm, Schia, S. 193ff.

11 aš-Šinnāwī, Bd. I, S. 27.

12 Halm, Dār al-ʿIlm, S. 99.

13 *ʿĀšūrāʾ* markiert den 10. Muḥarram (1. Monat des Mondkalenders). Im Jahre 60/680 wurde der dritte Imam der Schia, al-Ḥusain, von umayyadischen Truppen bei Kerbela ermordet. Für die Schiiten ist dies einer der größten Feiertage. Vgl. EI^2: Al-Muḥarram (M. Plessner); Siehe dazu auch: Halm, Schia, S. 18–20 und S. 179ff.

14 aš-Šinnāwī, Bd. I, S. 45–46.

15 Badawy, S. 4.

16 aš-Šinnāwī, Bd. I, S. 27.

17 Kurdischstämmige Dynastie, deren Ursprung in Dabīl (Armenien) zu finden ist und die von 1171–1249 (566–647 H.) über Ägypten, Syrien, Jemen und den größten Teil von Obermesopotamien herrschte. Vgl. EI^2: Ayyūbids (CL. Cahen).

deten zahlreiche Schulen, die insbesondere für die Vermittlung des šāfiʿitischen Rechts zuständig waren.[18]

Unter den Mamluken[19] sollte al-Azhar einen glanzvollen Aufstieg erfahren. In dieser Zeit siedelt Heinz Halm ihren Ausbau zu einer sunnitischen Lehranstalt an: „damals wurden auch die ersten Lehrstühle für sunnitische *ʿulamāʾ* gestiftet. Seitdem erst wird dort ununterbrochen gelehrt."[20] Bayard Dodge erläutert, dass Lehrer unter anderem für Rechtswesen, Theologie und den sieben Lesarten des Korans finanzielle Zuwendungen erhielten und für die Studenten reguläre Kurse angeboten wurden.[21] Dieser Aufstieg der Azhar hing von zwei entscheidenden Faktoren ab: Zum Einen wurde sie während der Mamlukenzeit von den Sultanen und Emiren mit verschiedenen Stiftungen ausgestattet, die nicht nur der Finanzierung und dem Unterhalt des Lehrbetriebs und der Lehranstalten dienten, sondern auch für die bessere Ausstattung des Gebäudes gedacht waren.[22] Zum Anderen waren sowohl durch die Mongoleninvasion und den damit verbundenen Untergang des Abbasidenkalifats in Bagdad, als auch durch den beginnenden Zerfall des muslimischen Spaniens die bis dahin führenden Bildungszentren niedergegangen. Dies hatte zur Folge, dass viele Studenten aus verschiedenen Gegenden der islamischen Welt nach Kairo kamen, das nun den Rang des wichtigsten kulturellen Zentrums einnahm.[23]

Von einer ersten tatsächlichen Entwicklung in Richtung einer universitären Institution im heutigen Sinne kann aller-

---

[18] aš-Šinnāwī, Bd. I, 104–105.

[19] Die Dynastie der Mamluken herrschte von 1250–1517 (648–922 H.) in Ägypten und Syrien. Sie bestand aus ehemaligen Sklaven, die insbesondere von der Krim, aus dem Kaukasus und Kleinasien rekrutiert wurden, um den Sultans- und Emirgarden anzugehören. Man unterscheidet zwischen den *Baḥrī*- (1250–1390/648–792 H.) und den *Burǧī*- (1382–1517/784–922 H.) Mamluken. Vgl. EI[1]: „Mamlūken" (M. Sobernheim).

[20] Halm, Dār al-ʿIlm, S. 99.

[21] Dodge, S. 61.

[22] Badawy, S. 11.

[23] Dodge, S. 69; aš-Šinnāwī, Bd. I, S. 144–145.

dings erst mit der Einführung des geregelten Studienabschlussverfahrens im Jahre 1872 die Rede sein. Die Studenten mussten elf obligatorische Studienfächer aus den Bereichen der islamischen Theologie und der arabischen Sprache belegen und sich Prüfungen in den jeweiligen Fächern unterziehen, um ein Diplom zu erlangen.[24] Seit dieser Zeit wurde kontinuierlich daran gearbeitet, den gewöhnlichen Moscheelehrbetrieb in eine organisierte und differenzierte Ausbildung, wie sie dem modernen Verständnis einer Universität entspricht, umzuwandeln.[25]

In der modernen Geschichte al-Azhars brachte die Reform des Jahres 1961 die bedeutendsten Erneuerungen mit sich. Rektor der Azhar war damals Maḥmūd Šaltūt.[26] Im Fokus dieser Reform stand neben der Verbreitung der islamischen Lehre unter anderem auch die Stärkung der „kulturellen und wissenschaftlichen Verbindungen" zu islamischen, arabischen und ausländischen Universitäten und wissenschaftlichen Institutionen.[27]

Besonders hervorzuheben ist die Schaffung von fünf Gremien, welche die Verwaltung der Azhar regeln sollten: Der Oberste Azharrat, die Akademie für islamische Studien, das Sekretariat für Kultur und islamische Studienmission, die Azhar-Universität und die Azhar-Institute.[28] Der Fortschritt, den al-Azhar durch diese Reform erzielte, wird durch die steigende Anzahl der Fakultäten und Institute sowie ihre Vielfalt deutlich. Zwar standen Theologie, islamisches Recht

---

[24] Badawy, S. 19; Aṣ-Ṣaʿīdī, S. 34–36.

[25] Zu den Reformen an der Azhar siehe Dodge, S. 125ff.

[26] geb. 1893 in Unterägypten; er gehörte zu den größten Reformen der Azhar. 1906 wurde er im religiösen Institut in Alexandria aufgenommen, das an al-Azhar angeschlossen war. 1918 erwarb er sich das Diplom *šahādat al-ʿālimīya* („Zeugnis der Gelehrsamkeit") und übernahm im darauffolgenden Jahr am gleichen Institut eine Lehrertätigkeit. 1927 wurde er an die Azhar versetzt und übernahm im Laufe der Jahre verschiedene Tätigkeiten. 1958 wurde er Rektor der Azhar und blieb in diesem Amt bis zu seinem Tod 1963. Vgl. EI^2: Shaltūt Maḥmūd (W. Ende); Lemke, S. 34ff.

[27] Badawy, S. 24.

[28] Lemke, S. 172; Einzelheiten zu den Abteilungen siehe ebd., S. 173–225.

und die arabische Sprache immer noch im Vordergrund. Jedoch war mit der Gründung weiterer Einrichtungen, die auf Ingenieurwesen, Medizin oder Landwirtschaft spezialisiert waren, die Gelegenheit gegeben, Experten in verschiedenen Disziplinen auszubilden, die gleichzeitig „über fundierte religiöse Kenntnisse verfügten."[29] Gegenwärtig verfügt die Universität über siebzig Fakultäten, die in ganz Ägypten verstreut sind.

Der oberste Funktionär der Einrichtung ist der Großscheich (Šayḫ al-Azhar). Dieses Amt besteht seit 1690. Seit 1975 wird es auf Lebenszeit bekleidet. Der Großscheich wird vom Staatspräsidenten Ägyptens selbst ernannt.[30]

Lange Zeit galt al-Azhar als das Zentrum des sunnitischen Islams schlechthin. Auch wenn ihr heute dieser außergewöhnliche Status nicht mehr zugeteilt werden kann, genießt sie weiterhin hohes Ansehen und Anerkennung in der islamischen Welt. Dies zeigt sich unter anderem daran, dass Studentinnen und Studenten aus über hundert verschiedenen Ländern an der Universität studieren.[31] Deshalb kann immer noch davon ausgegangen werden, dass ihre Aussagen für viele Muslime als Maßstab gelten.[32] Daher erscheint eine Untersuchung der Dialogarbeit dieser einflussreichen Institution mit christlichen Vertretern besonders in Anbetracht der weltweiten politischen Entwicklungen der letzten Jahre erkenntnisreich. Schließlich liegt die Annahme nahe, dass ihrem Verhalten und Wirken auch im Bereich des interreligiösen Dialogs ein Vorbildcharakter bei Muslimen zukommt.

---

[29] Lemke, S. 204; Siehe dazu auch Badawy, S. 24–26.

[30] Khaled, S. 16–17.

[31] Mündliche Auskunft von Prof. al-ʿAzab im Interview vom 9.10.2011. Er sagte, dass es Studenten aus 106 Ländern an der Universität gebe.

[32] Dass z. B. der Zentralrat der Muslime in Deutschland im Jahre 2010 eine Fatwa (religiöses Gutachten) bei der Azhar einholte, um einen Streit zwischen muslimischen Profifußballern und ihren Vereinen bezüglich des Fastens im Monat Ramadan zu schlichten, zeigt, dass die Muslime in der Diaspora in ihr eine zentrale Anlaufstelle für solche religiösen Fragen sehen. Siehe dazu: http://zentralrat.de/16130.php (abgerufen am 8.9.2012).

Die Anfänge des Engagements der Azhar im interreligiösen Dialog auf internationaler Ebene gehen auf die 1930er Jahre zurück, als zwei ihrer Vertreter bei Weltkongressen der Religionen in europäischen Hauptstädten Reden hielten. Die ersten Berührungspunkte mit dem Vatikan gab es bereits 1965 durch den Besuch von Kardinal Franz König noch während des Zweiten Vatikanischen Konzils. Doch das Konzil, das eine Neubewertung des Islams und einen Dialog mit seinen Vertretern möglich machte, wurde in Kairo zunächst nicht mit großer Begeisterung aufgenommen, da zugleich die Position der Kirche zum Judentum revidiert wurde. Dabei ist zu beachten, dass damals große Spannungen und eine tiefe Feindschaft zwischen der arabischen Welt – allen voran Ägypten – und Israel herrschten, die trotz des Friedensschlusses von 1979 noch bis in die Gegenwart zumindest auf gesellschaftlicher Ebene spürbar sind. Es sollte bis in die neunziger Jahre hinein dauern, bis sich an der Azhar die Skepsis dem Dialog gegenüber verringerte. Schließlich wurden 1998 mit dem Vatikan und 2000 mit dem Erzbischof von Canterbury Abkommen für institutionalisierte Dialoge geschlossen. Zu Ähnlichem kam es 2011 mit den christlichen Kirchen in Ägypten.

Diese Dissertation verfolgt das Anliegen, die Dialogarbeit der Azhar mit christlichen Vertretern zu erforschen. Anhand ihrer eigenen Quellen und aus ihrer eigenen Perspektive heraus wird ihr Dialog untersucht. Die Konzentration liegt hierbei auf dem Verständnis von Dialog und seiner Umsetzung in der Praxis am Beispiel von ausgewählten Dialogveranstaltungen mit bedeutenden christlichen Institutionen.

Ursprünglich war die Untersuchung auf den Zeitraum zwischen 1930 und 2007 angelegt. 1930 wurde die Zeitschrift Maǧallat al-Azhar, die als Hauptquelle dieser Arbeit dient, ins Leben gerufen. Diese Zeitschrift ist das älteste Medium der Azhar, das bis heute besteht. Damit ist sie die einzige verfügbare Quelle, die nun seit acht Jahrzenten kontinuierlich und repräsentativ die Meinung der Universität an die Öffentlichkeit bringt. Ihre Bände waren mir bis auf wenige

Ausnahmen bis zum Jahrgang 80 (2007/08) zugänglich. Ein weiterer wichtiger Grund dafür, dass die Untersuchung mit den 1930er Jahren beginnt, sind die bereits genannten Dialogkongresse von 1936 und 1939, die als erste Dialogaktivitäten nachweisbar sind. Bis heute noch nimmt al-Azhar, die eigene Teilnahme rühmend, darauf Bezug.

Aufgrund der Entwicklungen, die seit Beginn der Dissertation im Oktober 2007 auftraten, musste kurzfristig der Endpunkt dieses Zeitraums auf 2011 korrigiert werden. Für diesen Schritt war neben der Revolution in Ägypten auch die Entscheidung der Azhar im Januar 2011, den Dialog mit dem Vatikan einzufrieren, ausschlaggebend. Die Einbindung dieser Entwicklungen musste erfolgen, weil sonst eine sinnvolle Abrundung der Arbeit nicht mehr möglich gewesen wäre. Informationen zu diesen aktuellen Ereignissen konnten durch einen Forschungsaufenthalt in Kairo im Oktober 2011 gewonnen werden.

Zentrale Leitfragen der Arbeit sind, ob es bei diesem Dialogverständnis einen roten Faden gibt, der sich durch die verschiedenen Phasen des Untersuchungszeitraums zieht und welche Aspekte dabei eine wichtige Rolle einnehmen. Zudem wird erörtert werden, welche Faktoren Einfluss auf die Formulierung dieses Verständnisses haben. Darüber hinaus muss das Wirken und Auftreten der Universität in konkreten Dialogprozessen dargestellt und hinterfragt werden. Am Ende soll ein Fazit dahingehend gezogen werden können, inwiefern die Azhar-Universität der, ihr nachgesagten und selbst propagierten Position innerhalb der islamischen Welt am Beispiel des Dialogs bisher gerecht werden konnte. Daran anschließend soll ein Blick in die Zukunft gerichtet und die Frage danach thematisiert werden, ob sie auch weiterhin der Funktion als eine zentrale Anlaufstelle für christliche Vertreter, die den Dialog mit Muslimen suchen, gerecht werden kann.

Aufbau

Die Arbeit hat sieben Kapitel. In diesem ersten einführenden Kapitel folgt ein Bericht über meinen Aufenthalt in Kairo und die Besprechung der Quellen. Dabei liegt der Fokus eindeutig auf der Zeitschrift Mağallat al-Azhar.

Das zweite Kapitel ist dem Bild des Christentums im Islam gewidmet und in drei Teile gegliedert. Hierin wird zunächst dieses Bild aus dem Koran und der Sunna (Tradition/ Handeln und Aussprüche Muḥammads) vorgestellt. Dann wird im zweiten Teil die Entwicklung des Verhältnisses der Muslime zu den Christen im Laufe der Geschichte erörtert. Gegenstand des letzten Teils ist das Bild des Christentums in der Mağallat al-Azhar.

Das dritte Kapitel behandelt die Reden von Azhar-Vertretern bei internationalen Dialogkongressen aus den Jahren 1936 und 1939, die als der Beginn der Dialogarbeit der Azhar bezeichnet werden können.

Kapitel vier ist das Herzstück dieser Arbeit und besteht aus drei Teilen. Im ersten Teil wird das Dialogverständnis der Universität seit dem Bestehen ihrer Zeitschrift bis in die Gegenwart thematisiert. Teil zwei geht der Haltung der Azhar zur islamistischen Gewalt nach und behandelt dabei den Islamismus in Ägypten, die Anschläge vom 11. September 2001 und den Karikaturenstreit. Der dritte Teil zeigt die Dialogarbeit in der Praxis auf und ist in zwei Unterkapitel aufgeteilt. Als erstes geht es anhand zweier exemplarischer Beispiele um das Auftreten der Azhar bei internationalen Dialogkongressen. Dann wird das Verhältnis zur Anglikanischen Kirche (Erzbischof von Canterbury), mit der seit 2002 ein institutioneller Dialog besteht, untersucht.

Einen weiteren Schwerpunkt bildet das fünfte Kapitel, das die Beziehungen zum Vatikan darstellt und ebenfalls drei Teile enthält. Die Zeit um das Zweite Vatikanische Konzil bildet hierbei den Beginn der Untersuchungen. Anschließend werden das Zustandekommen des Dialogabkommens zwischen den beiden Institutionen sowie der Besuch von Papst Johannes Paul II. an der Azhar im Jahre 2000 behandelt. Der Fokus liegt auf dem dritten Teil. Darin wird die Reaktion von Großscheich Ṭanṭāwī auf die Regensburger Vorlesung von Papst Benedikt XVI. und der Abbruch des Dialogs zu Beginn des Jahres 2011 ausführlich behandelt.

Kapitel sechs umreißt überblicksartig das nicht immer einfache Verhältnis zu den einheimischen Christen, insbesondere zu den Kopten, und stellt eine im Jahre 2011 entstandene Dialoginitiative vor.

Im letzten Kapitel werden die Ergebnisse der Arbeit zusammenfassend wiedergegeben und ein Fazit gezogen.

Zur Methodik

Diese Dissertation ist im Bereich der Islamwissenschaft angesiedelt und folgt daher dem in dieser Disziplin gängigen historisch-kritischen Umgang mit den Quellen. Die Angaben aus den Quellen und der Sekundärliteratur werden, um einen besseren Überblick zu verschaffen, in jedem Kapitel chronologisch dargestellt und bei jeder sich ergebenden Gelegenheit in größere Zusammenhänge eingeordnet und diskutiert. Bei der Einordnung der einzelnen Aspekte wurde der Schwerpunkt auf die politischen Entwicklungen in Ägypten oder weltweit gelegt, da, wie in der Arbeit deutlich wird, Haltungen, Aussagen und Wirken der Azhar im Dialog meist mit diesen Entwicklungen verbunden sind.

Desweiteren ist zu sagen, dass die Arbeit, obwohl sie den Dialog der Azhar mit christlichen Akteuren verfolgt, auch einige Kongresse miteinbezieht, bei denen nicht nur Christen und Muslime, sondern auch Angehörige weiterer Religionsgemeinschaften eingebunden waren. Die Berücksichtigung solcher Aktivitäten ist deshalb von Bedeutung, weil sie einen aussagekräftigen Einblick in die von Azhar-Gelehrten vertretenen Positionen geben und damit eine Bereicherung für die Gesamtanalyse darstellen.

Um den Informationsstand für den Abschluss der Arbeit zu erweitern, wurde eine Forschungsreise nach Kairo unternommen und dort vier Interviews geführt.

Diese Interviews werden nicht in transkribierter Form wiedergegeben. Einzelne Zitate und Angaben werden an geeigneten Stellen im Fließtext oder in Fußnoten eingesetzt.

Um mir Hilfestellungen für das Erstellen der Interviewleitfäden zu holen, habe ich Uwe Flicks *Qualitative Sozialforschung: eine Einführung* zu Rate gezogen.

Formalia

Die arabische Umschrift folgt den Richtlinien der Deutschen Morgenländischen Gesellschaft. Ortsnamen und Begriffe, die sich in eingedeutschter Version im Duden finden, werden gemäß dieser Schreibweise umschrieben, wie z. B. Bagdad statt Baġdād oder Abbasiden anstatt ʿAbbāsiden.

Bei der Zitierung werden die Werktitel nur genannt, wenn von einem Autor mehrere Werke benutzt werden. In solchen Fällen wird der Titel in verkürzter Form wiedergegeben, die durch eine Unterstreichung in der Literaturliste kenntlich gemacht ist. Titel, die nur als Literaturhinweise in den Fußnoten eingesetzt werden, sind nach der Nennung des Autorennamens kursiv markiert in voller Länge wiedergegeben. Darauf folgt die Nennung des Ortes und Jahres der Publikation.

Die Zeitschrift Maǧallat al-Azhar wird aufgrund der Häufigkeit ihrer Nennung in den Fußnoten mit der Abkürzung MA angeführt.

Koranzitate sind – soweit nicht anders erwähnt – der Übersetzung von Rudi Paret entnommen.

Inhaltliche Wiederholungen sind an der einen oder anderen Stelle nicht zu vermeiden und sollen dem besseren Verständnis einiger Zusammenhänge dienen.

1.2 Forschungsaufenthalt in Kairo

Im Oktober 2011 bin ich zu einem Forschungsaufenthalt nach Kairo gereist und habe dort vier Interviews geführt, um die Informationen aus der Maǧallat al-Azhar und anderen Quellen sowie der Sekundärliteratur zu ergänzen. Der Zeitpunkt dieser Reise hat sich als sehr günstig erwiesen, da ich bis dahin die Ausgaben der Zeitschrift bis Ende 2007/Anfang 2008 ausgewertet hatte und ich mit der Dialogarbeit der Azhar inzwischen gut vertraut war. Dies hat mir geholfen, gezielte Fragen an meine Gesprächspartner zu stellen und den bisherigen Stand meiner Forschung kritsich zu reflektieren.

Außerdem befand sich Ägypten in einer sehr spannenden und zugleich angespannten politischen und gesellschaftlichen Situation. In der Silvesternacht 2010 war ein Attentat auf eine koptische Kirche verübt worden, das viele Opfer gefordert hatte. Im Januar 2011 hatten die wochenlangen Demonstrationen gegen das Regime von Ḥusnī Mubārak begonnen, in deren Folge dieser im Februar sein Amt niederlegte. Dennoch war zu jenem Zeitpunkt die Gemütslage der Ägypter nicht sonderlich gut, da sich der erhoffte schnelle strukturelle Wandel im Land bisher nicht eingestellt hatte.

In den letzten Monaten vor meiner Reise war es zudem zu einigen Auseinandersetzungen zwischen Muslimen und Kopten gekommen und während meines Aufenthaltes in Kairo forderten Konfrontationen mit der Armee bei einer koptischen Demonstration am 9. Oktober 2011 zahlreiche Tote und Verletzte.

Vor diesem Hintergrund hatte ich neben grundlegenden Fragen wie etwa zur Haltung der Azhar zum Dialog mit der Christenheit und dem Engagement ihrer Vertreter in diesem Bereich auch die Möglichkeit, meine Interviewpartner nach der Revolution und der aktuellen Lage des Landes zu befragen, sowie die Beziehungen zur koptischen Gemeinde in Ägypten zu erörtern.

Mein erstes Interview führte ich mit ʿĀdil al-Ḫafāǧa, dem Direktor der Zeitschrift Maǧallat al-Azhar. Da es mir nicht möglich war, von Deutschland aus einen der Verantwortlichen für die Zeitschrift zu erreichen, habe ich mich vor Ort nach der Adresse der Redaktion erkundigt und sie aufgesucht. Obwohl ich ohne Anmeldung in Herrn al-Ḫafāǧas Büro eintraf, empfing er mich sehr herzlich und war, nachdem ich ihm mein Anliegen erklärt hatte, bereit, auf meine Fragen einzugehen. Al-Ḫafāǧa war als Direktor der Maǧalla nicht nur wegen seines Amtes der ideale Ansprechpartner bezüglich der Zeitschrift, sondern auch weil er schon seit längerer Zeit in ihrer Redaktion tätig ist und dort verschiedene Positionen innehatte. Zum Abschied schenkte er mir die gerade veröffentlichte neueste Ausgabe der Maǧalla (Oktober 2011) und eine deutsche gebundene Ausgabe der Artikelreihe „So ist der Islam. Ruhiger Dialog mit dem Papst vom Vatikan".[33]

Das zweite Interview führte ich mit Prof. Maḥmūd al-ʿAzab, dem offiziellen Berater des Großscheichs für den interreligiösen Dialog. Dieses Amt ist durch den aktuellen Großscheich Aḥmad aṭ-Ṭayyib ins Leben gerufen worden und hat die „Kommission für den Dialog mit den himmlischen Religionen" abgelöst. Ein Gespräch mit Prof. al-ʿAzab, der damals immerhin als oberste Instanz der Azhar in Fragen des interreligiösen Dialogs gilt, erschien mir sehr wichtig, um zusätzliche Informationen zu den Gründen für aktuelle Veränderungen in der Dialogarbeit der Azhar zu erhalten. So hatte im Januar 2011 die Azhar ihre Beziehungen zum Vatikan eingefroren. Die Gründe hierfür legte mir Prof. al-ʿAzab ausführlich dar. Des Weiteren berichtete er mir von einem Dialogforum, das sich „Haus der ägyptischen Familie" (*bait al-ʿāʾila al-miṣrīya*) nennt und in regelmäßigen Abständen Vertreter der Azhar und der christlichen Kirchen in Ägypten zusammenbringt, um unter anderem über gesellschaftliche Probleme zu beraten. Als es am 9. Oktober 2011 zu den oben bereits erwähnten Auseinandersetzungen kam, entnahm ich aus den Medien, dass der Großscheich dieses Forum zu einer Sondersitzung einberufen hatte.

---

[33] Diese Artikelreihe wird in Kapitel 5 noch ausführlich behandelt und analysiert werden.

Der Kontakt zu Prof. al-ʿAzab wurde mir durch einen ägyptischen Bekannten von Deutschland aus vermittelt. Er hatte al-ʿAzab mein Anliegen mitgeteilt und war so freundlich, mir dessen private Mobiltelefonnummer zu geben. Als ich Prof. al-ʿAzab selbst kontaktierte, konnten wir gleich einen Termin ausmachen. Al-ʿAzab gab mir eine Kopie einer Erklärung (*bayān*) mit, die al-Azhar und eine Auswahl von Akademikern bezüglich der Zukunft Ägyptens nach der Revolution verfasst hatten.[34]

Den größten Aufwand hatte ich von Deutschland aus bei der Organisation des Interviews mit Dr. ʿAlī as-Sammān, dem einstigen stellvertretenden Vorsitzenden der „Kommission für den Dialog mit den himmlischen Religionen". Die Telefonnummer seines Büros erhielt ich von einer ägyptischen Bekannten aus Kairo. Den ersten Kontakt nahm ich bereits im Juli auf. Seine Sekretärin teilte mir nach Absprache mit Dr. as-Sammān mit, dass er prinzipiell für ein Interview bereit wäre, einen festen Termin konnte ich allerdings auch nicht nach einigen weiteren Telefonaten bekommen. Als ich mich jedoch nochmal aus Kairo gemeldet hatte, schien alles vorbereitet zu sein und ich erhielt sofort einen Termin. Der über achtzigjährige as-Sammān war so freundlich, mich zu sich nach Hause einzuladen und empfing mich dort sehr herzlich. Eigentlich waren für meinen Besuch etwa 45 Minuten vorgesehen, as-Sammān fühlte sich bei unserem Gespräch aber offensichtlich sehr wohl, so dass ich etwa zwei Stunden bei ihm verbrachte, während derer ich viele wertvolle Insiderinformationen erhalten konnte. Dr. as-Sammān hatte damit das bestätigt, was ich in Kairo von einigen Personen, gehört hatte, nämlich, dass der interreligiöse Dialog für ihn eine Herzensangelegenheit sei. Dies geht auch eindeutig aus seiner im Jahre 2005 publizierten Autobiographie[35] hervor, die er mir schenkte und die im Laufe dieser Arbeit noch an geeig-

---

[34] Auf diese Erklärung wird in Kapitel 4.1 noch kurz eingegangen werden.

[35] As-Sammān, ʿAlī: *Aurāq ʿumrī. Min al-malik … ilā ʿAbd an-Nāṣir wa as-Sādāt*. Kairo 2005.

neten Stellen eingesetzt werden wird. Zudem gab er mir ein Dokument über die Geschichte der „International Union for Intercultural and Interfaith Dialogue and Peace Education (ADIC)“[36] mit, deren Vorsitz er leitet. Die ADIC hatte unter anderem großen Einfluss auf die Beziehungen zwischen al-Azhar und dem Vatikan. In diesem Dokument sind verschiedene interreligiöse Begegnungen zusammengefasst wiedergegeben, die im Laufe dieser Arbeit behandelt werden.

Das letzte Interview führte ich mit dem deutschen Politikwissenschaftler Assistant Professor Dr. Holger Albrecht, der seit einigen Jahren an der American University in Kairo wirkt. Das Gespräch mit Dr. Holger Albrecht erschien mir sinnvoll, um die aktuelle politische und gesellschaftliche Situation in Ägypten mit einem unabhängigen Wissenschaftler zu erörtern. Da das Treffen am 10. Oktober, also einen Tag nach den Ausschreitungen bei der koptischen Demonstration stattfand, haben wir verstärkt über die Situation der Kopten gesprochen. Außerdem konnte ich ihm von den Erfahrungen, die ich bisher in Kairo gesammelt hatte, berichten und auch dazu seine Meinung hören.

Dieses Interview wird in der Arbeit nicht zitiert, war aber dennoch sehr hilfreich, da Holger Albrecht mir einen guten Überblick über die Zustände im Land geben konnte.

Vor meiner Abreise habe ich ein Empfehlungsschreiben in englischer Sprache von meinem Doktorvater Prof. Lutz Berger erhalten, das mein Anliegen erklärte.

Ich war fest davon ausgegangen, dass vor allem die beiden Azhar-Vertreter und Dr. ʿAlī as-Sammān nach solch einer Bestätigung fragen würden. Zu meiner Verwunderung wollte aber keiner meiner Interviewpartner das Schreiben sehen.

Ich bin bei meinen Gesprächspartnern auf eine Offenheit gestoßen, die ich in diesem Maße nicht erwartet hatte. Mir schien es, als sei es ihnen wichtig, dass die Meinung der Azhar auch im Ausland wahrgenommen wird. Auf meine Frage

---

[36] Für mehr Informationen zur ADIC siehe deren Homepage: http://www.adicinterfaith.org/ (abgerufen am 6.7.2014).

hin, ob ich denn das Gespräch aufzeichnen dürfe, antwortete Prof. Al-ʿAzab, dass ich dies gerne tun könne, da man ein Interesse daran habe, dass die Stimme der Azhar in Deutschland und Europa gehört werde. Dies ist vor allem vor dem Hintergrund des Anspruchs der Azhar zu sehen, für die Gesamtheit aller Muslime zu sprechen und auch von der europäischen Öffentlichkeit als offizieller Ansprechpartner wahrgenommen zu werden. Ein weiterer Grund für dieses Interesse dürfte an der Zielsetzung der Azhar liegen, Vorurteile gegen den Islam und die Muslime abzubauen.

Es war mir bewusst, dass ich bei den Interviews mit den Azhar-Vertretern nicht immer auf eine objektive Meinung hoffen konnte, sondern dass man mir ein bestimmtes Bild vermitteln wollte. Deshalb mussten bestimmte Auskünfte im Laufe der Arbeit auch noch einmal hinterfragt werden. Eines sollte in diesem Zusammenhang aber erwähnt werden: Vor allem Prof. al-ʿAzab fand an einigen Stellen deutliche Worte zu einigen Themen. So hat er im Gespräch unter anderem mehrfach israelkritische Töne geäußert, die jemand, der besonders an der Vermittlung eines toleranten Bildes interessiert wäre, wahrscheinlich nicht äußern würde. Dies kann als Beleg dafür gesehen werden, dass seine Äußerungen tatsächlich seine eigene Meinung wiedergeben und nicht etwa einen Versuch darstellen, etwas zu beschönigen. Diesen Eindruck gewann ich auch bei meinen anderen Gesprächspartnern.

1.3 Quellen

1.3.1 Die Hauptquelle – Die Maǧallat al-Azhar

Die Hauptquelle dieser Arbeit ist „Maǧallat al-Azhar" (wörtl.: die Zeitschrift der Azhar). Wie sich schon am Namen unschwer erkennen lässt, handelt es sich hierbei um die eigene Zeitschrift der Azhar-Universität. Diese Zeitschrift als Hauptquelle zu nehmen, liegt nahe, denn sie gilt als Sprachrohr der Azhar[37] und repräsentiert die offizielle Meinung der Universität und ihrer geistlichen Würdenträger. Außerdem ist sie in Deutschland verfügbar. Daher soll sie im Folgenden ausführlich vorgestellt werden.

Die Idee für die Gründung dieser Universitätszeitschrift geht auf das Jahr 1926 zurück, als der spätere Direktor der Maǧalla, ʿAbd al-ʿAzīz Muḥammad Bek, den obersten Rat der religiösen Fakultäten darum bat, ein Budget für eine Zeitschrift bereitzustellen. Drei Jahre später wurde dieses festgelegt, so dass im Mai 1930 der erste Band der Zeitschrift, damals noch unter dem Namen „Nūr al-islām" (Licht des Islams), veröffentlicht werden konnte.[38] 1935 veranlasste der Großscheich Muṣṭafā al-Marāǧī die Änderung des Namens in „Maǧallat al-Azhar", um al-Azhar als Ursprung der Zeitschrift in den Vordergrund zu stellen.[39] 1981 wurde die Zeitschrift einer Reform unterzogen, aus der der bis jetzt aktuelle Name „Azhar" hervorging.[40]

Die Ziele der Zeitschrift werden in mehreren Artikeln genannt. Im Vorwort des ersten Bandes wird betont, dass sie keinerlei Absichten hege, eine andere Religion anzugreifen und sich komplett von der Politik fernhalten werde. Sie konzentriere sich vielmehr darauf, die islamische Ethik zu verbreiten, die Religion in ihrer reinen Form, also frei von Sitten und Gebräuchen, die im Laufe der Jahrhunderte hinzugekommen seien, vorzustellen und auf Angriffe gegen den Islam zu reagieren. Die Zeitschrift sei auch gewillt, mit denen zu diskutieren, die Unwahrheiten über den Islam verbreiten.

---

[37] Die Bezeichnung „Sprachrohr" (arab. *lisān*) wird in mehreren Artikeln der Zeitschrift selbst verwendet. Siehe dazu u. a.: MA, Bd. II/6–1935, S. 102; Bd. IV/52–1979/80, S. 614; Bd. I/76–2003/04, S. 1 (Vorwort).

[38] MA, Bd. I/1– 1931, S. 4–5.

[39] MA, Bd. VII/6–1935, S. 440.

[40] MA, Bd. IV/53–1980/81 (Vorwort). Es sei an dieser Stelle angemerkt, dass in der gesamten Arbeit an dem alten Namen „Maǧallat al-Azhar" oder an der verkürzten Form „Maǧalla" festgehalten wird, um eine bessere Trennung zwischen der Zeitschrift der Azhar einerseits und der Universität andererseits zu ermöglichen.

Sie beruft sich dabei auf folgenden Koranvers: „*Ruf (die Menschen) mit Weisheit und einer guten Ermahnung auf den Weg deines Herrn und streite mit ihnen auf eine möglichst gute Art.*“ (16:125)[41]

Ein Koranvers, in dem also sowohl der Aufruf zum Islam, als auch eine Bereitschaft zum Dialog ausgedrückt werden.

Im gleichen Band richtet der Direktor der Zeitschrift ein Wort an die Leser. Darin erwähnt er, dass die Ziele der Zeitschrift religiös, ethisch und wissenschaftlich, aber keineswegs politisch seien. Vor allem wolle sie Klarheit schaffen über die Inhalte des Korans, der Sunna und die Grundlagen der Ethik, über die jeder Muslim Kenntnisse haben sollte.[42]

Daraus geht hervor, dass die Mağallat al-Azhar sich in erster Linie an Muslime richtet und ihnen religiöse Aufklärung und Erziehung anbieten will. Das bestätigen weitere Aussagen, wie im Vorwort des Bandes aus dem Jahre 1942 zu sehen ist. Dort heißt es, dass die Zeitschrift ins Leben gerufen wurde, um eine geistige Verbindung zwischen der Azhar-Universität und den Muslimen auf der Welt herzustellen, die zur Azhar als „Kaaba der religiösen Wissenschaften“ und „Schule der muḥammadanischen Rechtleitung“ aufschauen würden.[43]

In die gleiche Richtung gehen auch die Ziele, die in der gegenwärtig noch gültigen Satzung[44] der Zeitschrift von 1946 festgehalten werden. Neben der Verteidigung des Islams vor Angriffen und der Darstellung seiner Vorzüge, wird danach gestrebt, eine Verbindung zwischen al-Azhar und anderen Universitäten und Fakultäten auf der einen und mit der öffentlichen Meinung auf der anderen Seite herzustellen. Zudem soll sie ein „Lehrmittel für die Azhariten und ein

41 Siehe dazu: MA, Bd. I/1–1931, S. 5–6. Der Vers wird auch am Anfang des Vorworts zitiert.

42 MA, Bd. I/1–1931, S. 60–61.

43 MA, Bd. I/13–1942, S. 3; Solche selbstbewussten Aussagen sind in der Mağalla keine Seltenheit.

44 Die Satzung von 1946 ist bis in die Gegenwart unverändert geblieben. Dies lässt sich daran erkennen, dass sie im Jahre 2003 nochmals veröffentlicht wurde. Siehe dazu MA, Bd. I/76–2003/04, S. 18–19.

religiöses und reformistisches Orientierungsmittel für die Muslime" darstellen.[45]

Ein weiteres wichtiges Ziel, das man seit der Gründung der Zeitschrift bis in die Gegenwart verfolgt, ist die Bekämpfung von „Unwahrheiten über den Islam", die nach eigener Auffassung durch europäische Orientalisten verbreitet werden. Um die „Lügen der Orientalisten" aufzudecken, werden westliche Bücher über den Islam analysiert und auf deren vermeintliche Fehler eingegangen. Im Vorwort des Jahres 1936/37 wurde sogar angedeutet, dass man dafür unter anderem auch englische Artikel verfassen wolle.[46] Auf die fremdsprachigen Artikel wird noch explizit eingegangen werden. Es sollte an dieser Stelle noch erwähnt werden, dass sich an den hier formulierten Zielsetzungen im Laufe der Jahrzehnte nicht viel geändert hat. Auffällig ist jedoch, dass die anfangs noch stark betonte Absicht, sich aus der Politik herauszuhalten, nicht immer eingehalten wurde. In der Gründungszeit der Zeitschrift stand Ägypten noch unter Herrschaft des Königs Fu'ād I. (reg. 1922–1936), den man als Förderer der Azhar und ihrer Gelehrten rühmte und dem ein großer Anteil an der Entstehung der Zeitschrift zugeschrieben wird.[47]

Nach der ägyptischen Revolution von 1952 zeigt sich die Zeitschrift sehr stark von der neuen Politik im Lande angezogen und bringt deutlich ihre Loyalität zum Ausdruck. Mit Ǧamāl ʿAbd an-Nāṣir wird ein Held gefeiert, dessen Kurs, vor allem im Nahostkonflikt, unterstützt wird. Unter Anwar as-Sādāt wird zwar immer wieder die Einführung der *šarīʿa* als ägyptische Gesetzgebung gefordert, aber im Allgemeinen sind direkte regierungskritische Stellungnahmen nicht sichtbar.[48] In den Ausgaben nach der Jahrhundertwende und vor

---

45 MA, Bd. I/18–1946, S. 93.

46 MA, Bd. I/7– 1936/37, S. 3–5.

47 Siehe u. a. MA, Bd. I/1– 1931, S. 3–5 (Vorwort) und S. 60–61.

48 Zur Haltung der Maǧalla zu einigen wichtigen politischen Themen in der Zeit zwischen 1952–1981 siehe Haiba, S. 168–177. Für die Herrschaftszeit von Sādāt sei noch auf Hilal Görgüns Dissertation verwiesen, in der die Ma-

allem nach den Anschlägen vom 11. September 2001 wird die ohnedies bereits existierende kritische Haltung gegenüber der westlichen Welt und Israel immer offensichtlicher. Die Azhar verurteilt in der Zeitschrift vehement die Anschläge, macht aber auch immer mehr auf die „Unterdrückung der Muslime“ in Europa und die Situation der Palästinenser aufmerksam. Gleichzeitig intensiviert man gerade in dieser Zeit die Dialogbemühungen mit christlichen Vertretern, wie noch im Laufe der Arbeit zu sehen sein wird.

Verantwortlich für die Maǧalla ist ein eigenständiges Komitee, das aus vier Personen besteht:

- Der Generalsekretär der Azhar-Moschee und der religiösen Fakultäten
- Der Direktor der Maǧalla
- Ein Vertreter aus dem Bereich islamische Forschung und Kultur
- Ein Dozent aus den Fakultäten der Azhar-Moschee

Die beiden letzten Mitglieder des Komitees werden vom Großscheich der Azhar ausgewählt und einer von ihnen wird zum Chefredakteur berufen.

Das Komitee trifft sich mindestens zwei Mal im Monat, um speziell die Planungen für die Artikel, die veröffentlicht werden sollen, vorzunehmen. Außerdem legt es auch die Prämien für die Autoren und den Preis für das Abonnement fest.

Diesem Komitee ist ein fremdsprachenkundiger Verantwortlicher mit eigenem Personal unterstellt, der für die Korrespondenz und sonstige Verwaltungsangelegenheiten zuständig ist und dem Komitee die ihm zugesandten Artikel unterbreitet.[49]

Die Mitarbeiter der Maǧalla müssen nicht zwingend notwendig eine journalistische Ausbildung nachweisen können. Grundbedingung für eine Einstellung ist lediglich das per-

ǧalla zu den Hauptquellen der Arbeit gehört und die, in dieser Arbeit noch mehrfach zitiert werden wird.

[49] MA, Bd. I/18 – 1946, S. 95; Für die ganze Satzung siehe: ebd., S. 93–96; Bd. I/76 – 2003/04, S. 18–19.

fekte Beherrschen der arabischen Sprache, damit die Texte fehlerfrei veröffentlicht werden können. Die Autoren sind mehrheitlich, aber nicht ausschließlich Personen mit Bezug zu al-Azhar. Um in der Zeitschrift zu publizieren, müsse man auf dem jeweiligen Gebiet, über das man schreibt, ein Experte sein. Wie mir ʿĀdil al-Ḫafāǧa im Interview mitteilte, habe im Grunde genommen jeder die Möglichkeit, für die Maǧalla zu schreiben, „sofern er beabsichtigt, die Wahrheit auszudrücken (*mā dāma yanbaġī al-ḥaqq*)". Ab und zu sollen auch Beiträge von christlichen Autoren gedruckt worden sein. Damit vermittelt der Direktor ein sehr tolerantes Bild des Mediums. Dass Christen in der Zeitschrift der höchsten sunnitisch-muslimischen Instanz der islamischen Welt schreiben dürfen, wird hier als Beleg für die Offenheit angeführt. Sein Zitat könnte übrigens auch als ein Versuch der Klarstellung verstanden werden: Al-Azhar habe den Anspruch, in jeder Hinsicht der Wahrheit treu zu sein. Inwiefern es auch tatsächlich christliche Autoren von Maǧallaartikeln gegeben hat, lässt sich nur sehr schwer verifizieren, da in manchen Fällen aus dem Namen des Autors keine Rückschlüsse auf dessen Religionszugehörigkeit gezogen werden können.

Inhaltlich deckt die Maǧalla eine große Bandbreite von Themen ab. Diese werden oft in eigenen Kategorien, gelegentlich auch in Artikelreihen oder in einzelnen Aufsätzen behandelt.

So enthält die Maǧalla wichtige Themenkategorien, die seit ihrer Entstehung bzw. über einen längeren Zeitraum ständiger Bestandteil der Zeitschrift sind. Davon seien nun einige in ihren Grundzügen vorgestellt.

Koranexegese (tafsīr)

Bei den Zielsetzungen der Maǧalla war an erster Stelle davon die Rede, dass man Klarheit über den Inhalt des heiligen Buches schaffen wolle. Dieses Ziel verfolgt die Zeitschrift seit ihrer Entstehung sehr intensiv und so findet die Koranexegese in fast jeder Ausgabe ihren Platz. Hierbei werden kurze

Suren[50] oder in mehreren Ausgaben nacheinander einige Verse einer langen Sure[51] abgedruckt und interpretiert. Dabei werden auch Hintergrundinformationen, wie etwa die Offenbarungsanlässe, vorgestellt oder die Bedeutung des Inhalts für das religiöse Leben der Gläubigen erörtert.

Fatwas (religiöse Gutachten)

Die Fatwa Kategorie ist seit Mitte der 1930er Jahre fester Bestandteil der Mağalla. Hierbei werden Fragen von Lesern aus dem Inland, nicht selten aber auch aus dem Ausland,[52] zu religiösen Angelegenheiten im Fatwarat der Azhar diskutiert und eine entsprechende meist kurze Antwort dazu verfasst. Dabei werden oft die Meinungen von mehreren oder allen vier sunnitischen Rechtsschulen[53] oder die Meinung einer vom Leser explizit gewünschten Rechtsschule berücksichtigt. Die Fragen der Leser sind sehr unterschiedlich. Sie reichen von Speise- und Kleidervorschriften bis hin zu Erbschaftsangelegenheiten oder gesellschaftlichen Aspekten.

Zur Verdeutlichung, wie eine Fatwa in der Mağalla aussehen kann, sei folgendes Beispiel aus dem Jahre 1940 angeführt: Ein Leser fragt danach, ob das Freitagsgebet in einer

---

[50] Siehe dazu u. a. MA, Bd. III/4–1933, S. 183ff.

[51] Im Jahrgang 23–1951/52 werden z. B. Teile der längsten Sure al-Baqara („Die Kuh“) behandelt. Siehe dazu: MA, Bd. II, S. 101ff.; Bd. III, S. 185ff.; Bd. IV, S. 287ff.; Bd. V, S. 383ff.; Bd. VII, S. 571ff.

[52] Siehe dazu u. a. MA, Bd. IV/13–1942, S. 175–77. Dort ist eine Anfrage eines Gerichts aus Bahrain zu einer Erbschaftsangelegenheit enthalten.

[53] Es sei an dieser Stelle angemerkt, dass nicht nur bei den Fatwas, sondern auch in zahlreichen anderen Artikeln die Meinungen der vier sunnitischen Rechtsschulen angeführt werden. Das wird unter anderem in Kapitel 2 deutlich gemacht, wenn es um die Frage nach der Legitimität des Kirchenbaus in islamischen Ländern geht. Manchmal werden sogar Meinungen von schiitischen Richtungen berücksichtigt. Siehe dazu MA, Bd. IX/25–1953/4, S. 1010–15 und Bd. X/25–1953/4, S. 1126–30. In diesen beiden Artikeln wird die Eheschließung zwischen einem Muslim und einer Angehörigen der Buchreligionen thematisiert und u. a. auch die Meinung der Zaidīya und der Zwölferschia angeführt.

Moschee abgehalten werden darf, die von einem Christen gebaut wurde.

Die Antwort darauf ist kurz und bündig: „Die Ḥanbaliten, Ḥanafiten und Šāfiʿiten sehen kein Problem darin, dass das Freitagsgebet oder andere Gebete dort abgehalten werden."[54]

Nachrichten aus dem Büro des Großscheichs (Anbā' maktab al-Imām al-Akbar)

In dieser Kategorie bekommen die Leser ab den neunziger Jahren einen Einblick über die Arbeit des Großscheichs. Hierbei werden seine Entscheidungen zu verschiedenen Sachverhalten bekanntgegeben und vor allem seine Treffen mit nationalen und internationalen Persönlichkeiten aus den Bereichen der Politik und Religion geschildert; so wird z. B. über den Besuch von Bundeskanzlerin Angela Merkel im Jahre 2007[55] an der Azhar ebenso in dieser Kategorie berichtet, wie über verschiedene Besuche von Vertretern des Vatikans. Daher werden viele Informationen aus dieser Kategorie für den Hauptteil dieser Arbeit noch sehr wertvoll sein. Im Interview betonte al-Ḫafāǧa, dass es eine Deadline für die Abgabe von Artikeln und Nachrichten gebe, die in der jeweils aktuellen Ausgabe veröffentlicht werden sollen. Daran müsse sich jeder, auch das Büro des Großscheichs, halten. Verspäte sich das Büro bei der Übermittlung der Nachrichten, so würden diese nicht mehr bzw. erst einen Monat später in der Maǧalla aufgenommen werden. Demnach würde sich die Zeitschrift also eine gewisse Eigenständigkeit in ihrer Arbeit bewahren und Prinzipien verfolgen, die noch nicht einmal von der höchsten Autorität der Azhar angetastet werden könnten. Diese Auskunft kann aber auch so verstanden werden, als wolle man die Existenz demokratischer Strukturen

[54] MA, Bd. I/11–1940, S. 49. Weitere Fatwas, die das Christentum bzw. das Zusammenleben mit Christen betreffen, werden an entsprechenden Stellen in der Arbeit noch behandelt.

[55] MA, Bd. III/80–2007, S. 462–463.

an der Azhar hier nochmal besonders hervorheben. Bisher scheinen die Nachrichten aus dem Büro des Großscheichs immer rechtzeitig an die Direktion der Mağalla zugeschickt worden zu sein, da sie nach meiner Beobachtung in keinem Band fehlen.

Nachrichten aus der islamischen Welt (Anbāʾ al-ʿālam al-islāmī)

Dies ist ein weiterer Nachrichtenteil, der insbesondere während der letzten Jahre sehr wichtige Informationen enthält. Hier wird neben aktuellen Meldungen aus verschiedenen islamischen Ländern auch auf Nachrichten eingegangen, die die Muslime in Europa oder in den USA betreffen. Zum Beispiel wird im Jahre 2006 der in Baden-Württemberg eingeführte Gesinnungstest bei der Einbürgerung thematisiert und verurteilt.[56]

Die Vorstellung von muslimischem Leben und der Situation der Muslime weltweit gehört zu den wichtigsten Themengebieten der Mağalla. Seit ihrer Gründung sind zahlreiche Artikel erschienen, die den Islam in diversen Ländern wie Russland, Bulgarien, Sudan, China, Polen, Korea, USA oder auch Deutschland vorstellen und zum Teil auch auf die Probleme der Muslime in diesen Ländern aufmerksam machen[57] und zum Teil Solidarität mit ihnen bekunden. Gerade seit den 1980er Jahren, in denen die Auswanderungswellen von Muslimen nach Europa zunahmen, intensiviert man die Berichterstattung über die Situation der Muslime im Westen. Damit wird deutlich, dass die Azhar sich für die Muslime weltweit einsetzt, und für sich den Anspruch erhebt, ein Sprachrohr für die gesamte islamische Welt zu sein.

---

[56] MA, Bd. I/79–2006/07, S. 160.

[57] Al-Azhar ist nicht nur in der Mağalla bemüht, das muslimische Leben in verschiedenen Regionen darzustellen. So wurden auch mehrere Bücher von der Azhar über die Muslime in bestimmten Ländern und Regionen herausgegeben. Siehe dazu u. a.: Kusba, Muṣṭafā Dasūqī: *al-Muslimūn fī Almāniya uṣūlan ... wa hiğrāt.* Kairo 1993; *Ders.: Al-Muslimūn fī Āsiya al-wūsṭā wa al-qauqāz.* Kairo 1997.

Fremdsprachige Artikel

Seit dem zweiten Jahrgang enthält die Mağalla in fast jeder Ausgabe einen Teil mit Artikeln in englischer und seit Anfang der 1990er auch in französischer Sprache. Eigentlich sollten diese Artikel eingeführt werden, um auch Menschen zu erreichen, die der arabischen Sprache nicht mächtig sind. Bayard Dodge erwähnt, dass dieser Teil an Muslime aus Indien und Pakistan gerichtet ist.[58] Das im Jahre 1932 gesetzte Ziel, Artikel auf englisch, französisch und deutsch zu verfassen,[59] wurde nur ein Jahr später revidiert. Man beschränkte sich auf die Weltsprache Englisch, mit der nach eigener Auffassung bereits genügend Menschen erreicht werden könnten.[60] Wie schon erwähnt, sollte mit den fremdsprachigen Artikeln auch das Ziel verfolgt werden, die „Lügen“ westlicher Orientalisten aufzudecken.[61] Diesem Aspekt wird immer wieder in dieser Rubrik nachgegangen. Im Allgemeinen kann man allerdings in dieser Kategorie kein systematisches Vorgehen erkennen. Es werden verschiedene Themen wie das Leben Muḥammads, Toleranz Nichtmuslimen gegenüber, die Mission des Islams in der Welt und das Fasten im Islam behandelt oder auch Ḥadīṯe (Aussprüche Muḥammads) übersetzt. Themen des interreligiösen Dialogs oder etwa die Beziehungen zum Vatikan werden nicht oft berücksichtigt; auffallend ist jedoch, dass sich dies in den letzten Jahren etwas geändert hat. So wird im englischen Teil auch zu aktuellen Debatten wie dem Karika-

---

[58] Dodge, S. 173.

[59] MA, Bd. I/2–1932, S. 4.

[60] MA, Bd. I/4–1933, S. 3–4.

[61] An dieser Stelle sollte erwähnt werden, dass die Orientalisten nicht nur im negativen Sinne vorkommen. An verschiedenen Stellen werden die Arbeiten oder Bücher von einigen Orientalisten gelobt. Dass diese „Lügen“ auch in englischer Sprache behandelt werden, kann zwei Gründe haben. Hauptsächlich wird man wohl versucht haben, die muslimische Leserschaft, die des Arabischen nicht kundig ist, darauf aufmerksam zu machen. Außerdem ist es auch möglich, dass man damit ein Zeichen setzen und dem „Westen“ demonstrieren wollte, dass diese „Lügen“ enttarnt wurden.

turenstreit oder der Regensburger Vorlesung des Papstes Stellung bezogen.[62] Die Rede von Benedikt XVI. führte auch zu einer deutschen Publikation in der Mağalla. Unter dem Titel „So ist der Islam. Ruhiger Dialog mit dem Papst vom Vatikan“ werden mehrere vom Großscheich der Azhar verfasste Artikel in deutscher Sprache, die die Rede thematisieren, als „Geschenk des Jahrgangs“ bezeichnet.[63]

Erwähnt werden sollte an dieser Stelle noch, dass die Mağalla seit ihrer Gründung immer wieder auf Artikel aus englischen, französischen aber auch deutschen Zeitschriften und Magazinen eingeht. Die behandelten Themen sind sehr vielfältig und reichen von neuen wissenschaftlichen Erkenntnissen[64] bis hin zu Islamophobie.[65]

Neben diesen festen Kategorien und Rubriken enthält die Mağalla ein breites Angebot an verschiedenen Themen. Die Mehrheit der Artikel beschäftigt sich natürlich mit innerislamischen Fragen. Man widmet sich aber auch den Lehren anderer Religionen, den Naturwissenschaften, der Medizin und der Politik. Die folgende Auflistung soll einen kleinen Überblick über die Themenvielfalt verschaffen:

- Büchervorstellungen
- Aufgabe bzw. Anliegen (arab. *muhimma*) des Islams in der Welt
- Islam und moderne Medizin
- Islam und Frieden
- Vorstellung von muslimischen Persönlichkeiten aus der Geschichte

62 MA, Bd. IV/79–2006/07, S. 685–690: Hier werden die Ereignisse des Karikaturenstreits zusammengefasst; Bd. XI/79–2006/07, S. 1804–1806: Hier geht es um die Verurteilung der Papstrede durch den Großscheich.

63 MA, Bd. 79/2006–07 (Anhang)

64 In den Bänden aus den 1930er Jahren werden z. B. einige Artikel zu verschiedenen Wissenschaftsdisziplinen aus den deutschen Zeitschriften „Umschau“ und „Kosmos“ behandelt. Siehe dazu u. a.: MA, Bd. VIII/1–1931, S. 638; Bd. I/2–1932, S. 65 und Bd. III/2–1932, S. 229; Bd. I/3–1933, S. 73 und Bd. IV/3–1933, S. 295–99.

65 MA, Bd. II/80–2007/08, S. 317 und Bd. III/80–2007/08, S. 458–60. Hier sind Schlagzeilen aus „Der Spiegel“ und „Die Welt“ enthalten.

- Tierliebe im Islam
- Vorstellung anderer Religionen bzw. religiöser Richtungen wie z. B. die Jesuiten in Europa
- Aufklärung über Aids
- Politische Themen wie „Entschädigungszahlungen Deutschlands an Israel“

Mit der im Jahre 1980/81 eingeführten Reform traten einige Veränderungen in der Mağalla auf. Neben dem bereits erwähnten Namenswechsel ist besonders nennenswert, dass ab diesem Zeitpunkt die Mağalla monatlich erscheint. Bis dahin erschien sie zehn Monate im Jahr mit etwa hundert Seiten; die beiden anderen Monate galten als Vorbereitungszeit.[66] Zudem lässt sich beobachten, dass die Seitenzahl der Ausgaben zunächst auf etwa 160 und mittlerweile auf über 200 aufgestockt wurde. Außerdem wird sie seither aufwendiger und bunter gestaltet und enthält nun im Vergleich zu den früheren Jahren viel mehr Bildmaterial. In einer Erklärung heißt es, dass man eine moderne Zeitschrift veröffentlichen möchte, die mit allen journalistischen Finessen ausgestattet sei. Des Weiteren wurde eine neue Zeitschrift mit dem Namen „Risālat al-Azhar“ (Die Botschaft der Azhar) als wöchentlicher Anhang zur Mağalla ins Leben gerufen. Diese Zeitschrift erscheint seitdem jeden Donnerstag und hat zum Ziel, die aktuellen Entwicklungen weltweit zu verfolgen und die religiöse Meinung der Azhar in Bezug auf alltägliche Probleme kundzutun.[67]

Thematisch verändert sich die Mağalla durch diese Reform nur insofern, dass sie nun verstärkt auf aktuelle Schlagzeilen eingeht und meist über die Reaktionen der Azhar darauf berichtet.

Über die Verkaufszahlen der Mağalla und ihre Verbreitung erfährt man leider so gut wie nichts. Es wird stets betont, dass sie in der islamischen Welt gut aufgenommen

[66] MA, Bd. IV/52–1979/80, S. 613–14.

[67] MA, Bd. IX /53–1980/81 (Vorwort). Seit 1999 gibt es auch eine wöchentliche Zeitung mit dem Namen Ṣawt al-Azhar (Die Stimme der Azhar).

werde und eine Verbindung zwischen der Azhar und den Muslimen weltweit herstelle. Eine mehr oder weniger konkrete Information konnte diesbezüglich nur in einer kurzen Anzeige zu Beginn der Ausgabe vom Mai 1952 gefunden werden. Dort heißt es, dass die Maǧalla mittlerweile neben Ägypten und dem Sudan auch in den großen Bibliotheken Nordafrikas, Saudi-Arabiens, in Aden, Bahrain, Beirut, Damaskus und Bagdad bestellt würde.[68] Es ist jedoch anzunehmen, dass die Leserschaft der Maǧalla hauptsächlich aus ägyptischen Muslimen besteht.[69]

Im Allgemeinen ist mittlerweile davon auszugehen, dass der Stellenwert der Zeitschrift, bedingt durch die Homepage der Azhar und die Entstehung weiterer Medien an der Universität, etwas gesunken ist. Desweiteren stellt die ständig ansteigende Anzahl von islamischen Internetportalen[70] und populären Fernsehmuftis[71] mit Sicherheit eine große Konkurrenz dar.

---

[68] MA, Bd. IX/23–1951/52.

[69] Im Gespräch mit dem Direktor der Zeitschrift erwähnte dieser, dass man an einem Plan arbeite, ihre Verbreitung weiter zu vergrößern. Nähere Angaben dazu machte er nicht. Auch Verkaufszahlen im In- und Ausland wurden mir nicht genannt. Daraus könnte man schlussfolgern, dass man mit der Verbreitung der Maǧalla nicht allzu sehr zufrieden ist. Die Erwartungen der Universität sind in diesem Zusammenhang schwer einzuschätzen. Al-Azhar erhebt für sich selbst den Anspruch, so viele Menschen wie möglich erreichen zu wollen. Es stellt sich aber die Frage, ob man mit einer Auflage von 50.000 schon zufrieden wäre oder erwartet man etwa eine Millionenleserschaft?

[70] Zur Bedeutung islamischer Internetportale siehe Brückner, Matthias/Pink, Johanna (Hrsg.): *Vom Chatraum bis Cyberjihad. Muslimische Internetnutzung in lokaler und globaler Perspektive.* Würzburg 2009. Darin wird unter anderem auf online-Fatwas Bezug genommen, deren Bedeutung besonders bei jungen Muslimen in den letzten Jahren stets zugenommen hat. Zum Wirken von muslimischen „Missionaren" im Internet siehe auch: Harms, Florian: *Cyberdawa. Islamische Mission im Internet. Voraussetzungen, Analyse und Vergleich von dawa-Sites im World Wide Web*. Aachen 2007.

[71] Als populärster Fernsehmufti galt lange Zeit der Ägypter Yūsuf al-Qaraḍāwī, der ab Mitte der 1990er Jahre lange Zeit für den Fernsehsender Al-Ǧazīra in der Sendung al-Šarīʿa wa'l-Ḥayāt (Die Šarīʿa und das Leben) auf Fragen der Fernsehzuschauer einging. Siehe dazu und zu al-Qaraḍāwīs Wir-

Was den Verkaufspreis angeht, so sei hier der Wert angeführt, den ich in der Ausgabe vom Oktober 2011 gefunden habe. Dies war das aktuellste mir zugängliche Heft. Daraus geht hervor, dass der Jahresbeitrag für die Mağalla in Ägypten 18 ägyptische Pfund betrage. Dies sind umgerechnet etwa 1,90 Euro (Stand 20.7.2014) und ist auch für ägyptische Verhältnisse ein sehr niedriger Preis. Damit scheint die Universität mit der Zeitschrift keinen materiellen Gewinn anzustreben, sondern primär an der Verbreitung ihrer Meinung unter den Menschen interessiert zu sein. Ein Jahresabonnement aus den arabischen Ländern kostet 50 US-Dollar. Von Europa und Amerika liegt der Preis bei 85 und von Japan und Ostasien bei 120 US-Dollar.[72]

Die gefundene Literatur über die Zeitschrift ist sehr überschaubar. Während Jacques Jomier in seinem Artikel über al-Azhar in der Encyclopedia of Islam nur in einem Satz auf die Mağalla eingeht,[73] wird ihr in der türkischen Türkiye Diyanet Vakfı İslam Ansiklopedisi immerhin ein kurzer Artikel gewidmet.[74] Neben der hier schon verwendeten Literatur ist noch Wilfred Cantwell Smiths Dissertation „The Azhar Journal – Survey and Critique“ (unveröffentlicht) und sein Buch „Islam in Modern History“[75] aus dem Jahre 1957 zu nennen, in denen er sich mit der Entstehungsgeschichte der Mağalla auseinandersetzt und ihre Arbeit analysiert.

---

ken im Allgemeinen: Gräf, Bettina/Skovgaard-Petersen, Jakob (ed.): *Global Mufti. The Phenomenon of Yūsuf al-Qaraḍāwī*. New York 2009. In den letzten Jahren ist mit dem ebenfalls aus Ägypten stammenden ʿAmr Ḫālid ein Prediger zum Medienstar geworden, der besonders unter jungen Muslimen sehr beliebt ist. Siehe hierzu: Wise, Lindsay: *Amr Khaled. Broadcasting the Nahda*. In: TBS Journal 13 (2004). Abrufbar unter: http://tbsjournal.arabmediasociety.com/Archives/Fall04/wiseamrkhaled.html (abgerufen am 21.7.2014).

[72] MA, Bd. X/84–2011, Inhaltsverzeichnis.

[73] EI^2: Al-Azhar, S. 819 (J. Jomier).

[74] Harb: Mecelletü ʾl-Ezher. Bd. 28, S. 236–237.

[75] Siehe dazu Smith, S. 122ff.

Mittlerweile existiert die Mağalla seit etwa achtzig Jahren.[76] Nach der Sichtung mehrerer hundert Bände, die zwischen 1930 und 2007/Anf. 2008 erschienen sind, lässt sich folgendes bezüglich des Anspruchs dieser Zeitschrift festhalten: Die Mağalla ist, wie schon anfangs erwähnt, das Sprachrohr der Universität und gibt ihre Meinung wieder. Das heißt, dass nicht immer eine objektive Darstellung der Sachverhalte erwartet werden kann. Zwar gibt es durchaus auch wissenschaftlich neutral verfasste Artikel, bei denen es um eine bloße Darstellung ohne Bewertung geht, aber in religiösen Fragen gilt es, die Haltung der Azhar zu repräsentieren.

In Ägypten existieren schon seit dem späten 19. Jahrhundert einige islamische Zeitschriften, die teilweise von Azharis bzw. unter ihrer Mitwirkung gegründet worden waren.[77] In der Entstehungszeit der Mağalla galt al-Azhar in der islamischen Presse schon als das bedeutendste Zentrum der sunnitischen islamischen Welt schlechthin.[78] Mit der Gründung einer eigenen Zeitschrift konnte al-Azhar sich nun selbst an die moderne Öffentlichkeit wenden und zu aktuellen Debatten Stellung nehmen. Die Mağalla war also unter anderem auch ein Mittel, dem eigenen Selbstverständnis, „die zweite Kaaba der Muslime“[79] zu sein, gerecht zu werden.

Aus den Zielsetzungen der Mağalla geht hervor, dass sie vordergründig innerislamische Aufklärungsarbeit über den Islam leisten möchte. Bei der Analyse der Texte wird deutlich, dass sich viele Artikel an eine breite akademisch geschulte Leserschaft wenden. Bei der Fatwa Kategorie hin-

---

76 Die Datierung der Mağalla ist nach dem islamischen Mondkalender ausgerichtet. Dieser ist ca. elf Tage kürzer als der Gregorianische. Es handelt sich um 80 Mondjahre, was ungefähr 78 gregorianischen Jahren entspricht.

77 Unter anderem existierte zwischen 1887 und 1894 eine Zeitschrift namens „al-Azhar“, deren Chefredaktuer ein Brite war. Siehe dazu al-Kūmī, S. 82ff.

78 Ebd., S. 147.

79 So heißt z. B. ein Beitrag aus den 1950er Jahren. Siehe dazu: MA, Bd. V/27–1955/56, S. 538–539.

gegen merkt man durch die kurzen und einfach formulierten Antworten, dass die Autoren sich hier verstärkt mit den religiösen Fragen einer primär nicht akademisch vorgebildeten Leserschaft auseinandersetzen und lebenspraktische Hilfestellungen in der Anwendung religiösen Rechts geben. Dies bestätigte mir auch der Direktor der Zeitschrift. Er meinte, dass die Mağalla primär einen akademischen Anspruch hätte, sich aber durch bestimmte Inhalte, wie etwa die Fatwas, auch an die Allgemeinheit richte.

Abschließend sei noch festgehalten, dass sich die Mağalla vor allem durch die Vielfalt ihrer Themen auszeichnet. Im weiteren Verlauf der Arbeit wird noch deutlich werden, dass die Mağalla, wenn es um die interreligiösen Beziehungen der Azhar geht, nicht immer umfassend berichtet und auf wichtige Ereignisse wenig oder gar nicht eingeht. Warum man in diesem Zusammenhang so verfährt, kann an dieser Stelle nicht eindeutig geklärt werden. Dies wird an den geeigneten Stellen im Hauptteil noch analysiert und hinterfragt. Außerdem werden besonders in den früheren Ausgaben zum Teil Namen von Wissenschaftlern genannt oder Quellen (z. B. Zeitschriften oder Zeitungen) zitiert, ohne weitere wichtige Angaben zu machen, die für eine persönliche Nachforschung von großem Nutzen wären. Trotz dieser Lücken ist die Mağalla als das Medium der Azhar-Universität die unverzichtbare Hauptquelle dieser Arbeit.

1.3.2 Weitere Quellen

Neben der Mağallat al-Azhar, aus der relevante Reden, Erklärungen oder Stellungnahmen der Universität entnommen sind, wird in der Arbeit auf einige weitere Quellen zurückgegriffen. Zu nennen ist hier z. B. die bereits erwähnte Artikelreihe „So ist der Islam. Ruhiger Dialog mit dem Papst vom Vatikan“ von Großscheich Ṭanṭāwī die als Reaktion auf die Regensburger Rede von Papst Benedikt XVI. verfasst wurde.

Eine andere, besonders wertvolle, ergänzende Quelle bilden die in Kairo geführten Interviews (siehe 1.2.). Die Angaben aus diesen Quellen werden an den geeigneten Stellen eingebaut. Ebenso verhält es sich mit Quellen anderer Institutionen, wie etwa des Vatikans oder der Anglikanischen Kirche, die berücksichtigt werden mussten, um zu bestimmten Themen ein besseres Verständnis der Sachlage zu ermöglichen. Hierbei wurden hauptsächlich Internetquellen in Anspruch genommen.

2. Das Christentum im Islam

2.1 Das Christentum in Koran und Sunna

Um das klassische Bild des Christentums bzw. der Christenheit im Islam zu erfassen, muss man sich zunächst mit den koranischen Aussagen in Bezug auf diese Thematik und dem Umgang Muḥammads mit den Christen seiner Zeit auseinandersetzen. Schließlich bilden der Koran und die Sunna Muḥammads die beiden Hauptquellen des islamischen Glaubens.

Der Koran enthält zahlreiche und zum Teil sehr kontroverse Aussagen über die Christen, die dort gemeinsam mit den Juden und Zoroastriern auch unter dem Begriff *ahl al-kitāb* (Leute des Buches) erwähnt werden. Ausführlich werden auch in vielen Versen Jesus und seine Mutter Maria beschrieben. Auf die Bibel und die damit verbundene christliche Lehre wird ebenfalls an einigen Stellen Bezug genommen; die in diesem Zusammenhang wesentlichen Stellen sind hierbei sehr polemisch gehalten.

Außerdem sind während der Zeit der Prophetie Muḥammads (610–632) mehrere Begegnungen mit Christen dokumentiert, die von der Bestätigung seiner Gesandtschaft durch einen Mönch bis hin zum kriegerischen Verhältnis zu den christlichen Stämmen in Nordarabien reichen.

Wie im Laufe dieses Abschnitts noch zu sehen sein wird, stehen diese Aussagen im Kontext einer historisch relevanten Entwicklung, wie Jacques Waardenburg erklärt.[80]

Daher wird im Folgenden nach einer ausführlichen Darstellung des Bildes Jesu im koranischen Kontext die historische Entwicklung in drei Perioden unterteilt:

---

[80] Waardenburg, Islamisch-Christliche Beziehungen, S. 197.

- Muḥammad in Mekka (610–622)
- Die ersten 5 Jahre in Medina
- Die letzten 5 Jahre seiner Lebenszeit

2.1.1 Das Jesusbild im Koran

Zunächst wird das Jesusbild im Koran dargestellt. Auch im Islam wird ihm eine große Bedeutung beigemessen. Gleichzeitig stellt die Kontroverse über seine Person eine der größten theologischen Differenzen zwischen Islam und Christentum dar und ist der Hauptanknüpfungspunkt für die islamische Polemik gegen das Christentum.

Es sei schon an dieser Stelle darauf hingewiesen, dass man bei der Suche nach einer zusammenhängenden Jesusbiographie im Koran nicht fündig wird, da das heilige Buch des Islams kaum biographische Darstellungen enthält, „weder bei Jesus noch bei sonst einer heiligen Person des Islam."[81] Selbst über Muḥammads Wirken finden sich in den koranischen Suren keine umfassenden biographischen Ausführungen.[82] Der Koran bietet stattdessen mal mehr, mal weniger ausführliche Fragmente, aus denen in späteren Zeiten Biographien erarbeitet wurden.[83]

Jesus wird in über 90 Versen namentlich genannt. Ausserdem beziehen sich viele weitere Koranstellen ebenfalls auf ihn.[84]

Jesus soll in der nach seiner Mutter Maria benannten 19. Sure erstmals erwähnt worden sein.[85] In den Versen 16–40

---

[81] de Epalza, S. 153.

[82] So wird Muḥammad selbst nur an vier Stellen im Koran namentlich erwähnt: Sure 3:144; 33:40; 47:2; 48:29. Dabei wird vorwiegend betont, dass Muḥammad der Gesandte Gottes sei. Die 47. Sure ist nach ihm benannt.

[83] de Epalza, S. 153.

[84] de Epalza, S. 131. Míkel de Epalza erklärt auch, dass, wenn von göttlichen Boten die Rede ist, implizit Jesus gemeint sei oder wenn es um Wunder Gottes geht, dies ebenfalls eine Anspielung auf ihn, seine Wunder und seine jungfräuliche Mutter sei. Vgl. dazu ebd., S. 131.

[85] Nöldeke, S. 130 (1. Teil).

dieser mekkanischen Sure[86] werden Teile aus dem Kindheitsevangelium[87] mit weiteren Aussagen über einige seiner Eigenschaften wiedergegeben. Zu Beginn des Abschnitts ist von einer Begegnung Marias mit dem Erzengel Gabriel die Rede, der ihr einen „lauteren Sohn" verheißt. Auf die Frage Marias, wie sie denn als Jungfrau einen Sohn bekommen könne, entgegnet der Engel folgendes:

„Er sagte: ‚So (ist es, wie dir verkündet wurde). Dein Herr sagt: Es fällt mir leicht (dies zu bewerkstelligen). Und (wir schenken ihn dir) damit wir ihn zu einem Zeichen für die Menschen machen, und weil wir (den Menschen) Barmherzigkeit erweisen wollen. Es ist eine beschlossene Sache.'" (Vers 21)

Daraufhin wird die Geburt Jesu und die Konfrontation Marias mit ihrem Volk beschrieben. Jesus verteidigt in der Wiege die Ehre seiner Mutter und bezeichnet sich selbst als Gottes Diener. In den Versen 35–36 wird schließlich klargestellt, dass er nicht der Sohn Gottes ist und ein Aufruf zum absoluten Monotheismus ergeht:

„Es steht Gott nicht an, sich irgendein Kind zuzulegen. Gepriesen sei er! (Darüber ist er erhaben.) Wenn er eine Sache beschlossen hat, sagt er zu ihr nur: sei!, dann ist sie.

Und (Jesus sagte:) ‚Gott ist mein Herr und euer Herr. Dienet ihm! Das ist ein gerader Weg.'"

Die Grundaussagen dieses Abschnitts sind offensichtlich. Jesus und seiner Mutter Maria wird hier großer Respekt gezollt. Jesus ist jedoch nur ein Diener Gottes und nicht dessen Sohn. Die Einbeziehung weiterer Koranverse bestätigt dies. Jesus ist durch Einhauchen des göttlichen Geistes von Maria empfangen worden:

---

[86] Die islamische Tradition unterteilt die Suren des Korans in mekkanische, die Muḥammad in Mekka und in medinensische, die er nach seiner Auswanderung im Jahre 622 in Medina empfangen haben soll.

[87] Goddard, S. 1; Zu einer weiteren Kindheitserzählung mit der Schilderung der Geburt Marias siehe auch Sure 3:33–60.

„Und (Maria) die sich keusch hielt (w. die ihre Scham schützte). Da bliesen wir ihr Geist von uns ein und machten sie und ihren Sohn zu einem Zeichen für die Menschen in aller Welt.“ (21:91)[88]

Jedoch betonen mehrere Verse immer wieder, dass er ein Gesandter Gottes sei,[89] dem von Gott aufgetragen wurde, das Evangelium zu verkünden.[90] Des Weiteren sei er das Wort Gottes wie in Sure 4:171 festgehalten wird, und er habe die Gabe, Wunder zu vollbringen:

„Ich bin mit einem Zeichen von eurem Herrn zu euch gekommen (das darin besteht), dass ich euch aus Lehm etwas schaffe, was so aussieht, wie Vögel. Dann werde ich hineinblasen, und es werden mit Gottes Erlaubnis (wirkliche) Vögel sein. Und ich werde mit Gottes Erlaubnis Blinde und Aussätzige heilen und Tote (wieder) lebendig machen.“ (3:49)[91]

Jesus erhält an vielen Stellen seiner namentlichen Erwähnung die zusätzliche Bezeichnung „Sohn Marias“. Als Beispiel hierfür sei Sure 2:87 angeführt:

„Und wir haben Jesus, dem Sohn der Maria, die klaren Beweise gegeben und ihn mit dem heiligen Geist gestärkt.“

Die Häufigkeit dieser Bezeichnung kann als weitere Bestätigung für die Aussage angesehen werden, dass er nicht der Sohn Gottes sei, was somit eine deutliche Abgrenzung von der göttlichen Gestalt Jesu in der christlichen Lehre darstellt.[92] Und gerade die christliche Vorstellung vom Sohn Gottes und die daraus resultierende Trinitätslehre bilden die wesentlichen theologischen Unterschiede zwischen den beiden Religionen. Der Koran wird in seiner Kritik diesbezüglich in einigen Versen sehr deutlich:

„Ihr Leute der Schrift! Treibt es in eurer Religion nicht zu weit und sagt gegen Gott nichts aus, als die Wahrheit.

---

88 Vgl. auch Sure 66:12.

89 Vgl. Sure 4:157/171; 61:6.

90 Vgl. Sure 3:48; 5:46.

91 Vgl. auch Sure 5:110. In den Versen 112ff. wird das Abendmahl erwähnt.

92 Dazu de Epalza, S. 157–158.

Christus Jesus, der Sohn der Maria, ist nur der Gesandte Gottes und sein Wort, das er der Maria entboten hat, und Geist von ihm. Darum glaubt an Gott und seine Gesandten und sagt nicht (von Gott, dass er in einem) drei (sei)! Hört auf (so etwas zu sagen)! Das ist besser für euch. Gott ist nur ein einziger Gott. Gepriesen sei er! (Er ist darüber erhaben) ein Kind zu haben.“ (4:171)

Der Koran leugnet demnach nicht nur die Göttlichkeit Jesu und die Trinitätslehre, er sendet einen eindeutigen Appell aus, von diesem Glauben abzulassen, der, wie aus dem folgenden Vers zu entnehmen ist, eine Form des Unglaubens darstellt:

„Ungläubig sind diejenigen, die sagen: ‚Gott ist einer von dreien.‘ Es gibt keinen Gott außer einem einzigen Gott.“ (5:73)

Mit der Annahme eines Sohnes sieht der Koran die Absolutheit Gottes gefährdet. Gott ist auf niemanden angewiesen[93], da er über alles erhaben ist und erschafft, was er will mit dem Wort: Sei![94]

Der Koran versucht, einen klaren Beweis dafür anzuführen, dass die Göttlichkeit Jesu nicht auf ihn selbst zurückgehe und er selbst diese Vorstellung für verwerflich halte. In einer Konversation zwischen Gott und Jesus werden die Rollen eindeutig geklärt:

„Und (damals) als Gott sagte: ‚Jesus, Sohn der Maria! Hast du (etwa) zu den Leuten gesagt: „Nehmt euch außer Gott mich und meine Mutter zu Göttern!“?‘ ‚Er sagte: ‚Gepriesen seist du! (Wie dürfte man dir andere Wesen als Götter beigesellen!) Ich darf nichts sagen, wozu ich kein Recht habe. Wenn ich es gesagt hätte, wüsstest du es. Du weißt Bescheid über das, was ich (an Gedanken) in mir hege. Aber ich weiß über das, was du in dir hegst, nicht Bescheid. Du (allein) bist es, der über die verborgenen Dinge Bescheid weiß. Ich habe ihnen nur gesagt, was du mir befohlen hast (näm-

93 Sure 10:68.
94 Sure 16:40.

lich): „Dienet Gott, meinem Herrn und eurem Herrn!“ (5:116–117)

Jesus selbst bekennt sich zum absoluten Monotheismus und hat ihn nach eigener Aussage an die Menschen weitergegeben. Die kritische Haltung des Islams der Trinitätslehre gegenüber muss offenbar mit dem vehementen Kampf des Korans für den absoluten Monotheismus[95] zusammenhängen.[96]

Jesus wurde koranischer Auffassung zufolge von Gott das Evangelium als Offenbarung gegeben[97]; dieses sei jedoch mit der Zeit wie andere Offenbarungen zuvor verfälscht worden.[98]

In Bezug auf die Kreuzigung Jesu vertritt die islamische Lehre ebenfalls eine andere Meinung. Jesus ist nach der Schilderung der Sure 4, Verse 157–158 weder getötet noch gekreuzigt worden. Hier die wesentlichen Abschnitte dieser Verse:

„Aber sie haben ihn (in Wirklichkeit) nicht getötet und (auch) nicht gekreuzigt. Vielmehr erschien ihnen (ein anderer) ähnlich (so dass sie ihn mit Jesus verwechselten und töteten).“

Weiter betonen die Verse, dass Jesus nicht getötet wurde und erklären, welches Schicksal ihm widerfahren sei:

„Und sie haben ihn nicht mit Gewissheit getötet. Nein, Gott hat ihn zu sich (in den Himmel) erhoben. Gott ist mächtig und weise.“[99]

Jesus soll demzufolge nicht als Erlöser am Kreuz gestorben sein, da Gott ihn vor seinen Verfolgern gerettete habe.

---

[95] In Sure 112 „Der Glaube ohne Vorbehalt (*al-Iḫlāṣ*)“ wird der strikte Monotheismus der islamischen Lehre in vier Versen deutlich. „Sag: Er ist Gott, ein Einziger, Gott, durch und durch (er selbst) (?) (w. der Kompakte) (oder: der Nothelfer(?), w. der an den man sich (mit seinen Nöten und Sorgen) wendet, genauer: den man angeht?). Er hat weder gezeugt, noch ist er gezeugt worden. Und keiner ist ihm ebenbürtig.

[96] Khoury, Kommen Muslime in den Himmel?, S. 63.

[97] Sure 5:46.

[98] Vgl. Sure 3:71/78.

[99] Vgl. dazu auch Sure 3:55.

Diese hätten sich in der Person geirrt und jemand anderen getötet. Doch wie kann es zu so einer schwerwiegenden Aussage kommen? Eine Antwort finden wir hierzu bei Hans Küng und Josef van Ess. Nach islamischer Tradition haben alle Propheten, wie auch Muḥammad, ihre Botschaft erfolgreich verkündet. Sie waren Anfeindungen ausgesetzt, aber sie sind keineswegs gescheitert. Die Passion macht schließlich auch im christlichen Kontext theologisch nur dann Sinn, wenn sie als Erlösung verstanden wird, sonst hätte sie einen tragischen Charakter. Dies ist jedoch ein Aspekt, den der Islam nicht kennt, denn: „An die Stelle des Tragischen setzt der Muslim das Absurde; und was wäre absurder, als dass die Wahrheit, rational erschließbar zudem wie der Monotheismus, sich nicht durchsetzte?“[100]

Abschließend sei noch die Verkündung Muḥammads durch Jesus persönlich erörtert: In Sure 61:6 heißt es:

„Und (damals) als Jesus, der Sohn der Maria, sagte: ‚Ihr Kinder Israels! Ich bin von Gott zu euch gesandt, um zu bestätigen, was von der Thora vor mir da war, und einen Gesandten mit einem hochlöblichen Namen zu verkünden, der nach mir kommen wird.‘“[101]

Dabei soll sich der Koran auf Verse des Johannesevangeliums beziehen, in dem Jesus einen Tröster ankündigt.[102] Jesus steht mit der Verkündung Muḥammads keineswegs allein. Alle Propheten, die Gott der Menschheit gesandt hat, haben – nach muslimischer Überzeugung – ihren Völkern über sein Auftreten berichtet.[103] Schließlich ist Muḥammad

---

[100] Küng/van Ess, S. 148. Siehe auch RGG4: Doketismus (van Ess).

[101] Im arabischen Originaltext verkündet Jesus einen Gesandten mit dem Namen Aḥmad. Dies ist ein weiterer Name Muḥammads. In anderen Koranübersetzungen wie etwa der von Murad Wilfried Hofmann überarbeiteten Ausgabe von Max Henning wird der Vers im Gegensatz zu Paret wie folgt übersetzt: „... und einen Gesandten ankündigend, der nach mir kommen und dessen Name Aḥmad sein wird.“

[102] de Epalza, S. 127–129. Dabei handelt es sich um Johannes 14:16–17/16:7–15.

[103] Ḫarbutlī, S. 31–32.

das Siegel der Propheten, wie in Sure 33:40 betont wird. Seine Botschaft steht in der „Kontinuität der früheren Offenbarungsschriften der Juden und der Christen".[104] Der Koran bestätigt die Schriften, die der Menschheit vor ihm gegeben wurden, wie Sure 6:92 deutlich macht:

„Und dies (d. h. die koranische Offenbarung) ist eine von uns hinabgesandte, gesegnete Schrift, die bestätigt, was (an Offenbarung) vor ihr da war."

Die Thora, das Evangelium und der Koran bilden eine Einheit[105] und diese eine heilige Schrift, die der Koran als „Mutter des Buches" (*Umm al-Kitāb*)[106] bezeichnet, ist bei Gott bewahrt.[107] Diese wurde nach islamischem Verständnis im Laufe der Zeit in verschiedenen Sprachen offenbart.[108]

Wie herausgearbeitet wurde, nimmt Jesus – als Prohphet Gottes – eine bedeutende Rolle im Koran ein. Jedoch werden entscheidende Lehren des Christentums abgelehnt, wodurch eine Abgrenzung zum Christentum erfolgt.

2.1.2 Muḥammad in Mekka

Muḥammad[109] trat im Jahre 610 als vierzigjähriger erstmals in seiner polytheistisch geprägten Geburtsstadt Mekka als Prophet auf. In den darauf folgenden zwölf Jahren war er hauptsächlich darum bemüht, seine Mitmenschen vor Ort zum neuen Glauben zu leiten und fand sehr schnell seine Gegenspieler in der Führung der Stadt, die ihre Macht, aber auch ihre wirtschaftlichen Interessen durch Muḥammads

---

104 Hagemann, S. 5.

105 Siehe dazu Sure 5:44–48.

106 Vgl. Sure 3:7 und 43:4.

107 Vgl. Sure 13:39.

108 Siehe dazu Hagemann, S. 5.

109 Zum Leben Muḥammads siehe Lings, Martin: *Muḥammad: sein Leben nach den frühesten Quellen*. Kandern im Schwarzwald 2000. Eine gute Einführung ist auch: Bobzin, Hartmut: *Mohammed*. München 2002.

Lehren gefährdet sah. Hartmut Bobzin erklärt dies sehr anschaulich:

> „Mit der traditionellen Religion waren nicht nur ideelle Werte verbunden, sondern auch die materiellen Interessen, die mit der jährlichen Wallfahrt nach Mekka zusammenhingen. Diese Wallfahrt (*ḥaǧǧ*) mit ihren genau festgelegten altüberkommenen Riten und Gebräuchen, die sich an einer mehr äußerlich verstandenen Religion orientierte, war nämlich die Grundlage für einen nicht unwichtigen Wirtschaftszweig, von dem die Mitglieder einiger Sippen profitierten."[110]

Der Polytheismus stellte also nicht nur eine religiöse Überzeugung dar; vielmehr waren der Götterkult und die Pilgerfahrten zur Kaaba ein lukratives Geschäft.

Seine erste Berührung mit dem Christentum hatte Muḥammad der islamischen Überlieferung nach, kurz nachdem ihn die ersten Offenbarungen erreicht hatten. Demnach soll seine Frau Ḫadīǧa[111] ihren zum Christentum konvertierten Vetter Waraqa ibn Naufal[112] aufgesucht und ihm über Muḥammads Begegnung mit dem Erzengel Gabriel berichtet haben. Dieser soll darüber sehr erfreut gewesen sein und in Muḥammad den neuen Propheten erkannt haben. Daraufhin habe er Muḥammad selbst aufgesucht, und als dieser ihm die

---

110 Bobzin, Mohammed, S. 83.

111 Ḫadīǧa bint Ḫuwailid, eine reiche Kaufmannswitwe aus dem Clan Asad des Stammes Quraiš war die erste und zu ihren Lebzeiten einzige Frau Muḥammads. Zum Zeitpunkt ihrer Eheschließung soll sie 40 und Muḥammad 25 Jahre alt gewesen sein. Aus dieser Ehe entstanden vier Töchter und ein Sohn. Ḫadīǧa starb im Jahre 619 in Mekka. EI^2: Khadīdja (W. Montgomery Watt).

112 Die wenigen Informationen über Waraqa ibn Naufal haben einen legendären Charakter. Er soll vom Heidentum abgefallen sein und das Christentum angenommen haben. Später glaubte er an Muḥammads Mission ohne sich jedoch zum Islam zu bekennen. Dies wird damit erklärt, dass er im zweiten oder dritten Jahr der Mission Muḥammads starb, bevor Muḥammad den Auftrag erhalten hatte, seinen Glauben öffentlich zu verkünden. EI^2: Waraḳa b. Nawfal (C.F. Robinson).

Ereignisse nochmals schilderte, soll er seine Aussage bestätigt und Muḥammad darauf hingewiesen haben, dass er wie andere Propheten ebenfalls mit Repressalien und Vertreibung zu rechnen habe. Zudem habe er den Wunsch geäußert, diese Ereignisse mitzuerleben, um dann Muḥammad beizustehen.[113]

Sollte diese Überlieferung der Wahrheit entsprechen, so hatte Waraqa etwas vorhergesagt, was nicht allzu lange auf sich warten ließ. Die Führung Mekkas versuchte mit allen Mitteln Muḥammad und seine Anhänger, welche vorwiegend aus ärmlichen Verhältnissen stammten, zu bekämpfen. Um seine Anhängerschaft zu schützen, veranlasste Muḥammad elf Familien dazu, ins christliche Abessinien zu flüchten und dort beim herrschenden König um Asyl zu bitten. Hierbei soll Muḥammad gesagt haben: „Geht nach Abessinien, denn dort herrscht ein König, bei dem niemand Ungerechtigkeit erfährt." Dies soll Muḥammad gesagt haben, weil er wusste, dass der Gerechtigkeitssinn des Königs auf der Grundlage des christlichen Glaubens basierte, der Jesus offenbart worden war.[114] Den Auswanderern gab er den bereits schon angeführten Auszug aus der Sure Maria (Verse 16–34) mit.[115] Die Mekkaner sandten ihnen eine Delegation nach, die den König bitten sollte, ihnen die Muslime auszuliefern. Dieser bat jedoch die Muslime, ihn über ihre Religion aufzuklären. Ǧaʿfar, ein Vetter Muḥammads, ergriff das Wort, berichtete ihm über ihre Verfolgung in Mekka und erklärte die wesentlichen Grundzüge des Islams. Dabei machte er unter anderem deutlich, dass man vor Muḥammads Prophetie dem Götzendienst nachgegangen war und beklagte die soziale Ungerechtigkeit in Mekka. Nun hätten sie sich aber der Verehrung des einen einzigen Gottes zugewandt und würden der Aufforde-

---

113 Ḫarbutlī, S. 34–36.

114 Al-Anṣārī, S. 122; siehe dazu auch MA, Bd. I/42–1970, S. 22–25. Hier wird insbesondere der Frage nachgegangen, warum Muḥammad ausgerechnet Abessinien ausgesucht hatte. Dabei wird der Gerechtigkeitssinn des abessinischen Königs betont.

115 Khoury, Toleranz, S. 34.

rung ihres Propheten nachkommen, nach hohen ethischen Werten zu leben. Zudem erklärte er den Status Jesu und Marias im Islam. Der König soll von dieser Schilderung sehr berührt gewesen sein und bei einem Koranvortrag Ǧaʿfars sogar geweint haben. Daher habe er gesagt, dass der Koran und die Offenbarung Jesu aus derselben Nische kämen und gewährte den Muslimen, so lange es nötig war, Asyl.[116] Ein Jahr später erreichten weitere hundert Muslime das Land, denen der König ebenfalls Unterschlupf gewährte.[117]

Diese Schilderung soll auf eine spezielle Nähe zwischen den beiden Religionen hindeuten und ist auch ein Sinnbild für die Darstellung der Christenheit aus der mekkanischen Zeit. Das freundschaftliche Verhältnis bringt der Koran an einigen Stellen ebenfalls zum Ausdruck. Einen Hinweis darauf geben z. B. die ersten fünf Verse der 30. Sure mit dem Namen „Die Byzantiner“ (ar-Rūm). Darin heißt es, dass die Byzantiner, nachdem sie im „nächstliegenden Gebiet“[118] besiegt wurden, in etlichen Jahren siegen würden und dass die Gläubigen sich über deren Triumph freuen würden. Der Abschnitt erörtert die Vorgänge der Kämpfe zwischen den Byzantinern und den persischen Sasaniden. Diese hatten im Jahre 613 von den Byzantinern Damaskus und im darauf folgenden Jahr auch Jerusalem erobert. Mit dem prophezeiten Sieg ist der Überlieferung zufolge die im Jahre 622 eröffnete Offensive des Kaiser Herakleios gegen die Perser gemeint, bei der er 627 einen entscheidenden Sieg in Ninive erlangte. Es ist davon auszugehen, dass an dieser Stelle mit den „Gläubigen“ die Muslime gemeint sind; es könnten aber auch die Byzantiner selbst damit gemeint sein.[119] Die Motivation für diese Parteiergreifung kann sowohl politisch als auch religiös begründet sein. Zum einen wird berichtet, dass die polytheis-

---

[116] Al-Anṣārī, S. 123–124.

[117] Khoury, Toleranz, S. 34; Eine ausführliche Darstellung der Flucht nach Abessinien bietet auch MA, Bd. I/76–2003, S. 68–74.

[118] Damit ist nach Paret „Syrien oder Palästina, dem unmittelbar an Arabien angrenzenden Kulturland“ gemeint: vgl. Paret, Übersetzung, S. 282.

[119] Paret, Kommentar, S. 388.

tischen Mekkaner sich über den Sieg der Sassaniden freuten und sich über die Muslime lustig machten. Sie sollen gesagt haben: „Ihr und die Christen seid die Besitzer einer Schrift; wir und die Perser sind Heiden. Unsere Brüder haben eure Brüder besiegt. Und sicherlich werden wir es ebenso mit euch tun."[120] Die Verse des Korans würden „die Antwort Muḥammads auf den Spott der Mekkaner" wiedergeben, wie Khoury erklärt.[121] Dies könnte als weitere Abgrenzung von ihnen verstanden werden. Zum anderen steht das Christentum auf religiöser Ebene dem Islam näher als der Zoroastrismus, dem die Perser angehörten.[122]

Ein weiteres Beispiel für das Zusammengehörigkeitsgefühl mit den Christen lässt sich in Sure 85:7–8 finden, in der das Martyrium der Christen von Naǧrān behandelt wird und sie unter anderem als Gläubige bezeichnet werden.[123]

Anhand dieser Beispiele kann festgehalten werden, dass der Islam in der ersten Zeit den Christen gegenüber eine positive Haltung einnimmt. Es wird deutlich, dass Muḥammad die christlichen Werte schätzt und daher seine Anhänger nach Abessinien schickt. Zudem stellt die mehrfache Parteiergreifung klar, dass eine gewisse Nähe zum Christentum erkannt wird.

Es darf nicht außer Acht gelassen werden, dass Muḥammad und seine Anhängerschaft in der mekkanischen Epoche hauptsächlich mit den Anfeindungen der Polytheisten konfrontiert waren. Diese werden im Gegensatz zu den Christen und Juden schon früh als Ungläubige definiert.[124] Außerdem waren insbesondere die territorialen Reibungspunkte mit den Angehörigen der Schriftreligionen noch nicht vorhanden, so dass bis dato praktisch kein Konfliktpotenzial gegeben war.

---

[120] Khoury, Toleranz, S. 43–44.
[121] Khoury, Toleranz, S. 44.
[122] Al-Anṣārī, S. 113–114.
[123] Khoury, Toleranz, S. 43. Dieses Ereignis fand im Jahre 523 statt. Die Christen fielen dabei einer jüdischen Verfolgung zum Opfer. Vgl. Waardenburg, Islamisch-Christliche Beziehungen, S. 198.
[124] Dharmaraj, S. 83.

Mit dem Umzug nach Medina sollte sich die Situation verändern.

2.1.3 Muḥammad in Medina

Die Situation der Muslime wurde in Mekka immer prekärer und Muḥammad sah keinen anderen Ausweg, als die Stadt zu verlassen. Es gelang ihm, mit zum Islam konvertierten Stämmen aus Yaṯrib[125] ein Bündnis zu vereinbaren, das ihm und seinen Anhängern gestattete, dorthin zu emigrieren. Im Jahre 622 fand die Auswanderung (Hiǧra) Muḥammads statt. Dieses Ereignis ist in der Geschichte Muḥammads von besonderer Bedeutung.[126] Warb er noch in Mekka um Anerkennung bei den Polytheisten, deren Anfeindungen er ständig ausgesetzt und wo er seines Lebens nicht mehr sicher war, schlüpfte er nun in die Rolle des regierenden Staatsmanns, dem es gelang, eine einheitliche Gemeinde aus mekkanischen und medinensischen Muslimen zu gründen.[127] Aber damit begann auch die Zeit kriegerischer Auseinandersetzungen, die man sich in den ersten Jahren hauptsächlich mit den Mekkanern lieferte. Des Weiteren wurden die Reibungen mit den in Medina ansässigen Juden immer stärker und es kam zu mehreren Gefechten zwischen beiden Gemeinden.[128] In dieser Zeit blieb die positive Haltung des Islams in Bezug auf die Christen bestehen. An einer Stelle des Korans wird ein Vergleich zwischen den Juden und Christen vorgenommen, der für diesen Zeitraum aussagekräftig ist:

---

[125] Yaṯrib wurde später in Madīnat an-Nabī (Stadt des Propheten) oder kurz „al-Madīna" umgetauft. Vgl. Halm, Der Islam, S. 18.

[126] Das Datum der Hiǧra wurde später vom zweiten Kalifen ʿUmar zum Jahr 1 des islamischen Mondkalenders erklärt. Ebd., S. 18–19.

[127] Siehe dazu die pregnanten Zusammenfassungen in: Bobzin, Mohammad, S. 90–96; Halm, Der Islam, S. 18–20. Und die ausführlichere Darstellung in: Lings, S. 150–192.

[128] Zu den Beziehungen und Gefechten zwischen Muslimen und Juden in Medina siehe: Khoury, Toleranz S. 53–62.

„Du wirst sicher finden, dass diejenigen Menschen, die sich den Gläubigen gegenüber am meisten feindlich zeigen, die Juden und die Heiden sind. Und du wirst sicher finden, dass diejenigen, die den Gläubigen in Liebe am nächsten stehen, die sind, welche sagen: ‚Wir sind Nasārā (d. h. Christen)'. Dies deshalb, weil es unter ihnen Priester und Mönche gibt, und weil sie nicht hochmütig sind.“ (5:82)

Den Grund für dieses weiterhin freundschaftliche Verhalten zu den Christen ist nach Khoury darin zu finden, dass sie zu jener Zeit keine Gefahr für das muslimische Gemeinwesen darstellten.[129] Auch Waardenburgs Interpretation geht in die gleiche Richtung. Er betont, dass Muḥammad in den ersten medinensischen Jahren im Vergleich zu den Juden den Christen gegenüber positiver gestimmt war und weist darauf hin, dass Jesus-Geschichten als ideologische Attacken gegen die Juden verwendet wurden.[130] Míkel de Epalza wiederum setzt sich mit der gegen die Juden gerichteten Polemik des Korans hinsichtlich der Stellung Marias auseinander und macht unter anderem auf Sure 4:156 aufmerksam, in der das Verhalten der Juden als Unglaube bezeichnet wird, als sie Maria verleumdeten.[131] Mit der Verleumdung ist nach Paret „wohl die Behauptung gemeint, daß Maria ein uneheliches Verhältnis gehabt habe“, aus dem Jesus entstanden sei.[132]

Tahir Mahmood betont in Bezug auf Sure 5:82 den historischen Charakter dieses Verses. Dazu erklärt er:

> „Dieser Vers bezog sich jedoch auf die Juden und Christen, die zur damaligen Zeit im Hijaz lebten und spiegelte deren Reaktionen auf die Mission des Propheten wider. Er traf aber kein Urteil über bestimmte interreligiöse Präferenzen zwischen diesen drei monotheistischen Glaubensrichtungen, die für immer zu beachten wären. Eine derartige Interpretation dieses Verses steht im kras-

---

129 Khoury, Christen unterm Halbmond, S. 49–50.
130 Waardenburg, Muslims and others, S. 95.
131 de Epalza, S. 163.
132 Paret, Kommentar, S. 110.

sen Gegensatz zu der vom Heiligen Koran immer wieder betonten Gleichheit und Einheit der drei Religionen."[133]

In der Gesamtbetrachtung wird aber ersichtlich, dass trotz der Unterschiede im Wesentlichen weiterhin ein positiverer Umgang mit der Christenheit gepflegt wurde.

In den letzten Lebensjahren Muḥammads wird jedoch ein Sinneswandel bemerkbar. Zunächst begann er im Jahre 628 damit, seine Botschaft über die arabische Halbinsel hinaus zu verkünden, indem er die Herrscher von Byzanz, Persien, Ägypten, Abessinien und dem Jemen in einem Schreiben einlud, den Islam anzunehmen. Von Relevanz sind in unserem Kontext die an die drei christlichen Herrscher verfassten Schreiben und deren Reaktion. Die kurzen Schreiben an den byzantinischen und den ägyptischen Herrscher sind beinahe identisch.[134] Der Inhalt besteht hauptsächlich aus einem Aufruf zur Annahme des Islams und Sure 3:64:

„Ihr Leute der Schrift! Kommt her zu einem Wort des Ausgleichs zwischen uns und euch! (Einigen wir uns darauf) dass wir Gott allein dienen und ihm nichts als Teilhaber an seiner Göttlichkeit beigesellen, und dass wir (Menschen) uns nicht untereinander an Gottes Statt zu Herren nehmen. Wenn sie sich aber abwenden, dann sagt: ‚Bezeugt, dass wir (Gott) ergeben sind!'"

Interessant ist, dass den muslimischen Überlieferungen zufolge, sowohl Herakleios als auch al-Muqawqas[135] (der ägyptische Herrscher) bereits etwas von einem Propheten ge-

---

133 Mahmood, S. 65.

134 Die Historizität dieser Schreiben ist nicht gesichert. Sie sind nur in islamischen Quellen dokumentiert. Es gibt aber Manuskripte von denen in muslimischen Kreisen behauptet wird, dass sie authentisch seien. König Ḥusain von Jordanien soll das angebliche Originalschreiben Muḥammads an Herakleios in Besitz gehabt haben. Diese Nachricht veröffentlichte die Maǧallat al-Azhar im Oktober 1987 unter Berufung auf jordanische Medien. Vgl. MA, Bd. II/60–1987/88, S. 237.

135 Bei al-Muqawqas handelt es sich wahrscheinlich um den orthodoxen Patriarchen, der als „Statthalter des byzantinischen Kaisers" fungierte. Vgl. Bobzin, Mohammed S. 111.

wusst haben sollen, der nach Jesus auftreten werde. Herakleios soll daraufhin die Gelegenheit genutzt haben, sich bei dem mekkanischen Führer Abū Sufyān, der sich gerade in seinem Herrschaftsgebiet aufhielt, nach Muḥammad zu erkundigen. Er stellte ihm zahlreiche Fragen über die Herkunft und das Verhalten Muḥammads und kam nach diesem Gespräch zum Ergebnis, dass dieser tatsächlich der neue Prophet sei. Da sich aber die mächtigen Personen der Byzantiner dagegen gewehrt hätten, soll er den Islam nicht angenommen haben.[136] Er soll Muḥammad aber eine Antwort geschrieben haben, in der er ihn mit Aḥmad, dem Gesandten Gottes, angesprochen und ihm seine persönliche Haltung und die seiner Untergebenen erklärt haben soll.[137]

Al-Muqawqas antwortete Muḥammad, dass er Kenntnisse über einen weiteren Propheten habe, jedoch vermute, dieser würde in aš-Šām (Syrien) wirken. Er sandte ihm Geschenke und zwei Sklavinnen, von denen Muḥammad eine namens Maria[138] zur Frau nahm und die ihm einen Sohn gebar.[139]

Das Schreiben an den König von Abessinien hatte eine etwas andere Form. Es beinhaltete zunächst Lobpreisungen über Jesus und Maria, ehe die Einladung, an Muḥammads Botschaft zu glauben, folgte. Die islamische Geschichtsschreibung berichtet, der König habe sich daraufhin zum Islam bekannt. Als dieser ein Jahr später verstarb, soll Muḥammad von Medina aus das rituelle Totengebet für ihn gesprochen haben.[140]

In der Folgezeit beginnt das Christentum seine bevorzugte Position immer mehr zu verlieren. Die eingangs ange-

---

136 Siehe dazu Al-Anṣārī, S. 116–121; Ḫarbutlī, S. 39–45.

137 Al-Anṣārī, S. 121.

138 Muḥammad soll die schöne Maria sehr geliebt haben. Der Sohn, der aus dieser Ehe entsprungen sein soll, erhielt den Namen Ibrāhīm und starb schon in der Kindheit. Die beiden Kalifen Abū Bakr und ʿUmar sollen sie bis zu ihrem Tode im Jahre 637 unterstützt haben. EI^2: Māriya (F. Buhl).

139 Ḫarbutlī, S. 45–46.

140 Al-Anṣārī, S. 126–130.

führten polemischen Aussagen des Korans sind in diese Zeit einzuordnen und es kommt sogar der Auftrag, die Schriftbesitzer allesamt zu unterwerfen. In Sure 9:29–33 heißt es:

„Kämpft gegen diejenigen, die nicht an Gott und den jüngsten Tag glauben und nicht verbieten (oder: für verboten erklären), was Gott und sein Gesandter verboten haben, und nicht der wahren Religion angehören – von denen, die die Schrift erhalten haben – (kämpft gegen sie), bis sie kleinlaut aus der Hand Tribut entrichten!“

Weiter berichten die Verse über die Fehltritte der Juden und Christen, die sich anmaßten zu sagen, Gott habe sich einen Sohn genommen und ihre Gelehrten und Mönche an Gottes Stelle zu Herren erhoben hätten. Schließlich rundet Vers 33 das Ganze ab:

„Er ist es, der seinen Gesandten mit der Rechtleitung und der wahren Religion geschickt hat, um ihr zum Sieg zu verhelfen über alles, was es (sonst) an Religion gibt- auch wenn es den Heiden (d. h. denen, die (dem einen Gott andere Götter) beigesellen) zuwider ist.“

Dieser Kurswechsel soll mit der Haltung der Schriftbesitzer Muḥammad gegenüber zusammenhängen. Weder die Juden noch die Christen waren bereit, den Koran als letzte Offenbarung und Muḥammad als Propheten anzuerkennen. Ihre Haupteinwände liegen laut Koran vorwiegend darin, dass sie seine Beglaubigungswunder vermissten. So heißt es etwa in Sure 4:153:

„Die Leute der Schrift verlangen von dir, dass du ihnen (zur Bestätigung deiner Botschaft) eine Schrift (d. h. einen schriftlichen Beweis) vom Himmel herabkommen läßt.“[141]

Die Reaktion der Schriftbesitzer liefert der Koran wiederum selbst:

„Du magst denen, die die Schrift erhalten haben, jedes (nur erdenkbare) Zeichen (oder: jeden (nur denkbaren Koran-) Vers) (als Beweis für deine Wahrhaftigkeit vor) bringen. Sie schließen sich (trotzdem) nicht deiner Gebetsrichtung an.“ (2:145)

[141] Vgl. dazu auch Sure 98 „Der klare Beweis“.

Weitere Koranstellen machen die Treue zur eigenen Tradition als zweiten Einwand der Schriftbesitzer deutlich. Sie würden z. B. zwischen den verschiedenen prophetischen Botschaften unterscheiden und an manche glauben, aber andere verleugnen.[142] Außerdem würde man nur der Rechtleitung folgen und in das Paradies eintreten, wenn man dem Juden- oder Christentum angehörte.[143]

Doch diese Ansprüche weist der Koran vehement zurück: Die Muslime folgen der Religion Abrahams[144] und der Islam ist die einzige bei Gott legitime Religion:

„*Als (einzig wahre) Religion gilt bei Gott der Islam.*" (3:19)[145]

Die Konsequenzen dieser koranischen Aussagen werden noch im späteren Verlauf dieser Arbeit behandelt werden. Zunächst werden wir uns wieder dem historischen Verlauf der Ereignisse zuwenden.

Waardenburg erklärt, dass Muḥammad sich nach seinem Sieg über die Juden und Mekkaner im Jahre 629 den Christen zuwandte.[146] Er zog 630/31 mit seinen Truppen nach Nordarabien, wo sich ihm der christliche Gouverneur von Aylā' friedlich unterwarf und ein Friedensvertrag erstellt wurde. Darin verpflichtete sich dieser, jährlich 300 Dinar zu zahlen und reisende Muslime aufzunehmen. Als Gegenleistung stand die christliche Gemeinde unter dem Schutze des Propheten.[147]

Zum Muster späterer Verträge wurde jedoch das Abkommen mit den Christen aus Naǧrān. Diese sollen eine Delegation nach Medina geschickt haben, die mit Muḥammad ein Streitgespräch darüber führte, „wie die Natur des von

---

142 Vgl. Sure 2:91.

143 Vgl. Sure 2:111.

144 Sure 3:68.

145 Vgl. auch Sure 5:3 und 48:28.

146 Waardenburg, Muslims and others, S. 95.

147 Khoury, Toleranz, S. 63–64. Khoury erklärt zum Betrag von 300 Dinar: „Dies entsprach ungefähr der Anzahl der erwachsenen Männer der Stadt und bedeutete somit eine Abgabe von einem Dinar pro Person." Siehe ebd., S. 63.

den Christen behaupteten Gottmenschentums Jesu beschaffen sei: urewig und anfangslos oder irdisch-erschaffen gleich der Adams."[148] Den Überlieferungen nach lieferte die christliche Seite gute Argumente und die Muslime scheinen geschlagen, jedoch überbringt Gabriel Muḥammad einige Verse[149] durch die er das Gespräch für sich entscheiden kann. Anschließend werden sie aufgefordert, nun den Islam anzunehmen; sie lehnen aber ab. Nun bringt Muḥammad den 61. Vers der gleichen Sure hervor:

„Und wenn nun nach (all) dem Wissen, das dir (von Gott her) zugekommen ist, (irgend) welche Gesprächspartner mit dir darüber streiten, dann sag! ‚Kommt her! Wir wollen unsere Söhne und eure Söhne, unsere und eure Frauen und uns und euch (Männer) selber (zusammen) rufen und hierauf (jede Partei für sich) einen (gemeinsamen) Eid leisten und den Fluch Gottes auf diejenigen kommen lassen, die lügen.' (Dann wird sich zeigen, wer von uns im Besitz der Wahrheit ist.)"

Daraufhin sollen sie um Bedenkzeit gebeten haben. Am nächsten Tag äußerten sie dann den Wunsch, dass jeder bei seinem Glauben bleiben solle. Sie seien aber mit einem Vertragsverhältnis einverstanden. Dieses Angebot nahmen die Muslime an und so kam das Abkommen zustande.[150]

Darin wurden insbesondere die Wertgegenstände festgehalten, die jährlich zwei Mal zu liefern seien und der Schutz für die Bewohner, ihrem Eigentum und ihrer Gebetsstätten garantiert. Zudem wurde ihnen keine Demütigung auferlegt und sie sollten Gerechtigkeit erfahren.[151]

Als Konsequenz des Unterwerfungsbefehls wird den Christen wie den anderen Schriftbesitzern der Status der Schutzbefohlenen (*ḏimmī*) zugewiesen. Sie obliegen keinem

---

148 Schmucker, S. 188.

149 Sure 3:59–61.

150 Schmucker, S. 187–189; siehe dazu auch MA, Bd. I/59–1986, S. 18–21.

151 Khoury, Christen unterm Halbmond, S. 56–57. Darin ist der ganze Text des Vertrages wiedergegeben.

Bekehrungszwang[152], genießen Religionsfreiheit und den Schutz der Muslime, solange sie einen vereinbarten Tribut (*ǧizya*) entrichten. Letzteres sei jedoch nicht als Strafe anzusehen, wie Ḫarbutlī erklärt. Sie sei lediglich eine von vielen Steuerarten, die der Islam kennt. Außerdem handelt es sich bei der *ǧizya* um keinen festgelegten Betrag. Sie wurde je nach Zeit und Ort anders bestimmt.[153] Khoury betont, dass die *ǧizya* eine Ersatzleistung für den Wehrdienst ist, den Christen nicht absolvieren dürfen, weshalb auch Frauen und Kinder dieser Zahlung nicht nachkommen müssen. Anders als Ḫarbutlī sieht er darin eine demütigende Maßnahme, die die Nichtmuslime eventuell zu einer Konversion anregen soll.[154]

Der Status als Schutzbefohlene stellt keine Aufhebung der Thora und des Evangeliums dar. Vielmehr werden sie im Koran sogar darauf hingewiesen, ihre eigenen Gesetze zu befolgen.[155] Khoury vertritt zu dieser Position die These, dass die Schriftbesitzer als Teilgläubige angesehen werden, was ihnen eine andere Behandlung als den Ungläubigen gewährt.[156]

Zum Umgang mit den Schutzbefohlenen soll Muḥammad in einigen Aussprüchen seine Gemeinde ermahnt haben, sie gerecht und milde zu behandeln. So gebietet er, mit armen *ḏimmīs*, die keinen Tribut entrichten können, geduldig zu sein[157] und warnt davor, einem Bündnispartner Unrecht anzutun. Dann würde er am Tag des Gerichts der Fürsprecher des Entrechteten sein.[158]

Es dürfte inzwischen ersichtlich geworden sein, dass die frühislamische Haltung bei den Beziehungen zu den Christen sehr pragmatisch war und sich je nach politischem Umstand neu entwickelte. Daher dürfte es nicht mehr verwunderlich

---

152 Sure 2:256 bekräftigt, dass es keinen Zwang in der Religion gibt.
153 Ḫarbutlī, S. 67–68.
154 Khoury, Toleranz, S. 172.
155 Vgl. Sure 5:66 und 68.
156 Khoury, Toleranz, S. 33.
157 Dazu Dharmaraj, S. 88.
158 Dazu Al-Ġazālī, S. 44.

sein, wenn die koranischen Aussagen zwischen Freundschaft und Feindschaft mit den Christen variieren. Die Christen sind Teilgläubige, die letztendlich unterworfen werden sollen. Sie sollen weder ganz ausgeschlossen noch ganz integriert werden. Sure 5:51 mahnt in politisch gefährlichen Situationen einen vorsichtigen Umgang mit Nichtmuslimen an.[159] Der Kriegsauftrag gegen sie bezieht sich nicht darauf, dass sie Christen sind, sondern, dass sie zu jener Zeit politische Rivalen waren. Die Christen wie die Juden sollten nicht zur Annahme des Islams gezwungen werden. Als gesellschaftliche Grundlage sollten sie jedoch die Dominanz der Religion akzeptieren, wie Waardenburg erklärt.[160] Paret rätselt bei der Interpretation des Unterwerfungsverses darüber, ob die Bemerkung *„von denen, die die Schrift erhalten haben"* nicht nachträglich eingefügt wurde und dieser sich eigentlich nur auf die Unterwerfung der Heiden beziehe. Sie waren im Gegensatz zu Juden und Christen diejenigen, die nicht an Gott und den jüngsten Tag glaubten.[161]

Auch wenn, wie im folgenden Abschnitt noch zu sehen sein wird, die Unterwerfung der Christen im weiteren Verlauf der islamischen Geschichte vollzogen wurde, darf darüber spekuliert werden, ob dieser Vers einen ewigen oder einen temporären Charakter hat.

Wie sich das klassische Bild des Christentums und die Position der Christen in den verschiedenen Epochen und insbesondere im Zuge der arabischen Eroberungen nach Muḥammads Tod weiterentwickelte, wird, ebenso wie die Behandlung von einzelnen Dialogen zwischen den beiden Glaubensgemeinschaften, Gegenstand des folgenden Teils dieses Kapitels sein.

---

[159] Khoury, Christen unterm Halbmond, S. 52–53.
[160] Waardenburg, Muslim and others, S. 97.
[161] Paret, Kommentar, S. 199.

2.2 Die Entwicklung des Verhältnisses der Muslime zum Christentum

Nach dem Ableben Muḥammads im Jahre 632 in Medina übernahmen vier seiner engsten Vertrauten nacheinander die Herrschaft über die islamische Gemeinde, welche insgesamt knapp 30 Jahre lang regierten und als al-Ḫulafā'ar-Rāšīdūn (die rechtgeleiteten Kalifen)[162] bezeichnet werden.

Das Verhalten dieser Herrscher hat zumindest im sunnitischen Islam[163] eine große Bedeutung, denn neben dem Koran und der Sunna wurde dieses als Vorlage für spätere rechtliche Regelungen verwendet und bildete die Grundlage vieler rechtlicher Bestimmungen und juristischer Argumentationen, die in späteren Zeiten erarbeitet wurden.

Auch ihr Umgang mit Nichtmuslimen sollte einen großen Stellenwert einnehmen, da spätere Herrscher und Statthalter sich nach den von ihnen festgelegten Bestimmungen richteten bzw. nach dem, was sie für deren Verhalten hielten, oder eigene Bestimmungen auf sie zurückzuführen versuchten.

Während unter Muḥammad und seinem ersten Nachfolger Abū Bakr die Arabische Halbinsel sowie einige Teile des Irak unter islamischer Herrschaft standen, expandierte das Reich in der zehnjährigen Regierungszeit des zweiten Kalifen ʿUmar rasch weiter. Neben Damaskus (635) und fast dem gesamten persischen Reich (642) gerieten auch Jerusalem (638) und Caesarea (640) aus dem Herrschaftsbereich von Byzanz sowie bis zum Jahre 642 auch Ägypten unter muslimische Kontrolle.[164]

---

[162] Abū Bakr (reg. 632–634), ʿUmar b. al-Ḫaṭṭāb (reg. 634–644), ʿUṯmān b. ʿAffān (reg. 644–656), ʿAlī b. Abī Ṭālib (reg. 656–661).

[163] Die Schiiten vertreten die Ansicht, dass nur ʿAlī der einzige rechtsmäßige von Muḥammad selbst ernannte Nachfolger sei. Auf ihn folgt eine Reihe von elf Imamen, die aus seiner Nachkommenschaft stammen. Siehe ausführlich dazu Halm, Schia, S. 10ff.

[164] Kallfelz, S. 30–31; Dazu, wie es zu dieser schnellen Expansion kommen konnte siehe Donner, S. 3ff.

Diese ersten Eroberungszüge verfolgten weder ein festgelegtes Ziel noch waren sie strategisch organisiert. Vielmehr sind sie auf Initiativen einzelner Befehlshaber zurückzuführen und wurden nur bedingt von den Kalifen selbst koordiniert.[165]

Es ging den Muslimen dabei auch nicht um die Verbreitung ihrer Religion unter den eroberten Völkern. Wie Kallfelz erklärt, „scheint es nicht einmal den Gedanken einer allgemeinen Bekehrung gegeben zu haben."[166] Das Ziel bestand eher darin, den eigenen Herrschaftsbereich zu vergrößern, um einen materiellen Gewinn zu erzielen, der unter anderem durch Beute und Steuereinnahmen zustande kam.[167]

Nach dem Vorbild Muḥammads wurden mit den Besiegten Schutzverträge abgeschlossen, die ab dem 7. Jahrhundert die Rahmenbedingungen für das Überleben des Christentums unter islamischer Herrschaft definieren sollten. Welche Bedeutung diesen Abkommen zukommt, wird bis heute noch kontrovers diskutiert. Zum einen könnten sie als Abgrenzung der Muslime von den immer noch die Mehrheit der Bevölkerung stellenden Christen gedient haben, zum anderen könnten sie aber auch als Aufruf zur Annahme des Islams verstanden werden. Tamcke erklärt hierzu:

> „Im Zusammenleben mit den Muslimen sollten die Christen von den Vorzügen des islamischen Glaubens und Gesetzes überzeugt werden. Andererseits wurde schon früh ein Widerspruch zwischen der universalen Mission des Islam und diesen Schutzverträgen empfunden. Schließlich gelten sie besonders im innermuslimischen Diskurs als deutlich sichtbare Zeugen für das, was in Anlehnung an die intellektuellen Traditionen Europas und der europäisierten Welt als Toleranz verstanden wird."[168]

---

165 Ebd., S. 32.
166 Ebd., S. 33.
167 Ebd.
168 Tamcke, S. 26–27.

Zu letzterem Aspekt schreibt der Islamwissenschaftler Abu Munshar: „It was common practice for Muslim conquerors to negotiate pacts with conquered peoples. These treaties were quite similar in structure and content and reflected a spirit of tolerance towards non-Muslims."[169]

Diese Art der Interpretation der Verträge vertreten auch Gelehrte der Azhar-Universität. In einigen Artikeln der Maǧallat al-Azhar, die zu Rechten und Pflichten oder zur Behandlung der Nichtmuslime, aber insbesondere zur Toleranz im Islam Stellung nehmen, wird betont, dass die Garantien, die den Eroberten gegeben wurden, den toleranten Umgang der Muslime mit ihren Untertanen verdeutlichen.[170]

Die Verträge, die z. B. mit den oben angeführten eroberten Gebieten abgeschlossen wurden,[171] gaben nur die Rahmenbedingungen des Friedensabkommens vor. Das Zusammenleben im Alltag wurde nicht in aller Ausführlichkeit geregelt.[172]

Als Beispiel seien an dieser Stelle die wesentlichen Bestimmungen des Vertrages von Jerusalem, der vermutlich aus dem Jahre 638 stammt, in zusammengefasster Form angeführt:

- Gewährleistung von Sicherheit für Personen, Besitz, Kirchen, Kreuze und die Kultusfreiheit im Allgemeinen.
- Kirchen dürfen nicht zu Wohnzwecken benutzt oder zerstört werden.
- Kein Zwang wird ihnen in Sachen der Religion angetan und keinem von ihnen wird Schaden zugefügt.
- Die Bewohner müssen Abgaben entrichten, ebenso wie die Bewohner der anderen Städte.

---

169 Abu-Munshar, S. 55.

170 Siehe dazu u. a. MA, Bd. IX/52–1979/80, S. 1697–1712; Bd. IX/55–1982/83, S. 1077–1086; Bd. I/56–1983–84, S. 24–38; Bd. II/57–1984/85, S. 678–686.

171 Einige Verträge lassen sich in deutscher Übersetzung finden in: Khoury, Christen unterm Halbmond, S. 60–73.

172 Tamcke, S. 27.

Der Vertragstext endet mit einer für derartige Verträge typischen Formulierung, welche die aufgeführten Bestimmungen unter die Garantie Gottes und den Eidschutz (*ḏimma*) des Propheten, der Kalifen und der Gläubigen (Muslime) unter der Bedingung, dass die Bewohner die ihnen obliegenden Abgaben entrichten, stellt.[173]

Da keine Manuskripte der Verträge im Original vorhanden sind, ist man auf die Berichterstattung der arabischen Geschichtsschreiber angewiesen, in der sie in Form von Urkunden oder als Urkundenregesten überliefert werden. Teilweise wird auch nur ihre Entstehung genannt.[174]

Albrecht Noth erklärt in seiner Untersuchung der literarischen Quellen:

> „In den literarisch überlieferten Vertragsabschlüssen der muslimischen Eroberer mit den sich unterwerfenden Andersgläubigen ist ein Grundbestand authentischer Bestimmungen noch gut fassbar. Eine Reihe von Regelungen über finanzielle Leistungen, die noch nicht Steuercharakter haben, ferner bestimmte nicht-besitzrechtliche Abmachungen lassen sich nur aus der Situation der ersten muslimischen Eroberungen erklären. Sie tragen deutlich Ad-hoc-Charakter und zeigen, wie wenig systematisch die Eroberer bei Vertragsabschlüssen vorgegangen sind."[175]

Jedoch soll es auch zu absichtlichen Veränderungen der Inhalte gekommen sein. So zum Beispiel bei der Regelung der von Nichtmuslimen zu entrichtenden Abgaben, aber auch bei politisch nötigen Konzessionen in manchen Regionen und bei den Regeln des Zusammenlebens von Muslimen und Nichtmuslimen.[176]

---

[173] Als Grundlage des Vertragstextes wurde auf die Übersetzung bei Khoury zurückgegriffen. Vgl. Khoury, Toleranz, S. 77–78; siehe dazu auch: MA, Bd. I/75–2002, S. 64–69.

[174] Noth, Verträge der Eroberungszeit, S. 285–286.

[175] Ebd., S. 312.

[176] Ebd., S. 313–314.

Damit wird deutlich, dass diese Verträge nicht nur eine Imitation der Verträge waren, die Muḥammad selbst zugeschrieben werden. Es wurden auch eigenständige Entscheidungen getroffen, vor allem in Bereichen, in denen die Hauptquellen des Islams „keine Lösung liefern und keine Kriterien festlegen".[177]

Bisher wurde geschildert, auf welche Normen sich für den Umgang mit Nichtmuslimen – den Quellen zufolge – während der Zeit der ersten vier Kalifen bezogen wurde. Aber wie sah es in praktischer Hinsicht aus?

Das System der *ḏimma* soll Bernard Lewis zufolge in den ersten Jahrhunderten des Islams im Großen und Ganzen gut funktioniert haben. Er schreibt dazu:

> „Es gelang den Nichtmuslimen, unter muslimischer Herrschaft recht gut zu leben und sogar einen beachtlichen Beitrag zur islamischen Kultur zu leisten. Die ihnen auferlegten Beschränkungen waren nicht drückend und im allgemeinen in der Praxis weniger hart als in der Theorie. Solange die nichtmuslimischen Gemeinschaften den ihnen zugewiesenen Status der geduldeten Unterordnung akzeptierten und sich entsprechend einrichteten, wurden sie nicht belästigt. Den wenigen Ausbrüchen von Unterdrückung oder gegen sie gerichteter Gewalt lag fast immer das Gefühl zugrunde, sie hätten ihren Platz verlassen und so ihren Teil des Paktes nicht eingehalten. Im allgemeinen war der Anlaß der unangemessene Aufstieg von Christen oder Juden in mächtige und einflussreiche Stellen, welche die Muslime als ihnen selbst zustehend betrachteten …"[178]

Die Religionsfreiheit der unterworfenen Schriftbesitzer soll stets betont worden sein. Die Kalifen selbst sollen der religiö-

[177] Khoury, Christen unterm Halbmond, S. 59–60.

[178] Lewis, Der Islam Bd. II, S. 271. Dort erklärt er weiter, dass sich die Stellung der Nichtmuslime während der Kreuzzüge und dem Vordringen der Mongolen verschlechterte.

sen Freiheit ihrer Untertanen großen Respekt entgegengebracht haben, was nicht ohne Einfluss auf die spätere „Entwicklung der diesbezüglichen islamischen Rechtsnormen“ bleiben sollte.[179]

Christliche Zeitzeugen bestätigen die respektvolle Behandlung. Khoury erwähnt in diesem Zusammenhang Katholikos Isho'yahb III (gest. 658), der erklärt, „dass die Muslime die christliche Religion nicht bekämpfen, daß sie ‚unsere Religion schützen, unsere Priester und frommen Männern respektieren und den Kirchen und Klöster Geschenke machen.‘“[180] Weitere Beispiele für diese respektvolle Haltung werden in Bezug auf den Kalifen ʿUmar berichtet. So habe er es aus Sorge, die Muslime könnten später aus der Auferstehungskirche eine Moschee machen, abgelehnt, in ihr das Ritualgebet zu verrichten.[181]

Was das gesellschaftliche Leben anbelangt, so erfahren wir, dass Christen auch öffentliche Ämter bekleidet haben. Zwar soll ʿUmar einige Gouverneure dafür gerügt haben, dass sie christliche Sekretäre eingestellt hätten, er selbst soll aber einen Christen mit der Eintreibung der Almosensteuer beauftragt haben. Unter dem vierten Kalifen ʿAlī war der Verwalter der Provinz Naǧrān ein Christ. Ein Grund dafür, auf Dienste von Christen und Juden in der Verwaltung zurückzugreifen, könnte darin liegen, dass zu jener Zeit Muslime in diesen Bereichen nicht über genügend Erfahrung verfügten.[182]

Und auch bei der Eintreibung des Tributs, der, wie schon mehrfach deutlich geworden ist, die Hauptpflicht der Nichtmuslime gegenüber den Muslimen darstellte, sollen sich die ersten Herrscher von ihrer milden Seite gezeigt haben. Begründet wurde dies mit Anweisungen, die auf den Propheten

---

[179] Khoury, Christen unterm Halbmond, S. 76.

[180] Ebd., S. 77.

[181] MA, Bd. VI/1967–1967/68, S. 481–484 und Bd. I/75–2002, S. 64–69; Weitere Überlieferungen zu ʿUmars Umgang mit *ḏimmīs* siehe u. a. al- Ġazālī, S. 45ff. und Yamūt, S. 94ff.

[182] Khoury, Christen unterm Halbmond, S. 78–79.

selbst zurückgehen sollen. Muḥammad soll diesbezüglich unter anderem gesagt haben: „Wer einen vertragsgebundenen Tributzahler unterdrückt oder überlastet oder ihm etwas wegnimmt, gegen den werde ich selbst (am Jüngsten Tag) auftreten.“[183]

Bis dahin ist von den demütigenden Maßnahmen, wie sie zum Teil in späteren Zeiten für die nichtmuslimischen Untertanen festgelegt wurden, kaum etwas zu finden. Khoury erklärt in diesem Zusammenhang: „Und dort, wo Unfreundlichkeit herrschte, hing dies mit besonderen zeitbedingten Umständen, nicht mit einem koranischen Grundsatz oder einer in der Sunna und im Verhalten der ersten Khalifen vorgeschriebenen bzw. empfohlenen Handlungsweise zusammen.“[184]

Es kann also festgehalten werden: Die Muslime hatten mit den Bewohnern der eroberten Gebiete Verträge abgeschlossen, in denen sie ihnen die Garantie auf Leben, Besitz und freie Religionsausübung zusicherten, solange diese den Tribut zahlten. Dieses Vorgehen funktionierte bis dahin in der Regel sowohl in der Theorie als auch in der Praxis.

Das wichtigste literarische Dokument, das in späteren Zeiten zur Richtlinie für die Behandlung der *ḏimmīs* werden sollte und noch bis heute in vielen Kreisen als gültig angesehen wird, ist in der Geschichtsschreibung und den Rechtsquellen als *„aš-šurūṭ al-ʿumarīya“* (das ʿUmar-Abkommen; wörtlich heißt es: Die Bedingngen ʿUmars) bekannt, von dem in den Quellen des 11. – 15. Jahrhunderts verschiedene meist kurze Versionen überliefert sind. Hierbei handelt es sich um einen Vertrag, auf den sich der Kalif ʿUmar mit den Christen einer Stadt in Syrien geeinigt haben soll.

Die älteste Quelle, die den Text dieses Abkommens ausführlich wiedergibt, ist das *Sirāǧ al-mulūk* von aṭ-Ṭurṭušī

---

[183] Ebd., S. 82. Siehe dazu auch: MA, Bd. XII/78–2005/06, S. 2088–2091; für andere Aussprüche zu den Rechten der Schutzbefohlenen siehe u. a.: MA, Bd. X/2–1932, S. 683–689; Bd. III/24–1952/53, S. 313–316; Bd. IX/52–1979/80, S. 1697–1712.

[184] Khoury, Christen unterm Halbmond, S. 83.

(gest. 1126). Als Überlieferer wird ein Mann namens ʿAbd ar-Raḥmān ibn Ġunm (gest. 687) genannt. Dieser berichtet, dass die Christen Syriens in eigener Initiative dem Kalifen, nachdem er ihnen Frieden gewährt hatte, einen Brief geschrieben und als Gegenleistung für die Garantie ihrer Sicherheit zahlreiche Verpflichtungen auf sich genommen hätten, von denen hier die wichtigsten genannt werden sollen:

- Sie verpflichteten sich, keine Klöster, Kirchen, Mönchszellen und Einsiedeleien zu bauen oder baufällige Gebäude von Christen in muslimischen Wohnvierteln zu restaurieren.
- Muslime gastfreundlich zu behandeln und sie drei Tage lang aufzunehmen,
- Keinem Spion Asyl zu gewähren und den Muslimen nichts zu verheimlichen, was ihnen Schaden bringen könnte.
- Die christlichen Kinder nicht den Koran zu lehren.
- Kulthandlungen nicht öffentlich zu zeigen und die Konversion zum Islam von Angehörigen nicht zu verhindern.
- Auf Waffen zu verzichten.
- An der eigenen Kleidungsweise festzuhalten und den *zunnār* (besonderer Gürtel der Christen) zu tragen und nicht danach zu streben, den Muslimen in der Kleidung ähnlich zu sein.
- Keinen Alkohol zu verkaufen und die Glocken in den Kirchen leise zu läuten.

ʿUmar soll dem Inhalt des Briefes zugestimmt und ihn um zwei weitere Bedingungen erweitert haben. Zum einen durften die Christen keine Kriegsgefangenen der Muslime kaufen und wer absichtlich einen Muslim schlug, stand nicht mehr unter dem Schutz des Vertrages.[185]

---

[185] Das ʿUmar-Abkommen in deutscher Übersetzung lässt sich finden in: Lewis, Der Islam, Bd. II, S. 271–273; Kallfelz, S. 78–79; Khoury, Christen unterm Halbmond, S. 87–89.

In dieser Version des Abkommens wird die Stadt, mit der man sich auf diese Bedingungen geeinigt hatte, an keiner Stelle namentlich erwähnt.[186] Außerdem wird, wie in den meisten anderen Versionen, keinerlei Bezug auf die zu entrichtenden Abgaben genommen, die bei anderen Verträgen in der Regel den Hauptbestandteil des Schutzvertrages ausmachten.[187]

In diesem Zusammenhang findet sich in der Version des Ibn ʿAsākir (gest. 1176) eine sehr merkwürdige Aussage, die starke Zweifel an der Glaubwürdigkeit dieser Überlieferung aufkommen lässt. Darin erklären die Christen selbst: „Wir werden die *ǧizya* in erniedrigender Weise persönlich entrichten."[188]

Der Text dieses Abkommens birgt, wie an dem obigen Beispiel schon zu erkennen war, einige Ungereimtheiten in sich: Wie wahrscheinlich ist es, dass die Christen selbst die Initiative ergreifen und sich dabei freiwillig solche demütigenden Konditionen auferlegen? Dies erscheint vor allem vor dem Hintergrund, dass keiner der bis dahin bekannten Verträge solche Bestimmungen beinhaltete, äußerst unwahrscheinlich.

Außerdem verwundert es, dass keiner der früheren muslimischen Historiker wie al-Yaʿqūbī (gest. frühes 10. Jh.), aṭ-Ṭabarī (gest. 923), al-Balāḏurī (gest. 892) oder Ibn al-Aṯīr (gest. 1233), die über die islamischen Eroberungen berichten, irgendetwas zu solch einem Abkommen erwähnen.[189] Dennoch halten laut Abu Munshar eine Reihe von Rechtsgelehr-

---

[186] Dort heißt es: „Dies ist ein Brief, den die Christen von der und der Stadt an den Diener Gottes ʿUmar ibn al-Ḫaṭṭāb, den Befehlshaber der Gläubigen, gerichtet haben." Khoury, Christen unterm Halbmond, S. 87.

[187] Kallfelz, S. 80. In der Variante des Ibn al-Wāsiṭī, die einen Vertrag zwischen dem Patriarchen von Antiochien und ʿUmar und Abū ʿUbayda für Damaskus vorstellt, wird Bezug auf Abgaben genommen. Dort heißt es, dass die Reichen eine Pro-Kopf-Abgabe von 48, die weniger Reichen 24 und die Armen 12 Dirham zu zahlen hätten. Siehe dazu: Khoury, Christen unterm Halbmond, S. 86–87.

[188] Siehe dazu Kallfelz, S. 79.

[189] Abu-Munshar, S. 75.

ten und Historikern aus späteren Zeiten das Dokument für authentisch.[190]

Die moderne Wissenschaft geht jedoch stark davon aus, dass es nicht auf den Kalifen ʿUmar zurückgeführt werden kann.[191] Khoury beschreibt das Dokument wie folgt:

> „Ein Muster für Abkommen, Vereinbarungen und Verträge zwischen Muslimen und Schutzbefohlenen (Dhimmī), das später in der angegebenen Ausführlichkeit zusammengesetzt wurde, um daraus die auf die Autorität des ʿUmar zurückgeführte Grundlage der diesbezüglichen Rechtsverordnungen des islamischen Gesetzes zu machen."[192]

Trotz der Zweifel an der Authentizität des ʿUmar-Abkommens hat sein Inhalt, wie noch zu sehen sein wird, in der islamischen Geschichte bis in die Gegenwart hinein eine wichtige Funktion für den Umgang mit Nichtmuslimen, wie Noth erklärt.[193]

An dieser Stelle sei darauf hingewiesen, dass auch die übrigen Verträge aus der Eroberungszeit, die dem gemäßigteren Muster – das am Anfang dargestellt wurde – folgen, ebenfalls von Seiten der Rechtsgelehrten zur Legitimation eigener Auffassungen manipuliert wurden, indem sie diese neuen Bestimmungen mit den tatsächlichen Vereinbarungen in Einklang brachten. Dabei handelte es sich um „Regeln des Zusammenlebens von Muslims und Nicht-Muslims, die sich nach dem Ansässigwerden der Eroberer allmählich entwickelten".[194]

---

190 Er nennt hier u. a. Ibn Ḥazm (gest. 1063), Ibn Taimīya (gest. 1328) und Ibn Kaṯīr (gest. 1373). Siehe Abu-Munshar, S. 63.

191 Siehe dazu unter anderem: Khoury, Toleranz, S. 85–86, Abu-Munshar, S. 80, al-Ġazālī, S. 50ff., Kallfelz, S. 80–82.

192 Khoury, Toleranz, S. 85.

193 Noth, Bedingungen, S. 314.

194 Noth, Verträge der Eroberungszeit, S. 313; siehe dazu auch Kallfelz, S. 77–78.

In diesem Zusammenhang ist das frühabbasidische Kalifat von besonderer Bedeutung. Hier werden wir Zeugen von selbstständigen Bestimmungen und Erlässen einiger Kalifen, deren demütigende Vorschriften viele Parallelen mit dem ʿUmar-Abkommen zeigen.

In der Herrschaftszeit Hārūn ar-Rašīds (reg. 786–809) soll es immer wieder zu Repressalien gegen die christliche Bevölkerung gekommen sein. Grund hierfür scheinen die kriegerischen Auseinandersetzungen mit dem Byzantinischen Reich gewesen zu sein, bei denen die Christen verdächtigt wurden, die Handlanger von Byzanz zu sein.

Als das Heer ar-Rašīds im Jahre 806 aufgrund nicht entrichteter Tributzahlungen das byzantinische Grenzgebiet überfiel, wurden dort alle Kirchen zerstört. Auch Kirchen, die erst nach den Eroberungen gebaut worden waren, ließ er zerstören. Zudem wurde den Nichtmuslimen auferlegt, die für sie festgelegte Kleidung zu tragen. Wie Kallfelz erklärt, sei ar-Rašīd damit den Forderungen des Rechtsgelehrten Abū Yūsuf (gest. 798) nachgekommen.[195] Demnach wurde den *ḏimmīs* auferlegt, den *zunnār* und eine lange gesteppte Mütze, die man *qalansuwa* nannte, zu tragen. Des Weiteren wurde ihnen unter anderem verboten, neue Kirchen zu bauen, Kreuze zur Schau zu stellen und sowohl Wein als auch Schweinefleisch zu verkaufen. Abū Yūsuf soll diese Maßnahmen insbesondere auf den Kalifen ʿUmar zurückgeführt haben.[196]

Unter dem Kalifen al-Mutawakkil (reg. 847–861) wurden die Bestimmungen nochmals bekräftigt und verschärft. Weitere kamen hinzu. Aus einem Erlass aus dem Jahre 850 geht hervor, dass die Christen an ihren *qalansuwas* zwei Knöpfe anbringen und ihre Frauen ein honigfarbenes Kopftuch, tragen mussten. Ihre Sklaven mussten durch Stoffstücke von anderer Farbe als ihre Kleidung erkenntlich sein.

---

[195] Kallfelz, S. 116.
[196] Ebd., S. 77.

Ferner wurde angeordnet, Kirchen zu zerstören und den Christen ein Zehntel ihrer Häuser wegzunehmen. An ihren Haustüren wurden Teufelsdarstellungen angenagelt, um sie von den Häusern der Muslime zu unterscheiden. Ḏimmīs wurde auch untersagt, Ämter oder Regierungsaufgaben zu bekleiden;[197] ihre Kinder durften weder muslimische Schulen besuchen, noch durfte ein Muslim sie unterrichten.[198]

Aus diesen Beispielen wird noch einmal ersichtlich, dass viele dieser Bestimmungen eigentlich weder durch den Koran noch durch die Sunna legitimiert waren. Vielmehr versuchten Herrscher und Rechtsgelehrte, ihre eigenen Vorstellungen dadurch zu rechtfertigen, dass sie sich auf Autoritätspersonen wie die rechtgeleiteten Kalifen und insbesondere auf ʿUmar zurückzuführen versuchten.

Im Allgemeinen nahm die Rechtsgelehrsamkeit ab der Abbasidenzeit einen hohen Stellenwert ein. So entstanden die vier sunnitischen Rechtsschulen, die Ḥanafiten,[199] die Mālikiten,[200]

---

[197] Diesbezüglich existiert ein weiterer Erlass aus dem gleichen Jahr, in dem al-Mutawakkil seinen Beamten explizit verbietet, *ḏimmīs* in Ämter des Staatswesens einzustellen. Siehe dazu Lewis, Der Islam, Bd. II, S. 281–282.

[198] Lewis, Der Islam, Bd. II, S. 280; Zum Umgang schiitischer Dynastien wie etwa den Fatimiden mit den *ḏimmīs* siehe: Lewis, S. 282–283; Buyukkara, Ali M.: *„The Fatimid Imams and „The People of the Book" (Ahl al-Kitāb)"*. In: Hamdard Islamicus. Vol. XXV, No 2. S. 51–57. Zur Dynastie der Safawiden siehe Savory, Roger M.: *Relations between the Safavid State and its Non-Muslim Minorities.* In: Islam and Christian-Muslim Relations, Vol. 14, No. 4, Oktober 2003. S. 435–458.

[199] Gründer dieser Schule ist der aus Persien stammende Rechtsgelehrte Abū Ḥanīfa (699–767). Entstanden ist sie im Irak und ist hauptsächlich in den Ländern des Vorderen Orients, aber insbesondere im nichtarabischen Raum der islamischen Welt (z. B. Türkei, Afghanistan, Pakistan, Indien, Zentralasien) vertreten. In der ḥanafatischen Schule wird bei der Urteilsfindung dem persönlichen Urteil des Gelehrten hohe Bedeutung beigemessen. Somit spielt neben den Quellen des Islams der Menschenverstand eine anerkannte Rolle. Dazu Khoury, Toleranz, S. 99–100.

[200] Die mālikitische Schule wurde von Mālik ibn Anas (715–795) aus Medina gegründet. Hier wird die Übereinstimmung der Gelehrten als Richtlinie betrachtet und das Gemeinschaftsinteresse betont. Dominierend ist diese Rechtsschule in Nord- und Schwarzafrika. Ebd., S. 100–101.

die Šāfiʿiten[201] und die Ḥanbaliten,[202] die das islamische Recht, das als verbindlich gelten sollte, entwickelten. Der Hauptunterschied zwischen den Schulen ist das Gewicht, das ihre Rechtsgelehrten dem Koran, der Sunna und weiteren Methoden der Rechtsfindung beimessen. Die Rechtsschulen haben bis in die gegenwärtige Zeit eine große Bedeutung und sie genießen bei ihren Anhängern absolute Autorität.[203] Ein gutes Beispiel hierfür ist die Azhar-Universität selbst, die bei ihren Rechtsgutachten oder Darstellungen verschiedenster Themenaspekte in ihrer Zeitschrift des Öfteren die Meinung aller vier Schulen berücksichtigt und somit deutlich macht, dass sie selbst die Haltung der Schulen für repräsentativ erachtet.

Anhand zweier Maǧalla-Artikel aus dem Jahre 1973/74 soll diese Praxis verdeutlicht werden. In diesen Artikeln wird das Verhältnis der Muslime zu den *ḏimmīs* behandelt und dabei Fragen bezüglich des Kirchenbaus von Christen in muslimischen Gebieten unter Einbezug aller vier Rechtsschulen erörtert. Die wichtigsten Angaben seien im Folgenden angeführt:

---

[201] Die šāfiʿitische Schule wurde von aš-Šāfiʿī (767–820) aus Mekka gegründet und ist in Teilen der Arabischen Halbinsel, in Südarabien, Ostafrika, Indonesien und Malaysia vorherrschend. Seine Schule misst bei der Rechtsfindung „der Übereinstimmung der Rechtgelehrten" einen hohen Stellenwert bei. Ebd., S. 101.

[202] Die ḥanbalitische Schule hat den Traditionssammler Aḥmad ibn Ḥanbal (780–855) zum Gründer. In dieser Schule werden neben dem Koran und der Sunna keine anderen Quellen zur Rechtsfindung geduldet. Als einzigen Maßstab für die Gläubigkeit und der sozialen Ordnung wird die Rückbesinnung auf die Tradition Muḥammads und seiner Gemeinde angesehen. Besonders in Saudi-Arabien ist die Schule vorherrschend. Aus ihr entstammte die wahhābitische Bewegung, der das saudische Königshaus noch heute angehört, aber auch die Salafīya-Bewegung, nach deren Auffassung eine Erneuerung des Islams durch Rückbesinnung auf die Lebensweise der ersten muslimischen Generationen erforderlich ist. Ihre Denker sind vorwiegend in Ägypten aufgetreten und hatten Bezug zur Azhar-Universität, wie Al-Afġāni, ʿAbduh und Riḍā. Ebd., S. 101–102.

[203] Khoury, Toleranz, S. 99.

Der mālikitischen Schule nach ist in Gebieten, deren Grenzen von muslimischer Seite festgelegt wurden, der Bau von Kirchen nicht erlaubt. Gebiete, deren Grenzen nicht von der muslimischen Gemeinde gesetzt wurden, werden hiervon unterschieden. In Gebieten, die durch Kampfhandlungen in den Herrschaftsbereich der Muslime fielen, dürfen keine Kirchen errichtet werden. Was schon an Kirchen vorhanden war, darf Bestehen bleiben; zerstörte Gebäude jedoch dürfen nicht restauriert werden. Anders verhält es sich mit denjenigen Gebieten, die durch einen Friedenschluss eingenommen wurden. Dort ist sowohl der Bau von Kirchen als auch die Restaurierung von beschädigten Kirchen gestattet.[204]

Die ḥanafitische Schule verbietet den Bau von Kirchen in den islamischen Provinzen und dehnt dieses Verbot auf die Arabische Halbinsel aus, auf der sie auch die Zerstörung bereits vorhandener Kirchen anordnet. In Dörfern, die mehrheitlich von Nichtmuslimen bewohnt sind, ist der Neubau nur erlaubt, sofern dort keine muslimischen Riten durchgeführt werden. Ansonsten gilt auch in diesen Fällen, wie zum Beispiel in Ägypten, das Verbot.[205]

Die Šāfiʿiten meinen, dass in Städten, die von Muslimen neu errichtet wurden, wie zum Beispiel Kairo oder Basra, oder aber Gebieten, die unter muslimische Oberhoheit gefallen sind, der Bau von Kirchen verboten sei und neu gebaute

---

[204] MA, Bd. IV/45–1973/74, S. 367–68. An dieser Stelle sei erwähnt, dass im islamischen Mittelalter die Theorie von der Aufteilung der Welt in zwei Sphären entstand: Das „Gebiet des Islam" (*dār al-islām*), das alle Länder umfasst, in denen die islamische Gesetzgebung maßgebend ist und das „Gebiet des Krieges" (*dār al-ḥarb*), eine Bezeichnung für den Rest der Welt, die Khoury zufolge „unter Berücksichtigung der Umstände der damaligen Zeit" entstanden ist. Vgl. Khoury, Toleranz, S. 104. In Friedenszeiten, deren Regelungen durch Verträge ausgehandelt wurden, erhält das nicht-islamische Gebiet den Namen „Gebiet des Vertrags" (*dār al-ʿahd*) oder aber auch „Gebiet des Friedenschlusses" (*dār al-ṣulḥ*). Siehe dazu: Khoury, Toleranz, S. 104ff.; Lewis, Muslim Discovery, S. 59ff. Mittlerweile gibt es Meinungen, die diese Aufteilung für veraltet halten. So etwa Tariq Ramadan, der sie für die heutigen Begebenheiten nicht mehr angemessen findet. Siehe dazu Ourghi, S. 149–154.

[205] MA, Bd. IV/45–1973/74, S. 368–371.

Kirchen sogar zerstört werden müssten. Bereits vorhandene Kirchen und weitere Gebetsplätze aber dürfen seitens der Muslime nicht angetastet werden und im Falle der Einnahme des Gebietes durch einen Friedensvertrag dürfen beschädigte Bauten restauriert werden.[206]

Den Ḥanbaliten zufolge dürfen in Gebieten, in denen Muslime leben, weder Kirchen gebaut werden noch bestehen bleiben, auch nicht, wenn sie bereits vor der Eroberung errichtet worden waren. Eine andere Meinung innerhalb der Rechtsschule gestattet das Bestehen der letztgenannten. Bei der Einnahme von Gebieten durch einen Friedensschluss wird darauf hingewiesen – und das ist interessant – den Bestimmungen des ʿUmar-Abkommens Folge zu leisten.[207]

Es verwundert nicht, dass zumindest eine Schule bei einer ihrer Vorgaben explizit auf das ʿUmar-Abkommen hinweist, denn erstens wird bei der Darstellung dieser Bestimmungen in den Artikeln immer wieder die Handlungsweise des Kalifen ʿUmar ins Spiel gebracht und zweitens ist das generelle Verbot des Kirchenbaus im Gebiet des Islams leicht auf die umstrittenen *šurūṭ* zurückzuführen.

Diese beiden Maǧalla-Artikel zum Kirchenbau machen deutlich, dass zum einen der Standpunkt der Rechtsschulen bis in die Gegenwart Bestand hat und zum anderen bestätigt dies Noths Aussage, dass das ʿUmar-Abkommen bis in die Gegenwart noch in Bestandteilen Gültigkeit besitzt.

Das hier behandelte erste Jahrhundert abbasidischer Herrschaft hatte, neben den teils unterdrückerischen Maßnahmen einiger Kalifen und Rechtsgelehrten, auch seine Sternstunden im Verhältnis zwischen Christen und Muslimen, denn es markiert einen Wendepunkt hin zu einer Zeit der produktiven theologischen Begegnung zwischen den beiden Religionsgemeinschaften. Während die Muslime die Theologie entwickelten, begannen die Christen erstmals un-

206 Ebd., S. 371–373.

207 MA, Bd. V/45–1973/74, S. 448. Siehe zur Meinung der Ḥanbaliten bezüglich des Kirchenbaus ausführlich ebd., S. 446–449.

ter islamischer Herrschaft theologische Werke auf Syro-Aramäisch (Syrisch) und Arabisch zu verfassen, um der religiösen Herausforderung des Islams Stand zu halten. Einer der bekanntesten Autoren war der Melkit Theodor Abū Qurra (gest. 830). Er schrieb mehrere Arbeiten auf Arabisch, die die Doktrin der Trinität und die Lehre von der Inkarnation verteidigten und die erklärten, dass das Christentum die einzige wahre Religion sei.[208]

Aus den christlichen Gemeinden Mesopotamiens stammten viele der wichtigsten intellektuellen und wissenschaftlichen Leistungen der Abbasiden und außerdem hatten sie entscheidenden Anteil beim Übersetzen von philosophischen Werken aus dem Griechischen ins Arabische. Am Hof nahmen sie diverse zentrale Tätigkeiten wahr, unter anderem als Ärzte der Kalifen.[209]

Es ist auch jene Zeit, in der man am Hofe der Kalifen auf interreligiöse Debatten stößt. Besonders hervorzuheben sind an dieser Stelle die Begegnungen zwischen dem Kalifen al-Mahdī und dem ostsyrischen Patriarchen Timotheos, sowie dem Kalifen al-Ma'mūn und dem bereits erwähnten Abū Qurra.

Das Datum der erstgenannten Begegnung soll zwischen 781 und 783[210] in Bagdad stattgefunden haben und ist vom Patriarchen in einem Brief an einen Freund in syrischer Sprache dokumentiert.[211] Die drei wesentlichen Themen dieser Disputation „sind die Trinität und die Gottessohnschaft sowie die Bedeutung Mohammeds und die Frage nach der heilsgeschichtlichen Kontinuität zwischen Christentum und Islam."[212]

Timotheus' kritische Erklärungen zu den diversen Fragen zeigen die Offenheit dieses Dialoges, in dem Timotheus die Hoffnung hatte, al-Mahdī und die Muslime von der

---

208 Sirry, S. 361–363.
209 Hunter, S. 289–290.
210 Sirry gibt 781 an, während Hunter 782 und Heimgärtner 782/83 als Jahr vorweisen.
211 Heimgärtner, S. 41–42.
212 Ebd., S. 44.

christlichen Lehre zu überzeugen. Im Islam sieht er keine Weiterentwicklung aus dem Christentum. Er betrachtet ihn „als eine Zwischenstufe oder noch besser gesagt Nebenstufe der Entwicklung vom Judentum hin zum Christentum".[213]

In Muḥammad sieht er keinen Propheten, denn er habe keine Wunder vollbracht. Vielmehr sei er aber ein Lehrer, der „auf dem Pfad der Propheten" wandelte und so etwas wie der „Kirchenvater der Araber" gewesen sei, wie Heimgärtner beschreibt.[214]

Der Koran sei auch keine Offenbarungsschrift, könne aber die christliche Wahrheit unterstützen, da es „die Schrift des großen Lehrers Mohammed, der die Araber auf das Christentum hinführt", sei.[215]

Interessant ist, dass beide Gesprächspartner die heilige Schrift des Anderen für die eigene Beweisführung einsetzen. Ein Beispiel hierfür ist die Diskussion um den Kreuzestod Jesu, den al-Mahdī gemäß der islamischen Auffassung anzweifelte und mit den zentralen Koranversen[216] darüber argumentierte. Als Gegenargument brachte Timotheos einen Vers aus der Sure Maria, in dem Jesus selbst erklärt, dass am Tag seiner Geburt, am Tag seines Sterbens und an dem Tag, an dem er zum Leben erweckt wird, Frieden sein werde.[217]

Al-Mahdī greift dann einen wesentlichen Vorwurf auf, den der Islam gegen die Christen erhebt. Die Rede ist hier von der Verfälschung biblischer Texte, die Muḥammad als kommenden Propheten verkünden sollen. Beim Vorgehen des Kalifen erkennt Heimgärtner eine interessante Entwicklung, die noch nachhaltigen Einfluss nehmen sollte. Al-Mahdī bezieht sich zunächst auf den Koran, der den Christen zur Last legt, Stellen, die Muḥammad verkünden, entfernt zu haben. Da dafür keine Beweise vorgebracht werden konnten,

---

213 Ebd., S. 45.

214 Ebd., S. 46.

215 Ebd., S. 48

216 4:157–158; zur Diskussion zwischen al-Mahdī und Timotheos um die Kreuzigung siehe ausführlich Swanson, Crucifixion, S. 248ff.

217 Hunter, S. 298; Bei dem Koranvers handelt es sich um Sure 19:33.

die die Christen überzeugt hätten, stieß diese Behauptung bei ihnen nur auf Unverständnis. Also begann der Kalif, wie übrigens die Muslime im allgemeinen, Bibeltexte auf Muḥammad umzuinterpretieren, so Heimgärtner.[218]

Die Begegnung zwischen al-Ma'mūn und Abū Qurra erscheint aufgrund der freien Gesprächsatmosphäre besonders fruchtbar. Zunächst sollte erwähnt werden, dass die Herrschaftszeit al-Ma'mūns als ein goldenes Zeitalter des Islams gilt und es unter ihm zu einem wissenschaftlichen und kulturellen Aufstieg kam. Nichtmuslimische Wissenschaftler bildeten an seinem Hof Muslime in diversen naturwissenschaftlichen Bereichen aus und insbesondere Christen verschiedener Strömungen wirkten in der von ihm gegründeten Akademie der Weisheit (*Bait al-Ḥikma*) als Übersetzer für griechische und syrische wissenschaftliche Werke in die arabische Sprache. Die Akademie oblag auch eine Zeit lang der Leitung des Nestorianers Ḥunain ibn Isḥāq und seiner Familie.[219] In dieser Zeit gab es ein Interesse an einem seriösen Austausch und es fanden organisierte Debatten zwischen Vertretern beider Religionen statt.[220] Eine davon war die bereits erwähnte Begeg-

---

[218] Siehe dazu Heimgärtner, S. 50–53; Dtn. 18:18 und Jes. 21:6,9 sind das Aushängeschild von Bibeltexten, die auf Muḥammad hin ausgelegt wurden.

[219] Kallfelz, S. 120. Ḥunain ibn Isḥāq wurde 192/808 in al-Ḥīra geboren. Er studierte zunächst Medizin in Bagdad und lernte anschließend Griechisch. Neben seinen zahlreichen Übersetzungen verfasste er viele Bücher. Dazu gehört ein griechisch-syrisches Wörterbuch. Später wurde er Leibarzt am Hofe des Kalifen al-Mutawakkil. Ḥunain starb 260/873 in Bagdad. Vgl. dazu EI^2: Ḥunayn b. Isḥāḳ Al-ʿIbādī (G. Strohmaier).

[220] Sirry, S. 365–366; ein weiteres Beispiel für eine interreligiöse Begegnung am Hofe al-Ma'mūns ist die Debatte des achten Imams der Zwölfershia ʿAlī al-Riḍā, der von 817 bis zu seinem Tod ein Jahr später Thronerbe des Kalifen war, mit Vertretern verschiedener Sektionen. Siehe dazu Wasserstein, David J.: *„The „Majlis of al-Rida": A Religious Debate in the Court of the Caliph Al-Ma'mun as Represented in a Shi'i Hagiographical Work about the Eighth Imam ʿAli ibn Musa Al-Rida"*. In: Lazarus-Yafeh, Hava (Hrsg.): *The Majlis. Interreligious Encounters in Medieval Islam.* Wiesbaden 1999. S. 108–119. Zu interreligiösen Versammlungen am Hofe der Fatimidenkalifen siehe Cohen, Mark R./Somekh, Sasson: *Interreligious Majalis in early Fatimid Egypt.* In: Lazarus-Yafeh, Hava (Hrsg.): *The Majlis. Interreligious Encounters in Medieval Islam.* Wiesbaden 1999. S. 128–136.

nung, bei der Abū Qurra und einige muslimische Gelehrte zu Gast waren. Einer syrischen Chronik zufolge soll diese Debatte im Jahre 829 in Ḥarrān stattgefunden haben.[221] Dabei soll der Kalif zunächst versichert haben, dass die Versammlung fair ablaufen würde und niemand sich scheuen solle, seine Meinung ehrlich kundzutun. Ein wesentlicher Diskussionspunkt war die Frage nach der Natur Christi, bei der Abū Qurra alle anwesenden muslimischen Gelehrten sprachlos gemacht haben soll, so dass sie beschämt davon gingen.[222] Die Niederlage der Gelehrten soll der Kalif zwar bedauert, aber auch fair hingenommen haben. Für den christlichen Theologen fand er lobende Worte und beschenkte ihn reichlich.[223]

Diese religiöse Toleranz, die wir bei al-Mahdī und al-Ma'mūn finden, hatte nicht lange Bestand. Schon das Kalifat des al-Mutawakkil, des dritten Nachfolgers al-Ma'mūns, stellte einen Wendepunkt in der praktischen Haltung den Christen gegenüber dar. In dieser Zeit entstand der bereits behandelte Erlass, der den Christen viele demütigende Gesetze auferlegte und somit großen Druck auf ihr tägliches Leben ausübte.[224] Der Grund hierfür lag wahrscheinlich darin, die Gunst der noch unter der Inquisition[225] unterdrückten orthodoxen sunnitischen Gelehrten für sich zu gewinnen.[226]

---

221 Swanson, Al-Ma'mun Tradition, S. 64.

222 Sirry, S. 364–365; hier ist auch der Inhalt der Diskussion in aller Kürze wiedergegeben.

223 Siehe Einzelheiten dazu bei Swanson, Al-Ma'mun Tradition, S. 65–66.

224 Es sei an dieser Stelle darauf hingewiesen, dass trotz dieser einschränkenden Maßnahmen al-Mutawakkil selbst an dem Christen Ḥunain ibn Isḥāq als persönlichen Leibarzt festhielt. Ḥunain übersetzte auch weiterhin griechische Werke ins Arabische. Siehe dazu Hunter, S. 302.

225 Der Kalif al-Ma'mūn war in den letzten Jahren seines Lebens Anhänger der Muʿtazila und machte sie zur verbindlichen Lehre. Zu den Grundlagen dieser Schule gehört, dass der Koran erschaffen und nicht ewig sei. Im Jahre 833 versuchte er mit der *miḥna* (Prüfung, auch Inquisition genannt) dieses Dogma mit aller Macht durchzusetzen. Die Richter und Gelehrten Bagdads wurden geprüft, ob sie die Auffassung der Muʿtazila teilten. Wer sich von ihnen weigerte, diese Lehre anzunehmen, kam ins Gefängnis. Der prominenteste unter den Verweigerern war Aḥmad ibn Ḥanbal. Siehe dazu EI^2: Miḥna (M. Hinds).

226 Siehe dazu ausführlich: Kallfelz, S. 123ff.

Offene interreligiöse Debatten wie die beiden vorgestellten fanden damit ihr Ende. Vielmehr begann nun eine Zeit, in der vermehrt antichristliche polemische Schriften entstanden. Der Fokus lag dabei auf Themen, zu denen sich schon der Koran in einer polemischen Art und Weise äußert und die bei Begegnungen zwischen Muslimen und Christen über die Jahrhunderte hinweg Hauptgegenstand der Diskussionen waren. Es sind, wie schon bei der Disputation des Kalifen al-Mahdī mit dem Patriarchen Timotheos gesehen, die Trinitätslehre, die Gottessohnschaft Jesu und der Vorwurf der Schriftfälschung.[227]

Zwei Aspekte sind bei diesen Werken vor allem auffällig: Zum einen finden wir unter den Autoren zum Islam konvertierte Christen und zum anderen tragen einige dieser polemischen Schriften den gleichen Titel „Die Widerlegung der Christen" (ar-Radd ʿalā an-Naṣārā).[228]

Die erste dieser Widerlegungen wurde vom Autoren al-Ǧāḥiẓ (gest. 869) auf Anfrage des Kalifen al-Mutawakkil verfasst[229] und soll, wie Kallfelz meint „einen ideologischen Unterbau für die von dem Kalifen ergriffenen Maßnahmen gegen die Ḏimmīs gelegt haben."[230]

Darin geht er zunächst auf die Vorrangstellung ein, die die Christen im Gegensatz zu den Zoroastriern und Juden bei den Muslimen genießen: So betont er, dass die Christen vornehme Anstellungen wie Sekretäre, Diener und Ärzte der oberen Schicht einnehmen, während die Juden handwerklichen Berufen nachgehen. Zudem würden die Christen rassige Pferde und edle Rosse halten, Polo spielen und sich muslimische Namen wie Ḥasan oder Ḥusain geben, sowie sich

[227] Sirry, S. 366–367; Diese Themen nehmen in der Darstellung des Christentums in den Artikeln der Maǧallat al-Azhar eine maßgebliche Rolle ein, wie in 2.3 noch deutlich gemacht wird.

[228] Zwei weitere Schriften, die diesen Titel tragen, auf die aber hier nicht weiter eingegangen wird, stammen von al-Rassī (gest. 860) und al-Kindī (gest. 864).

[229] Sirry, S. 367.

[230] Kallfelz, S. 126–127.

eine entsprechende *kunya* (Beiname) zulegen. Dabei befürchtet er, sie könnten sich den Namen Muḥammad aneignen und die *kunya Abū 'l-*Qāsim (dies ist der Beiname Muḥammads) annehmen. Al-Ǧāḥiẓ beklagt auch, dass sie den *zunnār*, wenn überhaupt, dann nur unter ihren Gewändern anlegen und dass viele von ihnen die Kopfsteuer nicht mehr zahlen würden. Neben diesen gesellschaftlichen und rechtlichen Aspekten bezieht der Autor Stellung zur Gottessohnschaft Jesu und dem heiligen Geist als Teil der Dreifaltigkeit, die er vehement verurteilt. Jesus sei nur ein Mensch und nur Anthropomorphisten könnten daran glauben, dass Gott in einem menschlichen Körper Fleisch werden könne.[231]

Besonders deutlich wird hier, dass die im Erlass al-Mutawakkils festgehaltenen Anordnungen wie das Berufsverbot für Christen und die Verpflichtung zum Tragen des *zunnārs* als Folge dieser Schrift bewertet werden können.

Eine weitere Widerlegungsschrift, die sich in die gleiche Periode einordnen lässt, ist das zweiteilige Werk von Abū ʿĪsā al-Warrāq „Die Widerlegung der drei christlichen Sekten" (Kitāb al-Radd ʿalā aṯ-Ṯalāṯ Firaq min an-Naṣārā). Al-Warrāq richtet sich hierbei an die Nestorianer, Jakobiten und Melkiten und behandelt im ersten Teil die Trinität und im zweiten die Inkarnation. Wie David Thomas, der beide Schriftteile übersetzt und jeweils in einem Buch vorgestellt hat,[232] erklärt, sei das Überleben dieses Werkes dem christlichen Philosophen und Apologeten Yaḥyā ibn ʿAdī zu verdanken.[233] Yaḥyā soll seinerzeit einer der größten christlichen Theologen gewesen sein und trat in vielen seiner Schriften als Verteidiger der christlichen Lehre und der biblischen Überlieferung auf. Zu dieser Herausforderung angespornt haben ihn die Schreiben muslimischer Denker und Philoso-

---

231 Siehe dazu Pellat, S. 141–148; Kallfelz, S. 127–128; Kassis, S. 185–188.

232 Siehe dazu Thomas, David: *Anti-Christian polemic in early Islam. Abu ʿIsa al-Warraq's „Against the Trinity"*. Cambridge 1992; Ders.: *Early Muslim Polemic against Christianity. Abu ʿIsa al-Warraq's „Against the Incarnation"*. Cambridge 2002.

233 Thomas, Anti-Christian polemic, S. 3.

phen wie al-Warrāq oder al-Kindī. Interessant ist, dass die Werke Ibn ʿAdīs in arabischer Sprache verfasst sind. Ohnehin setze sich seit dem 9. Jahrhundert das Arabische in christlichen Schriften gegenüber dem Syrischen durch.[234]

Der wohl wichtigste Aspekt, auf den sich die polemische Literatur der Muslime konzentriert, ist aber der Vorwurf der Verfälschung ihrer heiligen Schrift (*taḥrīf*). Nach Sirry habe sich die Haltung der Muslime zur Bibel seit Mitte des 9. Jahrhunderts geändert und es entwickelte sich allmählich eine Art Bibelkritik.[235]

Zu den ersten Autoren, die sich mit dieser Thematik auseinandersetzten, zählte der vom Christentum zum Islam konvertierte ʿAlī aṭ-Ṭabarī, der aufgrund seines christlichen Hintergrunds bibelkundig war. Sein Werk „Kitāb ad-Dīn wa-'d-Dawla fī Iṯbāt Nubūwat an-Nabī Muḥammad" (Das Buch der Religion und des Staates in Bezug auf die Beweisführung der Prophetie des Propheten Muḥammad), das er unter der Herrschaft al-Mutawakkils verfasste, muss, wie Thomas erklärt, als eine der naivsten Sammlungen von Argumenten betrachtet werden, die in der Frühzeit des Islams entstanden sind. Mit seiner Absicht, die Wahrheit über die Mission Muḥammads aus der Bibel herzuleiten, bediente er sich einer einfachen Methode: Jede Stelle, an der die Wortwurzel „ḥ m d" oder ein Ort, der in der Nähe der Arabischen Halbinsel lag, zu entdecken war, konnte seiner Ansicht nach als Hinweis auf Muḥammad bewertet werden.

Ṭabarī scheint jedoch nicht an eine Verfälschung der Bibel geglaubt zu haben. Vielmehr übte er in seiner zuvor ent-

---

234 Tamcke, S. 81–82; Zu ʿAdīsWirken mit Fokus auf seine Antwort auf al-Warrāqs Ausführungen siehe *Platti, Emilio: Yayḥā b. ʿAdī and his refutation of al-Warrāq's Treatise on the Trinity in relation to his other works. In: Samir, Khalil Samir/Nielsen, Jorgen S.: Christian Arabic Apologetics during the Abbasid Period (750–1258). Leiden, New York, Köln 1994. S. 172–191.*

235 Sirry, S. 371. Da der Vorwurf der Schriftfälschung schon im Koran zu finden ist, kann davon ausgegangen werden, dass mit der angesprochenen Entwicklung der Bibelkritik der intensivere und verschärfte Umgang mit diesem Thema gemeint ist.

standenen Schrift „Widerlegung der Christen" Kritik an den christlichen Exegesemethoden. In den Evangelien und anderen Teilen des Neuen Testaments gebe es über 20.000 Erwähnungen über die Menschlichkeit Jesu, während sich nur etwa zehn Stellen fänden, in denen mehrdeutige Aussagen zu seiner Heiligkeit enthalten seien. Den Christen warf er nun eine ignorante Haltung gegenüber diesen vielen Stellen über das Menschsein Jesu vor. Stattdessen würden sie den mehrdeutigen Anspielungen mehr Gewicht beimessen, indem sie diese benutzten, um eine Interpretation der anderen Stellen vorzunehmen.[236]

Der im 11. Jahrhundert lebende andalusische Universalgelehrte mit christlichen Wurzeln Ibn Ḥazm schrieb in seinem Buch „Kitāb al-Faṣl fī al-Milal wa-'l-Ahwā' wa-'n-Niḥal" (Das Buch über die Trennung der Religionsgemeinschaften, ketzerischen Richtungen und Sekten) ein Kapitel zu „Iẓhār Tabdīl al-Yahūd wa-'n-Naṣārā" (Enthüllung der Veränderungen durch die Juden und die Christen), das Waardenburg als „forerunner of modern Bible criticsm" bezeichnet.[237] Sein Standpunkt war, dass alle christlichen heiligen Schriften komplett verfälscht seien.[238] Bei der Entstehung dieser abwertenden Perspektive muss, wie Watt meint, das politisch instabile Umfeld beachtet werden, welches zu jener Zeit im islamischen Spanien vorherrschte. Ibn Ḥazm selbst wurde mehrfach inhaftiert und verfasste seine Schriften in dieser unsicheren Zeit aus einer defensiven Haltung heraus. Daraus verstärkten sich die unangemessenen Auffassungen über das Christentum, so Watt weiter.[239]

Um das Jahr 1317 entstand eine der wichtigsten polemischen Schriften islamischer Literatur in Bezug auf die Bibelfälschung. Die Rede ist hier von Ibn Taimīyas (gest. 1328) „Al-Ǧawāb aṣ-Ṣaḥīḥ li-man Baddala Dīn al-Masīḥ" (Die

---

[236] Thomas, Bible, S. 31–32.
[237] Waardenburg, Muslim Studies, S. 25.
[238] Sirry, S. 372.
[239] Watt, Muslim-Christian Encounters, S. 67.

richtige Antwort auf diejenigen, die die Religion Jesu verändert haben), das über tausend Seiten lang ist und als Antwort auf das Werk des melkitischen Bischofs von Sidon, Paul von Antiochia, gilt.[240] Thomas F. Michel beschreibt es wie folgt: „a work whose length and scope have never been equalled in Muslim critiques of the Christian religion and whose depth of insight into the issues that separate Christianity and Islam sets it among the masterpieces of Muslim polemic against Christianity."[241] Paul von Antiochia hatte in seiner als „Brief an einen muslimischen Freund" bekannt gewordenen Arbeit, die Ende des 12./Anfang des 13. Jahrhunderts anzusiedeln ist, versucht, aus dem Koran zu beweisen, dass der Islam selbst lehre, dass das Christentum die wahre Religion sei. Diese Behauptung widerlegte Ibn Taimīya und machte deutlich, dass der Koran nicht in einem christlichen Verständnis interpretiert werden könne. Was die heiligen Schriften der Christen anbelangt, scheint er sie, bis auf die zum Koran widersprüchlichen Teile, als authentisch anerkannt zu haben. Seiner Ansicht nach seien die gesetzgebenden Passagen der Bibel völlig intakt; Verfälschungen macht er jedoch in den historischen Teilen des biblischen Textes aus[242] und unterscheidet dabei unter anderem zwischen Verfälschungen die vor und nach der Zeit Muḥammads vorgenommen wurden.[243]

In muslimischen Jesusdarstellungen, die zum Beispiel zwischen dem 11. und 17. Jahrhundert im andalusischen Raum entstanden sind,[244] wird ebenfalls deutliche Bibelkritik sichtbar. Im Allgemeinen geht es bei diesen Darstellungen

---

[240] Swanson, Ibn Taymiya, S. 95.

[241] Michel,Vorwort vii

[242] Sirry, S. 373.

[243] Siehe hierzu ausführlich die Übersetzung der Schrift von Michel, S. 210–231.

[244] Für eine weitere Jesusbiographie aus dem 12. Jahrhundert, die aus Ibn ʿAsākirs Werk über die Geschichte von Damaskus stammt, siehe Mourad, Suleiman: *A Twelfth-Century Muslim Biography of Jesus*. In: Islam and Christian-Muslim Relations, Vol. 7, N.1, 1996. S. 39–45.

darum, zentrale Aspekte des christlichen Jesusbildes, wie z. B. seine göttliche Natur, abzulehnen. Christliche Literatur wird in diesem Rahmen gerne verwendet, um sie dann zu widerlegen. Es geht hierbei also nicht um eine Verunglimpfung Jesu, denn schließlich nimmt er die Rolle eines großen Propheten im Islam ein. Vielmehr wird der Versuch unternommen, das Leben Jesu aus den koranischen Belegen auf eine Art und Weise zusammenzutragen, die sich an dem klassischen Prophetenbild im Islam orientiert. Dazu gehört, dass Jesus selbst der Empfänger einer göttlichen Offenbarung (in diesem Fall das Evangelium) sei, die allerdings in ihrer ursprünglichen Form nicht mehr existiere. Somit stellten die vier kanonischen Evangelien des Christentums nach islamischer Auffassung nicht das tatsächliche, sondern das verfälschte Zeugnis Jesu dar. Ohnehin ist die Existenz von vier sich in einigen Aspekten unterscheidenden Evangelien für die Muslime ein eindeutiger Beweis dafür, dass es kein göttliches Buch sein kann.

Ferner enthielten die Evangelien absurde Aussagen, die weder mit dem Islam noch mit der menschlichen Vernunft vereinbar seien. Ein wesentlicher Kritikpunkt ist auch hier die Verschleierung der Ankündigungen von Muḥammads Kommen.[245]

Wie de Epalza erklärt, gebe es für die Muslime drei verschiedene Evangelienarten.

Neben der koranischen Vorstellung vom Evangelium, das göttlichen Ursprungs sei, gibt es die verfälschten Evangelien der Christenheit und schließlich das Barnabasevangelium, das aus christlicher Sicht eine apokryphe und stark islamisierte Schrift auf Spanisch und Italienisch darstellt und Ende des 16./Anfang des 17. Jahrhunderts von spanischen Muslimen aus Granada, die zwangsweise als Christen zu leben hatten, verfasst wurde. Stilistisch ähnelt es den vier Evangelien und den Ḥadīṯen Muḥammads. Inhaltlich basiert

245 de Epalza, S. 139ff.

es mehr auf Aussagen des Korans, wie etwa der Prophezeiung über das Kommen Muḥammads.[246] Dazu heißt es:

„Da sagte der Priester: ‚Wie wird der Messias heißen, und welche Zeichen wird seine Ankunft enthüllen?‘

> Jesus antwortete: ‚Der Name des Messias ist wunderbar, denn Gott selbst gab ihm den Namen, als er seine Seele erschuf und sie mit himmlischen Glanz umgab. Gott sagte: ‚Warte, Mahomet, denn aus Liebe zu dir will ich das Paradies und die Welt erschaffen und eine Schar von Geschöpfen, die ich dir zum Geschenk mache, so dass gesegnet sein wird, wer dich segnet, und wer dich verflucht, verflucht sein wird. Wenn ich dich in die Welt entsende, werde ich dich als meinen Boten des Heils senden, und dein Wort wird wahr sein, so dass Himmel und Erde vergehen werden, dein Glaube aber wird nie vergehen. Mahomet ist sein gesegneter Name.‘
> Da erhob das Volk seine Stimme und sagt: ‚O Gott, sende uns deinen Gesandten; o Mahomet, komm schnell zur Rettung der Welt!‘“[247]

Außerdem enthält es einen Bericht über ein merkwürdiges nicht belegtes Konzil in Zypern, in dem die Apostel mit der Jungfrau Maria zusammengekommen sein sollen, wodurch diesem Ereignis eine bedeutende Autorität beigemessen wer-

[246] de Epalza, S. 146–147.

[247] Linges, S. 145. Weitere Stellen dazu sind u. a.: „O gesegnete Zeit, wenn er in die Welt kommen wird! Glaubet mir, dass ich ihn gesehen und ihm Ehre erwiesen habe, ebenso wie ihn jeder Prophet gesehen hat; denn aus seinem Geist gibt Gott ihnen das Prophetentum. Und als ich ihn sah, wurde meine Seele von Trost erfüllt und sagte: ‚O Mahomet, Gott sei mit dir, und möge er mich würdig machen, deine Schuhriemen zu lösen, denn wenn er mir dies gewährt, werde ich ein großer Prophet und Heiliger Gottes sein.“ Ebd., S. 73. „Und Gott wird ebenso wie ein Freund antworten, der mit einem Freunde scherzt, und wird sagen: ‚Hast du Zeugen hierfür, mein Freund Mahomet?‘ Und mit Ehrfurcht wird er sagen: ‚Ja, Herr.‘ Dann wird Gott antworten: ‚Geh und ruf sie, o Gabriel!‘ Der Engel Gabriel wird zu dem Gesandten Gottes kommen und sagen: ‚Herr, wer sind deine Zeugen?‘ Der Gesandte Gottes wird antworten: ‚Es sind Adam, Abraham, Ismael, Moses, David und Jesus, Sohn der Maria.‘“ Ebd., S. 89.

den soll. Barnabas selbst stammte der Überlieferung nach aus Zypern. Dort wurde im 4. Jahrhundert auch sein Grab lokalisiert.[248] Das Barnabasevangelium erinnert bei der Lektüre tatsächlich eher an die islamischen Quellen als an einen biblischen Text. Auch wenn es den Muslimen wahrscheinlich außerhalb des Moriskenmilieus bis ins 20. Jahrhundert unbekannt blieb, kann man de Epalza Recht geben, wenn er es aufgrund seines Gehalts als ein „Evangelium gemäß dem Islam" bezeichnet.[249]

Ab dem 20. Jahrhundert taucht dieses Evangelium immer wieder, und – wie noch im Kapitel 2.3 zu sehen sein wird – auch bei der Azhar in der Argumentation muslimischer Autoren für eine bereits im „Urevangelium" verankerte Ankündigung des Kommens Muḥammads auf.

Zum Abschluss dieses Kapitels sei noch ein Blick auf das Verhältnis zum Christentum in der Moderne geworfen, wobei Ägypten als Heimat der Azhar-Universität im Fokus stehen soll. Ab Mitte des 19. Jahrhunderts wurden Gesetze des islamischen Rechts durch weltliche Gesetze ersetzt, mit der Absicht, den Schutzbefohlenen den Status von vollen Bürgern zu geben. Maßgeblich waren dabei die administrativen und gesetzlichen Reformen der Osmanen, die allen Bürgern des Reiches die Gleichheit vor dem Gesetz garantieren sollten. Dies soll auf europäischen Druck erfolgt sein, wie Gudrun Krämer erwähnt.[250] Aus einer Aussage Sultan ʿAbd al-Maǧīds (reg. 1839–1861) aus dem Jahre 1854 geht hervor, dass man allen Bürgern seines Reiches alle Rechte und Privilegien geben wollte, ohne einen Unterschied unter ihnen zu machen.[251] Zwei Jahre später folgte der Erlass „Hatt-ı Hümayun" (Großherrliches Handschreiben), der Christen „die

[248] de Epalza, S. 149.

[249] de Epalza, S. 146–147; Für eine ausführliche Diskussion über das Barnabasevangelium siehe Schirrmacher, Waffen des Gegners, S. 241ff. Zu christlicher Polemik gegen den Islam siehe u. a.: Hagemann, S. 16ff.; Armour, S. 39ff.; Hotz, S. 71–81.

[250] Krämer, S. 36–37.

[251] Hatina, S. 54.

uneingeschränkte Religionsfreiheit" einräumte.[252] Sie bekamen unter anderem das Recht auf administrative Ämter und durften von nun an den Militärdienst absolvieren.[253]

In Ägypten wurde die *ǧizya* 1855 abgeschafft und ein Jahr später wurden Kopten zum Militärdienst zugelassen.

Während der Revolution von 1919 schien mit dem Slogan „Religion für Gott und das Vaterland für alle" die Durchsetzung der nationalen Einheit bestärkt zu werden. Die Prinzipien der Gleichheit wurden 1923 in der ägyptischen Verfassung verankert. Man hielt zwar am Islam als amtliche Staatsreligion fest, jedoch wurde die *šarīʿa* nicht als Quelle der Gesetzgebung eingeführt. Dies sorgte dennoch nicht für eine verhältnismäßige Vertretung der nichtmuslimischen Minderheiten im Staat.[254]

Die Haltungen der Gelehrten aus diesen Zeiten hinsichtlich der Christen waren sehr widersprüchlich. Differenzen in den Aussagen gab es auch unter führenden ägyptischen Gelehrten, die einen Bezug zur Azhar hatten.

Muḥammad al-ʿAbbāsī al-Mahdī (gest. 1897), Großmufti von Ägypten und Rektor der Azhar, war Veränderungen bezüglich des Status der Nichtmuslime gegenüber eher negativ eingestellt. Zum Beispiel versuchte er in einer Fatwa zu verhindern, dass Kopten in einem von Muslimen bewohnten Dorf ein Haus kauften und wies die Provinzkadis an, bei solch einem Vergehen durchzugreifen. Seiner Meinung nach mussten *ḏimmīs* daran gehindert werden, den Muslimen jegliche Unannehmlichkeiten zu bereiten oder mächtig zu werden, da sie verachtenswerte Menschen seien. Des Weiteren sprach er ein Verbot aus, nach dem muslimische Besuche bei Christen an deren religiösen Feiertagen ebenso nicht gestattet seien, wie das Nachahmen ihrer Kleidungsweise, damit Muslime nicht gegen das religiöse Verbot verstoßen, den Ungläubigen zu ähneln.[255]

---

252 Matuz, S. 230
253 Ebd.
254 Krämer, S. 37.
255 Hatina, S. 58.

Andere Gelehrte wie der Reformer Muḥammad ʿAbduh, der von 1899–1905 Großmufti in Ägypten war und der bei Azhar bis heute noch sehr großes Ansehen genießt, pflegten einen toleranteren Umgang mit den Kopten und sahen sie als gleichwertige Partner in Ägypten an. Zudem befürworteten sie „an ecumenical approach toward Western Christian culture".[256] In einigen Fatwas, die das alltägliche Leben betrafen, zeigte sich ʿAbduhs gemäßigte Haltung. Er erklärte den Verzehr von Fleisch, das von Juden und Christen geschlachtet war, für erlaubt[257] und erlaubte auch das Tragen von westlicher Kleidung, solange dies nicht zu einem Austritt aus dem Islam verleiten würde.[258]

ʿAbduh schrieb ein Buch mit dem Titel „al-Islām wa-'n-Naṣrāniya" (Islam und Christentum) und befasste sich auch im Korankommentar der Zeitschrift al-Manār[259] sehr stark mit dem Christentum. In Bezug auf die Schriftfälschung reihte er sich in die Kategorie der Gelehrten ein, die nicht die Schrift an sich verfälscht sahen, sondern vielmehr zu ihrer Interpretation Bedenken äußerten. Auch wenn sein Umgang mit der Bibel im Vergleich zu vielen anderen Gelehrten weniger kritisch war, vertrat er ebenfalls die Meinung, dass es unmöglich sei, die fundamentalen Grundlagen der christlichen Doktrin anzuerkennen.[260]

Rašīd Riḍā, ein Schüler ʿAbduhs, Angehöriger der salafitischen[261] Bewegung, gehörte zu einer Reihe von Gelehrten,

---

[256] Ebd, S. 63.

[257] Gemäß Sure 5:5: „Und was diejenigen essen, die (vor euch) die Schrift erhalten haben, ist für euch erlaubt ..."

[258] Hatina, S. 63–64.

[259] Die Zeitschrift wurde von 1898–1940 von Rašīd Riḍā herausgegeben und etablierte sich als Monatszeitschrift. Neben der Veröffentlichung eines modernistischen Korankommentars und entsprechnender Fatwas wurde die Situation der Muslime analysiert und nach dem Grund für die Überlegenheit des Westens der islamischen Welt gegenüber nachgegangen. EI^2: al-Manār (J. Jomier).

[260] Goddard, S. 46–47.

[261] Unter Salafīya werden die islamischen Strömungen verstanden, die behaupten, sich ausschließlich an die Zeit der „rechtschaffenen Altvorderen"

die die Autorität der Rechtsschulen ablehnten, da gemäß dem Grundsatz der Salafīya nur der Koran und die Sunna als Quellen des Rechts eingesetzt werden durften. Er rief zur islamisch-christlichen Solidarität auf und machte auf die Annäherung über einzelne Gemeinden hinweg aufmerksam. In verschiedenen Fatwas erlaubte er, die Christen an ihren Feiertagen oder bei Beerdigungen zu besuchen, ohne aber aktiv an ihren religiösen Bräuchen teilzunehmen oder sich auf Verbotenes, wie etwa das Trinken von Wein, einzulassen.[262] Ebenfalls gestatte er die Zeugenaussagen von Nichtmuslimen, da seiner Ansicht nach die Gerechtigkeit die Leitlinie bei Gerichtsaussagen sein sollte und nicht die religiöse Zugehörigkeit des Befragten.[263]

Diese tolerante Einstellung hatte aber in den theologischen Unterschieden zum Christentum ihre Grenzen. Im Gegensatz zu seinem Lehrer ʿAbduh ging er davon aus, dass biblische Texte nicht in der Interpretation, sondern an sich verfälscht worden seien. Außerdem erklärte er, dass Gott keinen Sohn haben könne, solange er selbst keine Frau an seiner Seite hatte, und betonte, dass die Trinitätslehre auf Konstantin zurückgehe. Er verurteilte den Glauben an die Kreuzigung und die Erlösung und beschuldigte die Christen der Beigesellung (*širk*). Riḍā übte auch starke Kritik an den christlichen Missionaren, die in jener Zeit in den islamischen Ländern aktiv waren.[264]

(arab.: *as-salaf aṣ-ṣāliḥ)* zu orientieren. Damit sind die ersten drei muslimischen Generationen gemeint. Im Verständnis der Salafīya sind nur der Koran und die Sunna zulässige Quellen für die Rechtsfindung. Die modernistische Schule dieser Bewegung, zu der Al-Afġānī, ʿAbduh und Riḍā angehörten, stand für die Vereinbarkeit von Islam und Moderne. Dabei wurde das Ziel verfolgt, durch gesellschaftliche und technologische Reformen die Stagnation der islamischen Welt zu überwinden. Damit diese zu ihrer alten Stärke zurückfinden könne, müssten sich die Muslime auf den Koran und die Sunna rückbesinnen und den Islam von fremden Einflüssen reinigen bzw. bewahren. EI[2]: Salafīya (W. Ende).

262 Hatina, S. 67–68.

263 Ebd., S. 68.

264 Goddard, S. 56–57.

Riḍā warf den Missionaren vor, den Propheten Muḥammad als Lügner darzustellen und zu behaupten, dass der Koran die Glaubwürdigkeit der Bibel beteuern würde. Sie hätten die eigentlichen Lehren Jesu vergessen und würden ihre Beziehungen zu den Autoritäten der Kolonien ausnutzen, um islamische Bücher zu verbieten und Konversionen zum Christentum zu erzwingen, wie Goddard erklärt.[265] Wie in Kapitel 2.3 noch zu sehen sein wird, beschäftigte dieses Thema auch die Azhar-Gelehrten sehr und war vor allem seit den dreißiger bis in die fünfziger Jahre des letzten Jahrhunderts hinein Gegenstand zahlreicher Maǧalla-Artikel.

Zusammenfassung

In diesem Kapitel wurde zunächst das klassische Bild des Christentums im Islam anhand des Korans und der Tradition Muḥammads dargestellt. Dabei wurde deutlich, dass sich die islamischen Grundschriften oft auf bestimmte Ereignisse und Umstände beziehen und in der Behandlung der Christen eine pragmatische Vorgehensweise vornehmen, die zwischen positiver und negativer Zuordnung variiert. Festzuhalten ist, dass Jesus im Islam als besonderer Gesandter Gottes verstanden und dessen Geburt schon als großes Wunder bewertet wird. Mit dem Christentum verbindet die Muslime der Glaube an den gleichen Gott und die Christen werden, da sie eine heilige Schrift haben, die gemäß der islamischen Vorstellung eine göttliche Offenbarung ist, in die Kategorie der Schriftbesitzer eingereiht. Zentrale christliche Lehren wie die Trinität oder der Kreuzestod Jesu werden jedoch abgelehnt und verurteilt. Die Behandlung der Christen unter islamischer Herrschaft entspricht dem *ǧizya*-System. Ihnen wird in ausgehandelten Verträgen die Garantie für Leben, Besitz und freie Religionsausübung gegeben, wenn sie eine Kopfgeldsteuer zahlen, die allerdings nur von allen wehrfähigen Männern eingezogen wird.

---

[265] Ebd., S. 57.

Im Zuge der arabischen Eroberungen wurde dieses System eingeführt und funktionierte auch weitestgehend gut. Da aber in diesen Gebieten nun durch das Zusammenleben von Christen und Muslimen im Alltag neue Probleme auftraten, wurden von Herrschern und Rechtsgelehrten neue Bestimmungen entwickelt, die zum Teil von der ursprünglichen muslimischen Praxis abwichen und den Nichtmuslimen Benachteiligungen und Demütigungen einbrachten. Dabei ging es auch darum, die Machtverhältnisse zu klären und die Macht der Muslime in diesen Gebieten zu demonstrieren. Bestes Beispiel hierfür ist das ʿUmar-Abkommen, das in der Wissenschaft als Produkt von Rechtsgelehrten bewertet wird, die lediglich versuchten, ihre eigenen Bestimmungen durchzusetzen und sich des Namens ʿUmars als Autorität bedienten.

Interessant sind auch die theologischen und hauptsächlich polemischen Debatten, in denen die Muslime versuchten, die grundsätzlichen Lehren des Christentums zu widerlegen. Am Beispiel des Vorwurfs der Schriftverfälschung kann man erkennen, dass die muslimischen Autoren zu unterschiedlichen Auffassungen gelangen konnten. Während die einen die Bibel an sich für verfälscht halten, erklären die anderen, dass die Bibelinterpretation der Christen irrig sei. Auch am Umgang der abbasidischen Herrscher mit den Christen lässt sich kein einheitliches Bild erkennen. Al-Mahdī, vor allem aber al-Ma'mūn, nahmen selbst an interreligiösen Dialogen teil und setzten wie viele spätere Herrscher auch Christen als Ärzte und Wissenschaftler ein, während al-Mutawakkil mit seinen Erlässen der christlichen Bevölkerung kaum noch Freiraum ließ. Daher muss bei der Erforschung der muslimischen Haltung zu den Christen sowohl im Mittelalter als auch in der Moderne stets der historische und gesellschaftspolitische Kontext, aber auch die jeweilige Einstellung eines Herrschers oder Gelehrten in Betracht gezogen werden.

Zu berücksichtigen ist auch die Mehrdeutigkeit koranischer Aussagen, deren Interpretation zwischen Frühzeit und Moderne einige Unterschiede aufweisen kann.

Muslimische Autoren betonen heute oftmals, dass eine Grundhaltung zur Toleranz im Islam durch die Ablehnung des Zwangs in der Religion und die Garantie der Religionsfreiheit bemerkbar wird. Sie erklären, dass der Islam die Andersgläubigen nicht zu seiner Annahme zwinge, sondern einlade, und verweisen auf Sure 16:125.[266] Dort heißt es:

„Ruf (die Menschen) mit Weisheit und einer guten Ermahnung auf den Weg deines Herrn und streite mit ihnen auf eine möglichst gute Art (oder: auf eine bessere Art (als sie das mit dir tun)?).“

Tahir Mahmood spricht von einer ebenbürtigen Stellung aller Glaubensgemeinschaften im koranischen Kontext. Dabei stützt er sich auf Sure 2:62[267]:

„Diejenigen, die glauben (d. h. die Muslime) und diejenigen, die dem Judentum angehören, und die Christen und die Sābier, – (alle) die, die an Gott und den jüngsten Tag glauben und tun, was recht ist, denen steht bei ihrem Herrn ihr Lohn zu, und sie brauchen (wegen des Gerichts) keine Angst zu haben, und sie werden (nach der Abrechnung am jüngsten Tag) nicht traurig sein.“[268]

Nicht nur diese Aussagen können als Bezugspunkte in der islamischen Tradition, auf die der Dialog aufbauen kann, angenommen werden, vielmehr ist die Betonung des gemeinsamen Ursprungs[269] und der Einheit[270] der monotheistischen Religionen im Koran für den Dialog sehr relevant.[271]

Wie die Haltung der Azhar zum Christentum und den Christen ist, wird Gegenstand des nächsten Unterkapitels sein.

---

266 Yamūt, S. 111.
267 Mahmood, S. 61.
268 Vgl. auch 5:69.
269 Vgl. 2:135–40.
270 Vgl. 2:111–12.
271 Siehe dazu Mahmood, S. 62–64.

2.3 Das Bild des Christentums in der Mağalla

Nachdem das klassische Bild des Christentums im Islam und die historische Entwicklung des Verhältnisses der Muslime zum Christentum behandelt wurde, soll nun das Bild des Christentums in der Zeitschrift der Azhar erörtert werden. Hierbei wird es nicht mehr darum gehen, etwa das Jesusbild, die Rechte der Nichtmuslime oder historische Ereignisse, die schon im vorherigen Kapitel behandelt wurden, noch einmal vorzustellen, sondern den Charakter der Texte zu beleuchten und Hauptaussagen festzuhalten sowie eventuelle Absichten, die mit der Darstellung des Christentums verfolgt werden, zu analysieren. Außerdem sollen Zeiträume, in denen auffällig viele bzw. besonders aussagekräftige Texte mit Bezug zum Christentum auftauchen, im Zusammenhang mit der jeweiligen politischen und gesellschaftlichen Situation diskutiert werden.

Artikel mit Bezug zum Christentum spielen seit der ersten Ausgabe der Mağalla eine Rolle und sind in fast jedem Jahrgang vertreten. Die weit über hundert Texte, die in diesem Zusammenhang in der Mağalla zu finden sind, lassen sich ungefähr in folgende Kategorien einordnen:[272]

- Jesus
- Vergleiche zwischen den Religionen
- Christliche Missionierungsaktivitäten
- Toleranz im Islam
- Historische Ereignisse (unter anderem die Flucht nach Abessinien, die Delegation aus Nağrān in Medina, der Kalif ʿUmar in Jerusalem)
- Behandlung der Nichtmuslime (ihre Position, Rechte und Pflichten im islamischen Verständnis)
- Fatwas

Im ersten Jahrzehnt der Veröffentlichung der Mağalla ist der Fokus auf die christlichen Missionsaktivitäten gerichtet, die

---

[272] Artikel zur Dialogarbeit der Azhar werden in diesem Kapitel nur berücksichtigt, wenn es dringend notwendig ist.

vor allem in Ägypten, aber auch in anderen islamischen Ländern stattgefunden haben sollen. Artikel rund um die Aktivitäten gehören zu den Aspekten, die in der Mağalla bis in die Gegenwart Platz finden.

Dass sich die Mağalla aber in den 1930er Jahren ausführlich mit diesem Thema auseinandersetzt, hängt offenbar mit der britischen Kontrolle über Ägypten und, so wie es scheint, den zahlreichen Missionaren im Land zusammen. Im ersten Jahrgang wird eine arabische Zusammenfassung des Aufsatzes „The unoccupied areas“ von Samuel M. Zwemer aus der Missionszeitschrift „The Moslem World“[273] veröffentlicht, um die Muslime vor den Tätigkeiten der Missionare zu warnen.[274] Zwemer, der gleichzeitig auch Herausgeber dieser Zeitschrift war, erklärt darin, dass die meisten Länder, die noch nicht von Missionaren „besetzt“ wurden, überwiegend von Muslimen bewohnt seien, wie Nordafrika, Westasien, Persien und Teile Arabiens. Außerdem beklagt er auch, dass es auf dem Balkan über 3,5 Millionen Muslime gäbe, die lediglich 48 Stunden Zugfahrt von London entfernt, aber immer noch nicht missioniert seien.[275]

Dieser Warnung folgen einige weitere, in denen den Missionaren intrigantes Verhalten vorgeworfen wird, da sie die Situation der Menschen aus armen Verhältnissen ausnutzten, indem sie für diese Menschen Krankenhäuser und Schulen bauten. Jedoch würden diese sozialen Einrichtungen nur dazu dienen, die Muslime von ihrem Glauben abzubringen. In den Schulen würden sie z. B. den Kindern falsche Informationen über den Islam und den Propheten Muḥammad ver-

---

[273] Kompletter Name der Zeitschrift ist „The Moslem world: a quarterly review of current events, literature and thought among Mohammedans, and the progress of Christian missions in Moslem lands.“ Die Zeitschrift wurde 1911 von dem genannten amerikanischen Missionar Samuel M. Zwemer (gest. 1952) gegründet. Ihre Zielsetzung war es, den christlichen Westen über den Islam zu informieren und Missionare bei ihren Bemühungen, Muslime für das Christentum zu gewinnen, zu unterstützen.

[274] MA, Bd. I/1–1931, S. 71–73.

[275] Siehe ausführlich dazu: Zwemer, S. 111–119.

mitteln. Wenn ein Muslim das Christentum angenommen habe, dann versuche man ihn von seinen Angehörigen fernzuhalten, manchmal auch, indem man ihn ins Ausland bringe.[276] Außerdem werden weitere noch konkretere Beispiele angeführt. So soll eine ausländische Lehrerin versucht haben, ein muslimisches Mädchen von der Konversion zum Christentum zu überzeugen. Als dieses sich aber weigerte, wurde sie von der Lehrerin solange gefoltert, bis sie schlussendlich dem Islam abschwor und Christin wurde. Ein weiteres junges Mädchen soll mittels Hypnose zum Christentum verleitet und mit einem Missionar verheiratet worden sein.[277] Demnach handelt es sich also um die Zwangsverheiratung einer Muslimin mit einem Nichtmuslim. Ob diese Berichte, die vor allem die Schutzlosigkeit der Opfer deutlich machen sollen, wirklich glaubwürdig sind, kann an dieser Stelle nicht beantwortet werden. Es wird aber deutlich, dass sich die Gelehrten von al-Azhar mit diesem Thema massiv auseinandersetzten und diese Handlungen scharf verurteilten. Gegen die als Bedrohung wahrgenommene Missionarstätigkeit wurden Regierung und Volk aufgerufen, vorzugehen. Die Gelehrten der al-Azhar Universität nutzten hierbei ihre Stellung und ihren Einfluss um Maßnahmen zur Abwehr der Missionierung durch Christen voranzubringen. Auch riefen sie dazu auf, soziale Einrichtungen zu gründen.[278] Gerade ausländische Schulen, die zu dieser Zeit mit großer Sicherheit modernere Bildung anboten als ägyptische und somit auch für Muslime attraktiv waren, wurden als gefährlich erachtet, da sie einen negativen Einfluss auf den Glauben der muslimischen Jugend haben könnten.

---

[276] MA, Bd. III/4–1933, S. 205.

[277] MA, Bd. III/4–1933, S. 209–211.

[278] Siehe ausführlich dazu: MA, Bd. III/4–1933, S. 203–208; siehe auch MA, Bd. IV/4–1933, S. 276–280. Zu weiteren Berichten aus dieser Zeit über die Missionierungsaktivitäten wie etwa im Sudan und in Indien, aber auch Verurteilungen dieser Aktivitäten und Warnungen zum Umgang mit Europäern, siehe: MA, Bd. VI/3–1933, S. 375–382; Bd. IX/7–1936/37, S. 650–653; Bd. VIII/8–1937, S. 505–507; Bd. I/9–1938, S. 5–8; Bd. II/10–1939, S. 154.

Diese Verurteilungen zielten hauptsächlich auf die Missionare und ihr als unrühmlich wahrgenommenes Verhalten ab und sind nicht primär als Kritik am Christentum zu bewerten. In einem Artikel aus dem Jahre 1939 wird sogar betont, dass das Christentum ebenso wie der Islam Regeln für die Einladung (*daʿwa*) zur eigenen Religion habe. Demnach seien die Christen gemäß der biblischen Anordnung dazu angehalten, den Menschen stets freundlich zu begegnen und seien dazu aufgefordert, dorthin weiterzuziehen, wo ihre Einladung Gehör finde, falls man ihnen Abneigung entgegenbrächte. Jedoch missachteten viele Missionare diese religiöse Vorschrift und würden nach ihrem eigenen Gutdünken handeln. Da sie bei der Missionierung von Muslimen nicht allzu viel Erfolg hätten, würden sie sich immer neue absurde Ideen einfallen lassen, wie z. B. zu behaupten, der Islam würde die Sohnschaft Jesu anerkennen, die Muslime selbst hätten aber ein falsches Verständnis von ihrem Glauben.[279] Den Autor des entsprechenden Artikels in der Mağalla verleitet dies aber dazu, sich der Trinitätslehre und der göttlichen Natur Jesu zu widmen und Beweise dafür anzuführen, dass beide Lehren weder auf Jesus noch auf das Neue Testament zurückzuführen und vielmehr die Folge einer historischen Entwicklung seien.[280] Damit reißt dieser Artikel etwas an, was für die Darstellung des Christentums in der Mağalla über Jahrzehnte hinweg prägend ist. So ist diese historische Entwicklung der zentralen christlichen Lehren Gegenstand diverser Artikel, die das Christentum oder einige seiner Aspekte direkt behandeln, ebenso wie in Aufsätzen über Jesus. Eine weitere und durchaus bedeutende

[279] MA, Bd. I/9–1938, S. 38–39. Siehe dazu auch: MA, Bd. IX/9 –1938, S. 640–643; Bd. X/9–1938, S. 681–691; Bd. I/10–1939, S. 65–69. In diesen drei Artikeln geht es um ein Buch „Das Christentum im Islam", welches von Ibrāhīm Lūkā, einem Vertreter der orthodoxen koptischen Kirche, verfasst wurde. Darin soll behauptet worden sein, der Islam würde die göttliche Natur Jesu nicht leugnen. Daraufhin wird diese Behauptung in der Mağalla zurückgewiesen und es werden dabei Koranverse angeführt, die eine göttliche Natur Jesu strikt leugnen.

[280] Siehe ausführlich: MA, Bd. I/9–1938, S. 38–40.

Kernaussage in diesen Artikeln ist die, dass bereits die Propheten vor Muḥammad schon ein und dieselbe Religion, nämlich den Islam, verkündet hätten. Dieses Argument findet sich insbesondere in Artikeln, in denen beide Religionen verglichen werden.

Um dies zu veranschaulichen, sollen im Folgenden einige solcher Texte aus diesem Themenbereich behandelt werden. Auffällig bei den Artikeln, die sich mit Jesus beschäftigen, ist, dass einige von ihnen in englischer Sprache verfasst sind. Es scheint, als würde damit die Absicht verfolgt werden, potenzielle ausländische und in der Folge christliche Leser zu erreichen. Der Fokus liegt hierbei auf dem unterschiedlichen Jesusbild in den beiden Religionen und der Beweisführung dafür, dass er weder getötet noch gekreuzigt worden sei, sich selbst nicht als Sohn Gottes ausgegeben habe und im Allgemeinen nur die Lehre des Islams von der Einheit Gottes sowie das Kommen Muḥammads[281] verkündet haben soll. Dabei werden gerne Bibelstellen zitiert, christliche Gelehrte, die die islamische Haltung zu Jesus bestätigt haben sollen, angeführt, und christliche Gruppierungen aufgelistet, die z. B. den Kreuzestod Jesu einst geleugnet haben sollen.[282] Die Schuld an dieser Fehlentwicklung des Christentums sei unter anderem bei Paulus zu suchen, denn dieser habe falsche Behauptungen über die Göttlichkeit Jesu und den Kreuzestod als Vergebung für die Sünden der Menschen aufgestellt.[283] Die Behauptung, dass Paulus der Verfälscher der christlichen Lehren sei, taucht ab dem 11. Jahrhundert bei einigen Apologeten wie Ibn Ḥazm (gest. 1064) oder al-Qarāfī (gest. 1285) auf und hat sich bis in die Moderne durchgesetzt.[284]

---

281 Sie dazu: MA, Bd. III/15–1944, S. 134–136; Bd. IV/50–1978, S. 890–894; Bd. III/51–1978/79, S. 355–366.

282 Siehe dazu u. a. MA, Bd. V/57–1984/85, S. 664–665; Bd. I/60–1987/88, S. 115–121; Bd. XI/69–1996/97, S. 1730–1731; Bd. XII/69–1996/97, S. 1898–1909; Bd. I/70–1997, S. 170–171.

283 Siehe ausführlich dazu: MA, Bd. VII/57,2–1984/85, S. 1071–1082.

284 Siehe dazu Fritsch, S. 49–51; Schumann, S. 97.

Das Konzil von Nicäa, infolgedessen sich die Trinitätslehre endgültig durchgesetzt hatte, stellt einen weiteren Ansatzpunkt der muslimischen Beweisführung dar. Einige Artikel, die das Konzil ausführlich thematisieren, sind nur auf Arabisch verfasst.

Darin wird berichtet, dass es Meinungsverschiedenheiten unter den christlichen Gemeinden in Bezug auf das Wesen Jesu gab. Kaiser Konstantin soll daher im Jahre 325 über zweitausend Gelehrte aus den verschiedenen christlichen Richtungen eingeladen haben, um eine einheitliche Lehre ins Leben zu rufen. Arius, der Vertreter der Kirche von Alexandria, soll sich daraufhin zur Einheit Gottes bekannt und die Vergöttlichung Jesu vehement abgelehnt haben. Nachdem man keine Einigung erzielen konnte, soll Konstantin, der selbst zur göttlichen Natur Jesu tendierte, ein Gremium von 318 Gelehrten einberufen haben. Bei der Auswahl der Gelehrten habe er jenen den Vorzug gegeben, die bereits im Voraus sehr überzeugt von der Göttlichkeit Jesu gewesen waren. In dieser Versammlung soll man sich schließlich unter anderem für die Vergöttlichung Jesu und die Trinitätslehre ausgesprochen und jeden, der diese Lehre nicht befolgte, zum Ungläubigen erklärt haben. Zudem soll befohlen worden sein, alle Bücher und Evangelien, die Jesus als Menschen darstellten, zu verbrennen. Konstantin sei es auch gewesen, der die Gelehrten beauftragte, eine amtliche Einheitsreligion für alle Christen zu gründen.[285]

Anhand dieser wenigen Beispiele wird offensichtlich, welche Absicht hinter diesen Artikeln in der Mağalla steckt. Es geht um die Bekräftigung koranischer Vorbehalte gegen das Christentum und, wenn man weitere, zwischen den beiden Religionen vergleichende Artikel hinzuzieht, auch ausdrücklich darum, zu beweisen, dass der Islam die einzige

[285] Siehe dazu: MA, Bd. II/51–1978/79, S. 453–461; Bd. VII/57,2–1984/85, S. 1071–1082; Bd. VI/36–1964/65, S. 657–660; Bd. VIII-IX/36–1964/65, S. 891–896. Wie Olaf Schumann erklärt, sehen Muslime im Allgemeinen in diesem Konzil den entscheidenden Schritt für die Verfälschung der christlichen Lehren. Siehe dazu Schumann, S. 97.

von Gott verkündete Religion ist, zu der alle Propheten eingeladen haben sollen.[286]

Die Frage, die sich an dieser Stelle stellt, ist, wer die Adressaten dieser Artikel über die Entstehungsgeschichte des Christentums sind. Man könnte meinen, sie richten sich an die Christen, denen vor Augen geführt werden soll, dass sie im Grunde genommen irregeleitet seien, da ihre Religion im Laufe der Zeit verfälscht wurde. Wahrscheinlicher ist aber, dass sie an die Muslime, die mit Sicherheit die überwiegende Leserschaft bilden, gerichtet sind, um sie darin zu bestärken, die Anhänger der einzig wahren Religion zu sein.

Eine weitere wesentliche Botschaft, die in vielen Artikeln zum Ausdruck gebracht wird, ist, dass der Islam eine sehr tolerante Religion sei. Besonders zum Vorschein kommt dieser Aspekt, wenn Rechte und Pflichten der Nichtmuslime oder allgemein die Position der Schriftbesitzer erörtert werden, und ebenso bei der Behandlung historischer Ereignisse, in denen das Christentum eine entscheidende Rolle einnimmt. So wird der Besuch der christlichen Delegation aus Naǧrān bei Muḥammad in Medina mehrfach behandelt und stets liegt die Betonung darauf, dass der Prophet ihnen gewährte, das Gebet in der Moschee abzuhalten.[287] Dieses Verhalten Muḥammads wird in einem Artikel dahingehend interpretiert, dass Andersgläubige grundsätzlich Moscheen betreten und bei Bedarf auch auf ihre Weise beten dürften.[288] Auch befassen sich einige Texte mit der Weigerung des Kalifen ʿUmar nach seiner Eroberung Jerusalems in der dortigen Kirche zu beten.

Er hatte Sorge, die Muslime könnten nachher aus dem christlichen Gotteshaus eine Moschee machen und er könnte

---

[286] Neben den bereits angeführten Texten zu Jesus, siehe u. a.: MA, Bd. IV/4–1933, S. 513–518; Bd. VII/7–1936/37, S. 445–451; Bd. III/9–1938, S. 165–175; Bd. VII/9–1938, S. 470–473; Bd. IX/42–1970/71, S. 766–777; Bd. I/50–1978, S. 43–48.

[287] MA, Bd. I/59–1986/87, S. 18–21; Bd. IV/61–1988/89, S. 395–400; Bd. XI/75–2002, S. 2017–2020.

[288] MA, Bd. I/59–1986/87, S. 18.

dadurch die Garantien, die er den Bewohnern Jerusalems in seinem Schutzvertrag mit der Stadt gab, nicht einhalten.[289] Auch die Auswanderung der ersten Anhänger Muḥammads nach Abessinien, die den Weg für ein friedliches Zusammenleben zwischen Muslimen und Christen geebnet haben soll, wird in Texten der Maǧalla als Beispiel für die Toleranz des Islam angeführt. Ein Vorbild für einen ehrlichen Dialog wird z. B. im Gespräch des abessinischen Königs mit Ǧaʿfar b. Abū Ṭālib, dem Sprachrohr der muslimischen Auswanderer gesehen.[290] In einem anderen Artikel aus dem Jahrgang 52 wird gar verglichen, wie die Muslime einerseits und beispielsweise das römische Reich andererseits Andersgläubige behandelt hätten. Letzteres hätte die Menschen mit Zwang zum Christentum bekehrt, während die Muslime tolerant und gemäß dem Grundsatz „Kein Zwang im Glauben" mit ihren Untertanen umgegangen seien.[291] Vertreten wird auch das Argument, dass ein toleranter Umgang mit den Schriftbesitzern ein islamisches Gebot sei, das allein schon aus zahlreichen Aussprüchen Muḥammads zum Umgang mit den Schriftbesitzern ersichtlich werde.[292] Alle untersuchten Texte, die sich mit der Toleranzfrage des Islams auseinandersetzen, können nicht in bestimmte Zeitphasen eingeordnet werden. Vielmehr erscheinen sie immer wieder über den gesamten Publikationszeitraum hinweg. Bei einem Teil dieser Artikel ist ersichtlich, dass sie eine Reaktion auf Angriffe gegen den Islam darstellen, wie z. B. aus folgender Erklärung, die den englischen Artikel „Islam's Tolerance in dealing with Non-Muslims" aus Band 67 einleitet, entnommen werden kann:

> „Islam in these days, is surrounded by a number of false allegations and false rumours. These rumours are spread

[289] MA, Bd. VI/39–1967/68, S. 481–484; Bd. I/75–2002, S. 64–69 und S. 161–167.

[290] MA, Bd. XI/75–2002, S. 2017–20. Zur Auswanderung nach Abessinien siehe auch Bd. IV/7–1936/37, S. 274–278.

[291] Siehe ausführlich: MA, Bd. IX/52–1979/80, S. 1697–1712.

[292] Siehe u. a.: MA, Bd. I/36–1964/65, S. 112–114.

> by malicious people or those who are full of hatred towards Islam and its followers. Such people come up with false claims and lies that Islam adopts a hostile attitude towards non-Muslims."[293]

Dann wird ein Interview aus dem Jahre 1952, das der damalige Großscheich der Azhar bei der ägyptischen Zeitung al-Ahrām[294] gab, wiedergegeben. Gegenstand des Interviews, das die Maǧalla 1952 ebenfalls veröffentlichte, war die Frage, wie denn der Standpunkt der *šarīʿa* zu den in Ägypten lebenden Europäern sei.[295]

Ein weiterer Beleg ist ein Artikel aus dem Jahre 1984/85, in dem „Streiflichter der islamischen Toleranz" vorgestellt werden. Darin wird unter anderem in wenigen Worten die Situation der Nichtmuslime in Ägypten seit der arabischen Eroberung bis in die Gegenwart als absolut vorbildlich beschrieben. Die vorher in einem Interview getätigte Behauptung des Patriarchen Šinūda III., des Oberhaupts der koptischen Kirche, dass es in Ägypten religiöse Zwietracht (*fitna*) gebe, wird in diesem Artikel der Maǧalla dementiert. Im letzten Absatz des Artikels wird noch kurz erwähnt, dass Muḥammad selbst einen guten Umgang mit den ägyptischen Kopten angeordnet habe.[296] Anhand dieser Aussagen wird deutlich, dass gesellschaftliche Zusammenhänge zum Anlass genommen wurden, solche Texte zu verfassen. Bei der Gesamtbetrachtung der Texte, welche die Toleranzfrage zum Thema haben, entsteht aber durchaus der Eindruck, dass die

---

[293] MA, Bd. VIII/67–1994/95, S. 1168–1170; siehe dazu auch XI/67–1994/95, S. 1576–1577.

[294] Die Tageszeitung al-Ahrām (der Name bedeutet übersetzt „Die Pyramiden") ist eine der ältesten arabischen Zeitungen. Sie wurde im Dezember 1875 gegründet und am 5. August 1876 erschien die erste Ausgabe. Die Zeitung gilt als staatlich kontrolliert. Mittlerweile werden die englischsprachige „al-Ahram Weekly" und die französischsprachige „al-Ahram Hebdo" von ihr herausgegeben. Siehe dazu: http://english.ahram.org.eg/ (abgerufen am 23.02.2012).

[295] MA, Bd. III/24–1952/53, S. 313–316.

[296] MA, Bd. V/57–1984/85, S. 678–686.

Mağalla versucht, auf einen Aspekt des Islams aufmerksam zu machen, der dem Verständnis ihrer Autoren zufolge oft von Nichtmuslimen bei der Darstellung des Islams nicht berücksichtigt wird. Außerdem scheint es, als wolle man damit auch die muslimischen Leser über diesen Aspekt aufklären und sie dazu anhalten, mit Nichtmuslimen tolerant umzugehen.

Auch wenn die Vorstellung von den Rechten und Pflichten der Schriftbesitzer unter islamischer Herrschaft oft ein Bestandteil der oben behandelten Themenbereiche ist, werden sie gelegentlich nochmals explizit in eigenständigen Artikeln oder Artikelreihen vorgestellt. Ein Beispiel hierfür sind zwei Artikel aus dem Jahre 1973/74, die schon in Kapitel 2.2 angesprochen wurden, als es um die Meinung der vier sunnitischen Rechtsschulen zum Bau von Kirchen in islamischen Gebieten ging. Dass diese Frage den Schwerpunkt dieser beiden Aufsätze bildet, hat einen Grund, der in der Einleitung zu diesem Punkt angeführt wird. Dort heißt es, dass der Umgang mit dieser Angelegenheit vielen Muslimen unbekannt sei, auch vielen muslimischen Herrschern selbst. Deshalb sei es die Aufgabe derjenigen, die sich in islamischen Studien auskennen, darüber aufzuklären. Die Regierenden seien dann verpflichtet, die Gesetze Gottes durchzusetzen.[297]

Damit wird also nochmals deutlich, dass die Azhar-Universität mit dieser Aufklärungsarbeit auch ein bestimmtes Ziel verfolgt. Die Aussage, dass die Regierenden die Gesetze Gottes durchzusetzen hätten, ist offenbar mit der Forderung nach der Einführung der *šarīʿa* als maßgebliche Gesetzgebung gleichzusetzen. Die Bemühungen der Azhar diesbezüglich sind offensichtlich; 1978 wurde an der Universität eine Art „islamischer Verfassungsentwurf" (*dustūr islāmī*) erstellt, der Ländern, die die *šarīʿa* einführen wollen, als Grundlage dafür dienen kann.[298]

---

[297] MA, Bd. IV/45–1973/74, S. 367.

[298] Siehe dazu ausführlich: Al-Musaiyar, Muḥammad Saiyid Aḥmad: *Naḥwa Dustūr Islāmī: mašrūʿ Waḍaʿa Mawāddahū al-Azhar aš-Šarīf*. Kairo 1995.

Im gleichen Jahr hatte Großscheich ʿAbd al-Ḥalīm Maḥmūd (Amtszeit 1973–1978) die Einladung zur interreligiösen Dialogkonferenz in Cordoba, die die Spanische Gesellschaft für Christlich-islamische Freundschaft veranstaltete, ausgeschlagen. Die Gründe für seine Absage wurden durch die Maǧalla bekannt gemacht, die sowohl das Einladungsschreiben vom Vorsitzenden der Gesellschaft Míkel de Epalza[299] als auch die Antwort des Großscheichs veröffentlichte. Darin forderte Maḥmūd die Anerkennung des Islams und des Propheten Muḥammad, damit die Muslime ebenso wie die Juden ihre Rechte hinsichtlich ihrer Feste und Bräuche bekämen. Er verurteilte Missionierungsaktivitäten wie etwa in den Philippinen und bedauerte, dass sich christliche Vertreter in vorherigen Konferenzen in einer für Muslime verletzenden Art und Weise über den Propheten Muḥammad geäußert hätten. Daher seien die beiden bisher organisierten Konferenzen eher abstoßend als ein Mittel zur Verständigung gewesen.[300]

1978 begann eine etwa siebenjährige Phase (1978–1985), in der zahlreiche meist kritische Veröffentlichungen zum christlichen Glauben in der Maǧalla Platz fanden, parallel zu zwei sehr ausführlichen Artikelreihen zur Position der Nichtmuslime in islamischen Ländern bzw. in der *šarīʿa*. Nach Ekkehard Rudolph ist dies vor dem Hintergrund des Aufkommens islamistischer Aktivitäten in der arabischen Welt zu jener Zeit in Folge der islamischen Revolution im Iran zu sehen.[301]

---

299 Der Spanier Míkel de Epalza (geb. 1938) war von 1979 bis zu seinem Todesjahr 2008 Professor für Arabische und Islamische Studien an der Universität von Alicante und galt in seinem Heimatland als einer der wichtigsten Wissenschaftler in der Arabistik im zwanzigsten Jahrhundert. In jungen Jahren schloss er sich für einige Zeit dem Jesuitenorden an und unterrichtete an diversen Universitäten. Zu seinen Hauptwerken gehört die Übersetzung des Korans ins Katalanische. De Epalza hat sich in Spanien auch im Dialog zwischen Christen und Muslimen verdient gemacht. Vgl. Guixot, S. 11–22.

300 MA, Bd. III/50–1978, S. 676–679; siehe dazu auch die treffende Zusammenfassung von Rudolph, The Debate, S. 298–299.

301 Rudolph, The Debate, S. 299.

Vor allem kann hier die Zuspitzung der religiösen Konfliktlage in Ägypten genannt werden. Die Situation der Kopten in Ägypten und das Verhältnis der al-Azhar Universität zur koptischen Kirche werden noch in Kapitel 6 eigenständig behandelt. Dennoch werden an dieser Stelle die wichtigsten Ereignisse kurz angerissen, um ein besseres Verständnis für diese siebenjährige Phase zu ermöglichen. Zwischen 1978 und 1980 waren einige Kirchen in Brand gesetzt worden. Im Mai 1980 hatte Präsident Sādāt verkündet, dass die *šarīʿa* als Hauptquelle in der ägyptischen Rechtsprechung verankert werden würde. Einige Tage später hatte der koptische Papst Šinūda III. dieses Vorhaben öffentlich verurteilt. Nachdem es zu weiteren Unruhen zwischen Muslimen und Kopten gekommen war, wurde er beschuldigt, darin verwickelt zu sein und ins Exil in ein Kloster verbannt. 1985 wurde er schließlich von Mubārak begnadigt und wieder in seinem Amt bestätigt.[302] Zwei Beispiele für provozierende Artikeltitel aus dieser Zeit, in denen vor allem die Grundlehren des Christentums attackiert und der Islam als die einzige göttliche Religion dargestellt werden, lauten: „Ohne den Islam würde keine himmlische Religion mehr existieren“[303] und „Das Christentum bekennt sich zur Einheit (Tauḥīd) und nicht zur Trinität und der Islam ist eine internationale Notwendigkeit“.[304] Verstärkt wird auch versucht, Hinweise für die Verkündung des Kommens Muḥammads durch Jesus in den Evangelien herbeizuführen, wobei neben Stellen aus dem Johannesevangelium[305] auch das in der Wissenschaft umstrittene Barnabasevangelium[306] in der Beweisführung eine erhebliche Rolle einnimmt. Die Schärfe des Tons in dieser Periode wird vor allem im Artikel „Weder ein Vorteil für den Islam noch für das Christentum“ deutlich. Darin wird mit dem

302 Siehe dazu ausfürlich Hasan, S. 103ff.

303 MA, Bd. I/50–1978, S. 43–48.

304 MA, Bd. II/51–1978/79, S. 453–461.

305 MA, Bd. IV/50–1978, S. 890–894.

306 MA, Bd. II/51–1978/79, S. 355–366.

Vortrag von Pater Georges C. Anawati[307] zum Thema „Der gemeinsame Glaube an Gott im Christentum und Islam", der im September 1977 in Kairo gehalten wurde, hart ins Gericht gegangen. Schon im Titel des Vortrags sieht der Autor ʿAbd al-Fattāḥ ʿAbdallāh Baraka eine List des Referenten, um die Herzen der muslimischen Zuhörer zu gewinnen. Außerdem verurteilt er die Annahme, dass der Glaube an Gott im Islam der Art des Glaubens im Christentum gleiche und macht deutlich, dass eine Annäherung zwischen den Religionen nur in Bereichen der zwischenmenschlichen Beziehungen möglich sei, nicht aber in Glaubensangelegenheiten oder in Bezug auf die islamische *šarīʿa*, die als Grundlage für die Toleranz der Muslime gegenüber den Christen gilt.[308] Diese Grundlage wird in den darauffolgenden Jahren mit all ihren wichtigen Regeln ausführlich vorgestellt. Hauptaugenmerk bei der Formulierung der Rechte, die den Nichtmuslimen durch die *šarīʿa* zugesprochen werden, liegt hierbei auf der Religionsfreiheit und dem Schutz des Lebens, der Ehre und des Vermögens.[309] Die wiederholten Anmerkungen, dass die Gebote der *šarīʿa* den Nichtmuslimen in Ägypten nicht gänz-

[307] Der Dominkaner Georges C. Anawati (1905–1994) gilt als Vorreiter des christlich-islamischen Dialogs. Anawati hatte großen Einfluss auf die Entstehung der vatikanischen Erklärung „Nostra Aetate" aus dem zweiten Vatikanischen Konzil und war lange Zeit Berater mehrerer päpstlicher Gremien für den Dialog. Er war Begründer des „Institut Dominician d'Etudes Orientales" (IDEO) und der Zeitschrift MIDEO. Siehe dazu: http://www.anawati-stiftung.de/georges_anawati.html (12.8.2014).

[308] MA, Bd. II/51–1978/79, S. 626–638; siehe dazu auch die Ausführungen von Rudolph, The Debate, S. 299 und Borrmans, ʿAbd al-Fattâḥ ʿAbd Allâh Baraka, S. 259–260.

[309] Damit wird hier im Wesentlichen auf die *maṣāliḥ mursala* eingegangen. Dieser Fachterminus aus dem Bereich des islamischen Rechts bedeutet übersetzt „Berücksichtigung des allgemeinen Interesses" und hat im Rahmen des *qiyās* (Analogieschluss) und *istiṣlāḥ* (Forderung nach Verbesserung im Sinne des Allgemeinwohls) eine Bedeutung. In Bezug auf den *qiyās* ist die Berücksichtigung der *maṣāliḥ* eine Methode, um den Zweck einer Norm herauszufinden; innerhalb des *istiṣlāḥ* werden sie für die Schaffung von Rechtsnormen gebraucht, die darauf abzielen, Allgemeininteressen zu schützen. Siehe ausführlich dazu: Kamali, S. 267–282.

lich unbekannt und teilweise nicht weit von den Gesetzen des Landes entfernt seien, lässt den Eindruck entstehen, als wolle al-Azhar hiermit nicht Aufklärungsarbeit für die Muslime anbieten, sondern vielmehr die Christen Ägyptens erreichen und ihnen mögliche Sorgen vor Einschränkungen hinsichtlich ihrer Rechte bei der Einführung des islamischen Gesetzes nehmen.[310] Zwischen 2005 und 2006 wurde eine weitere ausführliche Artikelreihe zur Behandlung der Nichtmuslime publiziert, die vom damaligen Vorsitzenden der Kommission für den Dialog zwischen den himmlischen Religionen (al-Lağna ad-Dā'ima li-'l-Ḥiwār baina al-Adyān as-Samāwīya) an der Azhar, Fauzī az-Zafzāf, verfasst wurde. Az-Zafzāf, nimmt hier die Angriffe auf den Islam, die nach den Anschlägen vom 11. September das Mindestmaß erforderlichen Respekts im Umgang miteinander unterschritten hätten und den Islam mit Terrorismus gleichsetzten, dafür zum Anlass, die islamischen Prinzipien zum Umgang mit Nichtmuslimen darzustellen.[311]

Die letzte Kategorie von Texten, die die Haltung der Azhar zum Christentum in der Mağalla deutlich macht, sind die Fatwas. Wie schon bei der Vorstellung der Mağalla kurz erklärt, bezieht ein Rat von Gelehrten an der Azhar Stellung zu Fragen, die von Lesern an die Mağalla gesandt werden. Hinsichtlich des Christentums haben wir es hierbei meist mit Themen zu tun, die für das Zusammenleben zwischen Muslimen und Christen hauptsächlich in Ägypten relevant sind. Fatwas mit Bezug zum Christentum gibt es in der Mağalla seit der Einführung der Fatwakategorie ab der Mitte der 1930er Jahre bis hinein in unsere heutige Zeit immer wie-

---

310 MA, Bd. IV/55, S. 477–488; Bd. VIII/55, S. 1077–1086–1982/83; Bd. I/56, S. 24–39; Bd. III/56, S. 402–410; Bd. VI/56, S. 885–895; Bd. XII/56, S. 2064–2077; Bd. X/56–1983/84, S. 1725–1734. Siehe auch vor allem zu den Pflichten der Nichtmuslime in einem muslimischen Land: MA, Bd. V/52, S. 941–955; Bd. VI/52, S. 1285–1299; Bd. VIII/52–1979/80, S. 1454–1460.

311 Siehe dazu: MA, Bd. VII/78, S. 1162–1166; Bd. VIII/78, S. 1320–1324; Bd. IX/78, S. 1652–1656; Bd. XI/78, S. 1934–1938; Bd. XII/78–2005/06, S. 2088–2091; Bd. II/79–2006/07, S. 254–256.

der. Das Urteil der Gelehrten ist dabei überwiegend von toleranten Aussagen geprägt. So erlaubt die Azhar den Verzehr von Fleisch, das von Christen und Juden geschlachtet bzw. geschächtet wurde,[312] macht aber auch darauf aufmerksam, dass es hierzu andere Meinungen gibt,[313] und erklärt das Gebet in einer Moschee, an deren Bau Christen beteiligt waren, für gültig.[314] Ferner sieht man keine Probleme darin, wenn Muslime an der Beisetzung von Christen beteiligt sind und macht darauf aufmerksam, dass ihnen zu ihren Festen gratuliert und ihnen Krankenbesuche abgestattet werden können.[315] Andererseits richtete sich der Großscheich Ǧād al-Ḥaqq ʿAlī Ǧād al-Ḥaqq (Amtszeit 1982–1996) im Jahre 1994 an die im Ausland lebenden Muslime und forderte sie auf, vom Recht, das ihren Kindern die Befreiung vom christlichen Religionsunterricht erlaube, Gebrauch zu machen, und machte sie in mahnenden Worten auf ihre Verantwortung aufmerksam, die Kinder mit den islamischen Riten vertraut zu machen und sie gemäß den Geboten des Islams zu erziehen.[316] Wie schon bei der Vorstellung der Hauptquelle angeführt, beschäftigt sich die Maǧalla seit den 1980er Jahren intensiver mit den Problemen und Fragen der in der Diaspora lebenden Muslime.

Die Darstellung des Christentums in der Maǧalla, durch die die repräsentative Haltung der Azhar diesbezüglich deutlich wird, lässt sich folgendermaßen zusammenfassen: Zum einen wird in der Maǧalla stets betont, dass die Hauptlehren des Christentums im Laufe historischer Ereignisse entwickelt wurden und nicht auf Jesus zurückgehen. Zum anderen wird aber generell zu einem toleranten Umgang mit den Christen, die oft als Leute des Buches oder Schriftbesitzer bezeichnet werden, aufgerufen. Denn Toleranz gegenüber Christen sei

[312] MA, Bd. VI/11–1940, S. 343–344.
[313] MA, Bd. VII/14–1943, S. 345–347.
[314] MA, Bd. VI/14–1943, S. 273.
[315] MA, Bd. II/34–1962/63, S. 250.
[316] MA, Bd. I/67–1994/95, S. 8–10.

für den Islam grundlegend. Dieses Gebot leite sich bereits aus dem Koran und Äußerungen Muḥammads ab. Dass die Rechte und Pflichten der Nichtmuslime in einem muslimischen Land immer wieder vorgestellt werden, muss, wie wir gesehen haben, jeweils vor dem Hintergrund der gesellschaftlichen und politischen Verhältnisse der Veröffentlichungszeit des entsprechenden Beitrags gesehen werden.

3. Beginn der Dialogarbeit: Dialogkonferenzen in London und Paris

Die ersten nachweisbaren Dialogaktivitäten der Azhar reichen bis in die dreißiger Jahre des letzten Jahrhunderts zurück. Zu jener Zeit besuchten Vertreter der Universität Konferenzen in europäischen Hauptstädten und hatten dort auch die Gelegenheit, als Repräsentanten des Islams Reden zu halten.

Die Beteiligung an diesen Konferenzen hat für die Dialogarbeit der Azhar offensichtlich einen hohen Stellenwert.[317] In der Maǧalla wird zu verschiedenen Anlässen bis in die Gegenwart hinein an die Teilnahme der Azhar-Gelehrten an diesen interreligiösen Dialogkonferenzen erinnert und der Inhalt der Reden für die Erläuterung der eigenen Position zu bestimmten Fragen verwendet. Um dies etwas zu veranschaulichen, seien die zwei folgenden Beispiele angeführt:

In einem Artikel vom Februar 1979 mit dem Titel „Unverschleierte Wahrheiten. Al-Azhar und der religiöse Frie-

---

[317] Zu Beginn seines Artikels zu Dialogaktivitäten der Azhar verweist Edouard Méténier auf die Teilnahme der Azhar an Dialogkonferenzen und erwähnt in einer Fußnote explizit die Londoner und Pariser Konferenzen. Vgl. Méténier, S. 113 Anm. 2. An dieser Stelle sei darauf hingewiesen, dass in der Maǧalla von einer weiteren Rede gesprochen wird, die der damalige Großscheich Muḥammad Muṣṭafā al-Marāġī 1935 oder 1936 auf einem Kongress in Brüssel gehalten haben soll. Die Rede wird aber nicht veröffentlicht. Angekündigt wird sie in MA, Bd. V/6–1935, S. 334–336. In einem Artikel vom Februar 1979 wird versucht, die Brüsseler Rede in Auszügen wiederzugeben. Allerdings handelt es sich dabei um Passagen aus der Rede in London. Dort wird auch in zwei Fußnoten auf die Veröffentlichung eben dieser Rede in der Maǧalla von 1936 verwiesen. Siehe dazu MA, Bd. III/51–1978/79, S. 679 und 680. Es scheint, als ob auf beiden Kongressen die gleiche Rede gehalten wurde. Genaues über das Datum, an dem diese Rede tatsächlich gehalten wurde, lässt sich bei diesem widersprüchlichen Stand der Informationen nicht sagen. Wie noch bei den anderen beiden Konferenzen ebenfalls zu sehen sein wird, gehört dies unter anderem zu den Lücken in der Berichterstattung der Maǧalla, die teilweise die Arbeit mit diesem Medium erschweren.

den" (Ḥaqā'iq Sāfira. Al-Azhar wa-'s-Salām ad-Dīnī). Darin wird das Buch des französischen Islamwissenschaftlers und Arabisten Maurice Gaudefroy-Demombynes „Les institutions Muslemanes" (Paris 1921) behandelt, in dem al-Azhar vorgeworfen wird, keinen wirklichen Beitrag für den religiösen Frieden geleistet zu haben. Diesem Vorwurf stellt man die beiden Reden von 1936 und 1939 entgegen.[318]

Im Jahre 2005 beginnt Fauzī az-Zafzāf, der damalige Vorsitzende der Kommission für interreligiösen Dialog, seinen Artikel über die „Position der Azhar zur Einladung zur Verbrüderung und Verbundenheit zwischen den himmlischen Religionen" (Mauqif al-Azhar min al-Daʿwa ilā at-Ta'āḫī wa-'t-Ta'āluf baina al-Adyān as-Samāwīya) mit einem Verweis auf al-Marāġīs Besuch einer Konferenz in Brüssel und einem Auszug aus der Rede, die Muḥammad ʿAbdallāh Drāz 1939 in Paris gehalten hat. Dort sind auch Bilder von den beiden Gelehrten abgedruckt.[319]

An dieser Stelle sollte nicht unerwähnt bleiben, dass die beiden Reden von London und Paris in späteren Bänden nochmals veröffentlicht wurden. Die Rede von Drāz wurde im Dezember 1986 in der Kategorie „Die Maǧallat al-Azhar vor fünfzig Jahren" (Maǧallat al-Azhar min Ḫamsīna ʿĀman)[320] und al-Marāġīs Beitrag in London in der Rubrik „Zu den großartigen Beiträgen der Vergangenheit in der Maǧallat al-Azhar" (min Rawā'iʿ al-Māḍī fī Maǧallat al-Azhar) im September 1996 erneut abgedruckt.[321]

All diese Beispiele zeigen, dass diese Reden auch gegenwärtig die Haltung der Azhar zum interreligiösen Austausch beeinflussen. Die erneute Publikation der Reden offenbart die Bedeutung derselben. Außerdem demonstriert al-Azhar

318 MA, Bd. III/51–1978/79, S. 677–683. Aus der Einleitung des Texts geht hervor, dass einige Zeitungen über die Ausführungen von Gaudefroy-Demombynes berichtet haben. Dies scheint auch der Anlass für diese Reaktion der Maǧalla zu sein.

319 MA, Bd. V/78–2005, S. 956–959.

320 MA, Bd. IV/59–1986/87, S. 502–510.

321 MA, Bd. IV/69–1996/97. S. 530–537.

damit eindeutig auch ihr Selbstbewusstsein als Dialogpartner. Dies kann ebenfalls als stolzer Rückblick auf eine lange Dialogtradition, die man sich damit zusprechen möchte, bewertet werden.

Wenden wir uns aber nun dem Inhalt der beiden Reden von London und Paris zu, die in ihren wichtigsten Auszügen wiedergegeben werden sollen.

3.1 London 1936

Zunächst sollen die wenigen Informationen, die der Maǧalla-Artikel liefert – in dem die Londoner Rede enthalten ist – wiedergegeben werden. Zu Beginn heißt es dort, dass jedes Jahr ein Weltkongress der Religionen in einer bedeutenden westlichen Hauptstadt organisiert werde. Das Ziel dieser Veranstaltungen sei es, verschiedene Mittel zu untersuchen, die eine Annäherung der verschiedenen Völker zueinander herbeiführen könnten, um dadurch kriegerische Auseinandersetzungen und Feindschaften zu vermeiden. Großscheich Muḥammad Muṣṭafā al-Marāǧī[322] wurde zu diesem Anlass eingeladen, eine Rede zum Thema „Wie kann eine weltweite Gemeinschaftlichkeit zwischen den Individuen, die verschiedenen Religionen und Sekten angehören, entstehen?“ zu halten. Aufgrund seiner vielen Tätigkeiten habe al-Marāǧī seine persönliche Teilnahme abgesagt, jedoch habe er die Rede verfasst, die bei der Konferenz durch seinen Bruder ʿAbd al-ʿAzīz, Dozent an der Fakultät für islamisches Recht an der Az-

[322] Muḥammad Muṣṭafā al-Marāǧī wurde 1881 geboren und war von 1928–1929 sowie von 1935–1945 Großscheich der Azhar. Er galt als Reformer, der sich für soziale, rechtliche und pädagogische Veränderungen einsetzte. Außerdem war er ein Befürworter des *iǧtihāds* (eigene Rechtsfindung) und Gegner des *taqlīds* (blinde Nachahmung). Ebenfalls zu bemerken ist sein Einsatz dafür, Differenzen zwischen den verschiedenen muslimischen Rechtsschulen beizulegen. Al-Marāǧī war auch ein Befürworter der größeren Beteiligung der Geistlichen an der Regierung. Vgl. dazu: The Oxford encyclopedia: Marāǧī Muṣṭafā (Sonbol).

har und Mitglied einer früheren Londoner Abordnung von König Fu'ād I., verlesen wurde.[323]

Mehr Angaben werden dazu nicht mehr gemacht. Daraufhin wird die Rede veröffentlicht, ohne in irgendeiner Form weiter besprochen zu werden.

Auch an dieser Stelle ist es sehr erstaunlich, dass es nur bei diesen dürftigen Informationen bleibt, denn bei dieser, in der Mağalla schlicht als „Weltkongress der Religionen" (al-Mu'tamar al-ʿĀlamī li-'l-Adyān) bezeichneten Veranstaltung handelt es sich nämlich um die Gründung des „World Congress of Faiths" (WCF), in den damals große Hoffnungen für eine bessere und friedlichere Welt gelegt wurden. Der WCF baute auf früheren Versuchen auf, wie etwa dem World's Parliament of Religions,[324] welches 1893 in Chicago zusammengekommen war und bei dem sich schon Vertreter verschiedener Religionen versammelt hatten. Dieser neue Versuch ging auf Sir Francis Younghusband zurück, der genauso wie sein Vater John lange Jahre im Dienste der britischen Armee, vor allem in Indien, gestanden hatte. Er soll dazu erzogen worden sein, den Angehörigen aller Religionen und ethnischen Gruppen respektvoll zu begegnen.[325] Mit dem WCF sah er eine Chance, die Angehörigen verschiedener Glaubensgemeinschaften zusammenzubringen und die Brüderlichkeit unter den Menschen zu fördern.[326] Auch wenn Younghusbands Vision von einer besseren Welt nicht in Erfüllung ging, hat er zumindest den Grundstein für eine Tradition gelegt, die bis heute lebt. Seit 1936 werden solche Kon-

---

[323] MA, Bd. V/7–1936/37, S. 301. Al-Azhar sandte zu dieser Zeit mehrfach Abordnungen (*baʿṯa*) zur Fortbildung nach Europa. Vgl. dazu u. a. MA, Bd. V/7–1936/37, S. 188–189.

[324] Für nähere Informationen zu diesem Ereignis siehe Ziolkowski, Eric J. (ed.): *A Museum of Faiths. Histories and Legacies of the 1893 World's Parliament of Religions; Lüddeckens, Dorothea: Das Weltparlament der Religionen von 1893: Strukturen interreligiöser Begegnung im 19. Jahrhundert.* Atlanta 1993.

[325] Braybrooke, S. 22.

[326] Ebd., S. 32. Zu Younghusbands Leben siehe ausführlich ebd., S. 22–32.

gresse und mittlerweile auch weitere Veranstaltungen organisiert.[327]

Bei diesem Kongress, der vom 3. bis zum 8. Juli 1936 an einer Universität in London stattfand, wurde das Thema „Fellowship through Religion“ behandelt, zu dem sich ausgewählte Vertreter verschiedener Religionen äußerten. Neben al-Marāġī gab es noch weitere muslimische Redner aus Pakistan und Indien. Unter anderem wurde dabei ausführlich auf die Missverständnisse im Zusammenhang mit dem Begriff *„ǧihād“* eingegangen.[328]

Al-Marāġīs Rede enthält sechs wichtige Punkte. Er eröffnet seine Rede damit, dass er die Idee der Gemeinschaftlichkeit als etwas Natürliches bezeichnet, das schon im Kindesalter entsteht, sobald man wahrzunehmen beginnt, welche nützlichen Vorteile die Verbindung zwischen den Individuen hat. Mittlerweile sei das Gefühl entstanden, dass die Völker einander benötigten, um die Menschheit im Allgemeinen vor Unglück zu beschützen. Die Notwendigkeit, wirtschaftliche, zivile, wissenschaftliche und seelische Bedürfnisse zu stillen, sei universell und alle Menschen sollten an dieser Aufgabe teilhaben.

Die Gründe für die Trennung zwischen den Menschen stellt al-Marāġī ebenfalls als etwas Natürliches dar, denn der Mensch trage schließlich auch animalische Veranlagungen in sich. Die unterschiedlichen Religionen seien ein weiterer Faktor, der die Menschheit trenne, und es falle vielen Menschen schwer, zu glauben, dass man durch menschliches Handeln diese Unterschiede beseitigen könne.[329]

Den Schwerpunkt seiner Ausführungen legt er auf seinen dritten Punkt, den er „Die Religiosität ist die Medizin“ (*at-tadaiyun huwa ad-dawā'*) nennt.

---

[327] Braybrooke gibt in seinem Buch einen anschaulichen Überblick über die verschiedenen Etappen des WCF bis 1996. Empfehlenswert, vor allem für die aktuellen Aktivitäten, ist auch ein Blick auf die offizielle Homepage: http://www.worldfaiths.org/ (abgerufen am 12.7.2011).

[328] Braybrooke, S. 45. Einzelheiten zum Kongress siehe ebd., S. 33–48.

[329] MA, Bd. V/7–1936/37, S. 301–302.

Darin erklärt er den wissenschaftlichen Fortschritt für unfähig, diese Faktoren zu beseitigen und deutet darauf hin, dass die kriegerischen Auseinandersetzungen immer brutaler würden, je mehr die Wissenschaft voranschreite. Damit wendet sich al-Marāǧī nicht gegen die Wissenschaft, sondern versucht vielmehr im Folgenden die Bedeutung des Glaubens hervorzuheben. Religiöse Menschen sollten sich bei der Behandlung dieses Problems dessen bewusst sein, dass alle Religionen die Menschheit als eine geschlossene Gruppe betrachten, die von einer weisen und gerechten Kraft (*qūwa*) gelenkt werde, die die Absichten beobachte und das Gewissen beherrsche. Eigenschaften der Religiosität wie Ehrfurcht, das Bewusstsein, vom Schöpfer beobachtet zu werden, und der Glaube an den jüngsten Tag seien sehr einflussreich, um den Menschen zum Guten zu leiten.[330]

Am Ende dieses Punktes verweist er auf die Einstellung des Islams zur Vielfalt, indem er folgenden Koranvers anführt: „*Ihr Menschen! Wir haben euch geschaffen (indem wir euch) von einem männlichen und einem weiblichen Wesen (abstammen ließen), und wir haben euch zu Verbänden und Stämmen gemacht, damit ihr euch untereinander kennt. Als der Vornehmste gilt bei Gott derjenige von euch, der am frömmsten ist.*“[331]

Zudem erklärt er, dass der Koran die Muslime dazu auffordert, Andersgläubige stets gut zu behandeln, es sei denn, man befindet sich mit ihnen im Krieg, und führt zur Beweisführung diese Verse an: „*Gott verbietet euch nicht, gegen diejenigen pietätvoll und gerecht zu sein, die nicht der Religion wegen gegen euch gekämpft, und die euch nicht aus euren Wohnungen vertrieben haben. Gott liebt die, die gerecht handeln. Er verbietet euch nur, euch denen anzuschließen, die der Religion wegen gegen euch gekämpft, und die euch aus euren Wohnungen vertrieben oder (w. und) bei eurer Ver-*

330 Ebd., S. 302–303.
331 Sure 49:13.

treibung mitgeholfen haben. Diejenigen, die sich ihnen anschließen, sind die (wahren) Frevler."[332]

In Bezug auf die Gemeinschaftlichkeit nimmt al-Marāġī die Religionsgelehrten explizit in die Pflicht und fordert sie dazu auf, mit einem guten Beispiel voranzugehen. Schließlich würden die Religionen viele humane Werte teilen. Die Gelehrten hätten die Aufgabe, dies zu verinnerlichen und zu begreifen, dass von der Verschiedenheit der Religionen keine Bedrohung für die Menschen ausgehe. Die Gefahr gehe von Gruppen aus, die den Materialismus heilig sprächen und die religiösen Lehren verachteten.[333]

Zu den Zielen, die Glaubensangehörige anstreben sollten, zählt al-Marāġī zunächst die Beseitigung von Problemen, die bereits ohne religiöse Ressentiments in Bezug auf die gegenseitige Annäherung der Menschen entstanden sind, nämlich dass die Menschen einerseits Charakterschwächen aufweisen, die zu Zwietracht führen und andererseits schwach in ihrem Glauben seien oder von ihm abfielen. Daher lautet seine Empfehlung an die Religionsgemeinschaften, gemeinsam das religiöse Gefühl in den Menschen wieder aufleben zu lassen, um den Stellenwert der Religionen zu erhöhen. Die Religionsgemeinschaften sollten sich nicht gegenseitig bekämpfen, denn das schwäche sie vor ihrem gemeinsamen Feind, den er in einigen Wissenschaftlern und Philosophen ausfindig macht.[334]

Damit diese Ziele erreicht werden können, plädiert al-Marāġī für die Gründung zweier Räte:

- Der Erste sollte darauf hinarbeiten, Groll und Hass anderen Religionen gegenüber zu schwächen. Als Mittel hierfür schlägt er vor, die menschlichen Werte, die vor allem die Gleichheit aller Menschen betonen, aus

[332] Sure 60: 8–9. Siehe dazu MA, Bd. V/7–1936/37, S. 305.

[333] MA, Bd. V/7–1936/37, S. 305–306.

[334] Damit könnten u. a. die Theorien des Materialismus und des Darwinismus gemeint sein. Man bedenke, dass Europa in dieser Zeit schon von diesen Theorien geprägt war und die islamische Welt sich diesen neuen Herausforderungen stellen musste. Siehe dazu: Hanioğlu, S. 138ff.

den Religionen zusammenzutragen und diese an die Öffentlichkeit zu bringen. Außerdem sollte das Werben für die eigene Religion und die Missionierung nicht mit verwerflichen Mitteln wie List und Intrigen ablaufen.[335]

- Der zweite Rat sollte für die Stärkung religiöser Gefühle eingerichtet werden.[336]

Zum Abschluss seiner Rede betont al-Marāġī, dass die Idee der Gemeinschaftlichkeit in den Prinzipien des Islams fest verankert sei, denn der Koran würde den Zwang im Glauben verurteilen. Vielmehr sollten die Menschen mit Weisheit und guter Ermahnung eingeladen werden.[337]

3.2 Paris 1939

Der Artikel zur Rede von Paris beginnt mit einer Erinnerung an die Teilnahme der Azhar am Londoner Kongress und, wie schon 1936, mit einigen wenigen Informationen zur aktuellen Veranstaltung. Der Kongress fand an der Universität Sorbonne in Paris statt und al-Azhar wurde dort von Muḥammad ʿAbdallāh Drāz, einem Mitglied einer früheren Pariser Abordnung von König Fu'ād I., vertreten. Die Rede wurde in französischer Sprache vorgetragen und soll für große Begeisterung bei den Teilnehmern gesorgt haben. Sogar der Kongressleiter Sir Francis Younghusband soll gemeint haben, es sei die Hauptrede gewesen. Außerdem habe man zwei Vorschläge des Azhar-Gelehrten angenommen, die noch am Ende der Rede angeführt wurden. Zum Abschluss des Vorspanns erklärt die Maǧalla ihren Stolz darüber, solch eine Rede publizieren zu dürfen, die in dieser Form in Europa über den Islam noch nicht gehört wurde.[338] Dieser Kongress

---

335 MA, Bd. V/7–1936/37, S. 308–309.
336 Ebd., S. 309.
337 Ebd., S. 311.
338 MA, Bd. VII/10–1939, S. 532.

war der vierte im Rahmen des WCF und fand vom 3. bis zum 11. Juli statt und stand unter dem Titel „How to Promote the Spririt of World Fellowship through Religion".[339]

Drāz hält zunächst fest, dass die Religionen trotz ihrer Unterschiede in den Glaubenslehren durch viele gemeinsame humane Werte miteinander verbunden sind. So würden sie alle zur Gerechtigkeit und zur Verrichtung guter Werke aufrufen, und untersagen Unterdrückung und Feindschaft.[340]

Um zu veranschaulichen, dass Toleranz und menschliche Barmherzigkeit in den fünf größten Weltreligionen Hinduismus, Buddhismus, Judentum, Christentum und Islam verankert sind, stellt er Beispiele aus der jeweiligen Tradition vor. In Bezug auf das Christentum erwähnt er drei bekannte Beispiele:

- „Du sollst deinen Nächsten lieben wie dich selbst."[341]
- „Liebt eure Feinde und betet für die, die euch verfolgen."[342]
- „Wenn dich einer auf die rechte Wange schlägt, dann halt ihm auch die andere hin."[343]

Um die Haltung des Islams zu beleuchten, führt Drāz mehrere Koranverse an, in denen vor allem die Gleichwertigkeit der Propheten zum Vorschein kommt, wie z. B.: *„Sag: Wir glauben an Gott und (an das) was (als Offenbarung) auf uns, und was auf Abraham, Ismael, Isaak, Jakob und die Stämme (Israels) herabgesandt worden ist, und was Mose, Jesus und die Propheten von ihrem Herrn erhalten haben, ohne dass wir bei einem von ihnen (den anderen gegenüber) einen Unterschied machen. Ihm sind wir ergeben."*[344]

Die Verwendung des Begriffs *„islām"* in koranischen Geschichten über die Propheten, die vor Muḥammad gewirkt

---

[339] Braybrooke, S. 50.
[340] MA, Bd. VII/10–1939, S. 533.
[341] Mt. 22:39.
[342] Mt. 5:44.
[343] Mt. 5: 39. Siehe dazu MA, Bd. VII/10–1939, S. 534.
[344] Sure 3:84.

haben, deutet er als Zeichen der Gemeinschaftlichkeit unter den Religionen.[345]

Anschließend betont er, dass es in der islamischen Lehre keinen Zwang im Glauben gebe. Zur Beweisführung trägt er verschiedene Verse vor, die der mekkanischen Offenbarungszeit zugeschrieben werden. Ein Beispiel hierfür ist der letzte Vers der Sure „Die Ungläubigen“, in dem es heißt: *„Ihr habt eure Religion, und ich die meine“*.[346] Drāz weist schließlich darauf hin, dass diese Verse sich sogar nicht in erster Linie auf die Schriftbesitzer, sondern vor allem auf die Götzendiener von Mekka beziehen. Muḥammad sollte zwar zum Islam einladen, wenn man sich aber von ihm abwandte, hatte er seine Aufgabe zur Verkündung der Botschaft erfüllt. Im Allgemeinen sei ein guter Umgang mit Andersgläubigen, die keine Feindschaft gegen die Muslime hegen, wichtiger Bestandteil des Islams. Nach der Auswanderung nach Medina habe Muḥammad auch Juden in die Gemeinde aufgenommen.

Dann geht Drāz auf die Einstellung des Islams zum Krieg ein und erklärt zunächst, dass alles getan werden müsse, um Blutvergießen zu vermeiden. Dabei sei man verpflichtet, alle Bedingungen anzunehmen, die zu Frieden führen könnten. Muḥammad habe es in seinem Friedensvertrag von Ḥudaibiya[347] mit den Mekkanern vorgemacht.

---

[345] MA, Bd. VII/10–1939, S. 535–536.

[346] Sure 109:6.

[347] Im Friedensvertrag von Ḥudaibiya im Jahre 628 vereinbarte Muḥammad, der mit etwa 1.500 Begleitern auf dem Weg nach Mekka war, um die *ʿumra* (kleine Pilgerfahrt) durchzuführen, mit den Mekkanern einen Frieden von zehn Jahren. Verzichten musste er bei der Niederlegung des Vertrags auf seinen Prophetentitel und die *basmala*, die Formel, die bis auf die 9. Sure alle weiteren Suren des Korans einleitet. Außerdem erklärte er sich bereit, mekkanische Überläufer wieder zurückzuschicken. Die Mekkaner wiederum mussten sich zu diesem Schritt nicht verpflichten. Muḥammad musste auch seine Pilgerreise abbrechen, durfte aber im Jahr darauf drei Tage mit seinen Anhängern unbewaffnet in Mekka verbringen und die Pilgerfahrtsriten absolvieren. Weil er sich zu all dem bereit erklärte, soll Muḥammad von einigen seiner Anhänger kritisiert worden sein. Am gleichen Ort forderte er von all seinen Begleitern, einen neuen Treueeid zu leisten. Dieser Vertrag soll von den Mekkanern gebrochen worden sein, weshalb die Muslime 630 nach

Anschließend zählt er wichtige Kriegsregeln auf: Generell dürfe nur auf dem Schlachtfeld gekämpft werden, Frauen oder auch Mönche dürfen nicht angegriffen werden.[348]

Zum Abschluss erwähnt Drāz, dass die beiden Begriffe *islām* und *salām* (Frieden) derselben Sprachwurzel entspringen, ehe er seinen Vortrag in drei Punkten zusammenfasst:

- Alle Religionen rufen zur Harmonie und Eintracht auf.
- Die Gründe für die Feindschaft unter den Menschen liegen darin, dass man sich von der Religion abwendet. Jede Gruppe, die im Namen ihrer Religion Krieg führt, hat sich von der eigenen Lehre entfernt.
- Die Lösung liegt darin, dass die Religionsgelehrten die allgemeinen positiven charakterlichen Eigenschaften hervorheben und bei ihren Anhängern das Gefühl der menschlichen Brüderlichkeit herbeiführen.[349]

Außerdem bringt er noch zwei Vorschläge vor:

1. Die Entscheidungen des Kongresses sollten an alle möglichen Religionsgelehrten gesendet werden, verbunden mit der Bitte, sich an der Bewältigung dieser Krisen zu beteiligen, indem sie ihre Anhänger zur Nachahmung dieser hohen Ideale aufrufen.
2. Es sollte im Namen des Kongresses an alle Regierungen appelliert werden, die Völker, die ihnen unterstehen, gerecht zu behandeln.[350]

Mekka zogen und es schließlich ohne Kampfhandlungen einnahmen. Vgl. dazu EI²: al-Ḥudaybiya (W. Montgomery Watt).

348 MA, Bd. VII/10–1939, S. 536–537.

349 MA, Bd. VII/10–1939, S. 538–539.

350 Ebd., S. 539.

3.3 Analyse

Bevor die beiden Reden analysiert werden, muss ein wichtiger Aspekt bezüglich der beiden Vortragenden erörtert werden. Sowohl ʿAbd al-ʿAzīz al-Marāġī als auch Muḥammad ʿAbdallāh Drāz gehörten, wie bereits angeführt, zu den Mitgliedern von Abordnungen in die jeweiligen Hauptstädte, in denen die Kongresse stattfanden. In der Maǧalla sind keine Gründe dafür benannt, wie die Wahl auf diese beiden Azhar-Gelehrten fiel, die Azhar-Universität zu repräsentieren. Die Teilnahme der beiden Männer an den Kongressen könnte schlicht damit zusammenhängen, dass sie bereits Fortbildungsaufenthalte in London bzw. Paris absolvierten. Beiden dürften die Städte, in denen sie gesprochen haben, nicht unbekannt gewesen sein. Somit hatten sie auch schon in einer ihnen fremden Kultur gelebt und dürften dabei auch Kontakt zu europäischen Christen gehabt haben. Es mag also durchaus sein, dass sie Erfahrungen im Austausch mit Angehörigen anderer Religionen und Kulturen nachweisen konnten und deshalb geeignete Personen für diese Aufgaben waren.

Bei der Analyse der Reden, werden einige Parallelen deutlich. Beide Redner werben für mehr Toleranz unter andersglaubenden Menschen. Sie fokussieren bei ihren Vorträgen primär das Toleranzsgebot des muslimischen Glaubens. Drāz weist an einer Stelle explizit darauf hin, dass der Koran sogar im Hinblick auf die Götzendiener von Mekka tolerante Aussagen enthalte. Bedenkt man, dass es sich bei den Mekkanern um die Erzfeinde Muḥammads handelt, die sich von Anfang an gegen die Muslime gestellt und sie bekämpft haben, soll hier das Friedenspotenzial des Islams und seine Barmherzigkeit in den Vordergrund gestellt werden.

Beide betonen ausdrücklich, dass der Islam keinen Zwang in Glaubensdingen[351] kenne und versuchen, aus dem Koran heraus die Gleichwertigkeit aller Menschen zu begründen.

---

[351] Zur Auslegungstradition dieses Verses siehe Crone, Patricia: „*Islam and Religious Freedom*". In: XXX. Deutscher Orientalistentag Freiburg, 24.-28.

Zudem suchen sie nach verbindenden Elementen zwischen den verschiedenen Religionen und plädieren dafür, diesen mehr Gewicht beizumessen. Schließlich beinhalteten die Religionen gemeinsame Werte, die für ihre Anhänger obligatorisch seien. Während al-Marāġī hier unter anderem mit der Ehrfurcht und dem Glauben an den jüngsten Tag Eigenschaften der Religiosität benennt, die den Menschen zum rechten Handeln treiben, setzt Drāz verstärkt auf humane Werte, wie die Gerechtigkeit oder die Verurteilung von Unterdrückung und Feindschaft. Es ist sehr interessant, dass letzterer nicht nur, wie es sonst unter Muslimen üblich ist, auf die Juden und Christen, die im Islam als Schriftbesitzer gelten, eingeht, sondern sowohl den Hinduismus als auch den Buddhismus[352] mit einbezieht und sogar Beispiele aus ihren Traditionen nennt. Dies könnte vielleicht als freundliche Geste für den Frieden bzw. den Versuch, eine positive Stimmung bei der Veranstaltung zu erzeugen, bewertet werden. Es muss dem Redner aber auf alle Fälle zugestanden werden, dass er sich mit den Lehren dieser Religionen auseinandergesetzt hat und als offizieller Repräsentant damit auch den Respekt der Azhar-Universität anderen Religionen gegenüber vermittelt.

Diese Gemeinsamkeiten machten aus der Sicht der Azhar trotz der Unterschiede in der Glaubenslehre eine Zusammenarbeit möglich und notwendig. Jedoch wird ein Dialog über die Kernfragen des Glaubens in fast allen, auch späteren Erklärungen bis in die Gegenwart abgelehnt. Vielmehr konzentriert man sich auf das Herausstellen der benannten Gemeinsamkeiten. Darüber hinaus finden sich in der Maǧalla Äußerungen, die den Atheismus als eine Gefahr für alle Reli-

---

September 2007. Ausgewählte Vorträge, herausgegeben im Auftrag der DMG von Rainer Brunner, Jens Peter und Maurus Reinkowski, online Publikation, September 2009.

[352] Sowohl der Hinduismus als auch der Buddhismus werden in der Maǧalla sehr marginal behandelt. Die ausführlichste Auseinandersetzung mit diesen beiden Religionen lässt sich im 36. Jahrgang (1964–65) finden. Dort werden sie in jeweils einem Artikel vorgestellt. Zum Buddhismus siehe Bd. I, S. 61–69 und zum Hinduismus Bd. III, S. 340–345.

gionen entwerfen. Al-Marāġī beschreibt den gemeinsamen Feind, mit dem er die Abwendung vom Glauben meint. Es lässt sich also festhalten, dass al-Azhar sich in dem untersuchten Zeitraum um die Vermittlung dessen bemüht, dass der Islam andere Glaubensformen akzeptiert. Sie wirbt sogar dafür, gemeinsam gegen den Atheismus anzugehen. Eine besondere Verantwortung wird den Religionsgelehrten übertragen, die in ihren Schriften und Predigten großen Einfluss auf ihre Glaubensanhänger ausüben können. Ebenfalls werden die Religionen an sich davon freigesprochen, die Schuld für Kriege und Feindschaften zu tragen. Damit wehrt man sich gegen einen Vorwurf, der vor allem dem Christentum durch Ereignisse wie die Kreuzzüge und die Reconquista, aber auch dem Islam z. B. für die Eroberungszeit gemacht wird.

In beiden Reden wird auch Bezug auf die Einstellung des Islams hinsichtlich des Kämpfens genommen. Dieses Thema ist seit der Frühzeit bis heute noch ein Reizthema, wenn Nichtmuslime den Islam zu bewerten versuchen. Für viele Muslime sowie auch für al-Azhar, handelt es sich um typische Beispiele für Vorurteile und ein falsches Verständnis der islamischen Lehre. Dafür verantwortlich seien hauptsächlich die Orientalisten aus dem westlichen Ausland, die die Maǧalla seit ihrer Entstehung bis heute im Visier hat. Bei der Vorstellung der Zeitschrift wurde erwähnt, dass westliche Bücher über den Islam immer wieder besprochen und ihre vermeintlichen Fehler herausgearbeitet werden.[353]

---

[353] Die Auseinandersetzung der Azhar mit diesem Thema erinnert ein wenig an die von Edward Said in den 1980ern angestoßene Debatte über die Absichten der Orientalisten und Islamwissenschaftler. Auch Said stellte den Vorwurf in den Raum, die britischen und französischen Orientalisten würden ein Islambild kreieren, das der Wahrheit nicht entspreche und forderte eine neutralere Darstellung des muslimischen Glaubens. Wissenschaftler wie John Esposito und Homi K. Bhabha zählten zu den Befürwortern seiner Thesen, während die beiden Islamwissenschaftler William Montgomery Watt und insbesondere Bernard Lewis zu seinen schärfsten Kritikern gehörten. Edward Said, geb. 1935 in Jerusalem, war US-Amerikaner palästinensischer Herkunft. Er wirkte als Professor für Englisch und Vergleichende Literaturwissenschaft an der Columbia University, in Harvard und Yale. Seine oben ange-

Al-Marāġī erwähnt in Bezug auf das Kämpfen im Islam nur die oben angeführte Koranstelle aus Sure 60 und erklärt, dass Muslimen aufgetragen ist, Andersgläubige stets gut zu behandeln, es sei denn, man befindet sich mit ihnen in Feindschaft. Ausführlicher musste er sich dazu nicht äußern, da das Thema bereits von anderen muslimischen Gelehrten auf dem Kongress behandelt wurde.

Dass sich Drāz 1939 mit diesem Thema beschäftigt, könnte vielleicht auch mit dem bevorstehenden Zweiten Weltkrieg zusammenhängen. Indem er Kriegsregeln aufzählt und das Beispiel von Ḥudaibiya vorstellt, weist er auf eine zum Teil bis heute noch unbekannte bzw. ignorierte humane Seite des Islams hin und könnte damit zum Ausdruck bringen wollen, dass der Islam in diesem Bereich nicht nur falsch verstanden werden, sondern auch Vorbildcharakter haben kann.

Ein letzter Punkt, der an dieser Stelle noch angesprochen werden sollte, ist al-Marāġīs Aufforderung hinsichtlich des Werbens für die eigene Religion und die Missionierungsaktivitäten. Das Wirken der christlichen Missionare in Ägypten in dieser Zeit war für die Azhar-Gelehrten nicht hinnehmbar. In al-Marāġīs Amtszeit wurden viele Maßnahmen ergriffen, um dem etwas entgegenzusetzen. Interessanterweise verurteilt er das Werben um neue Anhänger nicht generell, denn zu den islamischen Lehren gehört auch die Einladung von Nichtmuslimen zum Islam. Es geht ihm nach eigener Aussage hauptsächlich um die Art und Weise des Werbens. Führt man sich aber die in Kapitel 2.3 vorgestellte Debatte um die Sorge über die Aktivitäten der christlichen Missionare in den 1930er Jahren nochmals vor Augen, so ist davon auszugehen, dass es sich bei dieser Aussage eher um eine bloße Standardformel handelt und al-Marāġī auch eine nichtlistige Werbung um muslimische Seelen nicht gutgeheißen hätte.

---

sprochenen Thesen sind in seiner wichtigsten Publikation *Orientalism* (New York 1978) festgehalten. Zur Diskussion um Saids Thesen, siehe die knappe, aber gute Zusammenfassung bei Heine, S. 16–21.

4. Die Dialoghaltung der Azhar

In diesem Kapitel soll die Haltung der Azhar-Vertreter zum interreligiösen Dialog beleuchtet werden. Aus den beiden in Kapitel 3 vorgestellten Reden der 1930er Jahre in London und Paris sind diesbezüglich insbesondere folgende Prinzipien hervorgegangen:

- Stärkung der verbindenden Elemente zwischen den verschiedenen Religionen, die vor allem in den Werten zu finden sind.
- Gemeinsamkeiten machen trotz der Unterschiede in den Glaubenslehren eine Zusammenarbeit zwischen den verschiedenen Glaubensanhängern möglich und notwendig.
- Gemeinsames Werben für Frieden und Toleranz.
- Zusammenstehen gegen den gemeinsamen Feind, der insbesondere im Atheismus erkannt wird.

Diese hier festgehaltenen Themen und Prinzipien sind für die Azhar im Austausch mit Andersgläubigen maßgeblich und bilden über die Jahrzehnte hinweg in diesem Bereich den roten Faden. In späteren Zeiten, als der Dialog zu einem tatsächlich aktuellen Thema an der Azhar wird, sollte noch ein weiterer wichtiger Grundsatz klar und deutlich formuliert werden: Kein Dialog über die Kernfragen des Glaubens.

Um den Umgang der Azhar mit diesen Prinzipien zu veranschaulichen, sollen zunächst einige Aussagen von ihren Vertretern chronologisch wiedergegeben und analysiert werden.

Ein weiterer wichtiger Gegenstand der Untersuchung wird auch die Haltung zu islamistischen Gewalttaten sein. Wie sind z. B. die Reaktionen der Azhar auf die Attentate der Muslim-Brüder auf europäische Touristen in Ägypten? Im Fokus werden an dieser Stelle aber hauptsächlich die Anschläge vom 11. September stehen, da durch dieses Ereignis der Islam in der westlichen Welt verstärkt das Image einer gewalttätigen Religion bekommen hat. Gleichzeitig wurden seitdem in vielen Ländern die Dialogbemühungen intensiviert. Auch bei al-Azhar werden ab diesem Zeitpunkt deutliche Veränderungen in der Dialogarbeit bemerkbar.

In diesem Zusammenhang soll auch der Streit um die Muḥammad-Karikaturen, der oftmals als Konflikt der Werte bezeichnet wurde, aus der Sicht der Universität thematisiert werden. Schließlich sollen Beispiele von Begegnungen wie etwa Dialogkonferenzen und die Beziehungen zum Erzbischof von Canterbury, dem höchsten Repräsentanten der Anglikanischen Kirche, analysiert werden.[354]

4.1 Das Verständnis von Dialog

Das erste Beispiel, das hier kurz angeführt wird, enthält keine direkte Aussage von al-Azhar zum Dialog. Vielmehr zeigt es den Stellenwert, den die Universität bereits in der Vergangenheit bei anderen Religionsgemeinschaften genoss und welches Vertrauen in sie gelegt wurde. In der Maǧalla-Ausgabe aus dem Jahre 1945 wird ein Artikel des Oberrabbiners der alexandrinischen israelitischen Gemeinde, der laut Maǧalla-Angaben in einer französischen Zeitung publiziert wurde und dem damaligen Großscheich gewidmet war, in arabischer Sprache wiedergegeben. Darin ruft der Oberrabbiner alle Religionsgelehrten dazu auf, gemeinsam für den Frieden einzustehen und die in den Religionen fest verankerten menschlichen Werte in den Vordergrund zu stellen. An den Großscheich richtet er dabei die dringende Bitte, einen interreligiösen Rat zu bilden, der diese verbindenden Werte zusammenstellen und unter den Menschen verbreiten solle.

[354] Die Zusammenarbeit mit dem Vatikan und die Beziehungen zu den Kopten werden hier nur marginal behandelt, da diese Themen noch in gesonderten Kapiteln ausführlich besprochen werden.

Wie mit dieser indirekten Anfrage verfahren und ob diese Idee umgesetzt wurde, konnte nicht in Erfahrung gebracht werden. In der Mağalla wird nichts mehr darüber berichtet. Der Anlass für die Anfrage hängt aber, wie aus dem Text hervorgeht, mit dem Einsatz der Atombombe während des unmittelbar davor zu Ende gegangenen zweiten Weltkriegs zusammen.[355] Daran knüpft ein anderer Artikel aus dem Jahre 1946 an, der zunächst davor warnt, dass die gesamte Menschheit gefährdet sein könnte, wenn bei einem weiteren Krieg solche atomaren Waffen eingesetzt werden würden. Daraufhin beschäftigt sich der Artikel mit der „Notwendigkeit der Zusammenarbeit zwischen dem Islam und dem Westen" (so lautet der Titel dieses Artikels) und macht darauf aufmerksam, dass die Menschen von einander profitierten. So würden die Asiaten und Afrikaner Medikamente aus Europa und Amerika beziehen und die Europäer Gemüse und Obst aus Asien und Afrika erhalten. Die Handelsbeziehungen werden hier also als Zeichen für den Zusammenhalt unter den Menschen auf den verschiedenen Kontinenten gewertet. Viel wichtiger ist jedoch die Aussage, dass der Islam und die westliche Zivilisation sich gegenseitig kennenlernen und verstehen müssten, damit ein Vertrauensverhältnis entstehe und jeder seinen Beitrag zum Dienst an der Menschheit leisten könne. Nichtsdestotrotz wird in diesem Artikel von muslimischen Gelehrten gefordert, die Werte des Islams und jene anderer Religionen zu vergleichen und anhand des erwartbar positiven Ergebnisses für den Islam zu erläutern, warum die Prinzipien des Islams der beste Weg für das Leben und für die Zusammenarbeit auf der Welt seien.[356] Die Ausführungen des Autors können demnach als Prozess verstanden werden, in dem seiner Meinung nach die Nichtmuslime durch den Dialog die Vorzüge des Islams erkennen und diesen im Zuge dessen annehmen

---

[355] MA, Bd. III/17–1945, S. 130–134. Die Mağalla betitelt den Artikel *Zwischen der Gottesfurcht und der Furcht vor der Atombombe.*

[356] MA, Bd. II/18–1946, S. 147–149.

sollten. Es handelt sich hier um eine der typischen Parolen, die sich über Jahrzehnte hinweg immer wieder in der Maǧalla finden lassen, die das religiöse Selbstbewusstsein der muslimischen Leserschaft stärken und die in vielen Belangen offensichtliche Unterlegenheit – ob technisch, wirtschaftlich oder militärisch – dem Westen gegenüber ausgleichen sollen. Man bedenke, dass 1946 viele muslimisch geprägte Länder noch unter der Kolonialherrschaft westlicher Mächte standen und um ihre Freiheit kämpften.

Dass die Prinzipien des Islams zu Zusammenarbeit und Frieden zwischen allen Gemeinschaften aufrufen, betont auch Maḥmūd Šaltūt, der zwischen 1958 und 1963 das Amt des Großscheichs innehatte und zu den bedeutendsten Reformern in der modernen Geschichte der Universität zählt.[357] Während seiner Amtszeit wird das Thema des interreligiösen Dialogs in der Berichterstattung der Maǧalla etwas präsenter, was mit der damaligen weltpolitischen Situation zusammenzuhängen scheint.

Ein gutes Beispiel dafür stammt aus dem Jahre 1960. In einem „Appell an die Menschheit" anlässlich des internationalen Gedenkens an die Verabschiedung der Menschenrechtserklärung von 1948, würdigt Šaltūt die von der UNO festgelegten Menschenrechte[358] und führt einen Auszug an, in dem es heißt, dass alle Menschen frei geboren wurden und einander in der Würde und den Rechten gleichwertig seien. Alle sollten sich geschwisterlich behandeln. Das bedeute,

---

[357] Zum Leben und Wirken Šaltūts siehe ausführlich Lemke, Wolf-Dieter: *Maḥmud Šaltūt (1893–1963) und die Reform der Azhar. Untersuchungen zu Erneuerungsbestrebungen im ägyptisch-islamischen Erziehungssystem.* Frankfurt am Main 1980.

[358] Zum Thema Menschenrechte und Islam siehe Wittinger, Michaela: *Christentum, Islam, Recht und Menschenrechte. Spannungsfelder und Lösungen.* Wiesbaden 2008; Elliesie, Hatem (Hrsg./ed.): *Beiträge zum Islamischen Recht VII. Islam und Menschenrechte / Islam and Human Rights / al-islām wa ḥuqūq al-insān.* Frankfurt am Main 2010. Der letztere Band ist besonders empfehlenswert, da er u. a. allgemeine Fragen zu den Menschenrechten im Islam sowie Berichte über die Menschenrechtssituation in einigen islamisch geprägten Regionen und Ländern enthält.

dass jedem Menschen unabhängig von seiner Ethnie, seiner Hautfarbe, seines Geschlechts, seiner Sprache, seiner Religion oder seiner Meinung die gleichen Rechte und Freiheiten zuständen, und jeder Mensch das Recht auf Leben, Freiheit und Sicherheit habe.[359]

Den Grundstein für diese Rechte habe Šaltūts Meinung zufolge der Islam bereits vor 14 Jahrhunderten gelegt.[360] Dann macht er unter anderem darauf aufmerksam, dass es in Algerien zu Grausamkeiten gegen das algerische Volk komme und in Palästina Menschen aus ihren Häusern vertrieben würden. Šaltūt appelliert schließlich an alle Menschen, sich auf die Menschenrechte zurückzubesinnen und für sie einzustehen.[361] Seine Kernaussagen wiederholte er bei einem Gespräch mit dem Vertreter der Öffentlichkeitsarbeit der Vereinten Nationen, der dem Großscheich einen Besuch abstattete. Das Gespräch handelte von den Zielen der UNO und nach welchen Maßstäben sie aufgestellt sein sollte. Dabei soll Šaltūt vorgeschlagen haben, die Prinzipien des Islams anzunehmen, die zur Zusammenarbeit und zum Frieden zwischen allen Menschen aufrufen würden. Dies belegte er mit den drei folgenden Koranversen:

1. *„Ihr Menschen! Wir haben euch geschaffen (indem wir euch) von einem männlichen und einem weiblichen Wesen (abstammen ließen), und wir haben euch zu Verbänden und Stämmen gemacht, damit ihr euch untereinander kennt. Als der Vornehmste gilt bei Gott derjenige von euch, der am frömmsten ist.“* (49:13)
2. *„Wenn zwei Gruppen von den Gläubigen einander bekämpfen, dann stiftet Frieden zwischen ihnen! Wenn dann aber die eine der anderen (immer noch) Gewalt antut, dann kämpft gegen diejenige, die gewalttätig ist, bis sie wiedereinlenkt und sich der Entscheidung Gottes*

---

[359] MA, Bd. VII/31–1959/60, S. 653.

[360] Diese Aussage machte vierzig Jahre später auch Großscheich Ṭanṭāwī. Siehe dazu Bd. I/73–2000, S. 136.

[361] Ebd., S. 654.

fügt! Wenn sie dann wiedereinlenkt, dann stiftet zwischen den beiden (endgültig) Frieden, wie es recht und billig ist, und lasst Gerechtigkeit walten! Gott liebt die, die gerecht handeln." (49:9)

3. „*Ihr Menschen! Fürchtet euren Herrn, der euch aus einem einzigen Wesen (d. h. aus dem ersten Menschen, nämlich Adam) geschaffen hat, und aus ihm das ihm entsprechende andere Wesen, und der aus ihnen beiden viele Männer und Frauen hat (hervorgehen und) sich (über die Erde) ausbreiten lassen! Fürchtet Gott, in dessen Namen ihr einander zu bitten pflegt, und die Blutsverwandtschaft (d. h. und gebt acht, dass ihr nicht gegen die Bindungen der Blutsverwandtschaft verstoßt! Oder: Fürchtet Gott, in dessen Namen – und in dem der Blutsverwandtschaft – ihr einander zu bitten pflegt)! Gott passt auf euch auf.*" (4:1)

Die UNO könnte mit diesen drei Aussagen eine große Wirksamkeit unter den Nationen erzielen, so Šaltūt weiter.[362] Damit bekräftigt er hier, dass der Islam in seinem Wesen ein Vorbild für einen toleranten Umgang unter den Menschen darstelle und in seinen Prinzipien die Beziehungen im zwischenmenschlichen Bereich fördere. Die islamischen Prinzipien seien von so allgemeinem Nutzen, dass die gesamte Weltgemeinschaft daraus Nutzen ziehen könne. Die Existenz solcher für die Allgemeinheit nützlicher Prinzipien im Islam wird von den Vertretern der Azhar sicher als einer der Vorzüge der islamischen Religion den übrigen Religionen gegenüber angesehen.

Wie die Maǧalla weiter berichtet, soll der Vertreter der UNO eine große Ähnlichkeit zwischen den Prinzipien des Islams und denen der Vereinten Nationen festgestellt und deshalb Šaltūt gebeten haben, am 10. Dezember, dem offiziellen Jahrestag der Menschenrechte, seine Vorschläge publik zu machen, damit diese von vielen Menschen verinnerlicht wer-

362 MA, Bd. VII/31–1959/60, S. 763.

den könnten. Zum Abschluss geht der Großscheich auf das algerische und palästinensische Volk ein und bittet die UNO, sich um beide Angelegenheiten zu kümmern.[363] Wie noch zu sehen sein wird, macht Šaltūt an dieser Stelle nicht zum letzten Mal auf die Misere dieser beiden Völker aufmerksam und stellt damit wieder einmal das unter Beweis, was al-Azhar oft propagiert. Sie fühlt sich für die Muslime weltweit verantwortlich und möchte sich für deren Belange einsetzen. Zur damaligen Zeit gab es in der islamischen Welt zwei große Krisenherde: Algerien und Palästina. Algerien kämpfte noch als letztes arabisches Land um seine Freiheit von der französischen Kolonialherrschaft. Die französischen Truppen sollen dabei sehr gewaltsam gegen die Menschen vorgegangen sein. Bis heute wird Algerien in der arabischen Welt aufgrund der hohen Opferzahl als das „Land der eine Million Märtyrer" bezeichnet.[364] Das Land erlangte erst 1962 seine Unabhängigkeit.

Der Einsatz von al-Azhar für die Palästinenser ist logisch und insbesondere aus damaliger Sicht nachvollziehbar. Die Staatsgründung Israels 1948 im einstigen Palästina wurde von den arabischen Ländern nicht akzeptiert, weshalb es schon im gleichen Jahr zum ersten israelisch-arabischen Krieg kam, den Israel für sich entscheiden konnte. In den darauffolgenden Jahren verloren viele Palästinenser ihre Heimat. Außerdem sollte an dieser Stelle in Betracht gezogen werden, dass Ägypten sich in der Regierungszeit von Ǧamāl ʿAbd an-Nāṣir befand, der stets an einer anti-israelischen Politik festhielt und die, schenkt man der Berichterstattung der Maǧalla Glauben, von der Azhar-Universität tatkräftig unterstützt wurde. Deshalb müssen die Appelle Šaltūts zwar in erster Linie als Hinweis auf humanitäre Katastrophen, die zwei arabische und überwiegend muslimische Völker betreffen,

363 Ebd., S. 763–764.

364 Die Opferzahl unter den Algeriern liegt den frühen Schätzungen zufolge zwischen 600.000 und 1,5 Millionen. Später wurde die Zahl auf etwa 240.000 gesenkt. Siehe dazu Cohen, S. 221.

verstanden werden. Sie könnten aber auch als politische Aussagen gegen die damaligen offiziellen „Feinde" des ägyptischen Staates gewertet werden.[365]

An dieser Stelle sollen kurz die drei von ihm angeführten Koranverse analysiert werden. Während der erste und der dritte Vers einen dialogischen Charakter haben und u. a. deutlich machen, dass alle Menschen Gottes Geschöpfe sind und ihre Vielfalt ein Teil des göttlichen Plans ist, bezieht sich der zweite Vers auf den Umgang mit Konflikten unter den „Gläubigen". Die Botschaft dabei ist deutlich: Man soll bei solch einem Konflikt zu schlichten versuchen, gelingt dies aber nicht, dann müsse auch militärisch eingegriffen werden, zumindest solange, bis der Friedenszustand wieder hergestellt werden kann. Dass Šaltūt diesen Vers, der in der Regel eher auf innerislamische Auseinandersetzungen bezogen wird, auf Konflikte jeglicher Art, auch unter Beteiligung von nichtmuslimischen Parteien, überträgt, ist hier besonders auffallend. Es kommt gelegentlich vor, dass Azhar-Vertreter Koranverse in einen anderen Kontext stellen und die Bedeutungen eines Verses weiter fassen, als dies in der traditionellen Exegese üblich ist.[366] Auch wenn dies nur spekulativ ist, kann die Frage in den Raum geworfen werden, ob der Großscheich, indem er jenen Vers anführt, nicht eine indirekte Forderung nach einem militärischen Eingreifen in Algerien oder Palästina aussprechen will.

Wie schon erwähnt, wird dem interreligiösen Dialog in Šaltūts Amtszeit ein höherer Stellenwert eingeräumt. So berichtet die Maǧalla immer wieder von christlichen Besuchern, die er empfängt.

Am 10. Dezember 1959, also dem Gedenktag der Menschenrechtserklärung, ist der Patriarch von Konstantinopel

---

365 Es muss aber hier darauf hingewiesen werden, dass al-Azhar sich im Laufe der Maǧalla-Geschichte auch weiterhin mit der Palästinafrage und dem Leid von Muslimen in anderen Ländern, wie etwa in Bosnien, beschäftigt.

366 Dieses Phänomen lässt sich auch an einigen anderen Aussagen, die in dieser Arbeit behandelt werden, beobachten.

an der Azhar zu Gast und dankt dem Großscheich für sein Engagement hinsichtlich des Werbens für die „humanistischen Prinzipien (*al-mabādi' al-insānīya*)". Šaltūt wiederum drückt seine Freude darüber aus, dass Vertreter aus verschiedenen Religionen zur Stärkung dieser Prinzipien zusammenkommen. Er bezeichnet diese Zusammenkunft als historisches Treffen und appelliert daran, sich gemeinsam in den Dienst der Menschlichkeit und des Friedens zu stellen.

In dieser Sitzung macht Šaltūt einen konkreten Vorschlag für die Zusammenarbeit. Er möchte gemeinsam mit dem Patriarchen einen Appell an die Staatspräsidenten mit folgendem Anliegen verfassen: Frankreich soll daran gehindert werden, die Atombombe in der Sahara zu testen und sich aus Algerien zurückziehen. Alle entrechteten Völker sollen ihre Unabhängigkeit bekommen und die palästinensischen Flüchtlinge sollen wieder in ihre Heimat zurückkehren dürfen und in Sicherheit leben können. Der Patriarch soll den Appell begrüßt und erklärt haben, dass er nach seiner Rückkehr in die Türkei diese Angelegenheit dem Kirchenrat vorlegen und sich für eine Beteiligung daran stark machen werde.

Wie aus dem Bericht weiter hervorgeht, sollen sich beide gegen Kriege und dem Einsatz von Atombomben ausgesprochen haben. Der christliche Besucher soll Šaltūt seine Zufriedenheit über die gute Behandlung der christlichen Kirche in Ägypten ausgedrückt haben und ihn zu einem Gegenbesuch in die Türkei eingeladen haben.[367] Leider erfährt man nicht, ob dieser geplante gemeinsame Appell tatsächlich verfasst wurde. Aus der Begegnung der beiden Würdenträger lässt sich aber als Grundmotivation für den interreligiösen Dialog die Absicht eines gemeinsamen Handelns im Dienst der Menschlichkeit und des Friedens ableiten.

Drei weitere Artikel aus dem gleichen und dem darauffolgenden Jahrgang der Mağalla rücken eine andere Motivationsgrundlage in den Vordergrund. Es geht nun um den gemeinsamen Feind, demnach vor allem um den Atheismus,

[367] Siehe dazu ausführlich: MA, Bd. VII/31–1959/60, S. 765–767.

gegen den sich Angehörige unterschiedlicher Glaubensrichtungen verbünden und kämpfen müssten.

Der erste Artikel beruht auf einer Meldung der ägyptischen Zeitschrift „al-Muṣawwar“,[368] in der die Rede davon ist, dass der vorherige Papst den Islam als eine Religion himmlischen Ursprungs anerkennen und dies publik machen wollte. Er sei jedoch vor der Umsetzung dieses Schrittes gestorben. Der Name des Papstes wird nicht genannt. Unter Berücksichtigung der Zeit kann es sich dabei aber nur um Pius XII. handeln, der 1939 zum Papst gewählt wurde und dieses Amt bis zu seinem Tod 1958 innehatte. Eine von ihm zusammengestellte Kommission habe sich dem Artikel zufolge zunächst mit dem Koran und der Botschaft Muḥammads auseinandergesetzt, ehe er zu der Entscheidung gelangte, dass Muḥammad tatsächlich eine göttliche Botschaft erhalten und verbreitet habe. Dem aktuellen Papst lägen die entsprechenden Dokumente vor. Würde dieser sie veröffentlichen, wäre es eine Sensation.[369] Inwiefern diese Meldung in al-Muṣawwar ein Gerücht darstellt oder doch einen wahren Kern beinhaltet, lässt sich hier nicht eindeutig klären. Derartige Berichte, die zeigen sollen, dass angesehene Persönlichkeiten des „Westens“ die „Wahrheit des Islams“ anerkannt hätten, werden in der Maǧalla immer wieder gerne wiedergegeben. Schon allein vor dem damaligen weltpolitischen Hintergrund ist es nicht weiter verwunderlich, dass sich der Vatikan mit dem islamischen Glauben auseinandergesetzt haben soll. Viele arabisch-islamische Länder hatten gerade ihre Unabhängigkeit erhalten und hat-

---

[368] Im Zeitschriftenverzeichnis Moderner Orient (Stand 1979) von Bloss/Schmidt-Dumont wird al-Muṣawwar (wörtlich: Die Illustrierte) als *„maǧalla muṣawwara adabīya aḫlāqīya usbūʿīya* (Illustrierte Wochenschrift für Gesellschaft und Literatur)“ angeführt. Sie ist erstmals 1924 in Kairo erschienen. Vgl. Bloss/Schmidt-Dumont, S. 291. Bei der Sichtung einiger Exemplare aus dem Jahre 1997 fällt auf, dass die Illustrierte sich u. a. auch mit Themen aus den Bereichen Politik, Sport und Fernsehen beschäftigt. Der Jahrgang aus dem Jahre 1959, in dem dieser Artikel erschienen sein soll, war leider nicht einsehbar.

[369] MA, Bd. VIII/31–1959/60, S. 856.

ten ein Interesse daran, international anerkannt zu werden. Eine Anerkennung der Unabhängigkeit dieser Länder durch den Vatikan steigerte damals ihr internationales Ansehen. Diplomatische Beziehungen zwischen dem Vatikan und Ägypten als erstem arabischem Land wurden 1947 aufgenommen. Andere islamische Länder sollten in den Jahren darauf ebenfalls diesen Schritt eingehen. Pius XII. hatte sich des Weiteren durch seinen Einsatz im Nahostkonflikt und in anderen Problemzonen bei islamischen Staaten beliebt gemacht.[370]

Dennoch scheint es eher unwahrscheinlich zu sein, dass der Papst die Mission Muḥammads tatsächlich als göttlich anerkennen wollte. Schließlich würde dies die Bestätigung seiner Prophetie bedeuten, was faktisch einer Konversion zum Islam gleichkäme. So wird im Rahmen von Erklärungen des Zweiten Vatikanischen Konzils, das im Übrigen von Johannes XXIII., dem Nachfolger von Pius XII., einberufen wurde, der Islam zwar gewürdigt und es werden Gemeinsamkeiten festgehalten, von einer göttlichen Botschaft ist aber dort nicht die Rede. Die Meldung al-Muṣawwars, auf die sich der Maǧalla-Artikel bezieht, soll unter der Rubrik „Unsere Spionage“ (Ǧāsūsīyatunā) am 23. Dezember 1959 veröffentlicht worden sein.[371] Die Maǧalla hielt es für nötig, darauf hinzuweisen, dass diese Rubrik von einem seriösen und professionell arbeitenden Journalisten geleitet werde. Im über drei Seiten langen Kommentar zu dieser Nachricht wird eine Liste von Verbrechen, die seitens der christlichen Welt an Muslimen begangen worden seien, angeführt, die von den Kreuzzügen bis zur Kolonialzeit reichten. Die Muslime seien in diesem Zusammenhang unschuldig, da der Islam die Christen als Schriftbesitzer akzeptiere und eine klare Politik des Dialogs und des gerechten Umgangs mit ihnen angeordnet habe. Was die vermeintliche Anerkennung des Islams durch den Papst angehe, so

370 Fischer, S. 92–94.

371 MA, Bd. VIII/31–1959/60, S. 856.

würde man einen solchen Schritt sehr begrüßen, nicht etwa weil man eine Massenkonversion von Christen erwarten würde,[372] sondern weil dies den Frieden fördern würde. So hätten beide Lager gegen den Kommunismus und den Unglauben (*ilḥād*), die eine Gefahr für den Frieden darstellten, zusammenarbeiten können. Solch eine Vereinigung könnte allerdings nur zustande kommen, wenn das Christentum den Islam als himmlische Religion anerkennen würde, so wie es umgekehrt der Fall sei. Daher bedauere man den Tod des Papstes zutiefst und verbinde dies mit der Hoffnung, dass der neue Papst sich zu diesem Schritt ebenfalls durchringen könne.[373] Hierbei wird im Artikel die Anerkennung des Islams durch den Vatikan mit der Anerkennung der Juden und Christen im islamischen Kontext als *ahl al-kitāb* gleichgesetzt, ohne zu diskutieren, inwiefern so eine Gleichsetzung überhaupt möglich sei. Die Frage, inwiefern die Meldung über die Absichten des verstorbenen Papstes der Wahrheit entspricht, lässt sich, wie bereits angesprochen, nicht beurteilen und ist in unserem Zusammenhang eher zweitrangig. Es gibt aber einen anderen wichtigen Aspekt, der an dieser Stelle erörtert werden muss. Al-Azhar scheint zu jener Zeit bereits Vorbereitungen für mögliche Anfragen des Vatikans bezüglich des Aufbaus von dialogischen Beziehungen zu treffen. Womöglich sollte dieser Artikel die muslimische Öffentlichkeit darauf einstimmen, dass al-Azhar eine solche Anfrage annehmen würde.

Es wird im Artikel zwar aufgeführt, wie viel Unheil die Christenheit in ihren Kämpfen gegen den Islam und seine Anhänger angerichtet haben soll, macht aber auf die Bedeutung einer Zusammenarbeit aufmerksam und signalisiert Interesse. Dies bestätigt auch ein Text aus dem Jahre 1962, der den Titel „Lasst sie uns gemeinsam bekämpfen" (*taʿālū nuǧāhidhumā maʿan*) trägt. Hier wird eine Nachricht aus der eng-

[372] Diese Aussage findet auf der ersten und auf der letzten Seite des Textes Erwähnung.

[373] MA, Bd. VIII/31–1959/60, S. 856–859.

lischen katholischen Zeitung „The Universe“[374] angeführt, aus der hervorgehe, dass man die Stärke der islamischen Glaubensüberzeugung erkannt habe und damit übereinstimme, dass eine Partnerschaft beim Kampf gegen den gemeinsamen atheistischen Feind vonnöten sei. Der Vatikan sei mittlerweile zu der Meinung gelangt, dass nun die Zeit gekommen sei, in der Christen und Muslime sich begegnen könnten. Die Reaktion der Azhar auf diesen Appell ist sehr positiv und die Notwendigkeit von Begegnungen wird bekräftigt. Die Bedingung hierfür sei jedoch, dass man sich nicht nur gegen einen, sondern gegen alle gemeinsamen Feinde verbünden müsse, allen voran gegen den Zionismus, der bei der Unterdrückung des palästinensischen Volkes keinen Unterschied zwischen Christen und Muslimen mache.[375] Der letzte Abschnitt dieses Artikels drückt die Haltung der Azhar klar und deutlich aus:

> „Der Aufruf zur Annäherung zwischen Christen und Muslimen, um sich gegen, den gemeinsamen Feind zu stellen, benötigt ein neues Verständnis […] und es muss alle gemeinsamen Feinde betreffen. Unter dieser Bedingung hören wir uns ihn (den Aufruf) an, nehmen ihn an

---

374 The Universe Catholic weekly wird in London veröffentlicht und ist besonders im Vereinigten Königreich und Irland beliebt. Gegründet wurde sie 1860. Seitdem erscheint sie wöchentlich und enthält auch aktuelle Nachrichten aus dem Vatikan. Vgl. dazu: http://www.thecatholicuniverse.com/about-us/ (abgerufen am 29.11.2011).

375 Siehe dazu ausführlich: MA, Bd. VIII/33–1961/62, S. 946–949. Es sei hier angemerkt, dass in diesem Maǧallatext von einem in den USA lebenden christlichen Araber namens Ḥaddād die Rede ist, der in amerikanischen Medien auf die Zusammenarbeit von christlichen Geistlichen mit Zionisten aufmerksam gemacht haben soll. Dies würde, so Ḥaddād, zur Verunglimpfung des christlichen Glaubens führen. Die christlichen Kirchen hätten sich in den vergangenen Jahren auf die Missionierungsarbeit in den arabischen Ländern und Afrika fokussiert, dabei müssten sie sich vielmehr um Aufklärung unter den Amerikanern in Bezug auf das zionistische Vorgehen konzentrieren.
Dies ist eine der Stellen, an denen die Maǧalla einen Namen in den Raum wirft und sich auf die Aussagen einer Person bezieht, ohne dabei diese Person vorzustellen oder eine Quelle anzugeben, was eine Nach-forschung sehr erschwert.

> und begrüßen ihn, um alle gemeinsamen Feinde zu bekämpfen."[376]

Das Zusammenstehen gegen atheistische Strömungen wird hierbei als Basis für die Zusammenarbeit von Christen und Muslimen betrachtet. Heinz-Joachim Fischer fasst dies im folgenden Satz zutreffend zusammen: „Gemeinsame Ziele und das einigende Bekenntnis zu einem Gott gegenüber dem wachsenden Atheismus, so im kommunistischen Machtblock, galten mehr als die Schranken der Religionen."[377]

Allerdings verlangt al-Azhar auch, dass es nicht dabei bleibt. Die Universität erwartet ein über bloße ideologische Fragen hinausgehendes politisches Engagement, wenn dies, wie in Palästina notwendig sei.

Auch im innerägyptischen Diskurs ist in dieser Phase die gemeinsame Bekämpfung des Atheismus und anderer Ideologien ein Thema. Im Februar 1960 veröffentlicht die Maǧalla eine Reihe von Interviews mit Religionsgelehrten, die von der Zeitschrift „Waṭanī"[378] zu dieser Frage geführt wurden. Großschaich Šaltūt und der koptische Papst gehörten zu den Gesprächspartnern und sollen sich einig darüber gewesen sein, dass die Religionen den Menschen nützliche Werte lehren und die Bekämpfung kapitalistischer und atheistischer Bewegungen anstrebten. Um gemeinsam gegen das Erstarken dieser Bewegungen zu kämpfen, würde man die Idee von Dialogbegegnungen unterstützen.[379] Dass die Religionsgelehrten im Kommunismus des Ostens und in manchen Ausprägungen des Säkularismus und des Kapitalismus des Wes-

---

[376] MA, Bd. VIII/33–1961/62, S. 949.

[377] Fischer, S. 94.

[378] Der Begriff Waṭanī bedeutet auf Deutsch übersetzt „Mein Vaterland", was den patriotischen Charakter der Zeitschrift widerspiegeln soll. Die Zeitschrift erscheint seit 1958 wöchentlich und widmet sich den relevanten Themen der ägyptischen Gesellschaft. Der Fokus liegt dabei auf der Rolle der Kopten in Ägypten. Vgl. dazu: http://www.wataninet.com/aboutus.aspx (abgerufen am 29.11.2011).

[379] MA, Bd. VIII/31–1959/60, S. 894–896.

tens Rivalen zu den Religionen sahen, liegt auf der Hand und muss nicht weiter diskutiert werden. Was aber unter den atheistischen Bewegungen und ihrem Wirken in Ägypten selbst vorzustellen ist, wird in der Mağalla nicht weiter ausgeführt. Sind es materialistische oder darwinistische Theorien, die diese Bewegungen verbreiten oder handelt es sich dabei um Menschen, die ihren Glauben abgeschworen haben, bzw. nicht religiös leben wollen? Oder sind vielleicht auch Strömungen wie etwa die Bahai gemeint, die als vom Islam abgefallen gelten? Es kann sich dabei um eine Mischung von allem handeln. Die Gefahr des Kommunismus wurde priorisiert. Hilal Görgün hat die Haltung der Azhar diesbezüglich sehr schön zusammengefasst. Sie schreibt, dass sozialistische und kommunistische Ideen bereits Ende des 19. Jahrhunderts in Ägypten angekommen waren und von eingewanderten Ausländern sowie ägyptischen Intellektuellen, die in Europa studiert hatten, propagiert worden seien.[380] Letztere waren der Auffassung, dass damit die Probleme der ägyptischen Gesellschaft gelöst werden könnten. Schon 1919 wurde eine erste Fatwa vom Großmufti Ägyptens, einem Azhar-Absolventen, erlassen, in der er den Kom-

---

[380] In diesem Zusammenhang sollte auch auf zwei Männer aus dieser Zeit hingewiesen werden. So etwa der Kopte Salāma Mūsa (1889–1958), der in Paris und London Literatur, Philosophie, Geistes-und Naturwissenschaften studiert hatte und für eine kulturelle Revolution einstand, die er als Grundlage für die Weiterentwicklung der Gesellschaft betrachtete. Zudem forderte er die Vereinfachung der arabischen Sprache, wofür er vor allem aus konservativen Kreisen kritisiert wurde. Bis in die Gegenwart lassen sich Stellungnahmen finden, die nicht gerade zimperlich mit ihm umgehen. Siehe beispielhaft dazu Kišk, S. 21ff. Des Weiteren sollte auch Šiblī Šumaiyil (1850–1917), ein syrischer Christ, genannt werden, der in Beirut und Paris Medizin studiert hatte und schließlich nach Ägypten ging. Er war womöglich der erste, der das Konzept des Sozialismus in die arabische Welt brachte. Durch ihn sollen auch die Thesen Darwins dorthin gelangt sein. Seine Vorliebe für Darwin und die Meinung, dass die Wissenschaft die neue Religion sei, brachten ihm Kritik ein. Unter Wissenschaft verstand er das von Huxley und Spencer in England sowie von Haeckel und Büchner in Deutschland entwickelte metaphysische System. Seine Hauptarbeit ist die Übersetzung und Überarbeitung von Büchners Kommentar zu Darwin. Vgl. dazu Hourani, S. 245ff.

munismus als „Abfall vom Islam“ interpretierte.[381] Auch Šaltūt ging vierzig Jahre später in die gleiche Richtung und bezeichnete ihn als „Feind des Islams“ und „aller ‚himmlischen Religionen‘“.[382] ʿAbd an-Nāṣir schuf mit dem arabischen Sozialismus, insbesondere mit seiner Ablehnung der Religionsfeindlichkeit des Marxismus-Leninismus einen Kompromiss, den die Religionsgelehrten annehmen konnten. Azhar-Vertreter versuchten daraufhin so etwas wie einen „islamischen Sozialismus“ zu entwickeln. Sie versuchten Beweise dafür zu finden, „daß der Islam alle Elemente des erstrebten Sozialismus umfasse, so daß die Übernahme einer fremden Ideologie unnötig sei.“[383]

Daher scheint es eher unwahrscheinlich zu sein, dass sich in der scharfen Kritik am Kommunismus ein eventueller versteckter Seitenhieb gegen den Sozialismus ʿAbd an-Nāṣirs, der hier vielleicht vermutet werden könnte, verbirgt. Al-Azhar hätte solch einen Schritt sowohl in Anbetracht der damaligen innenpolitischen Situation als auch vor dem Hintergrund der enormen Popularität ʿAbd an-Nāṣirs wohl kaum riskiert. Außerdem geht aus den übrigen Beiträgen der Maǧalla hervor, dass al-Azhar hinter dem damaligen Präsidenten stand.

Um noch einmal zu verdeutlichen, wie sehr dieses Thema um den Atheismus al-Azhar beschäftigte, sei noch ein Beispiel aus dem Jahre 1966–67 angeführt. Dort wird das 1965 in London publizierte Buch von Geoffrey Parrinder „Jesus in the Qur’ān“[384] vorgestellt und positiv bewertet. Dabei wird angenommen, dass die Orientalisten mittlerweile ihre Haltung dem Islam gegenüber veränderten, weil es unter anderem Bemühungen zur Annäherung zwischen den Religionen gäbe. Außerdem sei das Erscheinen des Atheismus ab dem 19. Jahrhundert ein wesentlicher Grund dafür, dass die

---

381 Görgün, S. 177.

382 Ebd., S. 179.

383 Ebd. Für die Haltung gegen den Atheismus unter Sādāt siehe Ebd., S. 180ff.

384 Das Buch behandelt auf 185 Seiten alle wichtigen Themen zur Darstellung Jesu im Koran und bildet eine gute Einführung in die Thematik.

Anhänger der verschiedenen Religionen sich zusammenschlössen, um dagegen anzukämpfen.[385] Dass ein europäischer Wissenschaftler ein neutrales Buch zu einem islamischen Thema verfasst, wird also schon als Ergebnis eines „Bündnisses" zwischen den Christen und Muslimen gegen die atheistische Gefahr, die beide Lager gleichermaßen bedrohe, gewertet.

In Kapitel 2.3 ist die heikle Phase in den Beziehungen zwischen Christen und Muslimen von 1978 bis 1985 angesprochen worden. In Ägypten war es zu Auseinandersetzungen zwischen Kopten und Muslimen gekommen, die zur Folge hatte, dass das koptische Oberhaupt ins Exil geschickt wurde. Außerdem hatte Großscheich ʿAbd al-Ḥalīm Maḥmūd 1978 für die Teilnahme an der dritten Cordoba-Konferenz eine Absage erteilt und schwere Vorwürfe gegen die christlichen Vertreter erhoben. Die Maǧalla veröffentlichte in diesem Zeitraum einige provokante Artikel über das Christentum und betonte stets die Vorzüge des Islams. Zum Ende dieser Phase kommt auch eine weitere Grundeinstellung der Azhar dem interreligiösen Dialog gegenüber besonders zum Ausdruck, die bis heute Bestand hat. Es darf keinen Dialog über die Glaubensüberzeugungen geben (*lā ḥiwār fī al-ʿaqāʾid*)! Warum dieser Punkt gerade ab dieser Zeit verstärkt betont werden muss, lässt Raum für Spekulationen. Al-Azhar hatte bis dahin bereits Beziehungen zum Vatikan geknüpft und sich an Konferenzen zum interreligiösen Dialog beteiligt, war aber nicht immer einverstanden mit dem Ablauf und der Art und Weise, wie sich christliche Vertreter über den Propheten Muḥammad oder zum Islam im allgemeinen äußerten. Dies geht besonders aus dem Brief hervor, in dem ʿAbd al-Ḥalīm Maḥmūd dem Veranstalter der Cordoba-Konferenzen seine Ablehnung mitteilte.[386] Ein weiterer Aspekt könnten die christlichen Missionierungsaktivitäten in der islamischen Welt sein, die weiterhin als Problem

---

[385] MA, Bd. VIII/38–1966/67, S. 872–877.

[386] Siehe: MA, Bd. III/50–1978, S. 676–679.

wahrgenommen wurden. Deutlich wird dies im Brief eines in London lebenden Muslims, der an die Mağalla adressiert ist und in ihr auch veröffentlicht wird. Darin berichtet der Autor von den Bemühungen der christlichen Institutionen, mit Muslimen in Dialog zu treten und betont dabei ausdrücklich den Weltkirchenrat und den Vatikan, die mittlerweile schon zu einigen Dialogkongressen eingeladen hätten. Dabei hätte unter den muslimischen Teilnehmern besonders der Generalsekretär der islamischen Gemeinde in England den christlichen Vertretern deutlich gemacht, dass solche Dialoge keine Ergebnisse erzielen könnten, solange sich die Haltung der Christenheit zum Islam und den Muslimen nicht verändere. Wenn tatsächlich ein aufrichtiger Dialog gesucht werde, dann müsse man damit aufhören, das Bild Muḥammads zu verzerren und das vorherrschende Klima, das auf Zweifel, Angst und Bestätigung von Vorurteilen basiere, verändern. Außerdem forderte er die Verurteilung der Aktionen von Organisationen, die Mission betreiben. Wie es in dem Schreiben weiter heißt, hätte im Juni 1976 eine Konferenz stattgefunden, die dem Verständnis von Mission in Christentum und Islam gewidmet war. Die christliche Seite hätte dabei die Schandtaten der christlichen Missionare zugegeben und das Versprechen abgelegt, dagegen anzugehen.[387]

Die Aussage, dass der Dialog in Glaubensfragen nicht hinnehmbar sei, lässt sich aus einem Interview mit Großscheich Ǧād al-Ḥaqq ʿAlī Ǧād al-Ḥaqq aus dem Jahre 1984 entnehmen. Nach seiner Meinung zum christlich-islamischen Dialog gefragt, antwortet er, dass er die Teilnahme von Muslimen an internationalen Dialogkonferenzen gutheiße, damit der Islam repräsentiert und die islamische Perspektive vorgestellt werde. Aber einen Dialog mit Gelehrten aus anderen Religionen, der auf Fragen der Glaubensüberzeugungen ausgerichtet sei, lehne er strikt ab. Die Christen glaubten an die Trinität und die Muslime an die Einheit Gottes. Eine Diskussion darüber würde in keinster Weise zu einem Ergebnis füh-

[387] Siehe dazu ausführlich: MA; Bd. IV/49–1977, S. 734–737.

ren.[388] Ein weiteres Mal äußerte dies der Großscheich 1991 bei einem Pressetreffen, dem unter anderem Medienvertreter aus den USA und Japan beiwohnten. Der Dialog müsse darauf ausgerichtet sein, die Menschen zu einem friedlichen Zusammenleben zu führen. Debatten um die Grundlehren sollten nur unter Experten auf diesem Gebiet und hinter verschlossenen Türen in den darauf spezialisierten Schulen und Universitäten geführt werden und seien keine Angelegenheiten, die öffentlich oder medial diskutiert werden können.[389]

1994 veröffentlicht die Mağalla einen zehnseitigen Text mit dem Titel: „Al-Azhar und der Dialog mit den internationalen religiösen Institutionen“, der vielleicht als wichtigster und ausführlichster Mağalla-Text zum Verständnis der Azhar zum Dialog betrachtet werden kann und der nicht nur hier, sondern auch an anderen Stellen dieser Arbeit Platz finden wird. Daher muss er nun ausführlich vorgestellt werden. Der Autor dieser Abhandlung ist Dr. Maḥmūd Ḥamdī Zaqzūq, der von 1987–1995 Dekan der Fakultät für islamische Theologie an der Azhar war, bevor er 1996 bis Januar 2011 das Ministerium für religiöse Angelegenheiten bekleidete. Der in München im Bereich Philosophie promovierte Zaqzūq vertrat al-Azhar unter anderem auf verschiedenen interreligiösen Konferenzen im Ausland.

Zaqzūq erklärt im genannten Artikel zunächst die Notwendigkeit des Dialogs und bezeichnet diesen als Verpflichtung auf allen Ebenen, da es viele Probleme gäbe, für die eine Lösung gesucht werden müsse. Je nachdem, um welche Art von Problemen es sich handele, seien es politische, wirtschaftliche, gesellschaftliche oder andere, könne der Dialog lokal, regional oder international geführt werden. Religiöse Angelegenheiten seien ein Teil von internationalen Konflikten, die oftmals den eigentlichen Hintergrund für diese dar-

---

[388] MA, Bd. VII/56–1983/84, S. 1068–1069. Für das ganze Interview siehe ebd., S. 1062–1071.

[389] MA, Bd. IX/63–1990/91, S. 971. Für das ganze Interview siehe ebd., S. 968–973.

stellten. Der interreligiöse Dialog sei auch nicht vom interkulturellen Dialog zu trennen, da jede Kultur auf der Grundlage einer Religion entstanden sei. Bei westlichen Autoren gälte die Religion gemeinsam mit der Sprache, Geschichte und Kultur als Hauptfaktoren einer jeden Zivilisation.[390]

Daher meint der Autor, dass der interreligiöse Dialog nicht von anderen Formen des Austauschs getrennt werden kann. Eine Bestätigung dessen sieht Zaqzūq in Hans Küngs Zitat: „Kein Weltfriede ohne Religionsfriede. Kein Religionsfriede ohne Religionsdialog".[391]

Schließlich benennt Zaqzūq die Bedingungen des Dialogs im Allgemeinen, die dann auch auf den interreligiösen Dialog übertragen werden könnten:

1. Gleichwertigkeit der Gesprächspartner: Wenn eine Seite der anderen überlegen sei, dann könnte sie Forderungen stellen, die von der anderen womöglich nicht erfüllt werden könnten. In diesem Falle könne nicht von einem Dialog gesprochen werden.
2. Es müsse einen deutlich formulierten Gegenstand geben, über den gesprochen werde. Dieser müsse auch klar festgelegt werden, um damit eine Gesprächsgrundlage zu schaffen.
3. Die Ziele des Dialogs müssten bestimmt werden, damit diese den Teilnehmern als Wegweiser dienen könnten.
4. Es müsse ein geeigneter Rahmen für den Dialog existieren, der fern von Vorurteilen und falschem Verständnis sei. Außerdem müsse gegenseitiger Respekt vorherrschen.[392]

Als nächstes merkt Zaqzūq an, dass die Einladung zum Dialog bisher hauptsächlich von christlicher Seite ausgehen und

---

390 MA, Bd. X/66–1993/94, S. 1491–1492.

391 Ebd., S. 1492. Mit diesen Worten beginnt der Tübinger Theologe sein Buch *Projekt Weltethos*, in dem er für einen Grundethos für die Welt plädiert. Seiner Ansicht nach benötige die Weltgesellschaft „verbindende und verbindliche Normen, Werte, Ideale und Ziele." Siehe Küng, S. 14.

392 Ebd., S. 1492–1493.

die Veranstaltungen der Aufsicht christlicher Institutionen, allen voran dem Vatikan oder dem Weltkirchenrat, unterstehen würden.

Al-Azhar sei aufgrund ihrer Geschichte und Beliebtheit in der islamischen Welt das ebenbürtige muslimische Pendant zu diesen christlichen Einrichtungen.[393]

Dann wird die Haltung der Azhar zum Dialog mit den internationalen religiösen Institutionen besprochen. Da die Azhar sich dabei nach der Haltung richte, die der Islam vorschreibt, müsse zunächst die Frage nach dieser islamischen Haltung geklärt werden. Solche Aussagen sind von Azhar-Vertretern keine Seltenheit und spiegeln den Anspruch der Universität, sich in allen Belangen nach den Prinzipien und Geboten des islamischen Glaubens zu richten und diesen in autoritativer Weise auszulegen.

Daher erklärt Zaqzūq anhand von einigen Versen den Dialogauftrag im Koran. Auch wenn dies schon in Kapitel 2.1 thematisiert und der eine oder andere Vers an verschiedenen Stellen angeführt wurde, müssen Zaqzūqs Ausführungen hierzu ausführlich dargestellt werden, da es immerhin die Richtlinien sind, auf die sich al-Azhar bezieht. Er beginnt mit folgendem Vers, in dem er eine klare Einladung zum Dialog erkennt und der sich auf die gemeinsame Grundlage bezieht:

„Ihr Leute der Schrift! Kommt her zu einem Wort des Ausgleichs zwischen uns und euch! (Einigen wir uns darauf) dass wir Gott allein dienen und ihm nichts als Teilhaber an seiner Göttlichkeit beigesellen, und dass wir (Menschen) uns nicht untereinander an Gottes Statt zu Herren nehmen. Wenn sie sich aber abwenden, dann sagt: ‚Bezeugt, dass wir (Gott) ergeben sind!" (3:64)[394].

[393] Ebd., S. 1493–1494.

[394] Mit diesem Vers haben 138 muslimische Gelehrte im Jahre 2007 in einem Brief an den Papst zum Dialog aufgerufen. Da dieser Brief Bestandteil des nächsten Kapitels sein wird, soll dort auch auf die Deutungsmöglichkeiten hingewiesen werden.

Zudem gebe der Koran auch Anweisungen dafür, wie der Dialog geführt werden soll:

„Und streitet mit den Leuten der Schrift nie anders als auf eine möglichst gute Art (oder: auf eine bessere Art (als sie das mit euch tun)?)“ (29:46).

Dieses freundliche Verhalten sei nicht nur auf die Schriftbesitzer beschränkt, sondern würde alle Menschen einschließen, wenn sie zum Islam eingeladen werden sollen:

„Ruf (die Menschen) mit Weisheit und einer guten Ermahnung auf den Weg deines Herrn und streite mit ihnen auf eine möglichst gute Art (oder: auf eine bessere Art (als sie das mit dir tun)?)“ (16:125).

Einen Vorzug, den der Islam und sonst keine weitere Religion habe, sieht Zaqzūq darin, dass der Islam die einzige Religion sei, die an alle älteren himmlischen Religionen glaube, was sie von Empfindlichkeiten frei mache. Damit ein ertragreicher Dialog und eine gute Zusammenarbeit zwischen den Menschen zustande kommen könnten, habe der Koran zur Notwendigkeit des Kennenlernens aufgerufen, wie aus folgendem Vers hervorgehe:

„Ihr Menschen! Wir haben euch geschaffen (indem wir euch) von einem männlichen und einem weiblichen Wesen (abstammen ließen), und wir haben euch zu Verbänden und Stämmen gemacht, damit ihr euch untereinander kennt […]“ (49:13)

Dieser Vers würde laut Zaqzūq das humane Grundprinzip des Islams deutlich machen und bestätige die Einheit der Menschheit, deren Quelle bei Gott liege. Diese Einheit werde auch dadurch offensichtlich, dass der Islam ein Verbrechen an einem Menschen als Verbrechen an der ganzen Menschheit betrachte. Dazu hieße es:

„[…] wenn einer jemanden tötet, (und zwar) nicht (etwa zur Rache) für jemand (anderes, der von diesem getötet worden ist) oder (zur Strafe für) Unheil (das er) auf der Erde (angerichtet hat), es so sein soll, als ob er die Menschen alle getötet hätte. Und wenn einer jemanden (w. ihn) am Leben erhält (w. lebendig macht), soll es so sein, als ob er die Men-

schen alle am Leben erhalten (w. lebendig gemacht) hätte." (5:32).

Damit sei klar geworden, dass der Islam zum Dialog aufrufe und dabei die Bedingungen für einen solchen auf religiöser Ebene, der zu den komplexesten Arten des Dialogs zähle, festlege. Dies komme daher, dass er die Glaubensüberzeugungen berühre, welche empfindliche Angelegenheiten seien. Trotzdem könne über diese Themen gesprochen werden, wenn die essentiellen Rahmenbedingungen hierfür geschaffen seien.

Wenn die Versuche eines religiösen Dialogs keine Ergebnisse erzielten, dann sei das kein Grund, mit dem Anderen zu brechen. Jeder solle bei seiner Überzeugung bleiben. Zaqzūq führt an dieser Stelle zwei Koranverse an, die seiner Meinung nach in so einem Falle als Wegweiser für Muslime dienen könnten:

„Ihr habt eure Religion, und ich die meine." (109:6)
„Bezeugt, dass wir (Gott) ergeben sind!" (3:64)[395]

Die Zusammenarbeit und der Dialog über das, was die Menschen verbindet, blieben damit möglich. Daher solle von Themen, auf die man sich nicht einigen könne, zunächst abgesehen werden und sich stattdessen auf verbindende Elemente konzentrieren. Der erste Schritt sei das Kennenlernen der gegenseitigen Positionen.

Anschließend betont Zaqzūq erneut, dass die Haltung der Azhar zum Dialog der des Islams entspreche. Al-Azhar habe sich damit nicht nur theoretisch auseinandergesetzt, sondern auch bereits aktiv an verschiedenen Dialogen teilgenommen.[396]

---

395 MA, Bd. X/66–1993/94, S. 1494–1495. Sure 3:64 ließe sich auch folgendermaßen übersetzen: „Bezeugt, dass wir Muslime sind." Die beiden Begriffe *islām* und *muslim* sind vom Verb *aslama* abgeleitet, das sich mit „übergeben, sich ergeben, sich hingeben" übersetzen lässt. Das Verbalnomen dazu ist *islām* und bedeutet das Sich-Ergeben. *Muslim* ist das Partizip und bedeutet der sich Ergebende. Demnach sind die Muslime (*muslimūn*), diejenigen, die sich (Gott) ergeben. Vgl. dazu Halm, Der Islam, S. 7.

396 MA, Bd. X/66–1993/94, S. 1495.

Dann kommt er auf die Möglichkeiten des Dialogs zu sprechen und unterteilt sie in zwei Kategorien:

1. Dialog über die Lehren:
Der Koran habe die Angelegenheit der göttlichen Einheit als wichtigstes Thema für den Dialog festgelegt, dabei aber nicht die islamische Perspektive zur Pflicht gemacht. Vielmehr betone er die Freiheit der Überzeugung: *„In der Religion gibt es keinen Zwang“* (2:256).

Wenn jemand die Überzeugung des Anderen nicht annehmen könne, so sei dies seine persönliche Entscheidung und niemand könne ihm seine Meinung aufzwingen.[397]

Dies aber sei und werde ein Schwerpunkt des Dialogs bleiben. Man müsse sich aber vielleicht fragen, ob der Zeitpunkt für solche Themen geeignet sei.

Zaqzūq verneint diese rhetorische Frage, denn die Erfahrungen hätten bisher gezeigt, dass der Austausch über dieses Thema zwischen den Institutionen keinen Nutzen bringe, da am Ende jeder an seiner Überzeugung festhalte. Außerdem würden die internationalen religiösen Institutionen im Westen alles unternehmen, um ihre Perspektive durchzusetzen und die religiöse Führung zu übernehmen. Es sei hier angemerkt, dass dieser Teil der Erklärung in roter Farbe und fett markiert gedruckt ist. Damit soll also ein deutliches Ausrufezeichen gesetzt werden.[398]

Anschließend führt er den christlichen Autor Wilyam Sulaimān an, der die Charakteristika der Perspektive des Westens auf andere Religionen und Gruppen, seien sie christlich, muslimisch oder einer anderen Konfession analysiert hätte. Hierzu zählten die Kolonialisierung und Missionierung der Anderen.[399] Das heißt also, der Westen begegne den anderen

---

[397] Diese Erklärung geht auch aus der Koranübersetzung von Rudi Paret hervor. Zu diesem Vers schreibt er in Klammern: „d. h. man kann niemand zum (rechten) Glauben zwingen“. Siehe Paret, Der Koran, S. 38.

[398] MA, Bd. X/66–1993/94, S. 1496.

[399] Siehe dazu Sulaimān, S. 13ff.; Eine Besprechung zu Sulaimāns Buch lässt sich finden in Borrmans, ʿAbd al-'Azîz Kâmil, S. 241–244. William Sulaimān

mit Arroganz und Ignoranz, versklave sie und tue alles, damit sie seine Glaubensüberzeugung annähmen. Zumindest sei aber mittlerweile mit der Überarbeitung dieser Sichtweise begonnen worden.[400]

Al-Azhar habe sich nicht gegen den Dialog über die Glaubenslehren gestellt, um zu einem „gemeinsamen Wort" (*kalima sawā'*) zu kommen.[401] Da die westlichen Medien den Islam verunglimpfen und Vorurteile den Muslimen gegenüber propagieren würden, sei dies aber derzeit nicht möglich. Daher solle sich der Dialog auf einen anderen Schwerpunkt beschränken.

2. Dialog über die menschlichen Werte in den Religionen:
Wie Zaqzūq erklärt, seien alle Religionen zum Wohle der Menschen entstanden und die religiösen Werte stellten in jeder Kultur die Grundlage der charakterlichen Werte und der menschlichen Prinzipien dar. Diese gemeinsamen Prinzipien seien der beste Weg, um einander besser zu verstehen, die Zusammenarbeit zum Wohle der Menschen und ihres Fortschritts und die Etablierung der Sicherheit und des Friedens auf der Welt herbeizuführen. Auf diese Weise könne der Frieden zwischen den Religionen entstehen, der eine Bedingung für den Frieden zwischen den Menschen sei. Damit wird hier Hans Küngs Prinzip von Zaqzūq noch einmal unterstrichen.

Das Ziel des Dialogs müsse eine Übereinkunft zur Zusammenarbeit gegen jede Art von Atheismus sein, welcher eine Gefahr für alle Religionen darstelle. Ein weiteres Ziel sei – im Sinne des Allgemeinwohls der Menschheit – viele Konflikte auf der Welt beizulegen. Das bedeute, dass der Dia-

---

Qilāda (1924–1999) war ein ägyptischer Rechtsanwalt und Historiker und zählt zu den wichtigsten Persönlichkeiten des ägyptischen Nationalismus. Er galt als Verfechter der nationalen Einheit des Landes. In seinen Schriften beschäftigte er sich u. a. mit dem christlich-islamischen Dialog. Vgl. dazu: http://www.arabwestreport.info/year-2009/week-10/29-william-sulayman-qiladah-reconciliation-between-national-and-religious (abgerufen am 11.12.2011).

[400] MA, Bd. X/66–1993/94, S. 1496–1497.

[401] Dies ist natürlich eine Anspielung auf die Aussage von Sure 3:64.

log das Ziel des Friedens unter den Religionen und das Wohlergehen der Menschen verfolgen müsse.[402]

Al-Azhar-Vertreter hätten sich an vielen Begegnungen beteiligt[403] und dabei die Erfahrung gemacht, dass heikle islamische Themen erörtert wurden, wie etwa *ǧihād*, Apostasie, die Stellung der Frau oder Menschenrechte im Islam. Mit solchen Themen würde man sich im Westen verstärkt seit dem Zusammenbruch der Sowjetunion auseinandersetzen, weil ein neuer Feind gesucht werde. Diesen neuen Feind würden viele im Islam entdecken.[404]

Zum Abschluss spricht sich Zaqzūq ebenfalls für einen Dialog mit Institutionen der Orientalistik aus, da dieses Fach einen bedeutenden Einfluss auf das Verständnis des Westens für den Islam habe.[405]

Bei der Analyse des Textes lässt sich sagen, dass die Vertreter der Azhar den Dialog als göttliches Gebot interpretieren und sich nach eigener Aussage an die von Gott im Koran geoffenbarten Prinzipien halten.[406] Das koranische Hauptthema des Dialogs würde sich demnach auf die Glaubensfragen und dabei insbesondere auf die Gottesvorstellung beziehen, um zu einem gemeinsamen Wort zu kommen. Das könnte auch so verstanden werden, dass man am Ende der Diskussion zu der Erkenntnis gelangen muss, dass nur eine Überzeugung tatsächlich die „Wahrheit“ darstellt. Wie Zaqzūq aber deutlich macht, seien solche Debatten gegenwärtig nicht fruchtbar und würden zu keinem Ergebnis führen. Interessant ist, dass er immer wieder den Begriff des „Westens“ benutzt und auf dessen Einstellung zu anderen hinweist. Damit wird also ein Unterschied zwischen west-

---

[402] MA, Bd. X/66–1993/94, S. 1497.

[403] Hier wird eine Reihe von Kongressen aufgelistet, bei denen al-Azhar vertreten war. Diese Auflistung wird in Kapitel 4.3 angesprochen.

[404] MA, Bd. X/66–1993/94, S. 1498–1499.

[405] MA, Bd. X/66–1993/94, S. 1499–1500. Für die ganze Rede siehe ebd., S. 1491–1500.

[406] Zum Offenbarungsverständnis des Korans siehe Berger, S. 40ff. und 202ff.

lichen und orientalischen Christen gemacht. Letztere seien wie die Muslime auch Opfer der kolonialistischen und missionarischen Bestrebungen der Christen aus dem „überlegenen" Westen. Aus dem Text geht auch eindeutig hervor, dass al-Azhar mit ihren bis dato geführten Dialogen nicht sehr zufrieden war. Leider wird nicht nur hier sondern auch in anderen bereits besprochenen Texten nicht ausführlich auf die Gründe eingegangen. Fest steht allerdings, dass Zaqzūq die Themenauswahl bei einigen Konferenzen kritisiert und ʿAbd al-Ḥalīm Maḥmūd in seiner Antwort auf die Einladung zum 3. Cordoba-Kongress sich darüber beklagt, dass christliche Vertreter unzumutbare Äußerungen über den Propheten Muḥammad getätigt hätten. Es werden aber keine eindeutigen Beispiele genannt, die hier für eine Bewertung der einzelnen Situationen notwendig wären. Die Unzufriedenheit scheint aber hauptsächlich in dem von Zaqzūq erwähnten Feindbild Islam[407], das sich damals bereits entwickelte, begründet zu sein.

Man kann also festhalten, dass für die Azhar nur ein Dialog über die menschlichen Werte in den Religionen im Hinblick auf einen friedlichen Umgang miteinander in Frage kommt und angestrebt wird. Dialog über zentrale Glaubensinhalte wird aber abgelehnt und für sinnlos erachtet.

An dieser Grundhaltung sollte sich in den Folgejahren an der Azhar nichts verändern. Mit dem Beginn der Amtszeit von Großscheich Muḥammad Saiyid Ṭanṭāwī 1996 wird aber eine neue Ära in den interreligiösen Beziehungen eingeläutet. Es entsteht die *Kommission für den Dialog zwischen den himmlischen Religionen* an der Azhar, der Dialog mit dem Vatikan wird 1998 institutionalisiert und die Beziehungen zum Erzbischof von Canterbury werden intensiviert. Im Allgemeinen lässt sich sagen, dass das Thema Dialog in der

---

[407] Zum Feindbild Islam siehe den (ungefähr zur gleichen Zeit, in der Zaqzūqs Artikel veröffentlicht ist) sehr sachlich und informativ geschriebenen Aufsatz von Lueg, Andreas: *Das Feindbild Islam in der westlichen Öffentlichkeit*. In: Hippler, Jochen/Lueg, Andreas: *Feindbild Islam*. Hamburg 1993.

Berichterstattung der Maǧalla präsenter denn je wird. Die Kategorie „Nachrichten aus dem Büro des Großscheichs“ (Anbā' Maktab al-Imām al-Akbar) wird zu einem der wertvollsten Teile in den Ausgaben der Zeitschrift. Ṭanṭāwī, der von 1986 bis zu seiner Ernennung zum Großscheich das Amt des ägyptischen Großmuftis bekleidete, zeigt sich sehr weltoffen; er empfängt kontinuierlich Politiker, Botschafter und Delegationen aus aller Welt und betont dabei stets die Bedeutung des Dialogs. Man stößt in diesem Zusammenhang verstärkt auf solche oder ähnliche freundliche Aussagen:

- „Wir begrüßen den Dialog.“[408]
- „Al-Azhar begrüßt den Dialog, um die Welt zu erbauen.“[409]
- „Im Dialog können wir erreichen, was alle zufrieden stellt.“[410]
- „Wir glauben an den Dialog, weil er die Kenntnis des Anderen und gegenseitige Sympathie vergrößert.“[411]
- „Wir begrüßen den Dialog und die Türen von al-Azhar sind offen.“[412]

Diese Bemühungen hängen vor allem auch mit den weltpolitischen Ereignissen und Entwicklungen während seiner Amtszeit, bzw. des letzten Jahrzehnts, zusammen. Als Großscheich hatte der 2010 verstorbene Ṭanṭāwī einige schwierige Situationen zu meistern. Zu nennen sind hier der 11. September mit seinen Folgen, der Karikaturenstreit und die Regensburger Vorlesung von Papst Benedikt XVI.

Aufgrund dieser Ereignisse stehen im Fokus der Dialogtexte die Beseitigung von Vorurteilen und die Darstellung der Friedenspotenziale im Islam. Diese Thematik wird Gegenstand des nächsten Unterkapitels sein, bei dem die Haltung der Azhar zur islamistischen Gewalt untersucht wird.

---

408 Bd. XI/71–1998/99, S. 1856–1858.
409 Bd. I/73–2000, S. 136.
410 Bd. VIII/76–2003/04, S. 1339–1342.
411 Bd. V/76–2003/04, S. 826–827.
412 Bd. X/78–2005, S. 1866–67.

Al-Azhar steht unter Ṭanṭāwī dem Dialog sehr offen gegenüber, ohne aber dabei ihre Prinzipien aufzugeben. Die Konzentration liegt weiterhin auf den Gemeinsamkeiten und Werten, die zum Frieden aufrufen.[413] Außerdem wird der Unterschied der Glaubensüberzeugung nicht als Hindernis für eine Zusammenarbeit angesehen; einen Dialog über die Glaubensfragen lehnt aber auch Ṭanṭāwī ab.[414] Das Thema der Bekämpfung des Atheismus rückt in dieser Zeit in den Hintergrund. Dafür gab es zu viele wichtigere Themen und Konflikte, die eine ernsthafte Auseinandersetzung erforderten.

Zur aktuellen Haltung der Azhar zum Dialog habe ich auch Prof. Al-ʿAzab im Interview befragt. Al-ʿAzab betonte mehrfach, dass an der Azhar nicht mehr nur vom interreligiösen Dialog gesprochen werde, da man mittlerweile den Dialog in allen Lebensbereichen führe und sowohl die Anhänger der Religionen als auch andere ein Recht auf den Dialog hätten. Deshalb sollen im Folgenden auch die anderen Dialogarten, auf die er einging, kurz angeführt werden. So sei in letzter Zeit der innerislamische Dialog unter anderem mit den Schiiten gesucht worden. Auch sei man nun zu einem Austausch mit Säkularen und Laizisten bereit. Das Ziel dabei sei die Einigung auf gemeinsame Werte und der Versuch, diese in die Tat umzusetzen.

Das wichtigste Beispiel hierfür ist ein Treffen nach der Revolution 2011 zwischen Vertretern der Universität und einer Auswahl von Akademikern, die verschiedenen Religionen und Denkrichtungen angehörten. Die Revolution habe schließlich die Konzentration auf den innerägyptischen Dialog erforderlich gemacht. Dieses Gremium verfasste eine Erklärung, in der elf Prinzipien für die Zukunft Ägyptens festgehalten wurden. Dazu gehören unter anderem die Einführung einer demokratischen Verfassung, die Meinungsfreiheit und die Beachtung der Menschenrechte.[415] Diese Er-

---

413 Siehe u. a. VII/73–2000, S. 1258.

414 Bd. IV/78–2005, S. 729–730.

415 Dieses fünfseitige Dokument mit dem Titel „Bayān al-Azhar wa Nuḫba min al-Muṯaqqafīn ḥaula Mustaqbal Miṣr (Erklärung der Azhar und einer

klärung zur Zukunft soll die Meinung des Volkes wiedergeben. An der Azhar scheint man erkannt zu haben, dass für den Demokratisierungsprozess ein breit geführter gesellschaftlicher Dialog mit Vertretern verschiedener ideologischer und religiöser Überzeugungen notwendig ist.

Während des Gesprächs mit Prof. al-ʿAzab erwähnte dieser, dass auch ein Dialog mit jemandem, der abwegige Meinungen in Bezug auf die Religion vertritt (*mulḥid*)[416] möglich sei, wenn dieser Respekt vor einem habe. Nach dieser Aussage trug er den letzten Vers der Sure „Die Ungläubigen" vor. *„Ihr habt eure Religion, und ich die meine."* (109:6).[417]

Diesen Vers deutete er an anderer Stelle des Gesprächs derart, dass der Islam sogar den Götzendienst als Religion (*dīn*) bezeichnen würde.

Auch wenn wir diesen Punkt nicht intensiver diskutieren konnten, lässt sich hier ein gewisser Wandel in der Haltung der Universität feststellen. Es scheint, als sei nun die Bereitschaft vorhanden, den Kreis der Dialogpartner auch auf diejenigen auszuweiten, die außerhalb der etablierten Religionsgemeinschaften stehen. Wenn dem tatsächlich so ist, dann würde sich al-Azhar der Realität stellen und ihre neue Offenheit gegenüber sämtlichen religiösen Strömungen in Ägypten beweisen. Dies ist vor allem vor dem Hintergrund des ara-

---

Auswahl von Akademikern (Gebildeten) über die Zukunft Ägyptens)" wurde mir in Form einer Kopie von Prof. al-ʿAzab gegeben. Sie ist auf den 19. Juni 2011 datiert und wurde vom Büro des Großscheichs herausgegeben.

416 *Mulḥid*: Partizip aktiv von *ilḥād*: Abfall, Abtrünnigkeit, Irrglaube, Ketzerei (nach Hans Wehr). Im Laufe der Geschichte hat dieser Begriff verschiedene Bedeutungen angenommen. Ursprünglich einen Renegaten bezeichnend, veränderte er sich so weit, dass er für Häretiker und schließlich auch für die Ablehnung der Religion an sich stand. Vgl. EI^2: Mulḥid (W. Madelung). Im modernen Sprachgebrauch wird dieser Begriff häufig gebraucht, um Atheismus zu bezeichnen.

417 Der komplette Text der Sure lautet: *„Sag: Ihr Ungläubigen! Ich verehre nicht, was ihr verehrt (w. Ich diene nicht dem, dem ihr dient; dem entsprechend in den folgenden Versen), und ihr verehrt nicht, was ich verehre. Und ich verehre nicht, was ihr (bisher immer) verehrt habt, und ihr verehrt nicht, was ich verehre. Ihr habt eure Religion, und ich die meine."* Diese Sure ist aus der mekkanischen Zeit und richtet sich an die Götzendiener in Mekka.

bischen Frühlings und der Revolutionen in einigen arabischen Ländern zu sehen, die nicht in erster Linie von religiösen Motivationen geprägt waren. Die Situation im post-revolutionären Ägypten war und ist bis heute sehr angespannt. Da große Befürchtungen um die Stabilität des Landes bestehen, ist die Vermutung naheliegend, dass die Azhar, um die nationale Einheit zu fördern, bereit ist, bei ihrer kompromisslosen Haltung dem Atheismus gegenüber gewisse Abstriche zu machen und um des nationalen Friedens willen auch mit solchen Gruppen den Dialog sucht, denen atheistische Tendenzen nachgesagt werden (so z. B. auch Laizisten, Säkulare etc.).

Was aber nun den Dialog mit den Schriftbesitzern angeht, so ging al-ʿAzab zunächst kurz auf das Judentum ein. Ein Dialog mit den Juden aus aller Welt sei prinzipiell möglich, solange sie keine Zionisten sind. Außerdem bestünden keinerlei Beziehungen zum rechtsorientierten jüdischen Flügel in Israel. Ein Dialog mit diesem Flügel wird für unmöglich erachtet. Al-ʿAzab äußerte sich mehrfach kritisch in Bezug auf Israel, betonte aber an einer Stelle, dass dies nicht als Antisemitismus verstanden werden dürfe. Vehement verurteilte er den Holocaust und sprach mit Stolz über die islamische Herrschaft in Andalusien, in der die jüdische Gemeinde mit den Muslimen friedlich zusammengelebt habe.

Eine neue Entwicklung ist im Dialog mit der Christenheit vorzufinden. Al-ʿAzab zufolge werde dabei zwischen arabischen und europäischen (westlichen) Christen unterschieden, wobei die arabischen Christen in Dialogbeziehungen den Vorrang hätten. Mit arabischen Christen sind hier wohl hauptsächlich die in Ägypten existierenden Kirchen und darunter insbesondere die koptische Kirche gemeint. Er bezeichnete dies als neuen Weg, den al-Azhar eingeschlagen habe. Bis dato verliefen interreligiöse Dialoge vorwiegend mit europäischen Christen.

Diese aktuelle Vorrangstellung der arabischen Christen begründete Prof. al-ʿAzab historisch. Der Islam habe seit jeher Beziehungen zu ihnen gehabt und beide Lager hätten von einander profitiert. In diesem Zusammenhang nannte er den Philosophen al-Fārābī[418], der einen christlichen Lehrer hatte. Außerdem sprach er noch vom Nestorianer Ḥunain ibn Isḥāq, der zur Zeit des Kalifen al-Ma'mūn zu den großen Wissenschaftlern und Übersetzern zählte und in Šahrastānīs[419] Werk „Kitāb al-Milal wa-'n-Niḥal" sogar zu den muslimischen Philosophen gezählt wurde. Prof. al-ʿAzab erläuterte mir, dass der Islam die Leistungen eines jeden Menschen, der dessen Kultur gefördert und vorangebracht habe, würdigen würde, auch wenn er einer anderen Religion angehöre. Darauf sei man auch stolz.

In Bezug auf die Kopten erinnerte er an die Geschichte dieser Kirche in Ägypten. Außerdem erwähnte er, dass der Prophet selbst eine Koptin zur Frau nahm, die ihm auch einen Sohn gebar.

Trotz dieser zutreffenden historischen Begründung muss selbstverständlich die Frage berücksichtigt werden, inwiefern die neuen gesellschaftspolitischen Verhältnisse in Ägypten und die Erfahrungen mit europäischen Christen dabei eine

---

[418] Al-Fārābī, Abū Naṣr Muḥammad b. Muḥammad b. Tarḫān b. Awzalaġ(uzluġ?). Über sein Leben ist nicht viel bekannt. Geboren wurde er in Turkestan und es wird gesagt, dass er 950 mit achtzig oder mehr Jahren in Damaskus gestorben ist. Er war einer der wichtigsten muslimischen Philosophen und wurde als „zweiter Lehrer" nach Aristoteles, mit dessen Werken er sich beschäftigt hatte, bekannt. Der nestorianische Christ Yuḥannā ibn Haylān soll zu seinen Lehrern gezählt haben. Nach al-Fārābi hatte die Philosophie in der islamischen Welt eine neue Heimat und ein neues Leben gefunden. Ihm werden über hundert Werke zugerechnet. Vgl. dazu EI²: Al-Fārābī (R.N. Frye).

[419] Šahrastānī, Muḥammad b. ʿAbd Allāh al-Karīm wurde vermutlich 479/1086–87 in Ḫorasān geboren (andere Datierungen legen seine Geburt zehn oder zwölf Jahre früher fest) und war unter anderem ein bedeutender Religionshistoriker. Sein wichtigstes Werk „Kitāb al-Milal wa-'n-Niḥal (Die Abhandlung über die Religionen und Sekten)" wird auf 521/1127–28 datiert. Darin behandelt er eine Reihe von philosophischen und religiösen Systemen und untersucht sie nach dem Aspekt, wie weit sie von der islamischen Orthodoxie entfernt sind. Er beginnt mit islamischen Denkschulen, ehe er sich dann den Schriftbesitzern und anderen Religionsformen zuwendet. Er starb 548 (1153). Vgl. dazu EI¹: Al-Shahrastānī (M. Plessner), EI²: Al-Shahrastānī (G. Monnot).

Rolle gespielt haben, dass sich die Azhar für diesen neuen Weg entschied. Man sollte dabei auch berücksichtigen, dass al-Azhar im Januar 2011 ihren Kontakt zum Vatikan eingefroren hat.[420]

Bemerkenswert ist die Einschätzung von Al-ʿAzab, dass jede Form des Dialogs von der Konzentration bzw. der Einigung auf die gemeinsamen Werte abhängt. Er betonte dabei noch einmal ausdrücklich, dass der Dialog über die Glaubensüberzeugungen weiterhin strikt abgelehnt werde.[421]

Versucht man nun ein Resümee zur Dialoghaltung der Azhar im Laufe der Jahrzehnte zu ziehen, so fällt auf, dass al-Azhar im Wesentlichen an ihren ursprünglichen Prinzipien seit Jahrzehnten festhält, aber einzelne Standpunkte je nach Situation mal mehr, mal weniger in den Vordergrund stellt. Dennoch hat sich aktuell das Verständnis von Dialog besonders strukturell etwas verändert. Der interreligiöse Dialog ist, wie wir an den verschiedenen von Prof. al-ʿAzab dargestellten Beispielen gesehen haben, nur noch ein Teil dessen, was man nun unter Dialogarbeit versteht. In christlich-islamischen Beziehungen hat sich das Interesse verstärkt auf die arabischen bzw. ägyptischen Christen verlagert.

4.2 Al-Azhar und die islamistische Gewalt

Durch die Ermordung des – wegen seines Friedensschlusses mit Israel mit dem Friedensnobelpreis ausgezeichneten – ägyptischen Präsidenten Anwar as-Sādāt im Oktober 1981 wurde die Weltöffentlichkeit auf die islamistische Gewalt im Land aufmerksam.[422] Doch der islamische Fundamentalis-

[420] Ausführlich werden die aktuellen Beziehungen zum Vatikan im fünften Kapitel analysiert. Die Zusammenarbeit mit den christlichen Kirchen in Ägypten am Projekt „Haus der ägyptischen Familie“ wird im sechsten Kapitel beschrieben.

[421] Mündliche Auskunft von Prof. al-ʿAzab im Interview vom 9. Oktober 2011.

[422] Metzger, S. 55.

mus hatte bis dato bereits eine über fünfzigjährige Geschichte vorzuweisen, die mit der Gründung der Gesellschaft der Muslim-Brüder (Ǧamāʿat al-Iḫwān al-Muslimīn) durch Ḥasan al-Bannā 1928 in Ägypten beginnt. Die Azhar-Universität hat im Laufe dieser Geschichte immer wieder auf die von islamistischen Gruppierungen verübten Anschläge und Terrorakte in Ägypten reagiert. Dabei werden zum einen die Verbrechen verurteilt und zum anderen wird versucht, die Gesellschaft darüber zu informieren, dass dieses Verhalten nicht mit den islamischen Prinzipien vereinbar ist. Eine detaillierte Analyse der Reaktionen der Azhar auf islamistisch geprägte Gewalt kann im Rahmen dieser Arbeit nicht erfolgen. Dennoch soll ein Überblick über einige Ereignisse, die sich in Ägypten zugetragen haben und damit zusammenhängende Stellungnahmen der Azhar erfolgen, ehe mit den Anschlägen vom 11. September und dem Karikaturenstreit zwei in ihren Auswirkungen viel bedeutendere Ereignisse ausführlich thematisiert werden.

4.2.1 Der Islamismus in Ägypten

Ḥasan al-Bannās Ziel war es, eine islamische Ordnung in Ägypten zu errichten. Die Rückständigkeit der islamischen Welt war seiner Ansicht nach darin begründet, dass sich die Muslime von ihrer Religion entfernt hätten. Seine Bewegung hatte schnell viele Anhänger gewonnen, nicht zuletzt auch weil sie sich stark in verschiedenen sozialen Bereichen engagierte. Im Palästinakrieg von 1948 beteiligten sich Freiwillige aus ihren Reihen an den Kämpfen auf Seiten der arabischen Streitmächte. Im Dezember desselben Jahres wurde die Gesellschaft erstmals verboten, weshalb eines ihrer Mitglieder den damaligen Ministerpräsidenten erschoss. Nur wenige Wochen später wurde al-Bannā von der Geheimpolizei liquidiert.[423]

[423] Siehe dazu Nolte, S. 221–224; Chimelli, S. 26–29.

In den 1950er Jahren sollte mit Saiyid Quṭb jedoch eine Persönlichkeit auftreten, deren Schriften noch bis in die Gegenwart Einfluss auf islamistische Strömungen haben. Dieser war zunächst ein tatkräftiger Unterstützer der Juli-Revolution von 1952 durch die freien Offiziere. Er lebte in dem Glauben, dass diese endlich soziale Reformen auf der Grundlage des Islams durchsetzen würden.[424] Da der Umbruch jedoch seine Erwartungen nicht erfüllte, trat er 1953 der Muslim-Bruderschaft bei.[425] Ein auf ʿAbd an-Nāṣir im Oktober 1954 verübtes Attentat, für das die Bruderschaft verantwortlich gemacht wurde, sorgte für zahlreiche Verhaftungen in ihrem Mitgliederkreis. Auch Quṭb gehörte zu den Verhafteten. Er musste die nächsten zehn Jahre in einem der schlimmsten Gefängnisse Ägyptens verbringen.[426] Dort arbeitete er mehrere Schriften aus, darunter „Maʿālim fī aṭ-Ṭarīq" (Wegzeichen), seine radikalste Abhandlung, die zum Wegweiser für islamistische Bewegungen wurde und enormen Zulauf unter den Menschen fand. Darin verurteilte er die bestehende Ordnung, die er als unislamisch darstellte und rief dazu auf, sie zu boykottieren.[427] Im Mai 1964 wurde Quṭb im Rahmen einer weiteren großen Verhaftungswelle unter dem Vorwurf, der ideologische Anführer einer Verschwörung gegen die Regierung zu sein, erneut festgenommen und im August 1966 hingerichtet.[428] Die Presse nahm Quṭbs Verhaftung zum Anlass, ihn und die Bewegung zu diffamieren. Die Muslimbrüder wurden unter anderem als „Teufelsbrüder" tituliert, so auch vom *Höheren Rat für islamische Angelegenheiten*, der Ende 1966 eine Schrift mit dem Titel „Ra'y ad-Dīn fī Iḫwān aš-Šaitān (Die Meinung der Religion zu den Teufelsbrüdern)" herausgab. Darin hatte z. B. der Vorsitzende der Azhariti-

[424] Damir-Geilsdorf, S. 46.
[425] Ebd., S. 49.
[426] Ebd., S. 53.
[427] Ebd., S. 53–54.
[428] Ebd., S. 54–55.

schen Fatwa-Kommission sie als „Terrorbrüder“ und „Verderbensbrüder“ bezeichnet.[429]

Bereits im September 1965 hatte die Maǧalla eine Erklärung von Großscheich Ḥasan Ma'mūn (Amtszeit 1964–1969) mit dem Titel „Die Meinung des Islams zu den Verbrechen ‚der Brüder‘“ (Ra'y al-Islām fī Ǧarā'im „al-Iḫwān“) veröffentlicht. Darin spricht er von ihnen unter anderem als den Feinden des Islams, die versucht haben, die Religion im Namen des Islams zu bekämpfen. Sie beabsichtigten die Lehren des Islams zu verändern und führten dadurch die Menschen auf einen Irrweg. Die Aufgabe al-Azhars sei es, ihre Fehler aufzudecken und die Menschen zu den wahren islamischen Prinzipien aufzurufen. Er führt eine Überlieferung an, in der deutlich die fünf Säulen und die Glaubensprinzipien genannt werden.[430] Er erklärt, dass, die „Verschwörer“, mit ihrer Einstellung, dass wahre Muslime Mitglieder bei einer bestimmten Gruppierung sein müssten, den Islam fehlinterpretieren. Dieses Handeln verurteilt er. Seiner Meinung nach beruhe dies auf Gier nach Macht und um dumme Menschen für die eigene Überzeugung zu gewinnen.[431]

Damit scheint Quṭbs Verständnis von gläubig und ungläubig gemeint zu sein, demzufolge nur Muslime, die für eine Einführung des göttlichen Gesetzes in allen Bereichen

---

[429] Ebd., S. 55.

[430] MA, Bd. II/37–1965/66, S. 129–130. In der Überlieferung kommt es zu einem Gespräch zwischen dem Erzengel Gabriel und dem Propheten Muḥammad. Gabriel habe Muḥammad zunächst danach gefragt, was unter dem Islam zu verstehen sei. In seiner Antwort nannte dieser die fünf Säulen des Islams (Glaubensbekenntnis, Ritualgebet, Almosensteuer, Fasten im Monat Ramadan und die Pilgerfahrt). Der Erzengel habe ihm zugestimmt und ihm dann die Frage nach dem Verständnis des Glaubens (*īmān*) gestellt. Der Prophet antwortete daraufhin: „Dass du an Gott, seine Engel, seine Propheten, den Jüngsten Tag und das Schicksal, sowohl das Gute als auch das Schlechte daran, glaubst.“ Die dritte Frage richtete sich nach der Verrichtung guter Werke (*iḥsān*). Die Antwort darauf war: Dass du Gott so dienst, als ob du ihn sehen würdest, denn auch wenn du ihn nicht siehst, sieht er dich. Siehe MA, Bd. II/37–1965/66, S. 130.

[431] MA, Bd. II/37–1965/66, S. 130.

des gesellschaftlichen Lebens einstünden, auch wirklich Muslime seien. Alle anderen gälten als Ungläubige.[432] Es sollte in diesem Zusammenhang erwähnt werden, dass al-Azhar die *šarīʿa* ebenfalls als optimale Gesetzgebung betrachtet und sich auch für ihre Einführung aussprach sowie ein Konzept dafür erarbeitete, wie in Kapitel 2.3 angesprochen wurde.

Mit der erwähnten Überlieferung wehrt man sich gegen die vereinfachte Dichotomisierung Quṭbs und versucht seiner Definition von Gläubigkeit durch Kernaussagen des Islam entgegenzuwirken.

Anschließend folgen in der Erklärung einige prophetische Überlieferungen aus denen deutlich wird, dass das Töten von Muslimen verboten ist, bevor der Großscheich im Schlussteil seine politische Haltung offenbart. Er ruft die Menschen dazu auf, darauf zu achten, dass die Erfolge der Revolution nicht zerstört werden, um nicht wieder in die Zeiten der Besatzung und des Kapitalismus zurückzufallen. Dabei ruft er die Menschen dazu auf, die Regierenden gegen die Feinde zu unterstützen.[433]

In religiöser Hinsicht versucht er also den Menschen deutlich zu machen, dass das Verhalten der Muslimbrüder nichts mit dem Islam zu tun habe. In politischer Hinsicht bringt hier die Universität erneut ihre Loyalität dem Staat gegenüber zum Ausdruck.

Al-Azhar ist, wie Damir-Geilsdorf es formuliert, eine „regierungskonforme Institution"[434], was sich, wie in Kapitel 4.1 beschrieben, besonders für die Nāṣir-Āra anhand der Veröffentlichungen in der Maǧalla belegen lässt.[435]

Nach dem verlorenen Sechs-Tage-Krieg von 1967 wurde die islamistische Szene in Ägypten wieder stärker. Die

---

[432] Siehe dazu ausführlich Damir-Geilsdorf, S. 48ff.

[433] MA, Bd. II/37–1965/66, S. 131.

[434] Damir-Geilsdorf, S. 57. Sie erklärt dort, dass es an der Azhar, trotz ihrer Verurteilung der Bruderschaft und Quṭbs, heimliche Proteste gegen dessen Hinrichtung gegeben haben soll.

[435] Für einen kritischen Überblick zur Religionspolitik des Nāṣir-Regimes und seine Auswirkungen auf al-Azhar siehe Görgün, S. 29ff.

Gründe dafür waren neben der militärischen Schmach, soziale und wirtschaftliche Missstände. Unter Sādāt, der die Muslim-Brüder einigermaßen zu rehabilitieren versuchte, um einen Gegenpol zur extremen Linken zu schaffen, entstanden einige islamistische Gruppierungen. Darunter waren auch militante Gruppen, die den *takfīr* (für ungläubig erklären) praktizierten. Diejenigen, die nicht ihrer Gruppierung angehörten, waren ihrer Auffassung nach Ungläubige und mussten bekämpft werden.[436] Das Wirken dieser Gruppen sollte auch zu einer Herausforderung für al-Azhar werden. Während die Gruppe Ǧamāʿat al-Muslimīn (Vereinigung der Muslime) 1977 den damaligen Minister für Religiöse Stiftungen ermordete,[437] fiel Präsident Sādāt einem Attentat durch die Tanẓīm al-Ǧihād (Organisation des Ǧihād) zum Opfer.[438] In der Abhandlung al-Farīḍa al-Ġā'iba (die versäumte Pflicht) des ideologischen Anführers von al-Ǧihād, ʿAbd as-Salām Farağ, wird der Einfluss von Quṭb deutlich sichtbar. Darin hatte Farağ, der unter Ǧihād nur einen bewaffneten Kampf verstand, ein Konzept für die Einführung einer islamischen Staatsordnung erstellt. Ägypten sah er nicht als islamisches Land an, da es keine islamische Gesetzgebung hatte. Der ungläubige Staat müsse daher gestürzt werden. Außerdem wurden die Gelehrten des Verrats bezichtigt, aber auch die gemäßigten islamistischen Gruppen kritisiert, weil sie sich mit dem Staat zu arrangieren versuchten.[439]

Großscheich Ǧād al-Ḥaqq lehnte diese radikalen Vorstellungen in einem von der Staatsanwaltschaft verlangten Bericht vehement ab. Ägypten sei ein islamisches Land, des-

---

[436] Ourghi, S. 43–46.

[437] Einzelheiten dazu siehe Görgün, S. 186ff.

[438] Die Mörder Sādāts hatten nach dem Attentat erklärt, dass die islamische Revolution im Iran ihr Vorbild sei. Vgl. Kepel, S. 109–110. Dies klingt daher sehr absurd, da sich diese islamistischen Gruppierungen hauptsächlich auf die Schriften des Gelehrten Ibn Taimīya bezogen, der den Schiiten nicht sonderlich positiv gesonnen war. Siehe zu Ibn Taimīyas Gedankengut: Rapoport, Yossef und Ahmed, Shahab (ed.): *Ibn Taimiyya and his times*. Oxford 2010.

[439] Siehe dazu die Darstellung von Ourghi, S. 46ff.

sen Gesetze bis auf einige Ausnahmen auf dem Islam basierten. Für die Einführung aller islamischen Gesetze sei zwar zu plädieren, allerdings in einem konstruktiven Dialog. In Bezug auf das Verständnis von Ǧihād wies er darauf hin, dass dieser nicht darin bestehe, Muslime zu Ungläubigen zu erklären, Menschen umzubringen oder sie mit Zwang zu bekehren. In seinem Text betonte er auch die Rechte der Nichtmuslime, die zu respektieren seien.[440]

Für das Aufkommen dieser radikalen Bewegungen wurde al-Azhar im Verlauf des Prozesses gegen die Attentäter selbst mitverantwortlich gemacht, da sie es nicht geschafft habe, die wahre Lehre des Islams unter die jungen Menschen zu bringen.[441] Aufgrund dessen veröffentlichte die Universität 1984 die Schrift „Bayān li-'n-Nās (Erklärung für die Menschen)", die eine Reaktion auf die terroristischen Aktivitäten in Ägypten sein und die „‚richtige' Umsetzung" des Islams darstellen soll.[442] Aus dem zweibändigen Manuskript wird nochmals ersichtlich, dass al-Azhar für eine Einheit von Religion und Staat einsteht, dies aber nicht als eine Voraussetzung für den wahren Glauben erachtet.[443] Erneut wehrte man sich gegen die Aussage, Ägypten sei kein islamisches Land und verwies diesbezüglich auf die eigene tausendjährige Tradition im Land. Ferner sei nach Meinung der Azhar der bewaffnete *ǧihād* in der modernen Zeit nur noch auf die Verteidigung gegen einen Angriff von außen gerechtfertigt.[444]

Ein Schwerpunkt der Schrift liegt auf der Definition von den verschiedenen Arten von *kufr* (Unglaube).[445] Dabei wird auch der Aspekt der Apostasie aufgegriffen und Kriterien für Apostasieurteile aufgestellt. Diese Kriterien weichen allerdings vom Verständnis der Islamisten deutlich ab, wonach

440 Ebd., S. 52ff.
441 Kepel, S. 108.
442 Damir-Geilsdorf, S. 271.
443 Ebd, S. 271–272.
444 Ebd., S. 278.
445 Ebd., S. 273ff.

etwa die muslimischen Ägypter, die ohne Widerstand zu leisten in einem Unrechtsstaat lebten, Ungläubige seien. Wem aber der Abfall vom Glauben nachgewiesen werden könne, der solle gemäß der niedergeschriebenen traditionellen Auffassung getötet werden.[446] Im weltlichen Recht Ägyptens wird Apostasie aber nicht mit der Todesstrafe geahndet. Außerdem hat die Azhar in aktuellen Fällen nicht ausdrücklich die Tötung der Beschuldigten verlangt. Allerdings kann eine Fatwa der Azhar, die jemanden zum Apostaten erklärt, indirekt schwerwiegende Folgen haben: In den 1990er Jahren wurden einige ägyptische Intellektuelle zu Apostaten erklärt. In diesem Zusammenhang können Farağ Fūda[447], der einem Mordanschlag von Islamisten zum Opfer fiel, oder auch Naṣr Ḥāmid Abū Zaid[448], der in die Niederlande emigrierte, genannt werden.[449]

Von 1986 bis 1997 rollte eine Terrorwelle über Ägypten.[450] Opfer der Anschläge der Islamisten waren zunächst Sicherheitskräfte und Kopten; später richteten sie sich auch gegen Touristen. Das schwerwiegendste dieser Verbrechen fand im November 1997 statt, als vier Attentäter im Hatschepsut-Tempel bei Luxor zahlreiche Touristen erschossen.[451] Die Azhar meldete sich in dieser Zeit immer wieder zu Wort, um

---

446 Siehe dazu ebd., S. 277–280.

447 Al-Azhar gab nach Fūdas Tod ein Buch heraus, in welchem sie seine Positionen analysierte. Die Universität selbst hatte ihn zum Apostaten erklärt, den Mordanschlag auf ihn aber verurteilt. Siehe dazu: ʿAzīz, ʿAbd al-Ġaffār: *Man qatala Farağ Fūda?* Kairo 1992.

448 Zum Leben und zu den Thesen von Abū Zaid, siehe: Abū Zaid, Naṣr Ḥāmid: *Ein Leben mit dem Islam.* Aus dem Arabischen von Chérifa Magdi. Erzählt von Navid Kermani. Freiburg, Basel, Wien 2001.

449 Damir-Geilsdorf, S. 280–281.

450 Metzger, S. 56. Kepel weist daraufhin, dass die Unruhen aus dieser Zeit auch mit der Rückkehr von Kämpfern aus Afghanistan zusammenhingen, die die Afghanen im Krieg gegen die Sowjetunion unterstützt hatten, „und einen ‚salafitisch-dschihadistischen' Fanatismus aus Peschawar mitbrachten." Vgl. Kepel, S. 342.

451 Metzger, S. 56; siehe dazu auch die Ausführungen von Kepel, S. 332ff. Kepel schildert dort die Ereignisse in Ägypten parallel zu denen in Algerien und zeigt Gemeinsamkeiten und Unterschiede auf.

diese Anschläge aufs Schärfste zu verurteilen. In den 1990er Jahren wurden in der Maǧalla einige Interviews veröffentlicht, die Großscheich Ǧād al-Ḥaqq zu den Vorfällen und allgemeinen Verhältnissen im Land gegeben hatte. Zudem wurden zwei Erklärungen publiziert.

In einem dieser Interviews vom Januar 1993 erklärt der Großscheich, dass ein derartiges Handeln (gemeint sind die islamistisch motivierten Attentate) als Feindschaft gegen den Islam zu werten sei. Ein Muslim sei derjenige, durch dessen Zunge und Hand die Muslime sicher seien.[452] Damit weist er auf einen Ḥadīṯ hin, der üble Nachrede und Gewaltanwendung verbietet. Daraufhin stellt der Journalist die Rückfrage, ob denn die Deutschen oder die Nichtmuslime im Allgemeinen nicht auch unter dieses Gebot fielen. Großscheich Ǧād al-Ḥaqq erklärt, dass der Islam die Gewaltanwendung gegen alle Menschen verbieten würde. Die *šarīʿa* würde die gute Behandlung der Nichtmuslime anordnen, sei es auf dem Territorium des Islams oder darüber hinaus.[453] Dass hier explizit nach den „Deutschen" gefragt wird, hängt unmittelbar mit einem vorangegangenen Anschlag auf deutsche Touristen in Ägypten zusammen.[454] Im gleichen Gespräch wird Großscheich Ǧād al-Ḥaqq gefragt, warum die Azhar in der gegenwärtigen Situation keine Aufklärungsarbeit leiste und die „Bildung islamischer Ghettos (*istiʿmār*)"[455] nicht verurteile. Mit dieser Frage wird die Unzufriedenheit in der Bevölkerung mit der Azhar in jenen Tagen deutlich. Doch der Großscheich möchte davon nichts wissen und gibt eine kurze Antwort mit dem Inhalt, dass die Universität sich im Gegenteil sehr wohl engagieren würde. Sie hätte nun zusätzliche Auf-

---

452 MA, Bd. VII/65–1992/93, S. 1109–1110.

453 Ebd., S. 1110.

454 Am 12. November 1992 wurden fünf deutsche Urlauber und zwei Ägypter durch einen Anschlag auf einen Bus getötet. Der Anschlag ereignete sich in Kena, einer Kleinstadt in Oberägypten.

455 Mit dieser Begrifflichkeit sind wahrscheinlich Gebiete gemeint, die von islamistischen Gruppen zu „befreiten islamischen Zonen", wie z. B. das Arbeiterviertel Embaba bei Kairo, erklärt wurden. Vgl. Kepel, S. 332.

gaben im In- und Ausland zu erfüllen. Azhar-Gelehrte würden die Welt bereisen, besonders während des Ramaḍāns[456] und sie hätte im Ausland Fakultäten, die mit ihren Gelehrten ausgestattet seien.[457] Mehr sagt er dazu nicht, was deutlich macht, dass er sich nicht auf die an die Azhar geübte Kritik einlassen möchte.

Im April 1993 veröffentlicht die Maǧalla einen Appell an das ägyptische Volk, in dem das Treiben der islamistischen Gruppen generell verurteilt und die Allgemeinheit dazu aufgefordert wird, sich diesen Aktivitäten entgegenzustellen. Anhand von Ḥadīṯen wird der Widerstand gegen Islamisten als religiöse Pflicht gedeutet.[458] Aufschlussreich für diese Arbeit ist aber die gemeinsame Erklärung der islamischen Institutionen in Ägypten[459] vom Dezember 1997. Sie bezieht sich direkt auf das Massaker in Luxor. Aus dieser Erklärung geht eindeutig hervor, dass ein solches Verbrechen nicht durch den Islam gerechtfertigt werden könne. Dazu werden Koranverse angeführt. Der erste koranische Text soll die Strafe der Mörder im Diesseits und im Jenseits vor Augen führen, es sei denn man kehre von diesem Wege um und bereue,[460] während der zweite den Stellenwert menschlichen Lebens zum Ausdruck bringt:

„... wenn einer jemanden tötet, (und zwar) nicht (etwa zur Rache) für jemand (anderes, der von diesem getötet worden ist) oder (zur Strafe für) Unheil (das er) auf der Erde (angerichtet hat), es so sein soll, als ob er die Menschen alle getötet hätte. Und wenn einer jemanden (w. ihn) am Leben

---

456 Damit ist sicherlich gemeint, dass die Gelehrten im Fastenmonat muslimische Gemeinden im Ausland besuchen, um für ihre religiöse Unterweisung zu sorgen.

457 MA, Bd. VII/65–1992/93, S. 1112. Für das ganze Interview siehe ebd., 1107–1117. Für weitere Interviews in der Maǧalla siehe: Bd. I/63–1990/91, S. 11–21; Bd. II/66–1993/94, S. 162–171.

458 MA, Bd. X/65–1992/93, S. 1492.

459 Neben Großscheich Ṭanṭāwī und dem Vorsitzenden der Universität wurde die Erklärung noch vom Großmufti Ägyptens und dem Minister für religiöse Stiftungen unterzeichnet.

460 5:33–34.

erhält (w. lebendig macht), soll es so sein, als ob er die Menschen alle am Leben erhalten (w. lebendig gemacht) hätte […]“ (5:32).[461]

Zudem wird noch folgender Ḥadīṯ hinzugezogen: „Wer einen Mann von den *ḏimmīs* tötet, der wird nicht einmal den Duft des Paradieses riechen.“[462]

Der Widerstand gegen diese Verbrecher, so heißt es weiter, sei insbesondere die Aufgabe eines jeden in Ägypten lebenden Menschen.[463]

Die Erklärung macht zweierlei deutlich. Die Ausmaße dieser Tat waren so gravierend, dass sie die ganze ägyptische Gesellschaft schockierten. Das Fernbleiben der Touristen hatte für viele Ägypter eine Existenzkrise ausgelöst. Aber nicht nur die ökonomischen Folgen bedrohten die Ägypter. Dieser Fanatismus bedrohte in seiner Gewalttätigkeit das Zusammenleben aller Ägypter. Auch moderate Islamisten verurteilten das Massaker von Luxor. Ein Verbrechen in dieser Form hatte es in Ägypten bis dahin nicht gegeben und die Aufmerksamkeit der Welt war nun auf die massiven Probleme im Land gerichtet. In der Weltpresse wurden Vergleiche zu den Vorfällen in Algerien gezogen.[464] Die religiösen Institutionen, allen voran al-Azhar, die sich, wie erwähnt, den Vorwurf gefallen lassen musste, bei der Vermittlung der richtigen Glaubensinhalte versagt zu haben, mussten ein sehr deutliches Zeichen gegen diese Gewalt setzen und nochmal klarstellen, dass der Islam die Ermordung nicht nur von Muslimen, sondern von allen Menschen strikt verbiete.

---

[461] MA, Bd. VIII/70–1997, S. 1229.
[462] Ebd., S. 1230.
[463] Ebd., S. 1230.
[464] Metzger, S. 56–57.

4.2.2 Al-Azhar und der 11. September

Die Anschläge vom 11. September 2001 auf das World Trade Center in New York mit etwa 3.000 Todesopfern und zahlreichen Verletzten stellt die größte Zäsur zwischen der islamischen Welt und dem Westen dar. Sie wurden oft „als Angriff der ‚islamischen Welt‘ auf die ‚christlich-säkulare Zivilisation‘ gedeutet“.[465] Dieses Ereignis war aber auch ein Auslöser für ein verstärktes Interesse am interreligiösen Dialog.[466]

Bei der Aufarbeitung des 11. Septembers und seiner Folgen wurde in der Maǧalla gelegentlich auf die Verhältnisse in Deutschland hingewiesen. Einer der ersten Beiträge zur Aufarbeitung der Anschläge war eine Meldung der Zeitung al-Ahrām, die auch in der Maǧalla veröffentlicht wurde. Darin wurde über die Live-Übertragung der Freitagspredigt in der Berliner Bilal-Moschee berichtet, welche vom ehemaligen Vorsitzenden des Zentralrats der Muslime in Deutschland (ZMD), Nadeem Elyas, gehalten wurde. Elyas hatte über die friedlichen Prinzipien des Islams und das Verbot des Tötens gesprochen und die deutsche Gesellschaft dazu aufgerufen, ihren Blick auf den Islam zu verändern und zwischen Islam und Terrorismus zu unterscheiden.[467]

Solche Nachrichten gehören zu den verschiedenen Facetten im Umgang der Azhar mit dem 11. September. Die Universität verurteilt die Anschläge vehement und versucht zu beweisen, dass sie nicht mit den Lehren des islamischen

---

465 Klinkhammer/Frese/Satilmis/Seibert, S. 1.

466 Für Beiträge, die einen Überblick zur Dialogsituation in verschiedenen europäischen Ländern (u. a. Deutschland, Frankreich, Italien und Großbritannien) bieten, siehe Hünseler, Peter/Di Noia, Salvatore (Hg.): *Kirche und Islam im Dialog. Europäische Länder im Vergleich*. Regensburg 2010.

467 MA, Bd. VIII/74–2001/02, S. 1441. Eine andere Schlagzeile aus Deutschland ist etwa die Aussage von Wolfgang Schäuble, dass der Islam mittlerweile ein Teil Deutschlands sei. Vgl. MA, Bd. II/80–2007, S. 317. Für weitere Meldungen siehe: MA, Bd. II/80–2007, S. 458–460. Unter anderem wird dort gemeldet, dass deutsche Fernsehkanäle für die Verbreitung der Islamophobie verantwortlich seien.

Glaubens vereinbar seien und betont den Stellenwert des Dialogs. Gleichzeitig bemüht sich die Redaktion der Maǧalla um eine vielseitige Berichterstattung, die ebenso die durch die Anschläge entstehenden Probleme für Muslime beleuchtet. Nicht nur in der Maǧalla wird intensiver denn je auf die Probleme und die „Diskriminierung" der Muslime in der Diaspora aufmerksam gemacht. In einem 2011 von der Universität veröffentlichten Band, der sich mit den muslimischen Minderheiten in verschiedenen europäischen Ländern auseinandersetzt und mal mehr, mal weniger ausführlich die Situation der Muslime in den jeweiligen Ländern darstellt, wird in der Einleitung erklärt, dass sich die Situation der Muslime in Europa nach dem 11. September verändert habe. So würden sie schon allein aufgrund ihrer Namen unter Generalverdacht stehen.[468] In Bezug auf Deutschland wird auf sechs Seiten unter anderem die Geschichte der dortigen Muslime erwähnt. So wird auf die fehlende Anerkennung des Islams als Körperschaft des öffentlichen Rechts und die fehlende einheitliche Vertretung der Muslime hingewiesen, sowie wichtige Moscheen und islamische Zentren genannt. Dabei wird, wenn auch nur in einem Satz, auf eine Veröffentlichung des Sekretariats der deutschen Bischofskonferenz eingegangen[469]. Diese zeige, wie man auch nach dem 11. September konstruktiv mit den Muslimen zusammenarbeiten könne, um Konflikte zwischen Christen und Muslimen zu vermeiden.[470]

Die ersten in der Maǧalla enthaltenen Reaktionen von Großscheich Ṭanṭāwī beziehen sich auf Gespräche, die er

---

[468] Ramaḍān/Ḏihnī, S. 15.

[469] Hierbei handelt es sich wohl um eine Neufassung der Arbeitshilfe Christen und Muslime. Diese Arbeitshilfe bietet u. a. Informationen zum Islam und seinem Erscheinungsbild in Deutschland. Es werden Fragen des Dialogs und Einzelfragen im Zusammenleben von Christen und Muslimen im säkularen Rechtsstaat erörtert. Siehe dazu: Sekretariat der Deutschen Bischofskonferenz (Hrsg.): *Christen und Muslime in Deutschland. 23. September 2003.* Bonn 2003.

[470] Siehe Ramaḍān/Ḏihnī, S. 102–108.

mit europäischen Politikern und dem US-Botschafter geführt hat. Er erklärt, dass der Islam zum Frieden aufrufe und sich besonders durch seine Toleranz auszeichne. Außerdem würde man für die Zusammenarbeit zwischen den Kulturen einstehen und wünsche keine Konfrontation.[471] Gegenüber dem amerikanischen Botschafter sprach er seine Beileidsbekundungen für die Angehörigen der Opfer aus. Dem damaligen US-Präsidenten George W. Bush dankte er für dessen Erklärung bei seinem Besuch des islamischen Zentrums in Washington, dass der Islam solch eine verbrecherische Tat verurteile.[472] In der gleichen Ausgabe der Nachrichten aus seinem Büro wird ein Vortrag Ṭanṭāwīs in einer Kairoer Moschee wiedergegeben, in dem er eindringlich erklärt, dass der Islam keine terroristische Religion sei. Diejenigen, die dem Islam Eigenschaften wie Feindseligkeit zuschrieben, würden den Islam und sein Toleranzgebot nicht kennen.[473] In der Kategorie „Zwischen Zeitungen und Zeitschriften" (Baina aṣ-Ṣuḥuf wa-'l-Maǧallāt) desselben Monatsbands drehen sich alle Schlagzeilen um ein Thema: die Diskriminierung der Muslime. Im einleitenden Text heißt es, die Muslime hätten seit den Anschlägen in New York und Washington die Situation in Palästina und die al-Aqṣā-Moschee vergessen, gefolgt von den Fragen, warum denn die Stimmen „unserer" Medien leiser geworden seien und ob die al-Aqṣā-Moschee ihre Bedeutung verloren habe? Anschließend werden die Journalisten dazu aufgerufen, zu erwachen, da die Medien mittlerweile ein Mittel geworden seien, mit dem der Westen die Araber und die Muslime bekämpfe.[474] Unter anderem würden diese die Muslime als Terroristen bezeichnen. Man müsse sich den westlichen Medien entgegenstellen und beweisen, dass der Islam gute Seiten habe und Toleranz, Freundschaft, Barmherzigkeit, Frieden und Liebe zwischen

---

471 MA, Bd. VIII/74–2001/02, S. 1449–1452.

472 Ebd., S. 1452

473 Siehe dazu ebd., S. 1453–1455.

474 MA, Bd. VIII/74–2001/02, S. 1425.

allen Menschen sichere.[475] Auch in den „Nachrichten der islamischen Welt“ werden ähnliche Meldungen gebracht. Dort ist etwa die Rede von rassistischen Verbrechen gegen die Muslime in den USA. Außerdem wird erklärt, dass die Ereignisse in den USA den tiefen Hass auf den Islam und die Muslime, der schon seit langem schwele, zum Vorschein brächten. Als Beispiel dafür wird ein Bild abgedruckt, dass die Beschriftung einer Mauer in England zeigt, die lautet: „AVENGE U.S.A. Kill A MUSLIM NOW“. (Räche die USA. Töte jetzt einen Muslim).[476] Alleine diese Beispiele aus dem Oktoberband von 2001 verdeutlichen, dass al-Azhar einerseits den Islam durch Verurteilungen von islamistischer Gewalt verteidigt und anderseits „in die Offensive“ gegen den Westen geht, wenn sie die diskriminierende Behandlung der Muslime dort kritisiert. Dies soll nun im Folgenden an weiteren Beispielen veranschaulicht werden.

In den Monaten nach dem 11. September wurden an der Azhar Veranstaltungen organisiert, die den aktuellen Ereignissen gewidmet waren. Besonders aufschlussreich ist der Kongress der Akademie für islamische Forschungen, der im April 2002 unter der Schirmherrschaft des damaligen Präsidenten Ḥusnī Mubārak zum Thema „Das ist der Islam“ (Hāḏā Huwa al-Islām) abgehalten wurde. Die Mağalla liefert dazu eine knapp vierzigseitige Dokumentation mit den Eröffnungsreden und einigen inhaltlichen Beiträgen.[477] Großscheich Ṭanṭāwī erklärte bei seiner Rede die Absicht dieses Kongresses. Es sei vor allem nach dem 11. September zu falschen Beschuldigungen gegen den Islam gekommen und man sehe es als Verpflichtung an, die Wahrheit aufzudecken. Dabei sollten wichtige Beiträge von jeweiligen Experten auf ihren Gebieten das „schöne Gesicht“ des Islams ans Tageslicht

---

475 Siehe dazu ausführlich ebd., S. 1426–1431.

476 MA, Bd. VIII/74–2001/02, S. 1442. Für den ganzen Artikel siehe ebd., S. 1442–1445.

477 MA, Bd. III/75–2002, S. 312–349. Für andere Beispiele von Veranstaltungen, siehe: MA, Bd. IX/74–2001/02, S. 1642–1644 und S. 1458–1470.

bringen und die Toleranz und Gerechtigkeit sowie den Respekt vor den Rechten der Nichtmuslime bewiesen werden.[478] Demnach sollen lang vorherrschenden und wieder laut gewordenen Vorurteilen und Klischees gegen den Islam begegnet werden. Diese werden am prägnantesten im Vortrag von Usāma al-Bāz, einem politischen Berater Mubāraks, wiedergegeben. Er spricht davon, dass der Westen schon seit jeher das Bild des Islams zu verzerren versuche. Die Gründe hierfür seien Vorbehalte gegen alles, was sich von der eigenen Kultur unterscheide und die Annahme, der islamischen Kultur überlegen zu sein. Diese Einstellung könne aus einer falschen bzw. oberflächlichen Kenntnis des Islams stammen. Ein weiterer möglicher Faktor sei die mangelnde Trennung zwischen dem Islam und dem Verhalten einiger seiner Anhänger, aber auch die falsche Darstellung der Religion sowohl in der Theorie als auch in der Praxis durch die Muslime selbst. Bevor die aus seiner Sicht wesentlichen Vorurteile gegen den Islam angeführt werden, erklärt er, dass diese entweder von Nichtmuslimen oder Muslimen verbreitet würden. Diese nähmen sich das Recht, im Namen des Islams zu sprechen, obwohl ihnen die nötige Qualifikation fehle. Sie verbreiteten auch oft absichtlich Vorurteile, um eigene Interessen durchzusetzen. Zu diesen Vorurteilen gehöre, dass der Islam intolerant sei und andere nicht akzeptiere.[479] Des Weiteren würde behauptet, dass im Islam eine Trennung von Religion und Staat wie auch die Gleichbehandlung von Frauen und Männern und die Annerkennung der universellen Menschenrechte nicht möglich sei. Der Islam würde zu Gewalt aufrufen und

---

[478] MA, Bd. III/75–2002, S. 327. Einen Monat vor der Veröffentlichung der Dokumentation über den Kongress hat die Maǧalla eine Auflistung der Themen und der dazugehörigen Beiträge abgedruckt, anhand derer noch einmal ersichtlich wird, dass die Veranstaltung darauf angelegt war, möglichst viele Vorurteile zu behandeln. Hier eine kleine Auswahl der Titel der Beiträge: „Der Islam und seine Position zu Nichtmuslimen", „Der Islam und die Angelegenheiten der Frau", „Der Islam erlaubt den *ǧihād* und bekämpft den Terrorismus", „Der Islam ruft zum Dialog und Kennenlernen auf". Vgl. dazu: MA, Bd. II/75/2002, S. 285–286.

[479] MA, Bd. III/75–2002, S. 331–332.

sei mit einer demokratischen Regierungsform nicht vereinbar. Usāma al-Bāz entgegnet hierzu, dass man gegen diese Vorurteile vorgehen müsse, sich jedoch nicht unter Rechtfertigungsdruck gegenüber dem Westen setzen lassen soll. Dies könne das Gefühl hinterlassen, sich für etwas entschuldigen zu müssen.[480]

In einem anderen Beitrag wird das Thema „Der Islam. Religion der Gerechtigkeit und Barmherzigkeit" ausführlich behandelt. Anhand von vielen Koranversen und Überlieferungen werden wichtige Aspekte zum allgemeinen menschlichen Umgang unter Berücksichtigung der Nichtmuslime vorgestellt.[481] Zum Abschluss des Maǧalla-Berichts werden noch verschiedene Stellungnahmen angeführt. Unter anderem kommt der oberste Richter Palästinas (*qāḍī quḍāt filasṭīn*) zu Wort, der das Leid seines Volkes beschreibt. Die Maǧalla unterstützt dies mit dem Abdruck von Bildern dreier getöteter Kleinkinder, deren Angehörige um sie trauern.[482]

Das Geschilderte verdeutlicht erneut die Vorgehensweise der Azhar. In Anbetracht dessen, dass die breite Mehrheit der Maǧalla-Leser arabische Muslime sind, möchte man sie für die friedlichen Lehren des Islams sensibilisieren, ihnen aber aufzeigen, welche Ansichten der (christliche) Westen über sie vertritt. Durch Bilder von getöteten palästinensischen Kleinkindern werden Emotionen wachgerufen. Somit wird daran erinnert, dass sich nicht nur in den USA Tragisches ereignet hat. Schließlich seien die „Geschwister" in den palästinensischen Gebieten seit Jahrzenten Besatzung und Mord ausgesetzt. Ähnlich wurde auch während des Irakkrieges verfahren, als mit vielen teils bebilderten Beiträgen heftige Kritik an den USA gäußert wurde.[483]

Die Maǧalla bemüht sich sehr, dem im Westen medial verbreiteten Image einer gewaltätigen und Terror begüns-

---

480 Siehe dazu ausführlich: MA, Bd. III/75–2002, S. 331–334.
481 Ebd., S. 339–346.
482 Ebd., S. 347–348.
483 Siehe dazu u. a. MA, Bd. II/76–2003/04, S. 180–236; IV, S. 465–496.

tigenden Religion, entgegenzuwirken. 2002 veröffentlicht die Mağalla einige Artikel dazu. „Wer ist der Terrorist?" (Man al-Irhābī?) ist eine der ersten Publikationen in diesem Zusammenhang. Darin werden unter anderem Koranverse erklärt, die von Islamkritikern falsch interpretiert worden seien, um damit den Islam als Religion des Terrors darzustellen, wie etwa Sure 9:29:

„Kämpft gegen diejenigen, die nicht an Gott und den jüngsten Tag glauben und nicht verbieten (oder: für verboten erklären), was Gott und sein Gesandter verboten haben, und nicht der wahren Religion angehören – von denen, die die Schrift erhalten haben – (kämpft gegen sie), bis sie kleinlaut aus der Hand Tribut entrichten!"[484]

In Kapitel 2.1 wurde die Frage gestellt, ob dieser Vers einen ewigen oder einen temporären Charakter hat. Der Autor des Mağalla-Artikels bezieht seine Analyse hauptsächlich auf die Stelle, die die Schriftbesitzer betrifft. Damit seien nur die Juden von Medina gemeint, die ihren Vertrag durch den Verrat brachen, den sie an den Muslimen begangen hatten. Demnach würde sich der Vers auf ein bestimmtes Ereignis beziehen. Außerdem versucht er durch eine genaue Analyse des Wortlauts zu belegen, dass nicht die im Vers aufgezählten Eigenschaften (wie nicht an Gott und an den jüngsten Tag zu glauben, nicht dieselben Dinge für verboten zu halten und nicht der „wahren Religion" anzugehören) der Grund für den Kampfesbefehl seien, da dieser Befehl, wenn die *ğizya* gezahlt werde, nicht mehr gültig sei. Der Kampfesbefehl beziehe sich vielmehr auf das aggressive Fehlverhalten der Schriftbesitzer (wie z. B. Vertragsbruch und Verrat) und insbesondere auf die erwähnte historische Situation.[485]

Ein weiterer Artikel versucht in einer kurzen Darstellung die Etappen der Entwicklung des Gebots zum Kämpfen zu erläutern. Wirklich interessant hierbei ist, dass der erste Teil des Titels „Wir sind keine Terroristen" (Lasnā Irhābīyīn) lau-

[484] MA, Bd. I/75–2002, S. 54.
[485] Siehe dazu ebd., S. 54–56.

tet. In den einleitenden Sätzen heißt es, dass man die Existenz des Prinzips des Kämpfens im Islam nicht leugne, aber gleichzeitig nicht erlaube, dass der Islam mit Terrorismus und Gewalt in Verbindung gebracht werde.[486] Besonders aussagekräftig ist die Veröffentlichung einer Freitagspredigt mit dem Titel „Der Islam ist gegen den Terrorismus“ (al-Islām ḍidda al-Irhāb) vom September 1965.[487] Inhaltlich befasst sie sich mit der Ablehnung terroristischer Handlungen im Islam. Dass die Maǧalla sich entschließt, diese 37 Jahre alte Predigt ihrer Leserschaft zugänglich zu machen, verdeutlicht ihr Interesse, die Ablehnung terroristischer Handlungen durch den Islam in eine historische Kontinuität zu stellen.

Es ist auffallend, dass in dieser Zeit Scheich Fauzī az-Zafzāf, der Vorsitzende der bis 2010 existierenden Dialogkommission der Azhar, verstärkt publizistisch in der Maǧalla aktiv wird. In der Ausgabe des Monats April aus dem Jahre 2004 ruft er in einem Aufsatz mit dem vielsagenden Titel „Antwort auf diejenigen, die ihre Pfeile gegen den Islam“ richten (Radd ʿalā man Yuwaǧǧihūna Sihāmahum ilā al-Islām) dazu auf, zwischen den Religionen und den Handlungen ihrer Anhänger zu unterscheiden. Dabei werden auch Verbrechen von Christen und besonders des Staates Israel aufgezeigt, die schließlich auch nicht auf das Christentum oder Judentum zurückgeführt werden können. Zum Abschluss appelliert er an die Gelehrten, Denker, Journalisten und Lehrkräfte, den interreligiösen Dialog zu unterstützen und seine Bedeutung sowohl auf lokaler als auch auf globaler Ebene zu betonen. Es sei eine Pflicht für alle, daran zu glauben, dass der Dialog die Sprache Gottes sei, die er im Umgang mit seiner Schöpfung verwendet habe, um sie zu lehren, wie sie bei Meinungsverschiedenheiten zu handeln hätten.[488]

---

486 MA, Bd. II/75-2002, S. 187–189.

487 MA, Bd. V/75-2002, S. 814–817.

488 Siehe dazu ausführlich MA, Bd. II/77-2004/05, S. 239–248.

Abschließend sei nun die Haltung der Azhar zu Selbstmordanschlägen analysiert.[489] Großscheich Ṭanṭāwī wurde bei einem Treffen mit Pressevertretern aus dem Commonwealth und islamischen Ländern nach seiner Bewertung von Selbstmordanschlägen gefragt. Daraufhin erklärte er, dass diese Praxis insofern als Selbstverteidigung gelte, wenn sich jemand vor einem Feind, der beabsichtige, einen selbst zu töten und dessen Haus und Land zu zerstören, in die Luft sprenge. Würde dies aber unter Unschuldigen durchgeführt und dabei Kinder, Frauen und Greise getötet, so sei dies verboten und als terroristischer Akt zu bewerten.[490] Bei einem anderen Anlass im Jahre 2005 verurteilte er die Anschläge von London und im Irak sowie andere Gewaltakte und erklärte diesbezüglich: „Und diejenigen, die so etwas tun, sind Verbrecher und Feiglinge und wer so etwas im Namen des Islams verübt, dessen Handlung kann dem Islam nicht angelastet werden."[491] Im September 2005 berichtet die Maǧalla über eine Konferenz, bei der die verschiedenen muslimischen religiösen Institutionen zusammenkamen, um den Terrorismus zu verurteilen. Dabei habe der Großscheich nochmals darauf hingewiesen, dass al-Azhar die Anschläge vom 11. September kritisiert und solche Anschläge auch strikt ablehnt. Diejenigen, die sich in Šarm aš-Šaiḫ[492] oder an einem anderen Ort in der Welt in die Luft sprengen würden, seien „Selbstmörder, Mörder und Verbrecher und keine Märtyrer. Der Islam sage sich von jedem los, der sich unter Unschuldigen – seien es Muslime oder Nichtmuslime – in die Luft sprenge."[493]

---

[489] Für eine gute und kompakte Besprechung des Selbstmordattentats im Islam siehe Seidensticker, Tilman: Der religiöse und historische Hintergrund des Selbstmordattentats im Islam. In: Kippenberg, Hans G./Seidensticker, Tilman: Terror im Dienste Gottes. Die „Geistliche Anleitung" der Attentäter des 11. Septembers 2001.

[490] MA, Bd. V/77–2004/05, S. 875–876.

[491] MA, Bd. VI/78–2005, S. 1254.

[492] Im Juli 2005 wurden durch Bombenanschläge in diesem Badeort fast neunzig Menschen getötet.

[493] MA, Bd. VII/78–2005, S. 1445.

Es kann also festgehalten werden, dass al-Azhar Selbstmordattentate grundsätzlich verurteilt. Jedoch wird eine Ausnahme im Falle der „Selbstverteidigung“ gemacht. Ṭanṭāwīs oben angeführte Erklärung zur Legitimation von Selbstmordattentaten bezieht sich speziell auf den Konflikt zwischen Palästinensern und Israelis. Dies geht aus einer Fatwa aus dem Jahre 2002 hervor, die er gemeinsam mit anderen Gelehrten verabschiedet hatte. Dort ist nicht mehr die Rede vom Selbstmord, sondern von Märtyrertum. Diese Meinung ist unter muslimischen Gelehrten verbreitet. Yūsuf al-Qaraḍāwī hatte ebenfalls die Anschläge vom 11. September und andere verurteilt, für den Fall „des israelisch-palästinensischen Konflikts“ aber die „Märtyreroperationen“ erlaubt, da die Palästinenser keine anderen Mittel für die Erlangung ihrer Rechte hätten.[494] Mariella Ourghi weist darauf hin, dass diese und andere Stellungnahmen von Gelehrten im Jahre 2002 publiziert wurden und mit den Auseinandersetzungen der im Herbst 2000 begonnenen zweiten Intifada in Zusammenhang gebracht werden müssen. Es handele sich dabei nicht um eine „generelle Ablehnung des Staates Israel“.[495]

Die Berichterstattung der Maǧalla den interreligiösen Dialog betreffend hat sich seit 2001 ebenfalls verändert. In der Maǧalla lassen sich nunmehr Texte finden, die über den Dialog reflektieren. Analysiert man diese Beiträge und berücksichtigt dabei die arabisch-muslimische Hauptleserschaft der Zeitschrift, so entsteht der Eindruck, als bemühe man sich um eine Erziehung der Leser zum Dialog. Auf der anderen Seite kann dies als Versuch der Vermittlung von Selbstvertrauen in religiösen Fragen gewertet werden. In einer Zeit, in der die Weltöffentlichkeit den Islam als vom Kern her gewalttätig verdammt und ihm mit vielen Vorbehalten gegenüber steht, sollen die Muslime in ihrer Religion bestärkt werden. Die Tatsache, dass insbesondere az-Zafzāf zu den

494 Ourghi, S. 108. Für eine Besprechung der Thematik siehe ebd., S. 108ff.
495 Ebd., S. 111.

Hauptautoren zählt, sagt etwas zur Motivation hinter den Texten aus. Er hatte das höchste Amt in der Dialogvertretung der Universität inne und verfügt damit über Erfahrungen in der praktischen Arbeit. Az-Zafzāf ist demnach ein Kenner der Materie und kann dadurch in seinen Erklärungen glaubwürdig Inhalte vermitteln. Seine ausführliche Beschäftigung mit dem Thema der Behandlung der Nichtmuslime in einer mehrteiligen Artikelreihe wurde in Kapitel 2.3 schon angesprochen. In einer dreiteiligen Artikelreihe zwischen 2003 und 2004 erklärt er das Prinzip des Dialogs im Islam in drei Stufen und verwendet dabei Koranverse, die in der Arbeit mittlerweile ebenfalls schon mehrfach erörtert wurden. Diese Beiträge können als eine Art kleiner Wegweiser für den Dialog aus islamischer Sicht gesehen werden. In Teil 1 „Der Islam ist die Religion des Dialogs" (al-Islām Dīn al-Ḥiwār) wird z. B. die koranische Rhetorik des Dialogs beschrieben und die Vielfalt der Menschheit als göttlicher Wille beschrieben.[496] Teil 2 „Das wissenschaftliche Konzept des Dialogs im Islam" (al-Minhağ al-ʿIlmī li-'l-Ḥiwār fī-'l-Islām) spricht über die Voraussetzungen für den Dialog aus koranischer Sicht. Hierbei sei an erster Stelle darauf zu achten, dass weise vorgegangen wird. Außerdem werden die koranischen Anordnungen für die Art des Umgangs mit den Schriftbesitzern dargestellt.[497] Im letzten Teil „Der Islam. Dialog und nicht Konfrontation" (Al-Islām. Ḥiwār lā Ṣidām) liegt die Betonung auf der Ablehnung der Gewaltanwendung im Islam, es sei denn im Falle der Selbstverteidigung.[498]

Wie ernst al-Azhar die neue durch die Anschläge ausgelöste Krise nahm, wird noch an anderen Texten in der Mağalla deutlich spürbar. So werden in zwei Beiträgen unter dem Titel „Wie stellen wir dem Westen unseren Islam vor?"

---

496 MA, Bd. XI/76–2003/04, S. 1756–1761.

497 MA, Bd. XII/76–2003/04, S. 1937–1941.

498 MA, Bd. I/77–2004/05, S. 61–65. Für weitere Beispiele zu Dialogtexten von az-Zafzāf und anderen Autoren aus dieser Zeit, siehe u. a.: MA, Bd. IX/75–2002, S. 1540–1543; Bd. XI/76–2003/04, S. 1762–1771; Bd. III/78–2005, S. 420–425; Bd. IV/78–2005, S. 592–597.

(Kaifa Nuqaddimu Islāmanā li-'l-Ġarb?) Interviews mit einer Auswahl von Akademikern und Gelehrten, die ihre Meinung zu dieser Frage geäußert haben, zusammenfassend veröffentlicht.[499] Ein anderer Zweiteiler bestätigt die oben getroffene Aussage, dass versucht werde, die religiöse Stärkung der Menschen – in diesem Falle besonders der jungen Menschen – zu unterstützen. Die beiden Artikel laufen unter dem Titel „Die Schriftbesitzer fragen und wir antworten" und erinnern auf den ersten Blick an Christian W. Trolls Buch „Muslime fragen, Christen antworten", in dem der Autor auf oft gestellte Fragen von muslimischer Seite eingeht.[500] Die Einleitung zum ersten Maǧalla-Text befasst sich mit einem Vorfall, bei dem unter jungen Muslimen Flugblätter mit Fragen zum Islam mit der Absicht verteilt worden seien, sie in ihrer Religion zu verunsichern.[501] Bei diesen Fragen handelte es sich um Koranverse, die sich auf das Kämpfen beziehen. Al-Azhar wertet diesen Vorfall aus und bietet die anerkannte Interpretation der Koranverse an.[502]

Bei der Bewertung des bisher Dargestellten werden zwei Aspekte deutlich: Al-Azhar lehnt die Gewalt im Namen des Islams entschieden ab und hat sich sowohl bei den Geschehnissen in Ägypten als auch zu den Anschlägen vom 11. September und weiteren Terroraktionen danach stets zu Wort gemeldet. Auf die an sie herangetragene Kritik, sie hätte es versäumt, der Jugend die wahren Lehren des Islams zu vermitteln, hat die Einrichtung mehrfach reagiert. So beinhalteten die Erklärungen zu den Anschlägen nicht nur deren Verurteilung. Es ging dabei auch darum, den „erzieherischen

[499] MA, Bd. XII/74–2001/02, S. 2099–2101; MA, Bd. I/75–2002, S. 97–99.

[500] U. a. wird dabei auf Fragen nach den Evangelien, der Dreifaltigkeit, der Kreuzigung Jesu oder zum Zölibat eingegangen. Der Autor wendet sich dabei in erster Linie an Christen und möchte ihnen eine Hilfestellung geben, die als Basis für den Dialog mit Muslimen fungieren soll. Vgl. Troll, Muslime fragen, S. 10.

[501] MA, Bd. X/77–2004/05, S. 1655.

[502] Siehe dazu ebd., S. 1656–1659; Für den zweiten Teil siehe: Bd. XI, S. 1877–1884.

Pflichten“ nachzugehen und dem eigenen Anspruch gerecht zu werden, indem man den Menschen eine friedliche Auslegung des Islams bzw. das Friedenspotenzial der Religion näher zu bringen und sie dadurch davon abzuhalten versuchte, mit dem Islamismus zu sympathisieren. Gewaltanwendung sei nur zur Selbstverteidigung erlaubt, deshalb sei im Falle Palästinas allerdings sogar das sonst verpönte Selbstmordattentat ein legitimes Mittel. Durch eine wiederholte Vorstellung und Besprechung der islamischen Prinzipien zum Dialog sollen diese der überwiegend muslimischen Leserschaft vermittelt werden.

Zum anderen versucht al-Azhar, wie an einigen Beispielen verdeutlicht wurde, nach dem 11. September die religiösen Gefühle der Muslime zu stärken. Man lehnt eine Defensivhaltung ab. Hier tritt das Selbstbewusstsein der Universität als religiöse Instanz erneut zum Vorschein. Es soll Stärke demonstriert und Angriffe abgewehrt werden. Anscheinend hängt diese Reaktion damit zusammen, dass die Verurteilungen der Anschläge in der islamischen Welt und insbesondere durch die Azhar im Westen kaum Gehör fanden. Dies sorgte bei vielen Menschen in der islamischen Welt für Unmut. Man sah sich einmal mehr großer Arroganz und Ignoranz ausgesetzt. Es kam verstärkt das Gefühl auf, für den 11. September verantwortlich gemacht zu werden. Man sah die eigene Kultur und Religion als barbarisch und gewaltverherrlichend diffamiert. Besonders der Irak-Krieg ließ die USA und ihre Verbündeten in den Augen vieler Muslime als imperialistische und ausbeuterische Macht erscheinen.

Al-Azhar beschäftigt sich in dieser Zeit sehr intensiv mit dem Leid der Menschen im Irak oder Palästina, aber auch mit den Problemen der Muslime in Europa und den USA. Die zum Teil aggressive Berichterstattung in der Maǧalla über Diskriminierungsfälle soll vermutlich bei den Lesern einerseits eine emotionale Bindung zu den „Geschwistern“ in den anderen Erdteilen herstellen bzw. stärken; andererseits wird dadurch die Opferrolle der Muslime in der Weltpolitik betont, was unter Umständen bei manchen Menschen die religiöse Identität verstärken kann.

Dass sich die Haltung der Azhar hinsichtlich der islamistischen Gewalt nicht verändert hat, belegt auch das Gespräch mit Prof. al-ʿAzab. Er sagte mir, dass al-Azhar nach der Revolution Vertreter verschiedener Gruppen empfangen und mit ihnen über die Zukunft des Landes gesprochen habe. Al-Azhar sei dazu bereit, mit allen Seiten zu sprechen. Die Einzigen, auf die man sich nicht einlassen würde, seien „die Mörder". Mit den Mördern meinte Prof. al-ʿAzab vermutlich militante Islamisten, von denen er sich deutlich distanziert.

4.2.3 Der Karikaturenstreit

Der Karikaturenstreit gehört zweifelsfrei zu den größten Konflikten der letzten Jahre zwischen der islamischen Welt und dem Westen. Die Ende September 2005 in der dänischen Zeitung *Jyllands Posten* veröffentlichten und später in vielen weiteren Medien nachgedruckten Muḥammad-Karikaturen sorgten für Unmut bei vielen Muslimen. Während in großen europäischen Städten friedliche Demonstrationen von Muslimen stattfanden, kam es in islamisch geprägten Ländern zu teils gewalttätigen Protesten, die Tote und Verletzte forderten. Dabei wurden auch europäische Botschaften und christliche Viertel angegriffen sowie Kirchen in Brand gesetzt. In der türkischen Stadt Trabzon wurde ein italienischer Priester von einem Jugendlichen aus Rache für die Karikaturen ermordet. Der Konflikt führte bald darauf auch zu diplomatischen Konsequenzen. Einige muslimische Länder gingen sogar so weit, ihre Botschafter aus Dänemark abzuziehen und ihre Handelsbeziehungen mit dem Land einzustellen.[503]

---

[503] Eine Chronologie der Ereignisse des Karikaturenstreits lässt sich finden bei Ata, S. 91–100. Deshalb wird sich im weiteren Verlauf hinsichtlich der Hintergründe einiger Ereignisse hauptsächlich auf Atas Ausführungen bezogen.

In Europa wurde im Zuge dieses Konflikts stets von einem Kampf der Werte gesprochen und auf die Pressefreiheit gepocht.[504] Außerdem entstand der Eindruck, die Proteste seien hauptsächlich wegen des islamischen Bilderverbots[505] entstanden; ein Verbot, das sich aber weder aus dem Koran und der Sunna noch aus der islamischen Tradition eindeutig herauskristallisieren lässt. Vielmehr empfanden viele Muslime die Karikaturen in erster Linie als eine Provokation, die ihre religiösen Gefühle verletzte. In diesem Zusammenhang spricht der Jurist Dieter Grimm in seinem Vortrag „Nach dem Karikaturenstreit: Brauchen wir eine neue Balance zwischen Pressefreiheit und Religionsschutz?" von zwei Umständen, die zur Kränkung der Muslime geführt haben:

> „Der erste betrifft die Form der Darstellung, die Karikatur, die Einsichten durch Zuspitzung und Verzerrung vermittelt und ihre Wirkung dadurch erzielt, dass sie mit ihrem Gegenstand Spott treibt und ihn ins Lächerliche zieht. Der zweite Umstand besteht darin, dass diese Darstellungsform hier auf einen Gegenstand angewandt wurde, der dem gläubigen Muslim heilig ist. Mohammed ist die Zentralfigur des islamischen Glaubens, der Pro-

---

504 Karl-Heinz Ohlig etwa schreibt in seinem Artikel „Keine Einschränkung der Pressefreiheit" in der katholischen Zeitschrift „Imprimatur" dazu: „Eine falsche Reaktion wäre es sicher, die Pressefreiheit so einzuschränken, dass mehr Rücksicht auf religiöse Sensibilitäten genommen werden muss. In diese Richtung gehen Argumentationen ‚wohlwollender Gutmenschen', aber auch aus den christlichen Kirchen, die als Nebeneffekt selbst zu profitieren wünschen – oft werden ja auch ‚christliche' Gefühle verletzt." Und an anderer Stelle heißt es weiter: „So müssen wir dort, wo wir Einfluss haben, darauf bestehen, die Presse-freiheit ohne Wenn und Aber zu vertreten, obwohl dann immer von Zeit zu Zeit Entgleisungen passieren werden, sogar müssen – so sind wir Menschen halt. Damit müssen wir, Christen, leben, ebenso Angehörige anderer Religionen, auch der Islam." Siehe Ohlig, Keine Einschränkung der Pressefreiheit, S. 78.

505 Zum islamischen Bilderverbot siehe die ausführliche Darstellung von Naef, Silvia: *Bilder und Bilder-verbot im Islam: vom Koran bis zum Karikaturenstreit.* München 2007. Und in verkürzter Form die Ausführungen von Schirrmacher, Schlaglichter, S. 278–284.

> phet, die außerhalb der Kritik steht und die zum Gespött zu machen nichts anderes heißt als sie zu entheiligen."[506]

Immerhin zeigt eine der Karikaturen Muḥammad, der eine angezündete Bombe auf dem Turban trägt. Auf der Bombe steht außerdem das islamische Glaubensbekenntnis „Es gibt keinen Gott außer Gott und Muḥammad ist der Gesandte Gottes". Diese Zeichnung sollte den Stifter des Islams als Terroristen und damit die islamische Religion und die Muslime im Allgemeinen als gewaltbereit diffamieren. Sie könnte aber auch darauf hinweisen wollen, dass im Namen des Islams Verbrechen begangen werden.

Hierzu muss aber gesagt werden, dass bis dahin nur wenige Muslime selbst die Karikaturen gesehen hatten, da diese in arabischen Medien kaum und etwa in türkischen sogar gar nicht nachgedruckt wurden.[507] Christine Schirrmacher sieht damit die These belegt, dass der Konflikt instrumentalisiert wurde und erklärt dies wie folgt:

> „Mitnichten war der Kern der Auseinandersetzung eine theologische Frage. Es ging stellvertretend um das angespannte Verhältnis zwischen „West und Ost", um Unmut und Spannungen, die sich z. B. aufgrund des zweiten Golfkrieges 1991, der Stationierung westlicher Truppen in Saudi-Arabien, des Afghanistanfeldzuges und vor allem des Irakkrieges, der Folterskandale von Abu Ghuraib und des Gefangenenlagers von Guantanamo aufgestaut hatten, die sich aber auch im zunehmend schwieriger werdenden Zusammenleben der muslimischen Diasporagemeinde in westlichen Gesellschaften niederschlägt, in Misstrauen, Vorurteilen und Distanz Gestalt gewinnt und sich in einer größer werdenden Kluft zwi-

---

[506] Grimm, S. 31.

[507] Ata, S. 95. Nach Atas Ausführungen ist ein Teil der Karikaturen in der ägyptischen Zeitung al-Faǧr und später in der jordanischen Zeitung Šīḥān nachgedruckt worden. Siehe dazu ebd., S. 93–95.

> schen Menschen unterschiedlicher Religionszugehörigkeit und Herkunft bemerkbar macht."[508]

Die Reaktion der Azhar in der Maǧalla ließ nicht lange auf sich warten. Im Oktober 2005 wurde in einer kurzen Schlagzeile erstmals auf die Veröffentlichung der Karikaturen aufmerksam gemacht. Diese wurden in der Maǧalla nicht nachgedruckt und auch nicht näher beschrieben. Der Nachdruck solcher „beleidigenden (*musīʾa*)"[509] Darstellungen über den Propheten würde dem Selbstverständnis der Zeitschrift widersprechen.

Zum Hintergrund der Veröffentlichung heißt es in der Meldung, in Anlehnung an die islamische Gemeinschaft in Dänemark, dass sich der dänische Ministerpräsident im September mit Imamen und weiteren Persönlichkeiten getroffen habe, um mit ihnen den Umgang mit Gewalt und Radikalität zu erörtern. Als die dänischen Medien davon erfuhren, hätte die *Jyllands Posten* daraufhin die Karikaturen publiziert. Mit dieser Art der Auskunft macht man es sich leicht und erweckt beim Leser den Eindruck, als würde es sich hier um ein Komplott der dänischen Medien dem Islam gegenüber handeln. Der eigentliche Hintergrund für die Entstehung der Karikaturen war aber, dass der dänische Autor und Journalist Kare Bluitgen keinen Zeichner gefunden hatte, der bereit war, Abbildungen von Muḥammad für sein neues Kinderbuch „Koranen og profeten Muhammeds liv" (Der Koran und das Leben des Propheten Muḥammads) zu zeichnen. In der dänischen Presse wurde dies als ein eingeschüchtertes Einlenken vor eventuell zu erwartenden Reaktionen seitens der Muslime gewertet. Die *Jyllands Posten* reagierte hierauf damit, dass sie Karikaturisten darum bat, den Stifter des Islams aus ihrer persönlichen Perspektive zu zeichnen und erhielt daraufhin zwölf Karikaturen, die sie dann abdruckte.[510]

---

[508] Schirrmacher, Schlaglichter, S. 277.
[509] So werden die Karikaturen meistens in der Maǧalla charakterisiert.
[510] Ata, S. 91.

Dies findet aber in der Schlagzeile der Mağalla keine Erwähnung,[511] wohl aber, dass einige islamische Gemeinden in Kopenhagen eine friedliche Demonstration veranstalteten.[512] In diesem Zusammenhang wird zu einseitig berichtet und nicht ganz das wiedergegeben, was den Tatsachen entsprach.

In den darauffolgenden Monaten widmet man sich an der Azhar verstärkt diesem Thema. In einer Erklärung, die auf einer außerordentlichen Sitzung des Rats für islamische Studien an der Azhar verfasst und auf den 10. Dezember 2005 datiert ist, werden die Karikaturen vehement verurteilt. Darin wird von einer Kampagne gegen den Islam und den Propheten Muḥammad gesprochen und die dänische Regierung aufgefordert, ihre Haltung zu überdenken. Dort wird ebenfalls erklärt, dass dieser Rat es als seine Verpflichtung gegenüber der Religion, den islamischen Völkern und der Menschheit ansieht, sich für eine Kultur des Friedens und der Zusammenarbeit einzusetzen, um sich gegen die Gefahren, die alle Völker dieser Erde bedrohten, zu stellen.[513] In den Wochen zuvor war einiges geschehen, das die Azhar zu dieser Reaktion veranlasst hatte. So hatte der dänische Ministerpräsident Mitte Oktober die Anfrage von elf Botschaftern islamischer Länder zu einem Gespräch abgelehnt und die dänische Staatsanwaltschaft eine Anzeige von dänischen Muslimen gegen die *Jyllands Posten* fallen gelassen. Anfang Dezember reiste schließlich eine Gruppe von Imamen aus Dänemark nach Ägypten, um über die Lage der Muslime in Dänemark zu berichten.[514]

Der Nachdruck der Karikaturen in zahlreichen europäischen Magazinen im Januar und Februar 2006 führten

---

[511] Die dargelegten Hintergründe sind auch in türkischen Zeitungen kaum erwähnt worden. Vgl. Ata, S. 92.

[512] MA, Bd. IX/78–2005, S. 1862. Die angesprochene Demonstration fand am 14. Oktober 2005 mit bis zu 5.000 Menschen statt.

[513] MA, Bd. XI/78–2005, S. 2188–2189.

[514] Ata, S. 93. Der Besuch der dänischen Imame beim Großscheich wird in der Mağalla auch dokumentiert. Siehe dazu: MA, Bd. XI/78–2005, S. 2189–2190.

schließlich zur Eskalation des Konflikts. Es folgten die bereits angesprochenen Demonstrationen in islamischen Ländern. In Ägypten führte Großscheich Ṭanṭāwī persönlich gemeinsam mit anderen ägyptischen Würdenträgern eine Demonstration an, in der er zum Boykott jedes Landes aufrief, das den Islam und seinen Propheten verhöhne. Ganz Ägypten sei noch eher zur Verteidigung des Propheten bereit als zur Verteidigung seiner selbst oder seines Eigentums.[515] Ähnliche Töne kamen während dieses Protestzugs von Maḥmūd Zaqzūq, dem damaligen Minister für religiöse Stiftungen. Alle seien dazu bereit, ihr Leben für ihre Religion zu opfern, meinte er.[516] Diesen kämpferischen Parolen folgte eine Erklärung von 41 muslimischen Gelehrten, die am 14. Februar 2006 in der Zeitung al-Ahrām veröffentlicht und in der Mağalla in ihren Grundzügen vorgestellt wurde. Daraus geht hervor, dass der Aufstand der Muslime gegen die Beleidigung des Propheten unterstützt werde und die dänische Regierung sowie das dänische Volk auffordere, den weisen Stimmen aus den eigenen Reihen zu folgen, die die Karikaturen verurteilt und sich dafür entschuldigt hätten.[517] Damit wird sich wohl auf einen offenen Brief von etwa 2.400 Dänen bezogen, die sich von den Karikaturen distanziert und zum Ausdruck gebracht hatten, dass sie mit der islamischen Welt in Frieden leben wollten.[518] Des Weiteren werden in der Erklärung aber auch die Gewaltakte der Demonstranten verurteilt und erklärt, dass die Angriffe auf die Botschaften und Menschen nicht islamkonform seien. Die Aufgabe der Muslime sei es nun, die Nichtmuslime über die wahren Charaktereigenschaften Muḥammads zu informieren.[519] Damit nimmt die Azhar ein und dieselbe Haltung wie viele muslimische Würdenträger ein. Die Karikaturen dürften nicht hingenommen werden und deshalb sei der gesellschaftli-

[515] MA, Bd. IV/79–2006/07, S. , 689.
[516] Ebd., S. 689. Siehe hierzu die Zusammenfassung der Ereignisse in der Mağalla in englischer Sprache: MA, Bd. IV/79–2006/07, S. 685–690.
[517] MA, Bd. II/79–2006/07, S. 286.
[518] Schirrmacher, Schlaglichter, S. 276.
[519] MA, Bd. II/79–2006/07, S. 286.

che und politische Protest in der islamischen Welt nicht nur legitim, sondern auch eine Pflicht. Allerdings dürfe dabei keine Gewalt angewandt werden. Die gewalttätigen Ausschreitungen wurden auch von muslimischen Vertretern verurteilt. So sprachen z. B. der Generalsekretär der Arabischen Liga[520] und muslimische Verbände in Deutschland ihre Sorge über diese Geschehnisse aus.[521] Irritierend sind dennoch die kämpferischen Parolen Ṭanṭāwīs und Zaqzūqs während der erwähnten Demonstration, die nicht unbedingt zur Beruhigung der Demonstranten beigetragen haben dürften.

Großscheich Ṭanṭāwī bezieht auch während zweier Besuche, zunächst vom dänischen und später auch vom finnischen Botschafter, eindeutig Position zu diesem Konflikt. Er betont, dass die Pressefreiheit nicht die Missachtung der Religionen beinhalten dürfe. Zwar sei die Meinungsfreiheit für die Azhar heilig, dabei dürfe diese Freiheit aber nicht die Grenzen des friedlichen menschlichen Miteinanders überschreiten.[522] Dadurch wird deutlich, dass islamische Einrichtungen wie die Azhar ein anderes Verständnis von Pressefreiheit haben, als im säkularen Europa. Religionen sind in diesem Zusammenhang unantastbar. Dass die Propheten beleidigt werden, ist für Ṭanṭāwī in keiner Weise hinnehmbar. Und in den Karrikaturen sieht er den Propheten Muḥammad beleidigt, trotzdem macht er in beiden Gesprächen darauf aufmerksam, dass die Azhar den Dialog weiterhin begrüße.[523] Interessanterweise spricht er an dieser Stelle von „den Propheten" und nicht nur von Muḥammad allein, was als Signal gewertet werden kann, dass er auf die Bedeutung und die aus dem Koran entspringende Gleichwertigkeit aller Propheten im Islam[524] und damit auf eine wichtige gemeinsame

520 Schirrmacher, Schlaglichter, S. 276–77.
521 Ata, S. 97–98.
522 MA, Bd. II/79–2006/07, S. 326.
523 MA, Bd. II/79–2006/07, S. 326; Zum Gespräch mit dem finnischen Botschafter siehe: MA, Bd. IV/2006/07, S. 675–676.
524 So heißt es in Sure 2:136: *„Sagt: ‚Wir glauben an Gott und (an das), was (als Offenbarung) zu uns, und was zu Abraham, Ismael, Isaak, Jakob und*

Komponente zwischen den Religionen hinweisen möchte. Hier zeigt sich erneut die Erwartunsghaltung der Azhar zum interreligiösen Dialog. Dieser soll die Religionen gegen alle antireligiösen Tendenzen einen. Das Vorgehen der *Jyllands Posten* wird demnach nicht nur als eine Beleidigung der Muslime, sondern als eine Gefahr, die alle Religionen bedrohe, bewertet.

Die Verurteilung der dänischen Karikaturen wurde auch von einigen hohen christlichen Einrichtungen geteilt. Der Vatikan ließ in einer Erklärung verlautbaren, dass die in den Menschenrechten verankerte Meinungsfreiheit nicht impliziere, dass religiöse Gefühle von Gläubigen verletzt werden dürften.[525] Im Jahre 2008, als die Karikaturen noch einmal nachgedruckt wurden, bekräftigten der Vatikan und die Azhar gemeinsam ihre Haltung zu den Zeichnungen bei ihrer Jahrestagung.[526]

In die gleiche Richtung argumentierten auch Vertreter der anglikanischen Kirche von Canterbury. Der damalige anglikanische Erzbischof George Carey stattete Großscheich Ṭanṭāwī einen Besuch ab, wobei sich beide darin einig waren, dass mit der Meinungsfreiheit auch ein Verantwortungsbewusstsein einhergehen müsse. Ṭanṭāwī betonte hierbei seine Forderung nach einem Verbot von Beleidigungen religiöser Empfindungen.[527] Wenige Monate später wurde, den „Nachrichten aus dem Büro des Großscheichs“ zufolge,

---

den Stämmen (Israels) herabgesandt worden ist, und was Mose und Jesus und die Propheten von ihrem Herrn erhalten haben, ohne daß wir bei einem von ihnen (den anderen gegenüber) einen Unterschied machen. Ihm sind wir ergeben.“ Für weitere Verse dazu, siehe Sure 3:84 und 4:136.

525 http://www.kath.net/detail.php?id=12743 (abgerufen am 12.12.2011). In dieser Erklärung wird auch die Gewalt bei den Protesten kritisiert. Auch einige jüdische Vertreter verurteilten die Muḥammad-Karikaturen. So z. B. Roms Oberrabbiner Riccardo Di Segni. Vgl. Fischer, S. 75. Der ehemalige Präsident des Zentralrats der Juden in Deutschland Paul Spiegel distanzierte sich ebenfalls von den Zeichnungen. Vgl. Schirrmacher, Schlaglichter, S. 273.

526 http://www.cibedo.de/vatikan_muslime_karikaturen.html (abgerufen am 12.12.2011).

527 MA, Bd. V/79–2006/07, S. 1030–1031.

beim Jahrestreffen der Kommission für interreligiösen Dialog an der Azhar mit Mitgliedern der Anglikanischen Kirche in einer Erklärung festgehalten, dass der Meinungsfreiheit Grenzen gesetzt werden müssten. Der Respekt vor den Überzeugungen der Menschen müsse bestehen bleiben. Außerdem sollten die Vereinten Nationen den Schutz der religiösen Glaubensüberzeugungen, wie er in der internationalen Erklärung der Menschenrechte formuliert sei, verstärken.[528]

Al-Azhar und die islamische Welt erhielten demnach von führenden Kirchenvertretern Unterstützung, die möglicherweise, wie Ohlig meint, durch diesen Fall selbst zu profitieren versuchten.[529] Allerdings sollten die Motive der christlichen Seite an dieser Stelle nicht nur auf ein vermeintliches Eigeninteresse reduziert werden. Es ist anzunehmen, dass sie – da das Christentum selbst schon zum Opfer solcher Verletzungen geworden war, wie Ohlig auch anmerkt[530] – sich in die muslimische Seite hineinversetzen und das Gefühl der Kränkung nachvollziehen konnten.

Durch den Karikaturenstreit sahen sich die Muslime auch dem Vorwurf ausgesetzt, keinen Humor zu verstehen. Dazu schreibt der Religionswissenschaftler Harald-Alexander Korp:

> „Eigentlich haben die meisten der dänischen Karikaturen wenig mit Humor zu tun, sondern mit der Behauptung, der Prophet Mohammed käme einem Terroristen gleich. Trotzdem wurden die Karikaturen zum Gradmesser für den angeblich fehlenden Humor von 1,4 Milliarden muslimischen Gläubigen."[531]

Daher scheint es kein Zufall zu sein, dass die Mağalla im April 2006, also als die Karikaturen immer noch ein aktuel-

[528] MA, Bd. X/79–2006/07, S. 1669. Zu der Diskussion über rechtliche Schritte siehe Grimm, S. 21ff.
[529] Ohlig, Keine Einschränkung der Pressefreiheit, S. 78.
[530] Ebd., S. 78.
[531] Korp, S. 55.

les Thema waren, einen Artikel zum Humor Muḥammads veröffentlichte, der den Titel trug: „Sein Lächeln[532], Gottes Segen und Frieden sei mit ihm.[533] Er pflegte zu scherzen und sprach dabei nur die Wahrheit." Darin werden eine Reihe von Überlieferungen aus Ḥadīṯ-Sammlungen angeführt, die Muḥammad von einer Seite zeigen, die besonders unter Nichtmuslimen vermutlich unbekannt ist. Berichtet wird dort von Späßen, die er mit seinen Freunden und Familienangehörigen gemacht haben soll, sowie davon, dass er auch die fröhlichen Seiten des Lebens nicht zu vernachlässigen pflegte. Natürlich habe Muḥammad aber auch dem Spaß Grenzen gesetzt. So sei das Lügen auch im Spaß nicht erlaubt.[534] Diese Moralvorstellung geht schon aus dem Titel des Artikels hervor.

Auch wenn in dem Artikel kein einziges Mal auf den Karikaturenstreit hingewiesen wird, scheint sich eine tiefergehende Absicht dahinter zu verbergen. Der adressierten Leserschaft wird Muḥammads menschlicher Umgang im Alltag und die Freuden, die er sich selbst gönnte – in einer Zeit, in der viele Gemüter noch stark erhitzt waren – vor Augen geführt. Das heißt, dass man die Leser für Humor sensibilisieren möchte, ihnen aber vor allem beweist, dass es einen islamischen Humor gibt.[535] Dieser verbiete allerdings Übertrei-

---

532 Im Arabischen ist der Begriff „bašāša" angeführt, das laut Wehr auch mit „freudiger Ausdruck" wiedergegeben werden kann. Vgl. Wehr, S. 51.

533 Diese Segensformel wird stets nach der Aussprache des Prophetennamens, oder wenn im Allgemeinen von ihm die Rede ist, ausgesprochen. Daher wissen Muslime und Islamkundige in der Regel automatisch, dass, wie in diesem Beispiel, Muḥammad gemeint ist, auch wenn sein Name nicht direkt geschrieben steht.

534 Siehe dazu: MA, Bd. III-79–2006/07, S. 380–389.

535 In jüngster Zeit ist das Thema „Humor im Islam" Gegenstand von wissenschaftlichen Untersuchungen geworden. Eine gute und knappe Darstellung dazu bietet Korp, S. 54–70. Siehe dazu aber auch ausführlicher: Georges Tamer (Hrsg.): *Humor in der arabischen Kultur.* Berlin 2009. Darin wird sich aus verschiedenen Blickwinkeln mit dieser Thematik auseinandergesetzt. U. a. wird auf den Humor im Koran, in der Mystik oder in der modernen arabischen Literatur eingegangen.

bungen oder Verunglimpfungen von anderen. Diese Argumentation bedeutet im Umkehrschluss, dass der islamische Humor nicht so weit gehen würde, wie die als beleidigend empfundenen Karikaturen aus Dänemark.

4.3 Der Dialog in der Praxis

Bei der praktischen Seite des Dialogs der Azhar lassen sich zwei große Aktivitätsfelder unterscheiden: Die Teilnahme an internationalen Dialogkongressen und die Zusammenarbeit mit anderen Institutionen aus dem Christentum.

4.3.1 Dialogkongresse

Ab Ende der 1980er/Anfang der 1990er Jahre kann von einer regelmäßigen Mitwirkung der Azhar an Dialogkongressen gesprochen werden. Der Umgang der Maǧalla mit diesem Thema ist etwas überraschend, da lange Zeit kaum etwas darüber berichtet wird. Erst der unter 4.1 ausführlich behandelte und im März 1994 veröffentlichte Artikel von Maḥmūd Zaqzūq enthält eine Auflistung über die Teilnahme der Azhar an einigen derartigen Veranstaltungen im Ausland. Etwa ab diesem Zeitpunkt beginnt die Zeitschrift dann auch immer wieder auf bevorstehende oder bereits abgeschlossene Tagungen in meist kurzer Form hinzuweisen.[536] Die dabei gehaltenen Reden der Azhar-Vertreter werden aber kaum publiziert und nur in seltenen Fällen werden weitergehende Informationen dazu geliefert.[537] Natürlich ist die Maǧalla kein dialogspezifisches Medium und es ist deshalb nicht zu erwarten,

---

[536] Siehe dazu z. B.: MA, Bd. VII/66–1993/94, S. 1113; Bd. II/67–1994/95, S. 252; Bd. II/68–1995/96, S. 262; Bd. VIII/70–1997, S. 1379–1383; Bd. VII/71–1998/99, S. 1149–1150; Bd. VII/79–2006/07, S. 1206.

[537] Siehe dazu z. B.: MA, Bd. IV/68–1995/96, S. 613–619. Hier wird ein Statement zum bevorstehenden internationalen Kongress zur Stellung der Frau in englischer Sprache angeführt.

dass jeder Kongress ausführlich behandelt wird. Wenn aber z. B. die Internationale Christlich-Islamische Konferenz von 30. März bis zum 2. April 1993 in Wien zum Thema „Friede für die Menschheit" auf Initiative des damaligen österreichischen Außenministers Alois Mock stattfindet und dabei Maḥmūd Zaqzūq ein Grußwort von Großscheich Ǧād al-Ḥaqq vorträgt und selbst eine der Hauptreden hält, dann könnte eigentlich eine dem Anlass angemessene Berichterstattung erwartet werden. Vor allem auch, weil al-Azhar damit ihre Bedeutung in der Weltöffentlichkeit hätte bekräftigen können. Aber es gibt nichts dergleichen, auch wenn in anderen Zusammenhängen in der Maǧalla gerne von so einer Möglichkeit Gebrauch gemacht wird, um die Bedeutung der Azhar zu unterstreichen. Die Teilnahme der Azhar an dieser großen Veranstaltung wird erst ein Jahr später in Zaqzūqs Text erwähnt, dort wird sie in wenigen Sätzen beschrieben. Es ist schwer zu beurteilen, warum al-Azhar den Lesern ihres Mediums solche wichtigen Inhalte vorenthält. Womöglich hängt dies mit der von Zaqzūq angesprochenen Unzufriedenheit bezüglich der Themen, die für die Kongresse ausgewählt wurden, zusammen.[538] Davon kann allerdings bei der Wiener

---

[538] Bei der Recherche zur Teilnahme der Azhar an Kongressen bin ich auf die Dokumentation der 2. Orient-Tagung im Haus der Kulturen der Welt gestoßen. Dort waren fünf muslimische Gelehrte und Philosophen aus Kairo eingeladen, um über verschiedene islamische Themen, wie die Historizität der *šarīʿa*-Interpretation, die Stellung der Frau oder den Sufismus zu sprechen. Zaqzūq hat dabei den ersten Vortrag „Ein Islam und viele Interpretationen" gehalten. Auch wenn die Tagung so konzipiert war, dass es um die Vorstellung von muslimischen Themen und nicht vordergründig um einen interreligiösen Dialog ging und sie vielleicht daher nicht in Zaqzūqs Auflistung zu finden ist, kommen die hier ausgewählten Themen als Grund für seine Unzufriedenheit nicht in Betracht. Natürlich sind Vorurteile etwa in Bezug auf *šarīʿa*-Fragen oder die Stellung der Frau im Islam in westlichen Ländern vorhanden. Bei dieser Veranstaltung wurde aber fachkundigen Muslimen selbst die Möglichkeit gegeben, sich dazu zu äußern. Ziel dieser Tagung war es auch, Klischees über den Islam entgegenzuwirken. Siehe dazu: Haus der Kulturen der Welt, Berlin (Redaktion: Thomas Hartmann): *Gesichter des Islam. Vorträge der 2. Orient-Tagung im Haus der Kulturen der Welt 10.-12. Dezember 1991*. Berlin 1992.

Konferenz von 1993 nicht die Rede sein. Während dieser Zeit des Jugoslawienkriegs machte die Maǧalla stets auf die Situation und das Leid der Bosnier aufmerksam.[539] Deshalb hätte man einen Bericht über diese Konferenz erwarten können, da Großscheich Ǧād al-Ḥaqq in seinem Grußwort eindeutig Stellung zum Jugoslawienkrieg bezieht. Seine Haltung zu diesem Krieg wird durch folgendes Zitat aus dem Grußwort bestätigt:

> „Seit etwa einem Jahr wurden in der Nähe des Konferenzortes unsere Mitmenschen auf die unmenschlichste Weise verfolgt und unterdrückt, durch Mord, Vertreibung, systematische Vergewaltigung der Frauen und Folterung sowie die Zerstörung von Moscheen, Häusern und Eigentum. Gegen diese in größtem Ausmaß durchgeführten Unmenschlichkeiten sollte die Konferenz mit Wort und Tat protestieren, damit diese Verbrechen gegen die Menschheit aufhören, denn die mächtigen Staaten, die das alles hätten verhindern können, vernachlässigten es."[540]

Neben dieser eindeutigen Botschaft in Bezug auf den Balkankonflikt forderte er die Konferenzteilnehmer auf, „Mittel und Wege zu finden, die den Schutz und die Sicherung der menschlichen Grundrechte garantieren."[541] Außerdem solle die Konferenz einen Beitrag hinsichtlich der Stärkung der Religionen gegen die immer stärker werdenden materialistischen Strömungen leisten. Diese würden die religiösen und sozialen Werte zerstören und ein Hindernis für den Frieden darstellen.[542]

Damit wird nochmal deutlich ausgedrückt, dass nicht nur militärische Konflikte den Weltfrieden bedrohten, son-

---

539 Siehe u. a.: MA, Bd. II/65–1992, S. 264; Bd. III/65–1992, S. 434; Bd. VI/65–1992, S. 913–918; Bd. I/66–1993/94, S. 16–20.

540 Gad al Haq, S. 51.

541 Ebd., S. 51.

542 Ebd., S. 51. In dem von Andreas Bsteh herausgegebenen Band zur Wiener Konferenz sind alle Grußbotschaften, Reden sowie eine zusammenfassende Wiedergabe der Diskussionen dokumentiert.

dern auch antireligiöse Strömungen, gegen die sich die Anhänger der Religionen verbünden müssten.

Auf der Konferenz wurden einige Vorträge zum Frieden und den Menschenrechten aus der Perspektive der beiden Religionen gehalten. Zum Abschluss kam eine Erklärung zustande, die im Wesentlichen an alle Christen und Muslime appellierte, sich für das friedliche Miteinander einzusetzen. An die Politiker, Mitglieder der internationalen Einrichtungen und die Verantwortlichen in den Gesellschaften und Staaten der Welt wurden unter anderem die Aufforderungen gerichtet, die Menschenrechte für jeden Menschen zu sichern, Instanzen, die die Gewalt beenden und den Frieden sichern können, zu stärken sowie Gerechtigkeit hinsichtlich der Ressourcenverteilung zu schaffen.[543] Die weltpolitischen Ereignisse in den 1990er Jahren warfen ihren Schatten auf die Themenwahl vieler interreligiöser Veranstaltungen. So finden sich auf den Agenden häufig Vorträge zu Frieden und Gerechtigkeit. Zu nennen sind hier auch der erste Irakkrieg und der Bürgerkrieg im Libanon, der Anfang der 1990er sein Ende fand. Nicht zu vergessen ist auch der Nahost-Konflikt, der damals wie heute für Schlagzeilen sorgt. Zudem sind solche Themen für Dialoge unter den Religionsgemeinschaften sehr geeignet, weil damit verbindende Elemente hervorgehoben werden können. Wie beim Dialogverständnis der Azhar festgehalten, ist das Stiften von Frieden eines der bedeutendsten Ziele der Zusammenarbeit.[544] Dies geht auch aus der Rede des Großscheichs beim Parlament der Weltreli-

[543] Bsteh, S. 305–308. Diese Erklärung lässt sich in den darauffolgenden Seiten in englischer, französischer und arabischer Sprache finden.

[544] In der Auflistung von Zaqzūq sind die meisten Konferenzen auf diese Themen ausgerichtet. 1986 in Freiburg: Der Titel der Tagung wird nicht genannt, aber Zaqzūq gibt an, einen Vortrag zum Thema „Die internationale Verantwortung aus islamischer Perspektive" gehalten zu haben. Daraus lässt sich ableiten, dass es bei der Veranstaltung um friedensstiftende Elemente ging. 1987 in Rom: Internationales Treffen für den Frieden; 1992 in Münster: Gerechtigkeit und Frieden im Islam und Christentum. Vgl. hierzu: MA, Bd. X/66–1993/94, S. 1491–1501. Im November 1993 fand in Japan eine Konferenz zum Frieden statt. Dort hielt ein Vertreter der Azhar eine Rede zu

gionen 1993 in Chicago hervor. Es ist eine der wenigen Reden, die in der Maǧalla in voller Länge abgedruckt ist und die nun, um ein Beispiel zu geben, kurz vorgestellt werden soll. Bevor auf den Inhalt dieser Rede eingegangen wird, muss auch an dieser Stelle die Form der Berichterstattung kritisiert werden. Denn auch hier sind die einzigen Hintergrundinformationen, die der Leserschaft geboten werden, der Anlass, das Datum, der Ort und die Person, die Ǧād al-Ḥaqq stellvertretend hingeschickt hat. Wenn z. B. bei den Kongressen in den 1930er Jahren keine allzu großen Hintergrundinformationen geliefert werden, könnte dies eventuell daran gelegen haben, dass die Maǧalla sich damals im Anfangsstadium ihrer Arbeit befand und womöglich in vielerlei Hinsicht – ob personell oder materiell – nicht sonderlich gut ausgestattet gewesen sein könnte. Dass al-Azhar aber 1993 in ihrer akademischen Zeitschrift nicht ausführlich über dieses Ereignis berichtet, sondern nur die Rede des eigenen Gesandten zum Parlament der Weltreligionen veröffentlicht, kann auch als Desinteresse den anderen Akteuren oder Meinungen gegenüber bewertet werden. Die Bemühungen der Azhar im Dialog sollen hier in keiner Weise geschmälert werden, aber wenn den Lesern in Bezug auf solch einen Anlass nur die eigene Rede – und zwar in drei Sprachen[545] – und sonst nichts anderes präsentiert wird, entsteht bei dem neutralen Beobachter der Eindruck, dass die Einrichtung sich vor dem eigenen Publikum schmücken wolle, und dass alles andere, was in Chicago geschehen und besprochen wurde, keine große Rolle spiele.

Immerhin kamen zu diesem zweiten Parlament der Weltreligionen 6.500 Menschen aus 55 Ländern zusammen und es waren neben den drei großen monotheistischen Religionen auch sehr viele weitere religiöse Traditionen vertreten. Das in

---

diesem Thema, die im englischen Teil der Maǧalla veröffentlicht wurde. Vgl.: MA, Bd. VII/66–1993/94, S. 1125–1126.

[545] Die Rede wird in arabischer, englischer und französischer Sprache wiedergegeben.

Kapitel 3 bereits kurz angesprochene erste Parlament fand 1893 statt, so dass dies zum Anlass genommen wurde, die Veranstaltung mit der hundertjährigen Gedenkfeier zu verbinden.[546] Eines der wichtigsten Themen dabei war Hans Küngs Idee des Weltethos. Eine Erklärung zum Weltethos wurde unter Küngs Leitung ausgearbeitet und während der Versammlung diskutiert, um dann von der überwiegenden Mehrheit unterzeichnet zu werden.[547] Darin wird unter anderem ausgedrückt:

> „daß alle Menschen eine Verantwortung für eine bessere Weltordnung haben und daß der Einsatz für die Menschenrechte, für Freiheit, Gerechtigkeit, Frieden und die Bewahrung der Erde unbedingt geboten ist. Die sehr verschiedenen religiösen und kulturellen Traditionen dürfen kein Hindernis sein für den gemeinsamen aktiven Einsatz gegen alle Formen der Unmenschlichkeit und für ein Mehr an Humanität."[548]

Da al-Azhar nach ihrem Dialogverständnis die hier genannten Prinzipien durchaus teilen könnte, ist es umso erstaunlicher, dass die Weltethos-Erklärung nicht in der Maǧalla erwähnt wird. Dabei hätte die eigene Leserschaft darüber aufgeklärt werden können, dass diese Prinzipien auch von vielen anderen religiösen Gemeinschaften geteilt werden. Da-

---

[546] Vgl. die einleitendenden Vorbemerkungen auf S. 39 in World Faiths Encounter Nr. 7/1994 zu Jim Kenneys Artikel „The Parliament: a summary reflection" (S. 40–43). Chicago war nicht nur deshalb ein guter Austragungsort, weil dort schon das erste Parlament zusammengekommen war, sondern auch aufgrund seiner Multireligiosität. Für Zahlen zu den verschiedenen Religionsgemeinschaften, die damals dort heimisch waren, siehe Carlson, S. 43. Zum Ablauf der einwöchigen Veranstaltung, Reaktionen der amerikanischen Presse und weiteren Eindrücken, siehe Chattopadhyaya, S. 111ff.

[547] Nach Kenney haben etwa 99 % der Anwesenden ihre Unterschrift auf die Erklärung gesetzt.

[548] Frühbauer, S. 121. Für eine ausführliche Darstellung über das Zustandekommen dieser Erklärung, ihres Inhalts und weiteren Einzelheiten zum Parlament, siehe Küng, Hans/Kuschel, Karl-Josef: *Erklärung zum Weltethos. Die Deklaration des Parlaments der Weltreligionen.* München 1993.

durch hätte eine wichtige dialogische Botschaft vermittelt werden können.

Die vor dem Parlament verlesene Rede von Großscheich Ǧād al-Ḥaqq konzentriert sich auf zwei Schwerpunkte. Er stellt zunächst die Beziehungen des Islams zu anderen Religionen und Völkern dar und bezeichnet die Vielfalt der Menschen als Gottes Wille, da Gott – hätte er es gewollt – alle Menschen zu einer einzigen Gemeinschaft gemacht hätte (in Anlehnung an folgende Koranverse: 5:48; 11:18; 16:93; 42:8). Anschließend befasst er sich mit der toleranten Einstellung des Islams zu den Schriftbesitzern. Diese komme dadurch zum Ausdruck, dass der Islam die Thora und das Evangelium als geoffenbarte Bücher betrachte, die durch den Koran bestätigt werden. Er erwähnt die Gleichwertigkeit der Propheten im Islam und erklärt außerdem, dass Juden und Christen als Partner im Glauben an Gott angesehen werden, mit denen z. B. ein Bündnis für die Abwehr eines gemeinsamen Feindes, der die göttliche Botschaft im Allgemeinen bedrohe, möglich sei.

Der zweite Schwerpunkt ist der Frieden, den er als eines der bedeutendsten Prinzipien muslimischen Glaubens bezeichnet. Der Islam rufe seine Anhänger dazu auf, mit anderen Gemeinschaften friedlich umzugehen und sich dafür einzusetzen, dass keine Feindschaft unter den Menschen entstehe. Muslime seien aber dazu angehalten, sich im Falle eines Angriffs zu verteidigen, jedoch nur in dem Maße, wie sie bekämpft würden. Wenn die Gegenseite zum Friedensschluss bereit sei, dann müssten sie diesen auch annehmen. An diese Prinzipien hätten sich die Muslime immer gehalten. Zudem hätten sie nie andere Völker unterdrückt oder verfolgt. Auf der anderen Seite hätten muslimische Minderheiten oft Unterdrückung erfahren. Damit macht der Redner eine Überleitung zur Situation in Bosnien. Dort würden Verbrechen begangen und der Westen schaue zu und unternehme nichts und würde niemanden eingreifen lassen.

Zum Abschluss richtet er im Namen der Azhar einen Appell an die Anwesenden. Wenn in Bosnien nicht eingegriffen werde, könne es keinen wirklichen Frieden geben. Das Parlament der Weltreligionen solle seine Stimme erheben und die Verbrechen in Bosnien verurteilen. Frieden sei nicht möglich, wenn die Anhänger einer Religion bekämpft würden und niemand dagegen etwas unternehme.[549]

Einer ausführlichen Analyse des Textes bedarf es an dieser Stelle nicht, da seine Aussagen in dieser Arbeit bereits diskutiert wurden. Der letzte Punkt hinsichtlich der Zustände in Bosnien sollte dennoch erneut kurz angerissen werden. Ǧād al-Ḥaqqs Appell führt uns vor Augen, wie stark sich al-Azhar in dieser Zeit mit der bedrohlichen Situation der Bosnier auseinandersetzte. Es ist also ein deutliches Zeichen dafür, dass al-Azhar sich als Sprachrohr für die Belange der Muslime in aller Welt versteht und sich dementsprechend verhält. Mit dem angeführten Vorwurf an den Westen kann er gemeint haben, dass nicht gehandelt werde – also das Verbrechen stillschweigend hingenommen werde –, weil es an Muslimen und nicht etwa an Juden, Christen und Andersgläubigen begangen werde. Hier wird noch einmal die Selbstzuschreibung der Opferrolle offensichtlich. Man ist dem mächtigen Westen unterlegen und ist in solchen Situationen hilflos. Das heißt auch, dass nur der (christliche) Westen solchen Konflikten Einhalt gebieten könne und dieser daher seiner Verantwortung gerecht werden müsse. Seiner Forderung an das Parlament, die Stimme zu erheben und die Ereignisse in Bosnien zu verurteilen, ist mit der Weltethos-Erklärung zumindest indirekt nachgegangen worden, indem von einem aktiven Einsatz gegen Unmenschlichkeit und für mehr Humanität die Rede war. Dass sie von der Mehrheit der Anwesenden trotz Vorbehalten[550] unterzeichnet wurde, kann gerade in einer konfliktreichen Phase als eindeutiges Signal für die Sensibilisierung der Massen weltweit in Sachen Frieden und Gerech-

---

549 Die Rede im Wortlaut siehe: MA, Bd. VII/66–1993/94, S. 808–815; Die französische und englische Übersetzung der Rede lassen sich im selben Band auf S. 945–951 und S. 961–967 finden.

550 Siehe dazu Küng/Kuschel, S. 111–112.

tigkeit bewertet werden.[551] Dass al-Azhar dieses Anliegen verfolgt, wird daran deutlich, dass viele in der Maǧalla publizierten Texte, die Friedensmission des Islams und die Verurteilung von Gewalt betonen. Jedoch wäre es in diesem Zusammenhang wichtig gewesen, solch eine Gelegenheit zu nutzen, um auch andere, nichtmuslimische Stimmen diesbezüglich zu erwähnen, damit den muslimischen Lesern essentielle Gemeinsamkeiten zwischen den Religionsgemeinschaften deutlich gemacht werden.

4.3.2 Dialog mit der Anglikanischen Kirche

Das Verhältnis zum Erzbischof von Canterbury, dem Oberhaupt der Anglikanischen Kirche[552] zählt zu den nennenswerten Dialogbeziehungen, die al-Azhar zu einer christlichen Institution pflegt. Diese verlaufen seit ihrer Entstehung bis in die Gegenwart reibungslos und können in Bezug auf Beziehungen zwischen zwei verschiedengläubigen Einrichtungen als vorbildlich angesehen werden.

Der Beginn dieser Beziehungen geht auf den Besuch des Erzbischofs George Carey an der Azhar im Oktober 1995 zurück, bei dem er mit Großscheich Ǧād al-Ḥaqq zusammenkam.[553] Dabei wurde über verschiedene Themen gesprochen, wie etwa die tausendjährige Geschichte der Azhar, ihre Kooperation mit anderen Universitäten und den Balkankonflikt. Der Erzbischof äußerte bei dem Gespräch den Wunsch, dass

---

551 Frühbauer, S. 121.

552 Zur Anglikanischen Kirche siehe: Avis, Paul: *The Anglican Understanding of the Church. An Introduction.* London 2002.

553 Prinz Charles hatte einige Monate zuvor dem Großscheich einen Besuch abgestattet, bei dem unter anderem der Vorschlag für die Zusammenarbeit der Azhar mit englischen akademischen Organisationen und religiösen Fakultäten festgehalten wurde. Der Prinz lud den Scheich dabei zu einem Besuch des islamischen Zentrums in Oxford ein. Vgl. MA, Bd. XI/67–1994/95, S. 1565–1566. Siehe dazu auch den Dankesbrief von Prinz Charles an den Scheich. Bd. XII/67–1994/95, S. 1706–1707.

Muslime und Christen intensiver zusammenarbeiten sollten, damit Frieden und Sicherheit zwischen den Menschen gestiftet werden können.[554] Diesen Aspekt sprach er bei seiner Rede, die er nach dem Treffen mit dem Großscheich an der Azhar gehalten hatte, nochmals an.[555] Damit war ein deutliches Signal für das Interesse der Anglikanischen Kirche am Dialog mit der Azhar gesetzt. Im Mai 1997 folgte schließlich der Gegenbesuch, allerdings vom Nachfolger des bereits verstorbenen Ǧād al-Ḥaqq, Großscheich Ṭanṭāwī. Bei dieser Gelegenheit traf er auch Prinz Charles und es kam zu einem Austausch über den interreligiösen Dialog, die Möglichkeiten für die Zusammenarbeit zwischen Ägypten und England sowie die Rolle der religiösen Einrichtungen in beiden Ländern in Bezug auf die Verbreitung von gegenseitigem Respekt und Toleranz. Ṭanṭāwī betonte, dass ein ehrlicher Dialog zum Wohle der Menschheit trotz aller Unterschiede zwischen den beiden Religionsgemeinschaften notwendig sei.[556] In die gleiche Richtung argumentierte der Großscheich auch, als er im April 1998 den britischen Ministerpräsidenten Tony Blair in seinem Büro empfing. Er sprach seine Bereitschaft aus, an jedem Dialog teilzunehmen, der konstruktive Ziele verfolge und erklärte, dass Unkenntnis anderer Religionen zu Distanz, Egoismus und Hass führe. Erzbischof George Carey bezeichnete er als seinen persönlichen Freund, den er mehrfach getroffen habe und dessen erneuten Besuch er erwarte.[557]

Dieser zweite Besuch des Erzbischofs erfolgte im November 1999. Carey bekam dabei die Gelegenheit, einen kurzen Vortrag zum Thema „Der Islam und das Christentum in der heutigen Welt“ zu halten, zu dem neben muslimischen Würdenträgern auch der koptische Papst eingeladen war. Die Präsenz dieser Geistlichen zeigt, dass diesem Anlass ein hoher Stellenwert beigemessen wurde. Erzbischof Carey

---

[554] MA, Bd. VI/68–1995/96, S. 914.
[555] Siehe dazu: Bd. VIII/68–1995/96, S. 1276–1278.
[556] MA, Bd. II/70–1997, S. 327.
[557] MA, Bd. I/71–1998/99, S. 146–147.

fand sehr lobende Worte für die Lehren des Islams in Bezug auf die Toleranz den Schriftbesitzern gegenüber und wies auf den Vers „Kein Zwang soll in Glaubensdingen sein“ hin. Er selbst würde sich seit seinem Amtsantritt noch intensiver mit dem islamischen Glauben beschäftigen und vielen seiner Elemente, wie der Gottesfurcht, dem Einhalten der Gebete oder der Fürsorge um die Armen, besonders durch die Almosensteuer (*zakāt*), großen Respekt zollen. Zudem seien beide Religionen auf Frieden und Gerechtigkeit ausgerichtet. Er selbst sei bemüht, die Menschen im Westen darüber aufzuklären, dass der Islam eine tolerante Religion und nicht gewalttätig sei.

Großscheich Ṭanṭāwī erklärte in einer kurzen Stellungnahme zum Vortrag, dass die gleichen menschlichen Prinzipien geteilt werden und sprach sich deutlich für den Dialog und die Zusammenarbeit aus. Schließlich sei dies eine im Koran verankerte Grundlage. In diesem Zusammenhang führte er folgenden Teilvers an:

„Helft einander zur Frömmigkeit und Gottesfurcht, aber nicht zur Sünde und Über-tretung!“ (5:2)[558]

All diese bisher in aller Kürze dargestellten Begegnungen können als Vorlauf für die Konkretisierung der Beziehungen

---

[558] Im historischen Kontext bezieht sich diese Aufforderung eigentlich nur auf Muslime, da in diesem Vers die Anweisung erteilt wird, Rachegefühle zu vermeiden. So heißt es in der Übersetzung von Paret: „Und der Haß, den ihr gegen (gewisse) Leute hegt, weil sie euch (beim Unternehmen von Hudaibīya?) von der heiligen Kultstätte abgehalten haben, soll euch ja nicht dazu bringen (?), daß ihr Übertretungen begeht (und in eurer Rachsucht maßlos seid). Helft einander zur Frömmigkeit und Gottesfurcht, aber nicht zur Sünde und Übertretung! Und fürchtet Gott! Er verhängt schwere Strafen.“ Zum Besuch des Erzbischofs siehe: MA, Bd. XI/72–1999/2000, S. 1389–1391. Auszüge vom Vortrag des Erzbischofs sind in englischer Sprache wiedergegeben in: ADIC: The Path to intercultural and interfaith Dialogue, S. 21. Wie im Teil zum Forschungsaufenthalt in Kairo erwähnt, wurde mir dieses Dokument von Dr. ʿAlī as-Sammān gegeben. Auf der Homepage der ADIC wird über die Beziehungen zwischen al-Azhar und dem Erzbischof von Canterbury berichtet. Siehe dazu: http://www.adicinterfaith.org/html/england.htm (abgerufen am 25.01.2012). Es lassen sich aber bei weitem nicht alle Informationen finden, die im schriftlichen Bericht enthalten sind.

zwischen den beiden Institutionen betrachtet werden. Im Januar 2002 unterzeichneten die beiden Oberhäupter in London ein Abkommen über gemeinsame Dialogarbeit, das bereits im September 2001 in Kairo ausgearbeitet wurde. Die Tatsache, dass Großscheich Ṭanṭāwī und Erzbischof Carey die Vereinbarung persönlich unterzeichneten, ist ein Novum in den Dialogbeziehungen der Azhar. Das Abkommen mit dem Vatikan wurde im Gegensatz dazu von den jeweiligen Dialogvertretern unterschrieben.[559] Die wesentlichen Punkte dieser Vereinbarung werden in der Maǧalla vorgestellt, ohne sie aber im Wortlaut wiederzugeben.[560] Daher soll hier ihr einleitender Text in seinen wichtigsten Auszügen in englischer Sprache wiedergegeben werden, so wie er im Bericht der ADIC und der englischsprachigen Literatur dokumentiert ist:

„We believe that friendship which overcomes religious, ethnic and national differences is a gift of the Creator in whom we all believe.

We recognise that both sides need to accept each other in a straightforward way so as to be able to convey the message of peace to the world.

> We believe that direct dialogue results in restoration of the image of each in the eyes of the others. […] and because of our common faith in God and our responsibility to witness against indifference to religion on the one hand and religious fanaticism on the other, we hope that we may contribute to international efforts to achieve justice, peace, and the welfare of all humanity, resourced by the positive experiences in our long history as Christians and Muslims living together both in Egypt and the United Kingdom and many other parts of the world.“[561]

---

559 As-Sammān, S. 435. Im nächsten Kapitel wird dargestellt werden, warum es dazu kam.

560 MA, Bd. XII/74–2001/2002, S. 2111–2112. Dort werden auch weitere Einzelheiten über die Reise des Großscheichs nach England berichtet.

561 ADIC, S. 23.

Folgende Ziele sollten verfolgt werden:

- Anglikaner und Muslime sollen dazu ermutigt werden, Verständnis für den jeweils anderen Glauben zu entwickeln.
- Zusammenstehen bei der Behandlung von Problemen und Konflikten, die manchmal zwischen Muslimen und Christen in verschiedenen Erdteilen auftreten und Ermutigung religiöser Autoritäten, ihren Einfluss zum Zweck der Versöhnung und dem Stiften von Frieden geltend zu machen.
- Zusammenarbeiten gegen Ungerechtigkeit und Verletzungen der Menschenrechte zwischen den verschiedenen Nationalitäten und die Verbreitung der guten Lehren des Islams und des Christentums.
- Institutionen auf beiden Seiten zu stärken, um eine positive Rolle in der Entwicklung zu spielen.[562]

Um diesen Zielen nachzugehen, wurde ein Komitee aus Vertretern beider Seiten ins Leben gerufen, das sich jährlich abwechselnd in Kairo und im Vereinigten Königreich treffen sollte. Da al-Azhar zu dieser Zeit schon seit einigen Jahren über ein Komitee für den Dialog mit den monotheistischen Religionen verfügte, übernahmen dessen Mitglieder die Vertreterschaft bei diesen Zusammenkünften. Von Anglikanischer Seite ist vor allem der Ägypter Munīr Ḥanna Anīs, der damalige Bischof von Ägypten und Nordafrika und seit 2007 Erzbischof der vier Diözesen Nordafrika, Horn von Afrika, Mittlerer Osten und Golfstaaten zu nennen.[563] Die Integration von Anīs in dieses Komitee erscheint als sehr sinnvoll. Mit ihm hat die Anglikanische Seite einen Vertreter in ihren Reihen, der in Ägypten lokalisiert ist und die Verhältnisse des Landes gut kennt. Außerdem könnte mit seinem Wirken die Absicht verfolgt werden, Christen und Muslime in Ägypten näher zusammenzubringen. Gemeinsam mit den beiden Hauptvertretern im Dialog der Azhar, Fauzī az-Zafzāf

---

562 Ebd., 24.
563 Ebd., 24.

und ʿAlī as-Sammān hatte er eine Arbeitsgruppe gebildet und die Institutionalisierung der Zusammenarbeit zwischen den beiden Einrichtungen vorangetrieben.[564]

In der Vereinbarung wurde des Weiteren noch die Veröffentlichung eines Kommuniqués zum Abschluss eines jeden Treffens festgehalten.[565] Damit sollten die Ergebnisse der Dialoge der Öffentlichkeit zugänglich gemacht werden, um eine Wirkung bei den Menschen zu erzielen. Der Vereinbarungstext und die Ziele beinhalten eindeutig die Punkte, bei denen Einigkeit darüber besteht, dass sie Gegenstand eines Dialogs sein können. Hauptsächlich soll es um das bessere Kennenlernen des Anderen und um das gemeinsame Engagement für den Frieden zwischen den Menschen gehen.

Am 8. und 9. September 2004 fand das vielleicht bisher wichtigste Treffen des Komitees an der Azhar statt, bei dem das Thema „Missverständnisse“ behandelt wurde. Nur wenige Tage später, am 11. September, besuchte der 2003 zum Erzbischof von Canterbury ernannte Rowan Williams die Universität und hielt dort einen Vortrag. Dass dieser Besuch auf den 3. Jahrestag der Anschläge auf das World Trade Centre fiel, ist nicht dem Zufall geschuldet. In den letzten zehn Jahren fanden an vielen Orten Gedenkveranstaltungen zum Jahrestag des 11. Septembers in interreligiösen Kreisen statt. In diesem Fall gibt es eine interessante Hintergrundgeschichte, die ʿAlī as-Sammān in seiner Autobiographie einbringt. Demnach war das erste Treffen der gemeinsamen Arbeitsgruppe ausgerechnet am 11. September 2001. Dort heißt es: „... dieses Datum, das ein entscheidendes Datum für uns alle geworden ist. Es war so, als ob dieser merkwürdige Zufall eine Botschaft für alle beinhalte, dass Dialog bedeute, sich gegen Gewalt, Extremismus und Terrorismus zu

---

[564] As-Sammān, S. 434–435.

[565] ADIC, S. 24; Das Abkommen im Volltext siehe u. a. auch bei Riddell, S. 217–219.

stellen." Daher sei der 11. September zum traditionellen Datum des Zusammenkommens des Komitees geworden.[566]

Die erste Begegnung 2003 war für den zweiten Gedenktag der Terroranschläge in New York geplant, wurde allerdings verschoben. Die muslimischen Vertreter hatten ihre Unzufriedenheit über die Wahl von Gene Robinson zum Bischof von New Hampshire ausgedrückt, dessen öffentliches Bekenntnis zur Homosexualität in der Anglikanischen Kirche selbst heftig diskutiert wurde.[567]

In seinem Vortrag erwähnte Williams zunächst die Bedeutung des gegenseitigen Verständnisses und betonte, dass in diesem Zusammenhang sowohl das Verständnis für die Unterschiede als auch für die gemeinsamen Vorstellungen gemeint seien.[568] Diese Einleitung lieferte eine gute Grundlage für seine Erläuterung des christlichen Gottesverständnisses, natürlich unter Einbezug der Trinitätslehre, die zu den Themen gehört, die für Muslime hinsichtlich des Christentums am schwersten zu verstehen ist und zu einigen Missverständnissen führen kann. Wie in Kapitel 2 bereits dargelegt, werden im Koran aufgrund dieser Lehre schwere Vorwürfe gegen

566 As-Sammān, S. 435. Das wurde aber nicht konsequent durchgehalten. So fand etwa das Jahrestreffen im Jahre 2006 am 22. September statt. Vgl. MA, Bd. X/79–2006/07, S. 1669.

567 Riddell, S. 142.

568 Williams, S. 187. Die Rede von Rowan Williams wurde in der Zeitschrift Islam and Christian-Muslim Relations, Vol. 16, No. 2, April 2005, S. 187–197 sowohl in englischer als auch in arabischer Sprache abgedruckt. Der Inhalt der Rede ist daraus übernommen und richtet sich nach dem englischen Text. Sie ist auch dokumentiert in: ADIC, S. 31–39. Seltsamerweise wird Williams Besuch und seine Rede in der Maǧalla nicht erwähnt. Dies ist daher so erstaunlich, weil ansonsten über die Beziehungen zur Anglikanischen Kirche im Großen und Ganzen regelmäßig berichtet wird. Es lässt sich eigentlich auch kein nachvollziehbarer Grund für dieses Verhalten erkennen. Inhaltlich enthält die Rede nichts, was die Lehren des Islams antasten könnte. Bei der Einordnung in die weltpolitische Situation muss der Irakkrieg, bei dem Großbritannien der wichtigste Verbündete der USA war, berücksichtigt werden. Dafür kann aber die Anglikanische Kirche nicht verurteilt werden, da Williams diesen Kriegseinsatz kritisiert hatte. Somit wäre dies also auch kein logisches Argument, zumal man dann auch davon ausgehen könnte, dass al-Azhar dem Erzbischof nicht dieses Forum bieten würde.

die Christenheit erhoben. Der Erzbischof drückt mit diesen einleitenden Worten deutlich aus, dass der Dialog auch über Unterschiede geführt werden müsse, allerdings nicht, um die Gegenseite von der eigenen Glaubenslehre zu überzeugen. Diese Art von Dialog lehnt al-Azhar bekanntlich ab und ihre Vertreter scheinen sich in keinem Fall darauf einzulassen, wie in 4.1. mehrfach berichtet wurde. Williams bezieht dies auf die Stärkung des Verständnisses dem anderen gegenüber und um Missverständnissen vorzubeugen bzw. Vorurteile abzubauen. Im nächsten Satz betont er, dass es trotz der Differenzen zwischen beiden Seiten gemeinsam möglich sei, der Welt einige Bekräftigungen zum Frieden und zur Gerechtigkeit zwischen den Menschen zu geben.[569] Bei seinen theologischen Aussagen kam er dennoch der islamischen Denkweise entgegen, weshalb er später von christlicher Seite kritisiert werden sollte. Williams erklärte, dass nicht die Muslime allein um die Einzigartigkeit Gottes besorgt waren. In der Kirche von Alexandria habe es zum Beispiel heftige Debatten über die Trinitätslehre gegeben und Ägypten habe zur Entwicklung der christlichen Theologie einen bedeutenden Beitrag geleistet.[570] Indem er Gott nicht als eine Person, sondern eine bestimmte Art von ewigem selbstständigem Leben definierte und von drei Arten, wie dieses Leben gelebt werde, nämlich als Quelle des Lebens, Ausdruck des Lebens und Teilhabe am Leben, sprach, denen die Begriffe Vater, Sohn und Heiliger Geist entsprächen, versuchte er zu zeigen, dass sich Christen und Muslime über den Punkt, dass Gott einer, lebendig und selbstständig sei, einig seien. Die Trinität entspräche nicht einer Vorstellung dreier verschiedener Individuen, also etwa einem Gott und zwei weiteren Wesen an seiner Seite, und wenn davon die Rede sei, dass der Vater den Sohn „gezeugt" habe, sei darunter nicht ein diesseitiger, physischer Prozess zu verstehen.[571] Die Christen glaubten,

---

569 Ebd., S. 187.
570 Ebd., S. 188.
571 Ebd.

dass diese bestimmte Art des Lebens zu einem gewissen Grad in das Leben der Menschen trete: so hauche Gott den Menschen neues Leben, den heiligen Geist ein, wenn er ihnen ihre Sünden vergebe. Wenn sich der so neugeborene Mensch dann weiterentwickle, würde er mehr und mehr zu einem Ausdruck des göttlichen Lebens, des göttlichen Wortes, wofür Jesus stehe. Jesus wiederum habe zur Quelle seines Lebens als Vater gebetet.[572]

Am Ende seines Vortrages sprach er seine Hoffnung aus, dass Christen, Muslime und Juden zusammenstehen würden, wenn etwa die Einrichtung einer dieser Glaubensgemeinschaften attackiert werde.[573] In seinen letzten Sätzen wird deutlich, was ihm am Gottesverständnis wirklich wichtig ist:

> „If we truly understand the nature of our God, our minds will be renewed. We do not only teach truths about God, we allow those truths to change our lives. May we all find the strength and the courage from Almighty God to honor him by seeking peace together in fairness and respect and thanksgiving for each other."[574]

Damit stellt er die wesentlichen Zielsetzungen des Dialogs als Teil der Gottesverehrung dar und argumentiert so, wie Vertreter der Azhar es öfter tun, indem sie darauf hinweisen, dass der Dialog ein göttlicher, im Koran verankerter Auftrag sei.

Später sollte Williams für seinen theologischen Ansatz vom deutschen Jesuitenpater Felix Körner kritisiert werden. Dieser hielt Williams vor, er habe bei seinen Ausführungen die christliche Botschaft nicht deutlich genug hervorgehoben, weil seine Wortwahl zu nah an der islamischen Denkweise gewesen sei. Körner stört sich daran, dass der Erzbischof sich zu sehr mit Begrifflichkeiten beschäftige, anstatt die Offenbarung der Person Christi in seiner Darstellung in den Vordergrund zu stellen. Die wesentlichen Fragen, wer denn

572 Ebd., S. 189.
573 Ebd., S. 192.
574 Ebd.

das Leben lebe und ob das Leben Gottes sich auch außerhalb des Neuen Testaments offenbare, seien unbeantwortet geblieben.[575] Wie Damian Howard erklärt, sei hier ein klarer Unterschied zwischen den beiden Geistlichen in Bezug auf die Art und Weise der Vermittlung der christlichen Botschaft an die Muslime erkennbar. Während Körner am Zeugnis festhielte, suche Williams den Dialog, um „dem muslimischen ‚Fremden' dort zu begegnen, wo Gemeinsamkeiten ausgemacht werden können, und von dort aus so gut wie möglich die Unterschiede zum Christentum zu formulieren."[576]

Diese Haltung kann auf die offene Einstellung der anglikanischen Kirche anderen Religionen gegenüber zurückgeführt werden. Howard charakterisiert dies in einem Satz besonders treffend: „In theologischer Hinsicht *kann* sie in der Praxis zu einem relativistischen Pluralismus tendieren, der vom Universalismus allerdings weit entfernt ist."[577] Außerdem müsse berücksichtigt werden, dass die anglikanische Kirche jeden, der in den Gebieten ihrer Gemeinden lebt, als Gemeindemitglied betrachte und dementsprechend auch mit Muslimen und anderen Andersgläubigen umgehe.[578]

Versucht man etwa das Verhältnis der Erzbischöfe von Canterbury zum Islam und den Muslimen im Allgemeinen zu reflektieren, so fällt kaum etwas auf, bei dem es zu Spannungen, Vorbehalten oder „Respektlosigkeiten" gekommen ist. Vielmehr unterstützen sie den Dialog mit dem Islam in Projekten, wie dem „Building Bridges: Overcoming Obstacles in Christian-Muslim Relations", das aus Semina-

---

[575] Vgl. die sehr schöne und kompakte Darstellung über diese Debatte bei Howard, S. 148–150. Der Autor ist englischer Jesuit und Assistent Novice Director der Jesuitenprovinz Nord-West Europa. Für eine Darstellung des christlichen Gottesverständnisses nach Körner siehe: Körner, Felix: *Vater, Sohn und Heiliger Geist. Das Bekenntnis der Dreifaltigkeit.* In: Renz, Andreas, Gharaibeh, Mohammad, Middelbeck-Varwick, Anja, Ucar, Bülent (Hg.): *„Der stets größere Gott". Gottesvorstellungen in Christentum und Islam.* Regensburg 2012. S. 129–139.

[576] Howard, S. 150.

[577] Ebd., S. 133.

[578] Ebd., S. 129.

ren besteht, bei denen führende christliche und muslimische Wissenschaftler aus aller Welt zusammenkommen, um sich über verschiedene Themen aus den beiden Religionen auszutauschen.[579] Rowan Williams hat in den letzten Jahren auch das ein oder andere Mal Aussagen in Bezug auf den Islam getroffen, die teilweise zu kontroversen Diskussionen geführt haben. Allen voran ist an dieser Stelle sein Vorschlag zu nennen, Regeln einzuführen, die Muslimen in manchen Fällen erlaubten, sich aus freien Stücken einem Schiedsgerichtsverfahren durch ein *šarīʿa*-Gericht zu unterwerfen, der ihm als Forderung nach der Einführung der *šarīʿa* in das britische Rechtssystem ausgelegt wurde.[580]

Des Weiteren hat er sich positiv zum System des Islamic Banking[581] geäußert. In England ist dieses Finanzsystem mittlerweile fest verankert. So hat die Islamic Bank of Britain viele Geschäftsstellen eröffnet und etwa 40 % ihrer Kunden gehören nicht dem Islam an. Dieser Zulauf von Nichtmuslimen hängt mit der oft undurchsichtigen Arbeitsweise vieler westlicher Banken zusammen.[582] Dass solche und andere Aussagen von muslimischer Seite gerne gehört werden, versteht sich von selbst.

Am guten Verhältnis zur Azhar hat sich in den letzten Jahren soweit nichts verändert. Es wurde bereits angemerkt, dass im Karikaturenstreit Verständnis für die Haltung der Azhar gezeigt und beim Jahrestreffen des Dialogkomitees eine gemeinsame Erklärung dazu formuliert wurde. Als

---

579 Ipgrave, S. 222–223. Im Mai 2011 fand das zehnte Seminar dieser Reihe in Katar statt. Einzelheiten dazu siehe unter http://www.archbishopofcanterbury.org/articles.php/2078/building-bridges-christian-muslim-seminar-on-prayer. (abgerufen am 4.1.2012). Berichte und Informationen zu den weiteren Seminaren sind ebenfalls auf der Homepage zu finden.

580 Howard, S. 146–148. Für eine kurze Besprechung der Haltung von Williams zum Islam siehe Chapman, S. 71ff.

581 Zum Islamic Banking siehe: El Maghraoui, Abdelaali: *Islamic Banking, Riba-Verbot und die Etablierung eines zinsfreien Bankwesens in arabischen Ländern*. Tübingen 2011. Abruf unter: http://tobias-lib.uni-tuebingen.de/volltexte/2011/5603/ (abgerufen am 8.1.2012).

582 Howard, S. 146.

Großscheich Ṭanṭāwī im Mai 2010 verstarb, verfasste Williams einen Beileidsbrief an den ägyptischen Großmufti ʿAlī Ǧumʿa und honorierte dessen Bemühungen in den Beziehungen zwischen Christen und Muslimen.[583] Zuletzt bewertete er, nach der Situation der christlichen Minderheit in Ägypten gefragt, die Gründung des Forums „Haus der ägyptischen Familie“ durch den aktuellen Großscheich als positives Zeichen.[584] Rowan Williams versucht in seinen Ausführungen zwischen der Religion des Islams und den Handlungen seiner Anhänger zu differenzieren und lässt sich nicht zu populistischen oder provokativen Äußerungen hinreißen. So etwa bei einer Stellungnahme zum Mord am pakistanischen Minister für Minderheiten, Shahbaz Bhatti im März 2011, als er deutlich machte, dass ein wahrer islamischer Staat seine Minderheiten schützen würde.[585]

In der Maǧalla wird auch nur positiv über die Beziehungen zum Erzbischof berichtet. In den untersuchten Jahrgängen bis Ende 2007/Anfang 2008 sind die Besuche, zunächst von George Carey, dann von Rowan Williams, sowie die Gegenbesuche von Ṭanṭāwī und die Treffen des Dialogkomitees überwiegend in den Nachrichten aus dem Büro des Großscheichs dokumentiert. Auch der Vatikan hat, wie gesehen, die Haltung der Azhar im Karikaturenstreit unterstützt und im Rahmen der Finanzkrise westliche Banken dazu angehalten, sich islamische Finanzinstitute zum Vorbild zu nehmen.[586] Im Gegensatz zur Berichterstattung über den Vatikan, die im nächsten Kapitel ausführlich thematisiert wird, lassen sich aber keine negativen Schlagzeilen über die Angli-

---

[583] http://www.archbishopofcanterbury.org/articles.php/934/archbishops-letter-of-condolence-on-the-death-of-sheikh-mohammed-sayed-tantawi (abgerufen am 8.1.2012).

[584] http://www.archbishopofcanterbury.org/articles.php/2071/christians-in-the-middle-east-archbishop-on-world-at-one (abgerufen am 8.1.2012).

[585] http://www.archbishopofcanterbury.org/articles.php/539/a-truly-islamic-state-would-protect-christians-times-article (abgerufen am 8.1.2012).

[586] Siehe dazu u. a.: http://www.worldbulletin.net/index.php?aType=haberArchive&ArticleID=37814 (abgerufen am 8.1.2012).

kanische Kirche finden. Dies lässt sich zum einen an der hier dargestellten Einstellung und dem Umgang der anglikanischen Vertreter mit dem Islam erklären. Ohne auch an dieser Stelle die dialogischen Absichten der Azhar in Zweifel stellen zu wollen, sollte aber vielleicht noch in Betracht gezogen werden, dass die Anglikanische Kirche viel kleiner als die katholische Kirche und missionarisch bei weitem nicht so aktiv ist. Gerade für seine Missionierungsaktivitäten wird der Vatikan in der Mağalla nicht selten an den Pranger gestellt. Hinsichtlich der Anglikanischen Kirche könnte dies so interpretiert werden, dass sie keinen ernstzunehmenden Gegenspieler darstellt, der Muslime von ihrem Glauben abbringen könnte.

5. Al-Azhar und der Vatikan

5.1 Das Zweite Vatikanische Konzil

Behandelt man die Beziehungen der islamischen Welt, und in unserem Falle der Azhar-Universität mit dem Vatikan, so ist es unumgänglich das Zweite Vatikanische Konzil, anzusprechen. Dieses Ereignis hat die katholische Kirche zur Welt und den anderen nichtchristlichen Religionen hin geöffnet.[587] Papst Johannes XXIII. hatte im Laufe seiner kirchlichen Dienste einige Ämter im Ausland bekleidet und dabei auch Erfahrungen mit Muslimen, Juden und Angehörigen anderer Kirchen gesammelt. Sein Interesse galt an erster Stelle den Menschen, für die sich seiner Auffassung nach die Kirche und die Religion einsetzen müssten.[588] Folgende Devise wurde mit ihm verbunden: „Vorrang des Menschlichen und des Menschen vor dem Religiösen und der Religion."[589]

Die erste Periode des Konzils fand im letzten Quartal des Jahres 1962 statt. Papst Johannes XXIII. verstarb schließlich drei Monate vor Beginn der zweiten Phase im September des darauf folgenden Jahres. Sein Nachfolger Paul VI. führte das Konzil fort und sollte den Durchbruch erzielen. 1964 unternahm er eine Reise nach Jerusalem, wo er im damals noch jordanischen Teil mit Muslimen und in Israel mit Juden zusammenkam, sowie den orthodoxen Patriarchen von Konstantinopel traf.[590] Im selben Jahr wurde das „Sekretariat für die Nichtchristen" gegründet, das 1989 den neuen Namen „Päpstlicher Rat für den interreligiösen Dialog" erhielt.[591] In

587 Jukko, S. 1.
588 Fischer, S. 96–97.
589 Ebd., S. 98.
590 Ebd., S. 100–102.
591 Zu Entstehung, Wirken und Struktur des Sekretariats/Rates, siehe ausführlich Jukko, S. 13ff.

der vierten und letzten Periode zwischen September und Dezember 1965 waren elf der insgesamt sechzehn Dokumente des Konzils fertig gestellt worden.[592] In Bezug auf den Islam und die Muslime sind die beiden folgenden Erklärungen von Bedeutung:

- Das Lumen Gentium, Art. 16 in der Dogmatischen Konstitution über die Kirche, erklärt, dass Nichtchristen und vor allem die Muslime auch das Seelenheil erlangen können. Dort heißt es: „[…] Der Heilswille umfasst aber auch die, welche den Schöpfer anerkennen, unter ihnen besonders die Muslim, die sich zum Glauben Abrahams bekennen und mit uns den einen Gott anbeten, den barmherzigen, der die Menschen am Jüngsten Tag richten wird […]"[593]
- In der Erklärung über das Verhältnis der Kirche zu den nichtchristlichen Religionen (Nostra Aetate) ist Teil 3 explizit an die Muslime gerichtet. Die Geschichte, wie es zu diesem Text gekommen ist, zeigt, dass die Einbindung des Islams und anderer Religionen nicht von Anfang an geplant war. Zunächst ging es darum, dass die Kirche ihr Verhältnis zum Judentum neu definierte, was hauptsächlich mit dem Holocaust und der Gründung Israels zusammenhing. Im Rahmen dessen wurde sich darauf verständigt – nachdem es zu Protesten, insbesondere von Bischöfen aus dem Mittleren Osten, gekommen war – die Muslime und Anhänger aller Religionen mit einzubeziehen.[594] Im Text heißt es in Bezug auf die Muslime:

  „Mit Hochachtung betrachtet die Kirche auch die Muslim, die den alleinigen Gott anbeten, den leben-

[592] Zu den vier Perioden des Konzils in aller Kürze siehe Jukko, S. 1–2. Eine sehr ausführliche Darstellung dazu lässt sich finden in: Marchetto, S. 153ff.

[593] Entnommen aus Güzelmansur, S. 390.

[594] Fitzgerald, S. 29. Für eine Besprechung von Nostra Aetate siehe: Ebd., S. 29ff.; Der Zeitzeuge Josef Neuner SJ hat zu demselben Band ein Geleitwort beigesteuert, in dem er die Entstehung der Erklärung gut erläutert. Siehe Neuner, S. 13–15.

> digen und in sich seienden, barmherzigen und allmächtigen, den Schöpfer des Himmels und der Erde, der zu den Menschen gesprochen hat. Sie mühen sich, auch seinen verborgenen Ratschlüssen sich mit ganzer Seele zu unterwerfen, so wie Abraham sich Gott unterworfen hat, auf den der islamische Glaube sich gerne beruft. Jesus, den sie allerdings nicht als Gott anerkennen, verehren sie doch als Propheten, und sie ehren seine jungfräuliche Mutter Maria, die sie bisweilen auch in Frömmigkeit anrufen. Überdies erwarten sie den Tag des Gerichtes, an dem Gott alle Menschen auferweckt und ihnen vergilt. Deshalb legen sie Wert auf sittliche Lebenshaltung und verehren Gott besonders durch Gebet, Almosen und Fasten.
> Da es jedoch im Lauf der Jahrhunderte zu manchen Zwistigkeiten und Feindschaften zwischen Christen und Muslim kam, ermahnt die Heilige Synode alle, das Vergangene beiseite zu lassen, sich aufrichtig um gegenseitiges Verstehen zu bemühen und gemeinsam einzutreten für Schutz und Förderung der sozialen Gerechtigkeit, der sittlichen Güter und nicht zuletzt des Friedens und der Freiheit für alle Menschen."[595]

Wie Christian Troll festhält, fallen gleich zwei „Charakteristika" auf:

> „Erstens unterstreicht er die gemeinsamen beziehungsweise die verwandten Punkte zwischen Islam und Christentum, während er gleichzeitig den wesentlichen Unterschied hervorhebt – das christliche Bekenntnis zur Gottheit Jesu. Zweitens eröffnet er die Möglichkeit einer

[595] Entnommen aus Güzelmansur, S. 389. Für zahlreiche Texte der katholischen Kirche zum Islam siehe Güzelmansurs Zusammenstellung. Und für eine Sammlung von Texten zum interreligiösen Dialog siehe: Fürlinger, Ernst (Hg.): Der Dialog muss weitergehen. Ausgewählte vatikanische Dokumente zum interreligiösen Dialog (1964–2008). Freiburg im Breisgau 2009.

> Zusammenarbeit zwischen den beiden Religionen angesichts der drängenden Nöte der Gegenwart."[596]

Die Erklärung beginnt mit der zentralen Aussage, dass Christen und Muslime den gleichen einzigen Gott verehren. Die angeführten göttlichen Attribute sind in beiden Religionen relevant und könnten als Hinweis auf den koranischen „Thronvers (*āyat al-kursī*)"[597] gedacht gewesen sein.[598] Dass der Text, die Person Jesu betreffend, die unterschiedlichen Ansichten erwähnt, stellt einen entscheidenden Punkt dar. Die Muslime lehnen seine Göttlichkeit aus Respekt vor der Transzendenz Gottes ab, sie verehren ihn jedoch als einen wichtigen Propheten, der gemeinsam mit seiner Mutter Maria im Koran einen hohen Stellenwert genießt. Des Weiteren werden die islamische Eschatologie, die Bedeutung der sittlichen Moralwerte und der Gottesdienst anhand der Nennung von drei der fünf Säulen des Islams gewürdigt. Die historischen Konflikte zwischen den Angehörigen beider Religionen sollten ad acta gelegt und ein Neubeginn in den Beziehungen solle zum Wohle der Menschheit eingeläutet werden.[599] Allerdings wird die Haltung zum Propheten Muḥammad mit keinem Wort im Text erwähnt. Das sollte erst in den 1980er Jahren folgen.[600] Für die Muslime ist dies

---

596 Troll, Unterscheiden um zu klären, S. 232.

597 Sure 2:255. Der Vers lautet im Volltext: *„Gott (ist einer allein). Es gibt keinen Gott außer ihm. (Er ist) der Lebendige und Beständige. Ihn überkommt weder Ermüdung noch Schlaf. Ihm gehört (alles), was im Himmel und auf der Erde ist. Wer (von den himmlischen Wesen) könnte – außer mit seiner Erlaubnis – (am jüngsten Tag) bei ihm Fürsprache einlegen? Er weiß, was vor und was hinter ihnen liegt. Sie aber wissen nichts davon – außer was er will. Sein Thron reicht weit über Himmel und Erde. Und es fällt ihm nicht schwer, sie (vor Schaden) zu bewahren. Er ist der Erhabene und Gewaltige."*

598 Hinterleitner, S. 21.

599 Troll, Unterscheiden um zu klären, S. 234–235.

600 Das Sekretariat für die Nichtchristen hatte 1969 Richtlinien für den Dialog zwischen Christen und Muslimen veröffentlicht. 1981 erstellte Pater Maurice Borrmans eine neue Fassung, die vier Jahre später auch in deutscher Übersetzung mit dem Titel „Wege zum christlich-islamischen Dialog" erschienen ist. Darin wird erstmals in einem offiziellen Dokument des Vatikans

eine der Kernfragen ihrer Religion. Schließlich wird der Glauben doch erst vollkommen, wenn die Prophetie Muḥammads bezeugt wird.[601] Um den Propheten Muḥammad sollte es zukünftig noch zu einigen Differenzen zwischen den beiden Religionsgemeinschaften kommen.

Es muss an dieser Stelle aber festgehalten werden, dass das Konzil nun eine christliche Perspektive auf den Islam und eine Basis für den Dialog erarbeitet hatte.

Die Berichterstattung in der Maǧalla fiel bezüglich des Geschehens im Vatikan sehr dürftig aus. Während sich, wie in 4.1. gesehen, zu Beginn der 1960er mit einer möglichen Anerkennung des Islams durch den Vatikan und dem Aufbau von Beziehungen befasst wurde, wird das Konzil kaum thematisiert. Hier sind die wenigen Reaktionen aus dieser Zeit:

In einem Interview mit dem Deutschlandfunk im November 1964 wurde der damalige Großscheich Ḥasan Ma'mūn nach der Haltung des Islams zum Christentum im Hinblick auf den Jordanienbesuch von Papst Paul VI. und nach seiner Meinung zum Aufbau von besseren Beziehungen zwischen dem Islam und dem Christentum sowie dem Judentum befragt. Er wurde auch zu einer Einschätzung gebeten, ob ein Zusammenleben von Juden und Arabern möglich sei.

In seiner Antwort ging er nicht auf die Reise des Papstes ein. In Bezug auf die Schriftbesitzer sprach er zunächst von

---

Stellung zur Auffassung der Christen zum Stifter des Islam genommen und in diesem Zusammenhang, wie Troll es formuliert, dazu angehalten „von früheren polemischen und apologetischen Haltungen und Aussagen Abstand zu nehmen". Troll, Unterscheiden um zu klären, S. 243. So heißt es u. a.: „Sie müssen endgültig auf allen Mangel an Respekt, auf alles unkorrekte Verhalten – in Wort und Schrift – verzichten, wie auch alle abfälligen oder gar beleidigenden Bemerkungen, in allem, was Muhammad, den verehrten Propheten des Islam betrifft." Vgl. Borrmans, Wege S. 78.

[601] Kritisiert wurde die fehlende Erwähnung Muḥammads in den Konzilaussagen zum Islam in einem Text vom Dominikanerpater Georges Anawati aus dem Jahre 1967. Er machte schon damals darauf aufmerksam, dass im Rahmen des Dialogprozesses eine genauere Darstellung diesbezüglich erforderlich werden würde. Siehe dazu Troll, Unterscheiden um zu klären, S. 235–236.

der Toleranz des Islams ihnen gegenüber. Hinsichtlich der Beziehungen zu den Juden erläuterte er, dass wenn sie Feindschaft suchten und mit ihrer zionistischen Politik weitermachten, die zu Vertreibung von und Übergriffen auf Unschuldige führe, der Islam anordne, dass man sich gegen sie stelle, bis sie damit aufhörten.[602]

Im selben Monatsband erscheint unter der Rubrik „Nachrichten und Meinungen" (*Anbā' wa Ārā'*) eine entscheidende, wenn auch kurze Meldung. Darin wird von der Idee des Vatikans gesprochen, die Juden vom Blut Jesu freizusprechen. Diese Meldung dürfe von allen islamischen Institutionen nicht unkommentiert bleiben. Dabei wird beklagt, dass die eigene Presse diese Angelegenheit auf politischer Ebene diskutiere, statt zu berücksichtigen, dass der Islam die Kreuzigung Jesu leugne. Deshalb entbehre die Angelegenheit aus der Sicht der Azhar jeglicher Grundlage, da sie auf falschen Tatsachen aufbaue. Zudem wird darauf angespielt, dass die amerikanische Politik in diesem Zusammenhang eine bedeutende Rolle spielen würde. Der Artikel wirft den Journalisten vor, nicht erkannt zu haben, dass es sich um ein politisches Manöver seitens der „Kardinäle in den Hallen des Vatikans" (*al-karādila fī arwiqat al-fātīkān*) handele und ihnen ihr journalistischer Erfolg wichtiger sei, als die Religion vor Verwirrungen zu bewahren.[603] Diese Nachricht kann nicht nur als Abrechnung bzw. Zurechtweisung der Presse im arabisch-islamischen Raum verstanden werden, sie drückt auch die Enttäuschung der Azhar hinsichtlich des Konzils aus. Auch wenn die Freisprechung der Juden vom Tod Jesu nach islamischer Auffassung als unnötig, ja vielleicht auch unsinnig erscheint, wird diese Frage hier dennoch thematisiert. Solch ein Schritt stellt aus Sicht der Azhar eine mögliche Gefahr dar. Die Juden und damit insbesondere der Staat Israel – also der damalige „große Feind" des nāṣiritischen

---

[602] MA, Bd. IV/36–1964/65,S. 391. Für das komplette Interview siehe: Ebd., S. 388–391.

[603] MA, Bd. IV/36–1964/65, S. 505.

Ägyptens und der arabischen Welt – würde dadurch begünstigt und der Weg für eine christlich-jüdische Zusammenarbeit geebnet, die sich dann womöglich politisch gegen den Islam und die Muslime richten könnte. Die skeptische Haltung dem Konzil gegenüber und die geringe Aufmerksamkeit, die in der Mağalla einem für die katholische Kirche so bedeutenden Ereignis geschenkt wird, scheint demnach darauf zurückzugehen, dass sich der Vatikan darin auch dem Judentum gegenüber öffnete.

Eine aus dem Konzil hervorgegangene Initiative wird noch im englischen Teil der April-Ausgabe 1965 in aller Kürze erwähnt. Dort heißt es:

„The Vatican has announced the establishment of a Section for Islamic Affairs. This Section will be attached to its special Secretariate which deals with the affairs of world religions other than christianity."[604]

Mehr Informationen hierzu werden der Leserschaft nicht geboten.

5.2 Ein Vatikanischer Vertreter in Kairo: Der Beginn der Beziehungen

Das Konzil war noch nicht ganz beendet, als Kardinal Franz König, der Erzbischof von Wien, der Azhar-Universität einen Besuch abstattete. Der 2004 verstorbene Kardinal war an den Vorbereitungen und der Durchführung des Konzils beteiligt und leitete von 1965 bis 1980 das „Sekretariat für die Nichtglaubenden".[605] Im Dezember 1964 kam er an der Az-

[604] MA, Bd. X/36–1964/65, S. 16.

[605] Zum Leben und Wirken Königs, siehe Kunz, Johannes: *Der Brückenbauer. Kardinal Franz König 1905–2004. Sein Vermächtnis.* Wien 2004. Die Bezeichnung „Brückenbauer" für König lässt sich auch an anderen Stellen finden. Carla Amina Baghajati schreibt über ihn: „Kardinal König verkörperte den Geist des II. Vatikanischen Konzils. Für die Muslime, nicht nur in Österreich, erwies er sich als der große Impulsgeber für den interreligiösen Dialog und als erfolgreicher Brückenbauer." Vgl. Baghajati, S. 181. Das Sekretariat

har mit Großscheich Ma'mūn zusammen. Die Maǧalla berichtet darüber nur in einigen wenigen Zeilen. Die beiden Würdenträger hätten sich dabei über die Botschaft der Religionen hinsichtlich der Stärkung des Friedens und das zionistische Vorgehen gegen die Araber in Palästina beraten. König habe Ma'mūn nach Wien eingeladen, wo er einige Vorträge zum Islam halten solle.[606] Es ist eigenartig, dass die Zeitschrift nicht ausführlicher über dieses Treffen informiert. Wirklich verwunderlich ist aber, dass der nächste Besuch des Kardinals im März 1965, bei dem er auf Einladung des Großscheichs einen Vortrag über den „Monotheismus in der heutigen Welt" hielt, mit keinem Wort erwähnt wurde. Erst in den Ausführungen Zaqzūqs zum Dialog der Azhar aus dem Jahre 1994, die in 4.1 ausführlich behandelt wurden, findet dieses Ereignis in einem Satz Erwähnung. Das ist besonders deswegen seltsam, weil dieser Vortrag, welcher der erste eines christlichen Geistlichen von solch hohem Rang an der Azhar war, als Startpunkt der Beziehungen zwischen den beiden Institutionen angesehen wird.[607] Es entsteht der Eindruck, als solle der eigenen Leserschaft der bedeutende Besuch sowie der Vortrag Königs vorenthalten werden. Ein offensichtlicher Grund kann allerdings nicht erkannt werden. Läge es an der bereits angesprochenen Skepsis den Entwicklungen im Vatikan gegenüber, dann hätte man den Kardinal, der maßgeblich daran beteiligt war, nicht eingeladen, vor eigenen Studenten zu referieren. Weshalb auch die Angst vor eventuellen Reaktionen der Muslim-Brüder, die, wie in 4.2 geschildert, zu jener Zeit eine besonders starke Gefahr dar-

für die Nichtglaubenden wurde 1965 ins Leben gerufen und zwei Jahre später zum Päpstlichen Rat für die Nichtglaubenden erhoben. Seit 1982 gehört es zum Päpstlichen Kulturrat und ist für den Dialog mit Atheisten und Nichtglaubenden zuständig. Siehe dazu: http://www.radiovaticana.org/tedesco/Vatikanlexikon/curia/consiglio/consiglio_cultura.htm (abgerufen am 22.5.2012).

606 MA, Bd. 36/1964–65, S. 637.

607 Siehe dazu: Baghajati, S. 181; Méténier, S. 118; Tworuschka, S. 97; Görlach, S. 120–121.

stellten, als Grund für dieses Verhalten nicht sonderlich überzeugend erscheint. Es mag auch an internen Gründen der Zeitschrift liegen, dass diese und, wie schon gesehen, auch andere wichtige Anlässe und Reden, wie die von Erzbischof Rowan Williams 2004, an der Azhar nicht berücksichtigt wurden.

In seinem Vortrag geht Kardinal König auf den Ursprung der Religionen und die Geschichte des Monotheismus ein, ehe er auf die aktuelle Situation zu sprechen kommt. Dabei zitiert er aus der Bibel und dem Koran und lässt an einigen Stellen auch bekannte muslimische Gelehrte des Mittelalters, wie al-Ġazālī[608] oder al-Ašʿarī[609], zu Wort kommen, womit er

608 Al-Ġazālī, Abū Ḥāmid Muḥammad b. Muḥammad aṭ-Ṭūsī wurde 1058 in Ṭūs bei Ḫorāsān geboren und gilt als einer der bedeutendsten Theologen der islamischen Geschichte. Er wirkte von 1091–1095 als Lehrer an der Niẓāmīya-Madrasa in Bagdad. Dann entdeckte er für sich den Sufismus und verbrachte über zehn Jahre auf Reisen, während derer er sich verstärkt der Vertiefung seiner mystischen Erfahrungen widmete. 1105/06 kehrte er in seine Heimat zurück und nahm eine Lehrtätigkeit in Nīšāpūr an, von der er sich kurz vor seinem Tode erneut zugunsten der Mystik zurückzog. Obwohl al-Ġazālī vielen Thesen der Philosophie gegenüber kritisch eingestellt war, übernahm er deren Instrumente der Logik (vor allem der aristotelischen), die er auch in Bereichen wie dem *kalām* anwandte, und machte sie einer breiteren Allgemeinheit zugänglich. Im Bereich der islamischen Mystik ist er für sein Werk Iḥyāʾ ʿUlūm ad-Dīn (Die Wiederbelebung der religiösen Wissenschaften) bekannt geworden, welches als ein Versuch zur Versöhnung der Mystik mit der islamischen Orthodoxie angesehen wird. Darüberhinaus verfasste er einige Werke zum islamischen Recht und polemische Werke gegen heterodoxe Gruppierungen. Er starb im Jahre 1111. EI[1]: Al-Ghazālī (H. Ritter); EI[2]: Al-Ghazālī (D. B. Macdonald).

609 Al-Ašʿarī, Abū al-Ḥasan ʿAlī b. Ismāʿīl wurde 873/74 in Baṣra geboren. Er war Begründer der nach ihm benannten orthodoxen theologischen Schule. Lange gehörte er der Muʿtazila in Baṣra an, bis er sich schließlich von ihr abwendete, seine eigene Denkweise entwickelte und sich in vielen seiner Schriften gegen die Muʿtazila richtete, wo er z. B. im Gegensatz zu ihr die These, dass die göttlichen Eigenschaften ewig und der Koran nicht erschaffen sei, vertrat. Sein besonderer Verdienst ist es, die Anwendung der Dialektik bei theologischen Fragestellungen hoffähig gemacht zu haben, indem er sie dabei einsetzte, die Muʿtazila und andere Strömungen, die als Ketzer eingestuft wurden, zu widerlegen. Er starb 935/36 in Bagdad. EI[1]: Al-Ashʿarī (Autorenangabe fehlt); EI[2]: Al-Ashʿarī (W. Montgomery Watt).

seine Kenntnisse über den islamischen Glauben unter Beweis stellt. Als verbindende Elemente zwischen beiden Religionen hält er die folgenden vier Punkte fest, die seiner Meinung nach „Voraussetzungen aufzeigen, die von einer echten Begegnung gefordert werden“[610]:

- Die gemeinsame Basis des Monotheismus
- Die Besonderheit, dass Islam und Christentum Buchreligionen seien
- Die Achtung der anderen Religion – ohne die eigene Überzeugung aufzugeben – als eines von Gott ermöglichten Weges zum Ziel des Menschen
- In der Beachtung des Grundsatzes „Es darf keinen Zwang im Glauben geben“, welcher auch von Christen anerkannt werde.[611]

Als Kernaussage in den Ausführungen Königs kann der Kampf gegen den Atheismus, den er im Materialismus und Kommunismus erkennt, gesehen werden. Da diese Ideologien eine Gefahr für den Monotheismus und damit für die beiden Weltreligionen darstellten, müsse gemeinsam dagegen vorgegangen werden, auch wenn „gerade auf der theologischen Ebene“ trennende Faktoren zwischen Christentum und Islam vorlägen, denn „das Maß an gemeinsamen Überzeugungen, das uns an der Wurzel eint“ sei offensichtlich.[612] Dies dürfe auch unter Berücksichtigung der „Einheitsbestrebungen der heutigen Welt“ nicht zu einem Einheitsbekenntnis führen und damit zum Spielball des „liberalen Atheismus“ werden, für den alle Religionen gleich und gleichermaßen falsch seien.[613] Denn: „Aus dem Streben der Welt nach Einheit wird sich jedoch die Pflicht für die Verantwortlichen in den monotheistischen Religionen ergeben, das gegenseitige Verstehen und die Toleranz – ohne

610 König, S. 21.
611 Ebd.
612 Ebd., S. 25.
613 Ebd., S. 26.

jede verwischende Gleichmacherei – zu fördern."[614] Unter Toleranz sei nicht nur zu verstehen, dass man nicht gegeneinander kämpfe. Vielmehr solle sie „zu einer positiven Zusammenarbeit auf religiösem, sittlichen und insbesondere auf sozialem Gebiet führen."[615]

Damit propagiert König das, was al-Azhar unter Dialog versteht. Das Vorgehen gegen atheistische Strömungen galt, wie in 4.1 beschrieben, im Sinne der Azhar insbesondere in jener Zeit als Hauptaufgabe in der Zusammenarbeit zwischen den Religionsgemeinschaften. Eine weitere Aufgabe wurde im Engagement für die Vermittlung gemeinsamer Werte und im sozialen Bereich gesehen. Dass der Dialog nicht zu einer Einheitsreligion führen könne bzw. dürfe, ist auch dem Verständnis der Azhar in diesem Zusammenhang zu entnehmen. Ein Austausch über die jeweiligen Bekenntnisse und Lehren wurde immer strikt abgelehnt, weil dies zu keinem Ergebnis führen würde. Oder besser gesagt, weil am Ende die Wahrheitsfrage im Raum stehen würde und folglich nur noch die eine Wahrheit die Legitimation für sich beanspruchen könne.

5.3 Die Folgejahre

Der Besuch von Kardinal König an der Azhar kann in der Tat als der Startpunkt der Beziehungen zwischen dem Vatikan und der islamischen Universität gewertet werden. Bis zum Aufbau eines institutionalisierten Dialogs 1998 sollten jedoch über dreißig Jahre verstreichen.

Der Vatikan begann 1965 damit, jährlich zum Ende des islamischen Fastenmonats Ramadan Grußbotschaften an die Universität zu schicken. Alexander Görlach bezeichnet

614 Ebd.

615 Ebd. Für eine Vorstellung und Besprechung von Königs Rede, siehe Görlach, S. 120–124.

diesen Vorgang als „roten Faden des Dialogs".[616] Aus der Perspektive der Azhar verliefen diese drei Jahrzehnte nicht unbedingt reibungslos. Bei der Auswertung der Zeitschrift für diesen Zeitraum stößt man auf eine Darstellung des Vatikans, die von Skepsis, Kritik und Vorwürfen überlagert ist. Deshalb soll im Folgenden das Vatikanbild der Mağalla aus dieser Zeit anhand von Beispielen vorgestellt und besprochen werden.

Eine der ersten signifikanten Nachrichten in diesem Zusammenhang stammt vom April 1968. Dort wird über den Besuch einer vatikanischen Delegation beim Großscheich berichtet. Dabei soll dieser die Gelegenheit genutzt haben, um die „zionistische Gewalt" anzusprechen, die gegen alle Religionen gerichtet sei, vor allem aber gegen den Islam. Die Welt müsse seiner Meinung nach den arabischen Staaten beistehen, um dieser Gewalt, aber auch den Interessen Israels an der Verbreitung seines Territoriums ein Ende zu bereiten.[617] Diese Aussage des Großscheichs hängt natürlich mit dem 1967 verlorenen Krieg der arabischen Welt gegen Israel zusammen. Sein Aufruf nach dem Beistand der „Welt" klingt schon fast utopisch und ist mehr als Wunschdenken einzuordnen als eine seriöse politische Forderung an die Weltgemeinschaft. Vermutlich versuchte er vielmehr hier den vatikanischen Vertretern seine Haltung zum Konflikt zu erklären und sie darauf aufmerksam zu machen, dass beide Seiten einen gemeinsamen Feind haben müssten. Schließlich seien die Christen in Palästina von der israelischen Besatzung ebenso betroffen wie die Muslime. Dies wiederum beinhaltet die bereits angesprochene Kritik an den Bemühungen des Vatikans, die Beziehungen zum Judentum und damit auch zum jüdischen Staat zu verbessern. Dieser Aspekt ist der Azhar – gerade in der damaligen politischen Situation – besonders ein Dorn im Auge und so wird die Leserschaft im Dezember

---

[616] Görlach, S. 124. Für eine Auswertung dieser Botschaften siehe: ebd., S. 124–129.

[617] MA, Bd. I/40–1968/69, S. 77–78.

1971 in einer kurzen Schlagzeile darauf hingewiesen, dass Beziehungen zwischen Katholiken und Juden früher verboten waren und neuerdings möglich gemacht wurden.[618] Damit zeigt sich deutlich, dass al-Azhar sich vom Zweiten Vatikanischen Konzil etwas anderes erhofft hatte. Um die Haltung der Azhar hierzu besser zu verstehen, muss ihre Herangehensweise an das Thema berücksichtigt werden. Der Vatikan musste nach den Verbrechen an den Juden in Nazi-Deutschland seine Position dem Judentum gegenüber neu gestalten. Für die Azhar sah die Ausgangslage jedoch anders aus. Man sieht sich mit der Entstehung eines jüdischen Staates an den Grenzen Ägyptens und anderer arabischer Länder zu Lasten der palästinensischen Bevölkerung konfrontiert, der später in den kriegerischen Auseinandersetzungen die Oberhand behalten sollte. Während der Vatikan die Juden als Opfer wahrnahm und würdigte, stellten zumindest die israelischen Juden aus Sicht der Azhar Aggressoren dar. Der Eindruck, den das Verhalten des Vatikans bei den Vertretern der Azhar erzeugte, lässt sich auf den Punkt gebracht folgendermaßen formulieren: Der Vatikan habe mit seinen Schritten zur Versöhnung mit den Juden dem Erzfeind der arabisch-islamischen Welt die Hand gereicht.

Besonders vehement wurden in der Folgezeit die Missionierungsaktivitäten des Vatikans angeprangert. Dabei wurden schwere Vorwürfe an die Päpste persönlich erhoben. Eine Meldung vom April 1969 spricht hierbei in wenigen Zeilen verschiedene Methoden der Missionierung an und erwähnt dabei explizit auch den Gebrauch von Waffengewalt in Gebieten Afrikas. Angeführt würde diese Bewegung vom „römischen Erzbischof", der von seinen Anhängern als „Papst" bezeichnet werde. Der Papst habe auch Reisen nach Afrika angekündigt.[619] Abgesehen davon, dass hier – nicht zum letzten Mal – zwischen dem katholischen Oberhaupt und dem Einsatz von Gewalt bei der Verbreitung des Christentums

[618] MA, Bd. IX/43–1971/72, S. 898.
[619] MA, Bd. II/41–1969/70, S. 159.

oder der Bekämpfung von Muslimen eine Verbindung herzustellen versucht wird, kann diese Erklärung über die Bezeichnung des Papstes als Verhöhnung seines Amtes verstanden werden. Einen Monat später wurde ein Artikel mit dem Titel „Die Muslime sollen hören ... was wird mit dem Islam beabsichtigt?“ (Li-Yasmaʿ al-Muslimūn ... Māḏā Yurādu bi-'l-Islām?) veröffentlicht, in dem das Wirken von christlichen Organisationen auf dem afrikanischen Kontinent behandelt wird. Dabei wird eine Liste angeführt, die unter anderem die Angaben zur Anzahl von Missionaren und ihren Helfern, Kirchen, Lehranstalten, Schulen für Kinder und Krankenhäusern enthält. Dass die Azhar hiermit der Kirche unterstellt, dass sie sich in diesen Einrichtungen nicht aus dem Prinzip der Nächstenliebe, sondern nur um den bedürftigen Menschen das Christentum reizvoll zu machen, engagiere, ist offensichtlich. Die finanzielle Unterstützung hierfür komme aus verschiedenen Ländern wie den USA, Kanada, England, Frankreich, Italien und weiteren. Doch als Hauptsponsor dieser Unternehmungen gelte der Papst, der dem Bericht zufolge 500 Millionen US-Dollar für die Mission in islamischen Ländern bereitgestellt habe.[620] Zum Abschluss werden die Muslime angehalten, ihren Geschwistern in Afrika zu helfen. Es müssten dort Schulen und soziale Einrichtungen gegründet werden sowie Lehrer, Gelehrte und Ärzte wirken.[621]

Doch al-Azhar ist nicht nur um die Muslime auf dem schwarzen Kontinent besorgt. Auch asiatische Länder wie die Philippinen und Indonesien seien mit Gewalt und Missionierungsversuchen konfrontiert, für die Papst Paul VI. eine Mitschuld trage. Über die Philippinen wird im August 1973 kurz berichtet. Der Titel dieser Meldung ist schon für sich allein aussagekräftig: „Die philippinischen Muslime und der Erzbischof des Vatikans“. Im Text heißt es, dass die philippinische Armee ein von Muslimen bewohntes Gebiet angegriffen habe. Die unbewaffneten Muslime seien sogar bei der

---

620 MA, Bd. III/41–1969/70, S. 210–211.
621 Siehe zu diesem Beitrag ausführlich: Ebd, S. 210–212.

Flucht unter anderem von Kampfflugzeugen beschossen worden. Ein Vertreter der philippinischen Muslime habe während einer Konferenz in Libyen gesagt, dass religiös motivierte Angriffe auf Muslime durch Christen seit dem Besuch des Papstes auf den Philippinen zugenommen hätten.[622] Dies kann eigentlich nur als Anspielung darauf verstanden werden, dass das Oberhaupt der katholischen Kirche in die an den Muslimen begangenen Verbrechen involviert sei.

Zur Berichterstattung der Situation in Indonesien findet sich ein dreiseitiger Artikel, der Pläne europäischer Christen zur Missionierung der Bevölkerung wiedergibt. Darin wird erwähnt, dass der Vatikan einen Kardinal und einen Erzbischof eingestellt habe, um die Missionierungsaktivitäten zu unterstützen.[623]

1977 und 1978 überschlugen sich die Ereignisse. Im März 1977 fand der zweite internationale muslimisch-christliche Kongress von Cordoba statt. Großscheich ʿAbd al-Ḥalīm Maḥmūd, der dort für die Eröffnungsrede eingeplant war, sagte seine Teilnahme in letzter Minute ab. In einer Erklärung machte er deutlich, dass er gegen Kongresse dieser Art sei. Schließlich würde die offizielle Kirche ihre Haltung zum Islam und seinem Propheten und viel wichtiger zu ihren Missionierungsaktivitäten nicht ändern.[624]

Im Juli desselben Jahres veröffentlichte die Maǧalla zwei Briefe vom Dezember 1967 und Januar 1968 in einer gesonderten Ausgabe als „Buch des Monats“ (Kitāb aš-Šahr), was als eine Art Beilagenheft zu verstehen ist. Solche Beilagen sind immer wieder Bestandteil der Zeitschrift.

Das erste Schreiben enthält den Aufruf von Papst Paul VI. zur Einführung des Weltfriedenstags ab dem 1. Januar 1968.[625] Der Jahresbeginn wird von der katholischen

---

[622] MA, Bd. V/45–1973/74, S. 479.

[623] MA, Bd. II/48–1976, S. 233–235.

[624] Aguilar, S. 207–208. Aguilars Artikel bietet einen Bericht über den Kongress.

[625] Für den kompletten Brief siehe: MA, Bd. VI/49–1977, S. 1188–1192.

Kirche seitdem als solcher begangen.[626] Der zweite Brief stellt die Antwort des pakistanischen muslimischen Gelehrten Abū al-Aʿlā al-Maudūdī[627] auf den päpstlichen Aufruf dar.

Dass dieser Briefwechsel zehn Jahre nach seiner Entstehung und ausgerechnet in dieser Zeit in der Maǧalla Platz findet, ist kein Zufall, denn al-Maudūdīs damalige Aussagen lassen sich mit der Position der Azhar gut vereinbaren. Al-Maudūdī beklagt im Briefwechsel unter anderem das durch Christen verbreitete falsche Islambild[628] und verurteilt das Wirken christlicher Missionare, die zu Mitteln greifen würden, die mit der Religion nicht vereinbar seien. So würden diese die wirtschaftlichen Schwächen der Menschen ausnutzen, um sie zu bekehren.[629] Im Staat Israel, auf dessen Seite sich das christliche Europa während des Krieges von 1967 gestellt habe, sieht er eine Gefahr für den Frieden. Palästina sei Jahrhunderte lang hauptsächlich von Arabern bewohnt gewesen, der jüdische Anteil habe bis zur britischen Invasion bei 8 % gelegen.[630] Al-Maudūdī macht schließlich deutlich, dass die Muslime die christliche Welt für dieses Unrecht verantwortlich machen würden.[631]

All diese Punkte unterstreichen die Meinung der Azhar. Die Vorwürfe an den Vatikan und die Christenheit gehen im gleichen Tenor weiter. So wurde während der achten Kon-

---

626 Für eine kurze Geschichte des Weltfriedenstages, siehe: http://www.katholisch.de/36636.html (abgerufen am 15.5.2012)

627 Sayyid Abū al-Aʿlā al-Maudūdī (geb. 1903 in Indien) war eine führende Persönlichkeit in der pakistanischen Politik. Sein Engagement begann mit der Debatte um die Aufteilung Indiens. Er gründete 1941 die reformistische Partei Jamāʿat-i islāmī und setzte sich für die Errichtung eines islamischen Staates in Pakistan ein. Seit der Gründung des pakistanischen Staates 1947 machte er seinen Einfluss auf die ideologische Orientierung des Landes geltend. So setzte er durch, dass in der ersten Verfassung von 1956 die Gründung eines islamischen Staates gemäß den Quellen des Islams zur Aufgabe des Staats erklärte wurde. Al-Maudūdī starb 1979 in den USA. EI^2: Mawdūdī (F.C.R. Robinson).

628 Siehe dazu: MA, Bd. VI/49–1977, S. 1194–1196.

629 Siehe dazu: Ebd., S. 1196–1198.

630 Ebd., S. 1198.

631 Ebd., S. 1199–1200. Siehe für den ganzen Beitrag: Ebd., S. 1188–1203.

ferenz des Rates für islamische Studien aus demselben Jahr ein Dokument besprochen, das im Grunde evangelische Missionierungsaktivitäten vorstellt. Der Rat stufte jedoch die katholischen Bekehrungsversuche als gefährlicher ein. Dem Vatikan wurde vorgeworfen, er versuche durch Intrigen den Katholizismus in Indonesien zu verbreiten.[632]

Im April 1978 schlug Großscheich Maḥmūd auch die Einladung zur dritten Cordoba-Konferenz aus. Die Maǧalla veröffentlichte sowohl das Einladungsschreiben von Míkel de Epalza, dem Vorsitzenden der Spanischen Gesellschaft für christlich-islamische Freundschaft, welche die Konferenzen veranstaltete, als auch die Reaktion des Großscheichs. Die Antwort Maḥmūds weist Parallelen zu al-Maudūdīs Ausführungen auf. Wie in Kapitel 2.3 bereits angeführt, forderte er die Anerkennung des Islams und des Propheten Muḥammad, damit, ebenso wie für die Juden, die Rechte der Muslime hinsichtlich ihrer Feste und Bräuche respektiert würden, und verurteilte Missionierungsaktivitäten wie etwa auf den Philippinen. Zudem bedauerte er, dass sich christliche Vertreter in vorherigen Konferenzen in einer für Muslime verletzenden Art und Weise über den Propheten Muḥammad geäußert hätten. Daher seien die beiden bisher organisierten Konferenzen eher ein Mittel zur Entfremdung als ein Mittel zur Verständigung gewesen.[633]

Damit machte der Großscheich unmissverständlich klar, dass sich von christlicher Seite einiges ändern müsse, damit ein fruchtbarer Dialog überhaupt erst entstehen könne. Die Erwähnung der Juden und ihrer Rechte muss in diesem Zusammenhang wieder aus politischer Perspektive gewertet werden. Sie stehen symptomatisch für die Wahrnehmung der „christlich-jüdischen Beziehungen“ im Hin-

---

632 MA, Bd. VIII/49–1977, S. 1561. Zur ganzen Besprechung des Dokuments siehe S. 1561–1572.

633 MA, Bd. III/50–1978, S. 676–679; Der Briefwechsel lässt sich in französischer Sprache finden in: Borrmans, Lettre ouverte au Pape Paul VI, S. 218–220. Siehe dazu auch die Ausführungen in: Rudolph, The Debate, S. 298–299.

blick auf den Nahost-Konflikt und die westliche Unterstützung Israels.

In Anbetracht dieser den Dialog so vehement ablehnenden Haltung erscheint es auf den ersten Blick sehr paradox, dass im April 1978 Vertreter des Vatikans mit dem Großscheich und anderen ägyptischen Würdenträgern erstmals offiziell gemeinsam tagten. Dieses an der Azhar abgehaltene Treffen sollte 1998 im Dialogabkommen zwischen beiden Einrichtungen ausdrücklich erwähnt werden. Dabei äußerte sich Großscheich Maḥmūd auch zum – seiner Ansicht nach – Scheitern der Cordoba-Konferenzen und nannte dafür zwei Gründe, die auch im angesprochenen Briefwechsel mit de Epalza auftauchen: Dies seien zum einen inakzeptable Äußerungen über den Propheten Muḥammad und zum anderen die christlichen Missionierungen unter Muslimen. Letzteres sei zudem eines der Haupthindernisse für den Dialog.[634]

Die aus den Gesprächen hervorgegangene Abschlusserklärung beinhaltete Punkte wie die Zusammenarbeit bei der Abwehr von Gefahren, die von materialistischen Denkrichtungen ausgingen. Außerdem wurde festgehalten, dass gemeinsame Werte existierten, mit denen die Gesellschaft vor Ausschweifungen und Gottlosigkeit bewahrt werden könne. Von christlicher Seite wurde der Wunsch geäußert, dass Christen und Muslime sich bessere Kenntnisse über die jeweilige andere Religion aneignen sollten. Nach den Ausführungen von Jacques Jomier sagten die muslimischen Vertreter zu diesem Punkt, dass sie keine besseren Kenntnisse über das Christentum benötigten, da diese schon allein durch die Lehren des Islams in ausreichendem Maße vorhanden seien. Es könnten aber die Kenntnisse über die Christen*heit* vertieft werden.[635] Daraus lässt sich also schlussfolgern, dass die

---

634 Jomier, S. 214–216. Dort merkt der Autor an, dass sich nicht herausfinden lässt, ob Maḥmūds Brief an de Epalza vor oder nach diesem Treffen verfasst worden ist.

635 Ebd., S. 216. Dies geht jedoch nicht explizit aus der Abschlusserklärung hervor.

Azhar die Meinung vertritt, dass die Informationen zum Christentum aus den islamischen Quellen den Muslimen sämtliche relevanten Kenntnisse vermitteln würden, weshalb eine darüber hinausgehende Beschäftigung mit den christlichen Lehren nicht notwendig sei.

Sehr interessant sind auch zwei andere Punkte: in einer kurzen Passage wird das Thema Frieden behandelt. Der Frieden liege im Islam, heißt es dort zu Beginn. Gott habe die Menschen geschaffen, damit sie einander kennenlernten und gemeinsam auf den Frieden hin arbeiteten. Dies ist natürlich eine Anspielung auf die bereits mehrfach behandelte Koranstelle Sure 49:13. Im Hinblick auf das Christentum heißt es, dass der Gedanke des Friedens in ihm vorhanden sei. Deshalb habe auch der Papst die Friedensinitiative as-Sādāts im Nahost-Konflikt unterstützt.

Ein weiterer Punkt bildet den Abschluss der Erklärung. Dort ist von der Einigung darüber die Rede, dass kontinuierliche und organisierte Beziehungen bewahrt werden müssten, in denen ein breiterer Austausch möglich sei. Außerdem lud der Papst die muslimischen Gelehrten zu einem Besuch im Vatikan ein. Der Großscheich nahm diese Einladung an, ein Termin sollte zu einem späteren Zeitpunkt ausgemacht werden.[636]

Zu diesem Besuch ist es jedoch nie gekommen. Eventuell war die Annahme der Einladung durch den Großscheich nur als höfliche Geste gemeint und Großscheich Maḥmūd verfolgte keine ernsthaften Absichten für eine Reise nach Rom. Die hier vorgestellte Veranstaltung organisierte die Universität nicht unbedingt aus freien Stücken oder auf Grund eines Kurswechsels hinsichtlich des Dialogs. Dies lässt sich anhand eines vom damaligen Direktor der Maǧalla, ʿAbd al-Wadūd Šalabī, verfassten offenen Briefes an Papst Paul VI. bestätigen, der im Juni 1978, also zwei Monate nach dem Treffen mit den Vertretern des Vatikans, erschienen ist. In diesem für die Haltung der Universität repräsentativen Schreiben

[636] Für die vollständige Erklärung siehe: Haddad/Dupré la Tour/Nashabé: Al-Bayānāt, S. 119–123; Dies.: Déclarations, S. 174–177.

reiht sich der Autor in die Linie al-Maudūdīs, Maḥmūds und des Umgangs seiner Zeitschrift mit dem Vatikan ein. Auch er prangert die christlichen Missionierungen an, die dank des Reichtums des Vatikans weit fortgeschritten seien und weist auf die schlechte Behandlung der muslimischen Minderheiten wie etwa in Nigeria und den Philippinen hin. Dabei nimmt er ebenfalls Bezug auf zwei Dauerthemen: zum einen die weiterhin als provozierend empfundene Ausdrucksweise über den Propheten und zum anderen Israel, in dem er eine Gefahr für den Frieden und den Dialog erkennt und hierbei beklagt, dass die Christen dennoch offen ihre Sympathie für die Juden bekunden würden. Zum Abschluss des Dokuments wird der Briefwechsel zwischen Míkel de Epalza und Großscheich Maḥmūd angehängt.[637]

Ekkehard Rudolphs Resümee zu diesem Schreiben trifft genau den Punkt:

> „Selbst die mehrfach im Text enthaltenen Ehrbekundungen gegenüber Papst Paul VI. und der Wunsch nach Verständigung mit den Christen können nicht den Eindruck verdecken, daß es sich hier um eine diplomatisch verpackte, aber nichtsdestoweniger eindeutige Dialogabsage handelte. Zuerst sollten – so lautete die Botschaft – die Rahmenbedingungen – nach islamischer Vorstellung – geändert werden, ehe es zu einem sinnvollen Gespräch beider Seiten kommen könne."[638]

All das, was bisher vorgetragen wurde, muss in einen politischen und innerägyptischen gesellschaftlichen Zusammenhang gestellt werden. Es ist schließlich die Phase der Friedensverhandlungen mit Israel. As-Sādāt hatte im November 1977 Jerusalem besucht und im September 1978 folgte die

[637] Eine Besprechung des Briefes lässt sich finden in: Borrmans, Lettre ouverte au Pape Paul VI, S. 217–218. Rudolph, Dialogues, S. 26–27. Da das Originaldokument (*Šalabī, ʿAbd al-Wadūd: Risāla ilā al-Bābā Būlus al-sādis. Kairo 1978*) mir nicht zugänglich war, habe ich mich an dieser Stelle an den Ausführungen von Borrmans und Rudolph orientiert.

[638] Rudolph, Dialogues, S. 27.

so bedeutende Konferenz von Camp David, in der der Grundstein für den Frieden zwischen Ägypten und Israel gelegt wurde. Dazwischen lag seine Audienz beim Papst. Anhand der massiven Attacken in den Schriften der Azhar gegen Israel zeigt sich, dass man an der Universität dem neuen Weg der Regierung sehr kritisch gegenüberstand und seine Kritik wahrscheinlich auf indirekte Weise zum Ausdruck bringen wollte.[639] Das zeigt sich auch daran, dass der Friedensprozess in der Mağalla nicht thematisiert wird. Stattdessen wird noch im Dezember 1978 ein ausführlicher englischsprachiger Artikel des zwei Monate vorher verstorbenen Großscheichs Maḥmūd mit dem Titel „The Jihad" veröffentlicht.[640] Darin erklärt er den *ǧihād* im besetzten Palästina zur Pflicht der Muslime weltweit.[641] Wie Görgün erklärt, beabsichtigten Gegner der Regierungspolitik an der Azhar, mit dieser Veröffentlichung ihre Meinung kundzutun, ohne aber dabei selbst ins Visier der Machthaber zu geraten.[642] Im Rahmen dessen verwundert es nicht, dass das Treffen mit den Vertretern aus dem Vatikan nicht auf die Eigeninitiative der Azhar zurückging, sondern auf Druck der Regierung hin erfolgte, „die im Rahmen ihrer Annäherungspolitik an Israel auch an einem günstigen Gesprächsklima mit dem Vatikan interessiert war."[643] Die Repräsentanten der Universität waren, wie

[639] Ebd., S. 27–28.

[640] MA, I/51–1978/79, S. 270–302.

[641] Ebd., S. 292. Siehe dazu auch Görgün, S. 197.

[642] Görgün, S. 198. Der Friedensprozess zwischen Ägypten und Israel wurde nicht nur von der Azhar, sondern auch in vielen islamischen Ländern und von den islamischen oppositionellen Gruppen in Ägypten kritisch beäugt. Im Mai 1979 entstanden unter dem neuen Großscheich ʿAbd ar-Raḥmān Bīṣār (1979–1982) an der Azhar eine Fatwa und ein Kommuniqué, die den Friedensschluss mit Israel religiös legitimierten. Dass dieses Gutachten mit hoher Wahrscheinlichkeit auf Druck der Regierung zustande kam, zeigt sich u. a. daran, dass es in der Mağalla überhaupt nicht thematisiert wurde und das Kommuniqué erst zwei Jahre später veröffentlicht wurde. Diese beiden Dokumente sind von der Opposition und Gelehrten in der übrigen islamischen Welt nicht angenommen worden. Siehe dazu ebd., S. 198–201.

[643] Rudolph, Dialogues, S. 10.

aus den vorgestellten Beispielen eindeutig hervorgeht, nicht sonderlich am Dialog mit dem Vatikan interessiert. Die ausschlaggebenden Gründe für diese ablehnende und zum Teil abwertende Haltung gegenüber der katholischen Kirche waren das politische Geschehen im Nahen Osten und die christlichen Missionierungen. Zu letzterem Thema wurden noch einige Artikel in der Maǧalla veröffentlicht. Allerdings war der Vatikan von 1978 bis in die Mitte der 1980er Jahre kaum noch ein Gegenstand der Berichterstattung. Das kann mit den innerägyptischen Unruhen zusammenhängen, die in dieser Zeit die ägyptische Gesellschaft bedrohten und mit deren Aufarbeitung sich folglich die Gelehrten an der Azhar auseinandersetzen.

Für die Zeit zwischen Mitte der 1980er bis zum Beginn der Verhandlungen über eine konkrete Zusammenarbeit Mitte der 1990er Jahre lassen sich einige Texte finden, die insbesondere das missionarische Wirken von Papst Johannes Paul II. scharf verurteilen. Die Ausgabe vom Juni/Juli 1986 enthält z. B. einen Beitrag mit dem Titel „Was ist das, Leute der Schrift?" (Mā Hāḏā Yā Ahl al-Kitāb?). Darin wird zunächst die Position der Christen und Juden im Islam unter Einbindung der relevanten Begrifflichkeiten *ahl al-kitāb* und ahl *aḏ-ḏimma* dargestellt. Die Betonung liegt hierbei auf dem toleranten Umgang des Islams mit Christen und Juden. Anschließend wird am Beispiel des Verhaltens des Papstes der Frage nachgegangen, wie aber diese ihrerseits dem Islam begegnen würden.

Der Papst habe seit seinem Amtseintritt 1978, 27 Reisen unternommen und zuletzt zum dritten Mal Afrika besucht. Die Gründe dieser Besuche seien eindeutig missionarisch. Schließlich sei es eines der Hauptziele der katholischen Kirche geworden, sich dem Islam gegenüber beim Anwerben neuer Anhänger zu einem ernstzunehmenden Konkurrenten zu entwickeln. Dem Vatikan würde die Vorrangstellung des islamischen Glaubens Sorgen bereiten, daher beabsichtige der Papst, die Kirche in Afrika zu stärken, um den Islam zu verdrängen. Neben Lateinamerika sei der schwarze Kontinent zukünftig eine wichtige Station. Das Wachsen der katholischen Kirche dort mache die Pläne des Vatikans offensichtlich. Wenn der Papst in den afrikanischen Ländern vor Muslimen gesprochen hatte, habe er stets Toleranz und Dialog gepredigt; vor seinen Anhängern soll er aber die Missionierung der Muslime gefordert haben. Bei einem Besuch in Kamerun habe er offen erklärt, dass er nicht bloß als Oberhaupt der katholischen Kirche, sondern auch als Missionar gekommen sei.[644] Wie schon in den Texten aus den 1960er Jahren zu dieser Thematik wird auch hier Bezug auf die vermeintliche „christlich-jüdische Allianz" genommen. So habe der Vatikan verkündet, dass Israel das Land der Ahnherren der Juden sei und mit ihnen sowie mit den östlichen Kirchen und den Protestanten die Versöhnung gesucht, damit all diese Parteien gemeinsam den Kampf gegen den Islam aufnähmen.[645] Eigentlich müssten sie sich eher der Missionierung der Juden widmen, da die Evangelien konkret darauf hinweisen würden. An dieser Stelle werden diesbezüglich verschiedene Beispiele aus den Evangelien angeführt.[646] Zusammenfassend lassen sich die in diesem Artikel gegen den Papst und den Vatikan erhobenen Vorwürfe so wiedergeben, dass die Azhar hier eine Verschwörung gegen den Islam zu erkennen glaubt, die in Rom entstanden sei und von dort gelenkt werde. Wichtig zu beachten ist aber vor allem, dass hier von einer Rivalität zwischen der größten christlichen Kirche und den Muslimen beim Anwerben von Anhängern gesprochen wird. Deutlicher wird dies im Beilagenheft „Die Zustände der muslimischen Minderheiten auf dem afrikanischen Kontinent" (Auḍāʿ al-Aqallīyāt al-Muslima fī al-Qārra al-Īfriqīya), das Juli/August 1988 als „Geschenk des Bands" veröffentlicht wird. Dort wird auch kurz über die Bemühungen der Kirche gesprochen und eine Art kleiner Ratgeber für die *daʿwa* (Einladung zum Islam) präsentiert.[647] Die beiden Reli-

[644] Siehe dazu ausführlich: MA, X/58–1985/86, S. 1528–1531.
[645] Dazu Ebd., S. 1531–1532.
[646] Ebd., S. 1534.
[647] MA, XII/60–1987/88.

gionen bzw. ihre großen institutionellen Vertreter befinden sich diesem Verständnis nach im Wettbewerb und al-Azhar, die sich gerne als muslimisches Pendant zum Vatikan sieht, betrachtet es demnach als ihre Aufgabe, sich dieser Herausforderung zu stellen. Dabei wird auch versucht, die Muslime auf das Wirken und die Propaganda des Vatikans aufmerksam zu machen. Im April 1990 ist in einer kurzen Meldung von der Gründung eines Zentrums durch den Vatikan die Rede, in dem Filme über das Christentum zu missionarischen Zwecken entwickelt werden sollen. Diese Filme sollten schließlich weltweit im Fernsehen ausgestrahlt werden. Deshalb habe eine Reihe von muslimischen Gelehrten davor gewarnt, dem Einfluss dieser missionarischen Werbemaschinerie zu verfallen, denn sie ziele auch auf die Christianisierung von Muslimen ab.[648] Nähere Angaben zu dem Zentrum, etwa sein Name oder an welchem Ort es sich befindet, werden nicht gemacht. Stattdessen kommen weitere Schlagzeilen über den Papst.

Die Bemühungen des Papstes zur Verbreitung des Christentums in der dritten Welt würden daraus resultieren, dass der Vatikan die Hoffnung aufgegeben hätte, die christlichen Lehren innerhalb der europäischen Gesellschaften zu verbreiten, weil dort unsittliches Leben (*fasād*, auch: Verdorbenheit) und der Laizismus verbreitet seien, heißt es in einer weiteren Nachricht der Zeitschrift. Daher liege der Fokus nun auf die Länder der Dritten Welt. Papst Johannes Paul II. habe auch schon zwei Christianisierungsreisen (*ǧaulatān tanṣīrīyatān*) in einige afrikanische Länder angekündigt.[649]

Bei einem Besuch in Brasilien habe er sogar seine Sorge über die abnehmende Zahl der Katholiken im Land geäußert und die Menschen deshalb dazu angehalten, mehr Kinder zu bekommen und die Frauen dazu ermahnt, von Abtreibungen abzusehen.[650]

648 MA, IX/62–1988/89, S. 960.
649 MA, II/63–1990/91, S. 241.
650 MA, IX/64–1991/92, S. 1124.

Schließlich sei noch auf einen kurzen Artikel in der Ausgabe von Mai/Juni 1991 verwiesen, in dem das Papsttum und die Kirche an sich kritisiert werden. Ein Vorwurf dabei ist, dass sie biblische Gebote eigenständig verändern würden.[651] Dies entspricht durchaus der klassischen islamischen Haltung, die, wie unter 2.1. dargestellt, Christen vorwirft, ihre ursprünglichen Lehren zu verfälschen (*taḥrīf*).

Diese Berichte haben keinen speziellen Bezug zum damaligen allgemeinen weltpolitischen oder gesellschaftlichen Geschehen und müssen in einem anderen Kontext bewertet werden. Es ist, wie bereits gesagt, ein Wettbewerb um Anhänger.[652] Papst Johannes Paul II. war Anfang der 1980er Jahre durch afrikanische Bischöfe, dabei unter anderem von Franzis Arinze, dem späteren Präsidenten des Päpstlichen Rates für den interreligiösen Dialog, auf die zunehmende Expansion des Islams in den Ländern südlich der Sahara aufmerksam gemacht worden, und es wurde ihm zu Treffen mit muslimischen Oberhäuptern geraten, um so bessere Beziehungen herbeizuführen.[653] Seine Reisen in muslimische Länder sollten zwar durch den Dialog das friedliche Miteinander zwischen den Angehörigen der verschiedenen Religionsgemeinschaften fördern, sie beinhalteten aber auch eine missionarische Botschaft.[654] Nicht umsonst sind unter Johannes Paul vatikanische Dokumente, wie *Dialog und Mission* aus dem Jahre 1984 vom Päpstlichen Sekretariat für die Nichtchristen, oder die Enzyklika *Redemptoris missio* vom Papst selbst 1990 veröffentlicht worden, die die Mission bzw. die Verkündung als Teil des Dialogs definieren.[655] Auch wenn in der Maǧalla keinerlei Bezug auf

---

651 MA, XI/63–1990/91, S. 1201–1202.

652 Fischer spricht in seiner Darstellung der ersten Begegnungen von Johannes Paul II. mit Vertretern des Islams an einigen Stellen ebenfalls von „Wettbewerb“. Siehe Fischer, u. a. S. 123, 133, 135.

653 Ebd., S. 120.

654 Siehe dazu ebd. S. 122ff.

655 Siehe dazu Huber-Rudolf, S. 198–200. Das sollte aber nicht darüber hinweg täuschen, dass er von allen Päpsten den Beziehungen zwischen Christen

diese Dokumente genommen wird, muss davon ausgegangen werden, dass sie den Universitätsvertretern in Kairo nicht unbemerkt geblieben sind und vermutlich zum Misstrauen dem Vatikan und dem interreligiösen Dialog gegenüber beigetragen haben. Dies lässt sich am 1995 in Kairo erschienenen Buch „Al-Fātikān wa-'l-Islām“ (Der Vatikan und der Islam) von der mittlerweile emeritierten Professorin Zainab ʿAbd al-ʿAzīz, die unter anderem an der Azhar-Universität gewirkt hatte, bestätigen. Darin widmet sie sich hauptsächlich der Amtszeit von Johannes Paul II. und stellt dabei Dokumente und Aussagen des Papstes oder von Franciz Arinze vor, die auf den Dialog und auf die Mission abzielen. Die Autorin übernimmt bei ihrer Interpretation das aus der Maǧalla bekannte Argumentationsmuster und vermittelt den Eindruck, der Vatikan sei vor allem an der Missionierung der Muslime, nicht aber an einem ehrlichen Dialog interessiert.[656]

Nichtsdestotrotz und ungeachtet aller Vorbehalte und Sorgen begann gerade Mitte der 1990er Jahre ein Austausch zwischen Vertretern der Azhar und des Vatikan, aus dem ein Dialogprojekt entstehen sollte. Nach der hier vorgestellten negativen Einschätzung Johannes Pauls II. wirkt es zunächst ein wenig paradox, dass noch eine Zeit kommen sollte, in der Azhar-Vertreter sich ihn zurückwünschten.

---

und Muslimen am meisten Beachtung schenkte. Zu seiner Grundeinstellung erklärt Christian Troll: „Seine alles bestimmende Haltung war Respekt für die gültigen religiösen Erfahrungen der Muslime. Er wünschte, dass Katholiken, die Muslimen begegnen, nicht nur darauf aus sind, zu sprechen und zu geben, sondern auch offen und bereit, von ihnen zu lernen, in der Überzeugung, dass sie von ihnen geistlich herausgefordert und bereichert werden können.“ Vgl. Troll, Unterscheiden um zu klären, S. 238.

656 Siehe ʿAbd al-ʿAzīz, Zainab: *Al-Fātikān wa-'l-Islām*. Kairo 1995.

5.4 Das Dialogabkommen

Am 28. Mai 1998 kam das Dialogabkommen zwischen al-Azhar und dem Vatikan zustande. Es trägt den Titel „Agreement between the Pontificial Council for Interreligious Dialogue (Vatican City) and the Permanent Committee of al-Azhar for Dialogue with the Monotheistic Religions (Cairo) for the Creation of a Joint Comittee for Dialogue."

Bevor der Inhalt dieses Abkommens vorgestellt wird, sollen die Beziehungen in den vorangegangenen Jahren, die schließlich zu diesem Schritt geführt haben, in einer kurzen Zusammenfassung der relevanten Ereignisse veranschaulicht werden.

5.4.1 Die Vorgeschichte

Als Geburtsstunde dieser Beziehungen kann der April 1994 betrachtet werden, als Großscheich Ǧād al-Ḥaqq sich in der Schweizer Hauptstadt Bern zu medizinischen Behandlungen aufhielt und dort Besuch von Kardinal Franz König erhielt. Hierzu sind die Angaben von ʿAlī as-Sammān aus dem Interview sehr wertvoll. Er hatte die Begegnung zwischen beiden Würdenträgern zustande gebracht und begleitet. Daher konnte er mir wichtige Hintergrundinformationen liefern. ʿAlī as-Sammān war in diesem Zusammenhang sehr offen. Er erklärte, dass man an der Azhar von der Idee des Dialogs nicht sonderlich begeistert war, weil dort die Meinung vorherrschte, die christliche Seite sei dabei in erster Linie an der Christianisierung der Muslime interessiert. Dies habe er deutlich gespürt, als er den Großscheich kennengelernt hatte, dem eine konservative Einstellung nachgesagt wurde. As-Sammān war zu jener Zeit im interreligiösen Dialog engagiert und hatte Großscheich Ǧād al-Ḥaqq über seine Arbeit in der ADIC berichtet. Schließlich kam es zu dem besagten Treffen zwischen dem Kardinal und dem Großscheich, bei dem König das Interesse des Vatikans erwähnte, mit al-Azhar in Dialogbeziehungen zu treten. Die beiden Gelehrten kamen in Bern zwei Mal für je drei Stunden zusammen. Diese Sitzungen hatten offenbar eine große Wirkung auf den Großscheich. Zwei Monate später erklärte er sich damit einverstanden, Maḥmūd Zaqzūq als Vertreter der Azhar zu einer von der ADIC an der Sorbonne in Paris durchgeführten Konferenz, an der Angehörige der drei abrahamitischen Religionen teilnahmen, zu entsenden. Kardinal König war dort ebenfalls anwesend. Nachdem der Großscheich über die Konferenz ausführlich informiert wurde, begann sich seine Einstellung zu ändern und er kam zu der Überzeugung, dem ganzen Dialogprozess eine Chance zu geben. So wurden dann auch die ersten Verhandlungsschritte eingeleitet, deren Ausführung ʿAlī as-Sammān übertragen wurden. As-Sammāns Aufgabe war es nicht nur, die Verhandlungen mit den Vertretern des Vatikans zu führen, sondern auch die Mitglieder des Rates für islamische Forschung an der Azhar mit der Idee vertraut zu machen und sich deren Einverständnis für das geplante Projekt einzuholen. Dies allein habe anderthalb Jahre gedauert. Zudem wurde in dieser Zeit auch das Dialogkomitee der Azhar gegründet. Als das Ende der Verhandlungen erreicht war, verstarb Großscheich Ǧād al-Ḥaqq. Sein Nachfolger Ṭanṭāwī hatte keine Einwände, das Projekt weiter zu verfolgen. Schließlich sei der Dialog im Islam verankert. So wurde während seiner Amtszeit die Vereinbarung mit dem Vatikan unterzeichnet.[657]

In dieser Zeit äußert sich die Maǧalla auch hin und wieder über den Aufbau dieser Beziehungen. Dabei geht es vor allem um die Treffen von Großscheich Ǧād al-Ḥaqq mit Funktionären aus dem Vatikan. Jedoch ist die Berichterstattung bei weitem nicht so detailliert, wie die Informationen, die ʿAlī as-Sammān im Interview zu der Entstehung des Projektes gewährte. Diese Interna kann die Zeitschrift nicht bieten.

---

[657] Interview mit ʿAlī as-Sammān vom 9. Oktober 2011; Für eine Darstellung der einzelnen Etappen im Aufbau der Beziehungen bis zum Dialogabkommen siehe auch Méténier, S. 136–140.

Gegenstand der Berichterstattung ist in wenigen Zeilen das Treffen zwischen Kardinal König und Ǧād al-Ḥaqq in der Schweiz[658] und die Ankündigung der Teilnahme Zaqzūqs am Kongress an der Sorbonne,[659] sowie der Besuch von Kardinal Franzis Arinze, dem Präsidenten des Päpstlichen Rates für den interreligiösen Dialog. Bei letzterem Bericht wird auf eine konkrete Zusammenarbeit hingewiesen. So wurde sich bei diesem Gespräch darauf verständigt, dass die Azhar zu einem vom Vatikan organisierten Vorbereitungstreffen in Rom für einen UN-Kongress in Peking zur Stellung der Frau und ihrer Rolle in der Welt Vertreter entsenden werde.[660] Bezüglich der Aufnahme der Dialogarbeit wird in einer kurzen Schlagzeile das Treffen zwischen dem Vatikanbotschafter in Kairo und einem Vertreter des damals erkrankten Großscheichs Ǧād al-Ḥaqq Ende des Jahres 1995 besprochen. Hierbei habe der Botschafter die Bitte geäußert, gemeinsam eine kleine Gruppe zu bilden, die Prinzipien für den Dialog und die Zusammenarbeit zwischen den beiden Institutionen herausarbeiten soll.[661] Eines dieser Prinzipien hielt Großscheich Ṭanṭāwī während einer Sitzung mit dem damaligen Sekretär des Päpstlichen Rates für den interreligiösen Dialog, Michael Fitzgerald, im Mai 1996 fest. Die himmlischen Religionen müssten sich verbünden, um gute Wertvorstellungen zu verbreiten und den Unterdrückten in aller Welt Hilfe zu leisten. Außerdem verbinde al-Azhar und den Vatikan das tiefreichende Bekenntnis zur Glaubensfreiheit.[662] Dass der Großscheich hier von Einigkeit bezüglich der Glaubensfreiheit spricht, kann als ein Versuch bewertet werden, einer kritischen Diskussion zu diesem Thema schon im voraus Einhalt zu gebieten.

Alle diese Meldungen sind in der Rubrik „Nachrichten aus dem Büro des Großscheichs" enthalten. Bei der Analyse

---

658 MA, Bd. I/67–1994/95, S. 110.
659 MA, Bd. II/67–1994/95, S. 252.
660 MA. Bd. I/68–1995/96, S. 120.
661 MA, Bd. VIII/68–1995/96, S. 1231.
662 MA, Bd. II/69–1996/97, S. 285.

dieser Meldungen entsteht der Eindruck, als solle die Leserschaft vorsichtig in die laufenden Verhandlungen mit dem Vatikan eingeführt werden, ohne schon zu diesem Zeitpunkt allzu große Hoffnungen und Erwartungen eines erfolgreichen Ergebnisses zu wecken.

5.4.2 Inhalt des Abkommens

Im Abkommen wird zunächst die Bedeutung der Förderung akkuraten Wissens über die Religionen im Allgemeinen und die jeweils andere Religion angeführt. Weiter trügen die Religionen innerhalb der menschlichen Gesellschaften Verantwortung, humanistische Werte zu fördern und Fanatismus zu bekämpfen.

Im Anschluss daran folgt ein Abschnitt, der den Stellenwert der beiden Vertragspartner anspricht. Dort heißt es: „Taking into consideration the important place of al-Azhar, its history and its privileged role at the scientific and moral levels in Muslim society, and the particular role of the Pontificial Council for interreligious Dialogue in the Catholic Church [...]“[663]

In einem etwas längeren Abschnitt werden dann die bereits vorausgegangenen Bemühungen, die zu diesem bedeutenden Ereignis geführt haben, aufgeführt. Dabei wird unter anderem an den Besuch der Delegation vom Sekretariat für die Nichtchristen im April 1978, verschiedene Briefwechsel und die Konferenz an der Sorbonne in Paris im Juni 1994, sowie an Konversationen und Kolloquien erinnert, an denen Vertreter beider Institutionen teilgenommen hatten.[664]

Nachdem die Einigung auf die Zusammenstellung eines gemeinsamen Komitees (Joint Committee) angeführt wird, werden die Ziele und Aufgaben aufgezählt, die das Gremium in Zukunft verfolgen soll.

---

[663] ADIC, S. 9. Die Inhalte des Abkommens sind von ADIC, S. 9–10 übernommen.

[664] Ebd., S. 9.

> „The Joint Committee will engage in the research of common values, the promotion of justice and peace, and the promotion of respect for the religions; it will foster exchanges on subjects of common interest such as the defense of human dignity and human rights; it will promote mutual understanding and respect between Catholics and Muslims through the exchange of necessary information.
> The Joint Committee will, moreover, pay particular attention to the role of religious leaders in the promotion of these values.
> The Joint Committee will establish its own working method and determine the way of achieving its goals.“[665]

Die Vereinbarung sieht ferner vor, dass das gemeinsame Komitee vom Vorsitzenden des Päpstlichen Rates für den interreligiösen Dialog und dem Verwalter der Azhar (Wakīl al-Azhar) geleitet wird. Komplettiert wird es von je einem Vize-Vorsitzenden (Co-Secretary) und höchstens drei weiteren Mitgliedern. Die beiden Vorsitzenden können Delegierte berufen, die sie in den Treffen ersetzen. Beide Seiten verpflichten sich, sich gegenseitig über die Zusammenstellung ihrer Delegationen zu informieren. Außerdem obliegt es jeder Seite, selbst die eigene Delegation für die einzelnen Treffen aufzustellen. Dabei wird die Möglichkeit festgehalten, dass jeweilige Experten zu den Themen, die diskutiert werden sollen, eingebunden werden können. An dieser Stelle sollte darauf hingewiesen werden, dass sich die Azhar im Jahre 2011 an eben dieser Vorgabe stoßen sollte, weshalb es auch unter anderem zur Einstellung der Dialogarbeit mit dem Vatikan gekommen ist. Dieser Aspekt wird am Ende des Kapitels ausführlicher behandelt.

Zusammenkommen sollte das Komitee mindestens einmal im Jahr und zwar abwechselnd in Kairo und Rom. Die Vereinbarung spricht auch die Kosten für die Fahrten an, die

[665] Ebd., S. 9–10.

von der jeweils reisenden Gruppe übernommen werden sollten. Die Vorsitzenden der beiden Delegationen können auch außerordentliche Treffen auf präsidialer Ebene vorschlagen.

Schließlich einigte man sich darauf, dass zum Abschluss eines jeden Treffens eine Pressemeldung herausgegeben werden soll. Der Inhalt muss vor der Veröffentlichung von allen Beteiligten autorisiert werden. Alle anderen Details obliegen der Geheimhaltung, wenn nicht beide Seiten ihr Einverständnis zur Veröffentlichung geben.

Die Vereinbarung enthält die Unterschriften der beiden jeweiligen führenden Köpfe der Delegationen. Seitens des Vatikans waren es Kardinal Franzis Arinze, der Präsident des Päpstlichen Rates für den interreligiösen Dialog, und Michael Fitzgerald, der Sekretär des Rates. Die Azhar-Universität wurde vertreten von Scheich Fauzī az-Zafzāf, der das Amt des *Wakīl al-Azhar* innehatte und daher den Vorsitz über das Ständige Komitee der Azhar für den Dialog mit den monotheistischen Religionen übernahm. ʿAlī as-Sammān, der die entscheidenden Schritte für die Beziehungen zwischen al-Azhar und dem Vatikan eingeleitet hatte, fungierte als Stellvertretender Vorsitzender und setze somit ebenfalls seine Unterschrift unter das Abkommen.[666]

Wie bei dem Dialogabkommen, das drei Jahre später mit der Anglikanischen Kirche zustande kam und in 4.3.2 vorgestellt wurde, stehen das gegenseitige Kennenlernen und gemeinsame Eintreten für Frieden und Gerechtigkeit im Fokus der geplanten Zusammenarbeit. Einen entscheidenden Unterschied bilden die Unterzeichner der Vereinbarung. Anders als beim Abkommen mit Canterbury, als Ṭanṭāwī und Erzbischof George Carey persönlich unterzeichneten, setzten weder der Großscheich noch der Papst ihre Unterschrift darunter. Die Hintergründe hierfür liefert ʿAlī as-Sammān in seiner Autobiographie. Im Wesentlichen ging es dabei um die Gleichwertigkeit in der Partnerschaft. Bei den Verhandlungen, die zu die-

---

[666] Ebd., S. 10. Für eine weitere Vorstellung der Vereinbarung siehe: Görlach, S. 129–131.

sem Dialogverhältnis führten, habe er als Azhar-Vertreter den Eindruck gewonnen, dass der Vatikan es bevorzuge, wenn der Großscheich persönlich die Leitung der Dialogkommission der Azhar übernähme. As-Sammān sah darin jedoch ein Problem. Der oberste Funktionär der Universität verträte dann die muslimische Seite, während die christliche Seite „lediglich“ durch einen Kardinal besetzt sei. So wurde an der Azhar entschieden, dem Wakīl al-Azhar, der immerhin die zweithöchste Instanz dort ist, diese Aufgabe zu übertragen.[667]

Die Arbeit dieses gemeinsamen Komitees fand in den Folgejahren zwar immer wieder in Meldungen der Maǧalla Erwähnung. Allerdings handelt es sich hierbei hauptsächlich um Gespräche, die Großscheich Ṭanṭāwī mit Besuchern aus dem Vatikan oder dem europäischen Ausland führte[668] und in unserem Zusammenhang nicht besonders relevant sind. Wirklich interessant und aussagekräftig ist aber die Schlagzeile, dass die Vereinbarung zwischen al-Azhar und dem Vatikan die beste Erwiderung auf jene sei, die Zweifel an der nationalen Einheit in Ägypten hegten. Darin gibt Fauzī az-Zafzāf die Ziele der Vereinbarung wieder und erklärt, dass dieses kürzlich unterzeichnete Abkommen zu einem passenden Zeitpunkt gekommen sei. Schließlich sei das Abkommen ein wirksames Mittel, um die Angriffe gegen den Islam aus dem In- und Ausland abzuwehren und um das wahre Bild der Religion zu zeigen, insbesondere was ihren Aufruf zur Liebe (guten Beziehungen) und Frieden zwischen allen Menschen betrifft. Die Beziehungen zwischen al-Azhar und der ägyptischen Kirche bezeichnete Fauzī az-Zafzāf als eine geschwisterliche Beziehung, die keinen Dialog benötige. Beide Seiten verfolgten schließlich dasselbe Ziel, nämlich die Bewahrung der nationalen Einheit Ägyptens.[669] Diese Aussage

---

[667] As-Sammān, S. 390–391.

[668] Siehe hierzu u. a. MA, Bd. VIII/71–1998/99, S. 1309–1311; X/71–1998/99, S. 1638–1639; VI/73–2000, S. 775–781; XII/73–2000, S. 1921–1922; I/75–2002, S. 126–127.

[669] MA, Bd. III/71–1998/99, S. 486.

muss in den historischen Kontext der damaligen politisch-gesellschaftlichen Ereignisse in Ägypten eingeordnet werden. Wie in 4.2.1. dargestellt, gab es von der Mitte der achtziger Jahre bis 1997 eine Reihe von Terroranschlägen, die sich unter anderem auch gegen die Christen im Land richteten. Dies sorgte selbstverständlich für Unmut bei den Kopten. Die ägyptischen Muslime sahen sich mit Vorwürfen aus dem Ausland konfrontiert, in Ägypten würden die Christen diskriminiert und verfolgt. An dieser Stelle ist wichtig festzuhalten, dass das Zustandekommen des Dialogabkommens letztendlich – zumindest von Seiten der Azhar – auch politisch motiviert war und mit der gesellschaftlichen Situation in Ägypten zusammenhing. Dass dies aber nicht der einzige Grund gewesen sein kann, hat die Vorgeschichte gezeigt. Es war schließlich ein Prozess, der über mehrere Jahre gereift ist.

Politische Ereignisse und aktuelle Krisenherde sollten dann auch in der Arbeit des gemeinsamen Komitees überwiegend thematisiert werden. So ging es um die Kriege auf dem Balkan, im Nahen Osten und im Irak. Im Jahre 2000 waren die Rechte und Pflichten der Bürger sowie die Möglichkeiten einer Kooperation bei internationalen Konferenzen Gegenstand der Diskussionen und beim Treffen 2002 die Anschläge von 11. September 2001.[670]

Abschließend sollte noch ein Aspekt kurz angesprochen werden, der bei der Bearbeitung der Maǧalla-Texte auffällt. Für einige Zeit wird sich mit kritischen Tönen dem Vatikan und seinem angeblichen Missionierungseifer gegenüber zurückgehalten. Mit dem Irakkrieg 2003 beginnt sich dies aber wieder etwas zu verändern. So lassen sich ab diesem Zeitpunkt wieder gelegentlich vatikankritische Meldungen finden. Diese berichten beispielsweise davon, dass der Vatikan den Muslimen in Spanien das Gebet in der Cordoba-Moschee, die nach dem Ende der islamischen Herrschaft in An-

[670] Für eine Zusammenfassung der Erklärungen von 1999–2003 siehe Görlach, S. 131–134.

dalusien in eine Kathedrale umgebaut wurde, verboten habe.[671] Ein anderes Beispiel ist, dass der Vatikan Pakistan dazu aufgefordert habe, seine islamischen Gesetze zu verändern, weil die christliche Minderheit dort aufgrund dessen mit vielen Problemen konfrontiert sei.[672] Wie in 4.2.2 erwähnt, nahm das Ansehen der USA und ihrer Verbündeten in vielen Teilen der islamischen Welt aufgrund des Irak-Krieges schweren Schaden. Viele Muslime machten den Westen und damit auch die Christen und die Juden in ihrer Gesamtheit für diesen Krieg verantwortlich. Die Verurteilung des Krieges durch den Papst und andere Würdenträger und westliche Politiker wurde kaum wahrgenommen. Die Azhar scheint zu jener Zeit auch diese Linie verfolgt zu haben.

5.5 Der Papst an der Azhar

Der Besuch von Papst Johannes Paul II. bei der Azhar im Rahmen seiner Pilgerreise ins Heilige Land am 24. Februar 2000 stellt eine Besonderheit in den Beziehungen zwischen dem Vatikan und der Universität dar. Zum ersten und bis heute letzten Mal betrat ein Papst die Hallen dieser großen islamischen Einrichtung in Kairo.

Die Mağalla liefert einen kleinen Bericht zu diesem Ereignis, bei dem hauptsächlich die Rede von Großscheich Ṭanṭāwī in etwas verkürzter Form wiedergegeben wird.[673]

Darin sprach Ṭanṭāwī nach der Begrüßung des Papstes und seiner Gefolgschaft von seiner Freude darüber, bei diesem Anlass fünf Fakten (*ḥaqā'iq*) konstatieren zu können:

---

[671] MA, Bd. V/77–2004/05, S. 869.

[672] MA, Bd. VII/77–2004/05, S. 1228.

[673] MA, Bd. XII/72–1999/2000, S. 1841–1842. Die Rede lässt sich auch finden in: As-Sammān, S. 368–369. Und in englischer Sprache in: ADIC S. 13–14. Wichtige Ergänzungen aus der Rede, die in der Wiedergabe der Mağalla nicht enthalten sind, werden im Folgenden eingefügt und gekennzeichnet.

1. Gott habe alle Menschen aus einem Vater und einer Mutter geschaffen. Dazu heiße es im Koran: *„Ihr Menschen! Fürchtet euren Herrn, der euch aus einem einzigen Wesen (d. h. aus dem ersten Menschen, nämlich Adam) geschaffen hat, und aus ihm das entsprechende andere Wesen, und der aus ihnen beiden viele Männer und Frauen hat (hervorgehen und) sich (über die Erde) ausbreiten lassen!“* (4:1)[674]
2. Alle himmlischen Religionen seien sich in zwei Angelegenheiten einig:
   - Die Aufrichtigkeit in der Verehrung des einen einzigen Gottes. Der Koran sage dazu: *„Er hat euch als Religion verordnet, was er (seinerzeit) dem Noah anbefohlen hat, und was wir (vor dir) dem Abraham, Mose und Jesus anbefohlen haben (mit der Aufforderung): ‚Haltet die (Vorschriften der) Religion und teilt euch darin (d. h. die Religion) nicht (in verschiedene Gruppen)!‘ Den Heiden (w. Denen, die dem einen Gott andere Götter beigesellen) kommt es (allerdings) schwer an, wozu du sie rufst. (Aber) Gott erwählt dazu, wen er will, und führt dazu (auf den rechten Weg), wer sich (ihm bußfertig) zuwendet.“* (42:13)[675]
   - Die himmlischen Religionen seien zum Glück der Menschheit offenbart worden und sie würden alle zur Annahme der guten Charaktereigenschaften einladen.
3. Gott habe gemäß Sure 49:13 die Menschen erschaffen, damit sie einander kennenlernten.[676] Aus diesen Beweg-

[674] Der Koranvers ist in dieser etwas verkürzten Form angeführt bei As-Sammān, S. 368. In voller Länge wird er in ADIC, S. 13 abgedruckt.

[675] Auch diesen Vers hat die Maǧalla in ihrer Wiedergabe nicht berücksichtigt. Er lässt sich in der Version von As-Sammān, S. 369 finden.

[676] Dieser Vers wurde schon mehrfach in der Arbeit angeführt. Zum besseren Verständnis dessen, was der Großscheich mit seiner Aussage meint, sei er hier nochmal wiedergegeben: *„Ihr Menschen! Wir haben euch geschaffen (indem wir euch) von einem männlichen und einem weiblichen Wesen (abstammen ließen), und wir haben euch zu Verbänden und Stämmen gemacht, damit ihr euch untereinander kennt. Als der Vornehmste gilt bei Gott derjenige von euch, der am frömmsten ist.“*

gründen heraus habe die Azhar das Komitee für den Dialog ins Leben gerufen, welches mit dem Päpstlichen Rat für den interreligiösen Dialog zusammenarbeite.

4. Die himmlischen Religionen riefen die Menschen dazu auf, alle für die Wahrheit und Gerechtigkeit einzustehen und den Unterdrückten unter den Menschen Hilfe zu leisten. Bei dieser Gelegenheit bedanke sich al-Azhar sehr aufrichtig beim Vatikan für seine ehrwürdigen Standpunkte zu Gunsten des palästinensischen Volkes.[677]
5. In Ägypten lebten die Menschen unter der Führung von Präsident Mubārak und schon seit vierzehn Jahrhunderten als Geschwister zusammen. Sie seien durch gemeinsame Interessen verbunden und sie hätten alle die gleichen Rechte und Pflichten. Was die Glaubensüberzeugungen angehe, so sei jeder Mensch in seiner Überzeugung frei, wie der Koran mit der Aussage „Kein Zwang im Glauben" klarstelle. Der Zwang zu einem Bekenntnis führe nicht zu aufrichtigen gläubigen Menschen, sondern zu Heuchlern. Letztendlich würde Gott allein die Menschen im Hinblick auf ihre Bekenntnisse und alle weiteren Angelegenheiten zur Rechenschaft ziehen.[678]

Ṭanṭāwī greift hier verbindende Elemente zwischen den beiden Religionen auf. Im letzten Punkt seiner Ausführungen möchte der Großscheich offensichtlich dem Vorurteil begegnen, dass der Islam „Zwang" als legitimes Mittel zur Konversion Andersgläubiger vermittle. Außerdem ist es ihm ein Anliegen, vor dem Stellvertreter Christi auf Erden zu betonen, dass es den Christen in Ägypten gut gehe. Damit versucht er, einen häufig gehörten Vorwurf abzuwehren.

Die Rede des Papstes wird in der Maǧalla nur in einigen wenigen Sätzen zusammengefasst. Aufgrund des bedeutenden Anlasses sollte sie hier im Wortlaut Platz finden:

---

[677] Der Dank hinsichtlich der Stellung des Vatikans zum palästinensischen Volk ist aus As-Sammān, S. 369 entnommen.

[678] MA, Bd. XII/72–1999/2000, S. 1841–1842.

„Danke für Ihre freundlichen Worte. Lassen Sie mich Ihre Gedanken aufnehmen. Gott hat die Menschen als Mann und Frau erschaffen und ihnen die Welt, die Erde, zur Kultivierung übergeben. Es besteht ein enger Zusammenhang zwischen Religion, religiösem Glauben und Kultur. Der Islam ist eine Religion. Das Christentum ist eine Religion. Der Islam ist auch zu einer Kultur geworden. Das Christentum ist auch zu einer Kultur geworden. Also ist es sehr wichtig, Persönlichkeiten zu begegnen, die die islamische Kultur in Ägypten repräsentieren.
Ich möchte meine große Dankbarkeit für diese Gelegenheit ausdrücken und alle die berühmten Gelehrten grüßen, die hier versammelt sind. Ich bin überzeugt, dass die Zukunft der Welt von den verschiedenen Kulturen und vom interreligiösen Dialog abhängt. Denn es ist so, wie der hl. Thomas von Aquin gesagt hat: ‚*Genus humanum arte et ratione vivit.*‘ Das Leben des Menschengeschlechts besteht in der Kultur, und die Zukunft des Menschengeschlechts liegt in der Kultur.
Ich danke Ihrer Universität, dem größten Zentrum islamischer Kultur. Ich danke denen, die die islamische Kultur entwickeln, und ich bin dankbar für alles, was Sie tun, um den Dialog mit der christlichen Kultur aufrechtzuerhalten. All dies sage ich im Namen der Zukunft unserer Gemeinschaften, nicht nur unserer Gemeinschaften, sondern auch der Nationen und der Menschheit, die im Islam und im Christentum vertreten sind. Ich danke ihnen von Herzen.“[679]

Wie aus den Äußerungen des Papstes deutlich wird, betont er hier vor allem den Austausch zwischen den verschiedenen Kulturen. Dadurch treten dogmatische Differenzen eher in den Hintergrund. Dass er die Azhar als „größtes Zentrum islamischer Kultur“ würdigt, zeugt davon, dass er sie durchaus als einen ernst zu nehmenden Dialogpartner ansieht. Dass

[679] Entnommen aus Güzelmansur, S. 499–500.

der Papst von der Azhar als Repräsentanten der *islamischen* Kultur *in Ägypten* spricht, könnte womöglich auch eine indirekte Kritik an den Äußerungen und dem Verhalten der Azhar-Vertreter beinhalten: vielleicht wollte der Papst damit zum Ausdruck bringen, dass die Azhar nur für die Muslime Ägyptens (und nicht etwa auch für die Kopten) sprechen könne, und zu einem gewissen Grad auch den Einfluss der Azhar außerhalb Ägyptens in Frage stellen. Dies ist jedoch nicht eindeutig zu klären und nur eine Vermutung. An der Azhar scheint die Aussage nicht auf diese Weise verstanden worden zu sein, da dort der Papstbesuch offenbar einen guten Eindruck hinterlassen hat. Zumindest lässt sich keine verurteilende Aussage diesbezüglich finden. Im Gegenteil. Großscheich Ṭanṭāwī äußerte sich später mehrfach positiv zum Papstbesuch.[680] Schließlich war er, und das sollte aus Sicht der Azhar in Betracht gezogen werden, der einzige Papst, der der Universität mit seinem „Höflichkeitsbesuch" den Respekt entgegenbrachte, den sie als größte islamische Institution für sich in Anspruch nimmt. Damit hat der Papst, wie es scheint, die Vertrauensbasis gestärkt und ein symbolträchtiges Zeichen für den Dialog zwischen Christen und Muslimen gesetzt.

ʿAlī as-Sammāns Ausführungen in seinem Artikel „The Pope in Egypt … A Meeting of Symbols" in der Zeitung al-Ahrām vom 4. März 2000 machen die Wahrnehmung der Azhar-Vertreter deutlich:

> „[…] The meeting between Pope John Paul II and Grand Imam Mohamed Sayed Al-Tantawy, surrounded by the

[680] So z. B. zu Beginn seiner an Papst Benedikt XVI. gerichteten ausführlichen Stellungnahme zur Regensburger Vorlesung. Dort heißt es: „Im Januar 2000 und im Rahmen seiner Ägypten-Reise besuchte Seine Heiligkeit Papst Johannes Paul II. das Amt des Großscheichs von al-Azhar. Während des Besuchs wurden wohlwollende Worte und erfreuliche Erklärungen ausgetauscht, in denen gegenseitige Vereinbarungen getroffen wurden, die von hoch verehrten Propheten gestifteten Religionen zu respektieren. Die guten Beziehungen zwischen Al-Azhar und Seiner Heiligkeit, dem verstorbenen Papst Johannes Paul II., blieben aufrechterhalten." Siehe Ṭanṭāwī, S. 4.

Ulama of Al-Azhar Al-Sharif and heads of the Catholic Church, was a highlevel meeting of symbols. It was an occasion concerning the Christian population with their different denominations and Muslims with their various affiliations, representing over half of humanity.
Symbolically, much of the objective of the meeting was fulfilled by the very encounter of these two highly esteemed figures. […]
[…] Upon hearing the words of Sheikh Al-Azhar and His Holiness the Pope, it is clear that among the most important objectives of dialogue is the search for common ground, the common values between religions. These would include the promotion of justice and the rejection of injustice. We are at the beginning of the road, not the end. Our objectives require our intentions and words, in order to ensure that they represent the commonality of our beliefs."[681]

5.6 Die Regensburger Vorlesung

Die Aufregung um die dänischen Muḥammad-Karikaturen war noch nicht ganz erloschen, als Papst Benedikt XVI. mit seiner Vorlesung „Glaube, Vernunft und Universität. Erinnerungen und Reflexionen"[682] am 12. September 2006 an der Universität Regensburg für eine erneute Zerreißprobe zwischen der islamischen Welt und dem christlich geprägten Westen sorgte. Dabei kam der Papst nach seiner Einführung auf einen Dialog zwischen dem byzantinischen Kaiser Manuel II. Palaeologos mit einem gelehrten Perser aus dem Jahre 1391 zu sprechen, den er aus einer Publikation des Islam-

---

681 Entnommen aus, ADIC, S. 17–18.

682 Die Rede wurde vom Seminar für Rhetorik der Universität Tübingen zur „Rede des Jahres 2006" gewählt. Vgl. dazu: http://www.uni-tuebingen.de/uni/nas/rede/rede06.htm (abgerufen am 14.02.2012).

wissenschaftlers Adel Theodor Khoury[683] kannte und auch mehrfach erwähnte. In der siebten Gesprächsrunde hätte Kaiser Manuel II. den Ǧihād angesprochen. Dabei machte der Papst folgende Ausführungen:

> „Der Kaiser wusste sicher, dass in Sure 2,256 steht: Kein Zwang in Glaubens-sachen – es ist wohl eine der frühen Suren aus der Zeit, wie uns ein Teil der Kenner sagt, in der Mohammed selbst noch machtlos und bedroht war. Aber der Kaiser kannte natürlich auch die im Koran niedergelegten – später entstandenen – Bestimmungen über den Heiligen Krieg. Ohne sich auf Einzelheiten wie die unterschiedliche Behandlung von „Schriftbesitzern" und „Ungläubigen" einzulassen, wendet er sich in erstaunlich schroffer, für uns unannehmbar schroffer Form[684] ganz einfach mit der zentralen Frage nach dem Verhältnis von Religion und Gewalt überhaupt an seinen Gesprächspartner. Er sagt: ‚Zeig mir doch, was Mohammed Neues gebracht hat, und da wirst du nur Schlechtes und Inhumanes finden wie dies, dass er vorgeschrieben hat, den Glauben, den er predigte, durch das Schwert zu verbreiten.'"[685]

---

683 Khoury, Adel Theodor: *Entretiens avec un musulman: 7e controverse / Manuel II. Paléologue. Introduction, texte critique, traduction et par Théodore Khoury.* Paris 1966.

684 Dieser Nebensatz *„für uns unannehmbar schroffer Form"* gehörte nicht zur Rede und ist erst in der Publikation beigefügt worden. Vgl. Vgl. Benedikt XVI., Glaube, Vernunft und Universität, S. 15.

685 Ebd., S. 15–16. In der Publikation ist an dieser Stelle eine Fußnote gesetzt, in der die dazugehörigen Literaturnachweise angeführt werden, aber auch eine Erklärung von Papst Benedikt XVI.: „Dieses Zitat ist in der muslimischen Welt leider als Ausdruck meiner eigenen Position aufgefasst worden und hat so begreiflicherweise Empörung hervorgerufen. Ich hoffe, dass der Leser meines Textes sofort erkennen kann, dass dieser Satz nicht meine eigene Haltung dem Koran gegenüber ausdrückt, dem gegenüber ich die Ehrfurcht empfinde, die dem heiligen Buch einer großen Religion gebührt. Bei der Zitation des Texts von Kaiser Manuell II. ging es mir einzig darum, auf den wesentlichen Zusammenhang zwischen Glauben und Vernunft hinzuführen. In diesem Punkt stimme ich Manuel zu, ohne mir deshalb seine Polemik zuzueignen." Vgl. ebd., S. 16, Anm. 3. In diesem Band sind neben dem Text

Durch das am Ende erwähnte Zitat der Aussage Manuels II. fühlten sich viele Muslime weltweit provoziert und es kam, ähnlich, aber nicht im gleichen Maße wie nach den Karikaturen, zu folgenschweren Reaktionen. Wie der britisch-deutsche Journalist Alan Posener erklärt, hätten Hassprediger „den Pöbel“ zu Demonstrationen aufgerufen und von radikalen Seiten seien Drohungen gegen den Vatikan, von al-Qāʿida gegen den Westen insgesamt ausgesprochen worden.[686] Im Westjordanland wurden drei Kirchen attackiert. Eine italienische Nonne wurde in Somalia gemeinsam mit ihrem Leibwächter niedergeschossen. Aber auch von offiziellen Seiten habe es heftige Gegenreaktionen auf die Vorlesung gegeben. Der Papst habe „eine Verleumdungskampagne gegen den Islam und den Propheten Mohammed begonnen“, so die Organisation islamischer Staaten (OIC).[687] Von türkischen Diplomaten wurden Vergleiche etwa mit Hitler gezogen. Ajatollah ʿAlī Ḫāmeneī, das geistige Oberhaupt im Iran und einer der höchsten schiitischen Gelehrten, habe Verständnis für die Reaktionen in der islamischen Welt gezeigt und von einem Kreuzzugskomplott gegen den Islam, den die USA anführe, gesprochen.[688]

Die Reaktionen der Azhar ließen ebenfalls nicht lange auf sich warten. Vier Tage nach der Vorlesung kam der Rat

der Vorlesung (S. 12–32) auch Kommentare dazu von Gesine Schwan, Adel Theodor Khoury und Kardinal Karl Lehmann enthalten.

686 Posener, S. 209–210.

687 Ebd., S. 210.

688 Ebd., S. 210. Diese und weitere verschiedene Reaktionen aus den palästinensischen Gebieten, Israel, der Türkei und Ägypten sind dokumentiert in: Biringer, Thomas u. a.: *Reaktionen auf die Regensburger Rede von Papst Benedikt dem XVI. In: Online-Dokumentation der Konrad-Adenauer-Stiftung e.V. http://www.kas.de/db_files/dokumente/7_dokument_dok_pdf_9227_1.pdf.* Berlin September 2006 (abgerufen am 14.02.2012). Für Reaktionen aus Indonesien, siehe Makin, Al: *Benedict XVI. and Islam: Indonesian Public Reactions to the Regensburg Address.* In: Islam and Christian-Muslim Relations, Vol. 20, No. 4, Oktober 2009, S. 409–421. In Deutschland hat sich u. a. der Zentralrat der Muslime zur Rede geäußert. Siehe dazu: http://islam.de/6751.php (abgerufen am 14.02.2012).

für islamische Studien zu einer außerordentlichen Sitzung zusammen, die Großscheich Ṭanṭāwī einberufen hatte, um die Rede zu analysieren. Dabei wurde eine Erklärung verfasst, die zunächst an den erfreulichen Besuch von Papst Johannes Paul II. erinnert, bevor eine Zusammenfassung des oben angeführten Zitats wiedergegeben wird. Die darin enthaltenen Angaben seien alle falsch, da der Islam sich durch die Überzeugungskraft der Vernunft verbreitet habe und die *šarīʿa* jede Handlung verbiete, die mit Zwang durchgesetzt wurde. Außerdem sei der *ǧihād* nur für die Selbstverteidigung und die Verteidigung der Religion erlaubt worden. Muḥammad habe schließlich nur Gutes hervorgebracht. Die Hauptquellen des Islams würden dies auch deutlich zum Ausdruck bringen. Weiter heißt es, der Papst hätte diese Geschichte nicht unkommentiert anführen dürfen, da sie auf einen Kaiser aus dem 14. Jahrhundert zurückgehe, der weder des Korans und der Sunna noch der Situation der Muslime in genügendem Maße kundig war und deshalb auch nicht habe herausfinden können, dass seine Behauptungen nicht der Wahrheit entsprächen. Zum Abschluss werden die Menschen weltweit dazu aufgerufen, den Islam aus seinen Quellen richtig zu studieren, damit der Dialog, der zur Pflicht gemacht wurde, der gegenseitige Respekt, als auch die Zusammenarbeit zum Wohle der Menschheit bewahrt würden.[689] Die gleiche Erklärung gab Ṭanṭāwī am 19. September ab, als er einen Vertreter der vatikanischen Botschaft in Kairo empfing. Dieses Treffen fand in Anwesenheit ägyptischer Vertreter der koptisch-katholischen sowie römisch-katholischen Kirchen statt. Der Maǧalla zufolge seien diese Vertreter gekommen, um die Liebe und ihre Absicht zum Ausdruck zu bringen, das Vertrauen zwischen der Kirche und den Muslimen wiederherzustellen.[690] Durch diese Aussage wird auch die Sorge der Kirchen in Ägypten deutlich, dass der Vortrag des Papstes ernsthafte Konsequenzen für das Zusammenleben zwischen

[689] MA, Bd. IX/79–2006/07, S. 1521.
[690] MA, Bd. X/79–2006/07, S. 1670.

Muslimen und Christen haben könnte. Wahrscheinlich liegt hierin einer der wichtigsten Gründe für die Bemühungen der Kirchen um eine Schlichtung des Streits. Das Papstzitat hatte auch an der Azhar deutlich für Verärgerung gesorgt, die bis dahin geübte Kritik blieb aber konstruktiv. Darauf folgten zwei Maǧalla-Texte, die eindeutig die Richtung der Konfrontation und Polemik einschlugen. Der erste Beitrag ist in englischer Sprache gehalten und trägt den Titel „The Pope of Vatican Crosses the Redline: He Attacks Islam and Affronts Messenger Muhammad …!“ Darin heißt es, der Papst hätte eine alte, von Orientalisten aus Hass gegen den Islam während des 18. und 19. Jahrhunderts verbreitete Unwahrheit wiederholt. In diesem Beitrag geht es nicht nur darum, Beweise für diese „Unwahrheit“ darzulegen. Vielmehr gilt es hier, christliche Verbrechen „im Namen Jesu und des Kreuzes“ zu benennen und eine „Kreuzzugsmentalität“ bei der europäischen Christenheit erkennbar zu machen.[691] Exemplarisch hierfür wird zum einen die Erklärung des britischen Generals Allenby angeführt, der 1918 in Jerusalem erklärte, die Kreuzzüge seien heute zu Ende gegangen. Zum anderen weist man auf die am Grabe Ṣalāḥ ad-Dīns nach der Eroberung von Damaskus gemachte Aussage des französischen Generals Gouraud „Siehe Saladin, wir sind zurück“ hin.[692] In diesem Zusammenhang werden rhetorische Fragen gestellt. Etwa wer für die Weltkriege verantwortlich sei, die Muslime oder die europäischen Staaten, die an die Kreuzzüge glaubten. Oder wer Tod und Zerstörung in Afghanistan, Irak, Palästina und Libanon verbreite? „Are they not the European Christian countries?!“[693] In den Fällen von Palästina und dem damals aktuellsten Beispiel Libanon, der im Juli/August 2006 einen der heftigsten israelischen Militärschläge erlebte, wird hier nicht zwischen dem Staat Israel und den europäischen Ländern unterschieden. Damit deutet die Maǧalla vor-

691 MA, Bd. X/79–2006/07, S. 1682.
692 Ebd., S. 1681.
693 Ebd.

dergründig eine „Unterstützung“ und „Parteiergreifung“ des Westens für Israel an. Obwohl die beiden Kriege in Afghanistan und Irak hauptsächlich von den USA geführt wurden, werden die USA nicht explizit genannt. Es ist aber davon auszugehen, dass sie in diesem Zusammenhang den europäischen Christen zugerechnet werden. Dass hier nicht die Christenheit als Ganzes gemeint ist, zeigt die Tatsache, dass die orientalischen Christen in diesem angriffslustigen Text mit keinem Wort erwähnt werden. Allerdings werden Bibelverse unkommentiert in den Raum gestellt, mit denen darauf abgezielt wird, den Beweis herbeizuführen, dass die heilige Schrift ebenfalls Texte zur Gewalt enthalte. Allen voran wird folgende Stelle aus dem Matthäusevangelium angeführt: „Ich bin nicht gekommen, um Frieden zu bringen, sondern das Schwert.“[694] Dass die Bibelstellen ohne jeglichen Kommentar angeführt werden, kann womöglich eine bewusste Nachahmung des Papstes sein, der den Kaiser zitierte, ohne weiter auf das Zitat einzugehen, bzw. die Aussage „ins rechte Licht zu rücken“. Wie gesehen, war dies einer der Hauptkritikpunkte seitens der Azhar. Im weiteren Verlauf des Texts wird ein vermeintliches Motiv für die Aussagen des Kirchenoberhaupts genannt: Überall und vor allem in Deutschland, seinem Heimatland, würden viele Menschen zum Islam konvertieren. Unter Berufung auf einen saudischen Journalisten ist davon die Rede, dass der Papst verärgert gewesen sei, weil etwa dreißig Priester aus dem Vatikan den Islam ange-

---

694 Mt., 10:34. Die beiden weiteren Stellen sind: „... der Vater gegen den Sohn und der Sohn gegen den Vater, die Mutter gegen die Tochter und die Tochter gegen die Mutter, die Schwiegermutter gegen ihre Schwiegertochter und die Schwiegertochter gegen die Schwiegermutter.“ (Lk., 12:53). Dieser Vers ist nur zu verstehen, wenn die beiden vorherigen Verse berücksichtigt werden, in denen Jesus davon spricht, dass er nicht gekommen sei, Frieden zu bringen, sondern Spaltung. Die nächste Stelle ist: „Wer Vater oder Mutter mehr liebt als mich, ist meiner nicht würdig, und wer Sohn oder Tochter mehr liebt als mich, ist meiner nicht würdig. Und wer nicht sein Kreuz auf sich nimmt und mir nachfolgt, ist meiner nicht würdig. Wer das Leben gewinnen will, wird es verlieren; wer aber das Leben um meinetwillen verliert, wird es gewinnen.“ (Mt., 10:37–39). Siehe: MA, Bd. X/79–2006/07, S. 1681.

nommen hätten. Schließlich wird dem Papst geraten, sich über den Islam durch muslimische Gelehrte zu informieren und nicht durch Orientalisten.[695] Prinz Charles hätte dies vorgemacht und sich von einem Azhar-Gelehrten Informationen vermitteln lassen. Schließlich werden Auszüge einer Rede des Prinzen, in der er sich positiv zum Islam äußert, veröffentlicht.[696] Dieser Text allein macht schon deutlich, was die Regensburger Vorlesung unter Muslimen ausgelöst hat. Sie wurde in einer so sensiblen Zeit als offener Angriff gewertet und nun wurde zum Gegenschlag ausgeholt. Gerade der Versuch, eine Tradition der Kreuzzüge bis in die gegenwärtigen Konflikte hinein aufzuzeigen, macht das Ausmaß dieser angespannten Situation deutlich und dies kommt im nächsten Artikel mit dem Titel „Der Papst des Vatikan. Zwischen dem Strohhalm und dem Holzstück“ (Bābā al-Fātīkān … baina al-Qašša wa'-l-Ḫašaba)[697] ganz besonders stark zum Vorschein. Dort wird betont, dass die Päpste die erste religiöse Legitimationsinstanz für die Kreuzzüge waren[698] und man nun vor einer neuen Kreuzzugsbewegung stehe, die der Westen vorbereite. Die Aussagen von Benedikt XVI. seien nichts anderes als Rechtfertigungsversuche für die Ereignisse in Palästina, Irak, Libanon und Afghanistan und was noch auf die islamische Welt in Zukunft zukommen werde. Der

695 MA, Bd. X/79–2006/07, S. 1680. An zwei Stellen wird der Begriff „malicious Orientalists“ benutzt. Bei der ersten heißt es: „In his speech, the Catholic Pope based his views on the sayings of malicious Orientalists […]“. Es ist wahrscheinlich, dass hiermit Adel Theodor Khoury gemeint ist, den der Papst namentlich erwähnt und zitiert. Dazu ebd., S. 1680. Von Khoury als niederträchtigem Orientalisten zu sprechen, zeugt von großer Unkenntnis über dessen Arbeit. Zu seinen Publikationen gehören einige den Dialog fördernde Bücher, die zum Teil für die Bearbeitung des zweiten Kapitels dieser Arbeit von großem Gewinn waren.

696 MA, Bd. X/79–2006/07, S. 1678–1680.

697 Was mit diesem Titel gemeint ist, wird nicht deutlich. Soll hier etwa die Aussage getätigt werden, der Papst würde einmal mit einem Strohhalm Zärtlichkeiten austauschen um bei einer anderen Gelegenheit die Rute auszupacken und zuzuschlagen?

698 Für eine informative Darstellung zu den Kreuzzügen siehe Thorau, Peter: *Die Kreuzzüge*. München 2004.

Papst bereite die Welt hiermit also auf neue Kreuzzüge vor. Die Absichten dieses Texts werden schon in der Einführung klar, in der unter anderem das Bedauern des Papstes, er sei falsch verstanden worden, erwähnt wird.[699] Dann heißt es in einem ironisch-sarkastischen Tonfall weiter:

> „Sie [die Muslime] hätten – seiner [des Papstes] Behauptung nach – ihn und seine Äußerungen nicht verstanden, hätten toleranter und nicht so streng sein und ein besseres Verständnis aufweisen sollen für diese päpstlichen Aussagen, die aus dem Munde dieses ‚Unfehlbaren' gekommen sind, der auf dem prophetischen Stuhl sitzt.!!"[700]

Beide Texte enthalten deutliche Worte und machen die Entrüstung offensichtlich. Dass nun auch Großscheich Ṭanṭāwī sich gezwungen fühlt, eine ausführliche Antwort auf die Vorlesung in Form von fünf Artikeln zu formulieren, bestätigt, dass es fatal wäre, zu glauben, dass die ganze Aufregung allein durch das Zitat begründet sei. Schon die Auseinandersetzungen um die Muḥammad-Karikaturen waren eine Folge der weltpolitischen Situation, in der sich Muslime seit dem 11. September – dies wurde in 4.2.2. ausführlich beschrieben – verstärkt aufgrund ihres Glaubens angegriffen fühlten. Nun überschritt der höchste Geistliche der größten christlichen Kirche nach Ansicht vieler Muslime eine Grenze, indem er den Eindruck erweckte, der Islam sei eine gewalttätige Re-

---

[699] Sein tiefes Bedauern hat Papst Benedikt XVI. fünf Tage nach der Vorlesung geäußert. Siehe dazu: http://www.vatican.va/holy_father/benedict_xvi/angelus/2006/documents/hf_ben-xvi_ang_20060917_ge.html. (abgerufen am 13.02.2012). Siehe ebenfalls dazu und zu anderen Reaktionen des Vatikans: Fischer, S. 193ff. U. a. wird dort auf die Apostolische Reise nach Köln anlässlich des Weltjugendtages im Sommer 2005 verwiesen. Damals hatte er sich mit muslimischen Vertretern getroffen und die Bedeutung des Dialogs mit Muslimen betont. Siehe dazu: Benedikt XVI.: *Christen und Muslime vereint im Dienst an den moralischen Grundwerten.* In: Benedikt XVI.: Gott und die Vernunft. Aufruf zum Dialog der Kulturen. Augsburg 2007. S. 86–90.

[700] MA, Bd. XI/79–2006/07, S. 1707. Für den ganzen Artikel siehe: ebd., S. 1707–1713.

ligion. An dieser Stelle ist es durchaus legitim, die Frage zu stellen, ob Papst Benedikt XVI. gerade in so einer angespannten Zeit nicht etwas mehr Fingerspitzengefühl hätte beweisen müssen und eine andere Einführung für seine Vorlesung hätte wählen können. Dafür erntete er nicht nur von muslimischer Seite Kritik. Ohlig deutet an, der Papst habe gewusst, „was er tat". Und weiter: „Wenn man aber den Dialog, der gerade in der Frage von Gewalt und Friedfertigkeit notwendig ist, wirklich will, war der Einstieg nicht gut und zwingt den Papst zu Reparaturmaßnahmen."[701] Zudem merkt er an, dass sich die Aufregung wahrscheinlich in Grenzen gehalten hätte, wenn der Papst ausgleichend auch die zum Teil gewalttätig vorangetriebene Christianisierung erwähnt hätte.[702]

Wie aus einem weiteren englischen Artikel aus der Maǧalla hervorgeht, soll der koptische Papst Šinūda III. seine Ablehnung jeden Angriffs auf den Islam und die Muslime geäußert haben, gleich ob dieser von einer berühmten Persönlichkeit oder irgendjemandem ausgehe. Zudem erklärte er, dass der christliche Glaube es verbiete, andere und ihre Überzeugung, ihr Denken oder ihre religiösen Symbole zu verletzen.[703] Mit dieser Erklärung reiht sich das koptische Oberhaupt unter die Kritiker ein und setzt damit – womöglich aus gesellschaftspolitischen Gründen – ein Zeichen für das gegenseitige Verständnis von Anhängern beider Religionen in Ägypten.

Im Folgenden soll die Antwort des Großscheichs dargestellt werden. Diese erschien in fünf Artikeln, welche zunächst in der ägyptischen Zeitung al-Ahrām veröffentlicht und schließlich ins Englische, Französische und Deutsche übersetzt wurden.[704] Bedenkt man, dass al-Ahrām die größte Tageszeitung des Landes ist, so wurde hier zweifelsfrei versucht, Ṭanṭāwīs Reaktion an den Großteil der Bevölkerung

[701] Ohlig, Glaube und „Vernunft", S. 247.

[702] Ebd. Mit scharfen Worten attackiert auch Alan Posener in diesem Zusammenhang den Papst und weist auf einige historische Gräueltaten der Christenheit hin. Vgl. Posener, S. 213ff.

[703] MA, Bd. XI/79–2006/07, S. 1804–1806.

[704] Siehe dazu: MA, Bd. XI/79–2006/07, S. 1804.

heranzutragen. Ṭanṭāwī selbst hatte beim Besuch des Apostolischen Nuntius in Kairo Michael Fitzgerald im Oktober 2006 erklärt, dass er eine Arbeit angefertigt habe, in der er deutlich mache, dass die Aussagen des byzantinischen Kaisers nicht der Wahrheit entsprechen würden. Auch bei dieser Gelegenheit wiederholte er, dass der Papst die Geschichte in seinem Zitat hätte kommentieren müssen. Wenn er keine Meinung dazu habe, dann hätte er sie auch nicht in einer Vorlesung, die die christliche Kirche betrifft, zu erwähnen brauchen. Hätte er sich jedoch positioniert und erklärt, dass er mit Manuels Äußerungen nicht einverstanden sei, so wären ihm die Reaktionen, die darauf folgten, erspart geblieben. Trotzdem wünschte sich der Großscheich zum Abschluss des Treffens mit Fitzgerald, dass die guten Beziehungen nicht abreißen würden.[705] Ṭanṭāwīs Ausführungen veröffentlichte die Maǧalla als Anhang in deutscher Übersetzung und sie wurden auch als gebundene Ausgabe von der Zeitschrift herausgegeben.[706] Dass die Zeitschrift an dieser Stelle einen Beitrag auf Deutsch präsentierte, kann den Hintergrund haben, dass vor der eigenen Leserschaft Stärke demonstriert werden sollte. Es ist schließlich die Muttersprache des deutschen Papstes und die Universität ist in der Lage, sich auch in seiner Sprache angemessen zu artikulieren.

Die über 70-seitige Artikelreihe trägt den Namen „So ist der Islam. Ruhiger Dialog mit dem Papst vom Vatikan (Hāḏā Huwa al-Islām. Ḥiwār Hādiʾ maʿa Qadāsat Bābā al-Fātīkān)“. Allein der Titel sagt schon Vieles aus. Großscheich Ṭanṭāwī möchte den Papst, den er stets direkt anspricht und meist als „Seine Heiligkeit“ bezeichnet, sachlich und in einem höflichen Ton in den Islam einführen. In den fünf Artikeln greift er je einen Aspekt auf, der in Zusammenhang mit der päpstlichen Vorlesung steht. Teil 1 soll die Auffassung

---

705 MA, Bd. XI/79–2006/07, S. 1997–1998.

706 Wie im Bericht zum Aufenthalt in Kairo erwähnt, habe ich von ʿĀdil al-Ḫafāǧa eine deutsche gebundene Ausgabe erhalten. Es wird sich im Folgenden an diese Version gehalten.

von der Verbreitung des Islams durch Gewalt widerlegen, in Teil 2 geht es um den Begriff des *ǧihāds*. Der dritte Teil widmet sich dem, was Muḥammad an guten Eigenschaften für die Menschen gebracht habe, bevor in Teil 4 die Bedeutung der Vernunft angesprochen wird. Der letzte Teil beschäftigt sich mit dem Stellenwert des Dialogs im Islam. Die fünf Artikel sollen im Folgenden in ihren wichtigsten Grundzügen wiedergegeben werden. Dann folgt eine Analyse zu besonders wichtigen Aspekten.

1. Teil: Darin wiederholt Ṭanṭāwī nochmals seinen Vorwurf, dass der Papst das Zitat unkommentiert gelassen und somit den Eindruck erweckt habe, er würde es befürworten. Außerdem sei „ein Hineinzwängen des Islam" im Zusammenhang des eigentlichen Themas nicht notwendig gewesen.[707] Dann erklärt er anhand von Koranversen, dass alle Gesandten als Freudenboten und Warner von Gott geschickt worden seien[708] und so sei auch Muḥammad mit diesen Attributen ausgestattet gewesen und habe die Menschen friedlich und nicht mit Gewalt oder Zwang zur Religion führen sollen.[709] Was den Vers „Kein Zwang in Glaubensdingen" angeht, so macht der Großscheich deutlich, dass er nicht, wie der Papst behauptete, aus der frühen Zeit von Muḥammads Mission stamme, sondern in der medinensischen Ära entstanden sei und datiert den Beginn der Offenbarung der entsprechenden Sure auf das zweite Jahr nach der Hiǧra.[710] Es soll auch einige Jahre gedauert haben, bis

[707] Ṭanṭāwī, S. 5

[708] Angeführte Verse sind: Sure 6:48; 4:165; 2:213.

[709] Sure 2:119; 34:28; 33:45–46; 7:188; 11:2; 13:40; 42:48; 88:21–22; 50:45; 10: 99–100.

[710] „Al-Baqara" (Die Kuh) ist die zweite und längste Sure des Korans. In arabischen Koranexemplaren, aber auch in einigen Übersetzungen wird sie immer als medinensisch gekennzeichnet. Theodor Nöldeke führt die Sure in der Chronologie der Offenbarungen als medinensisch auf und bezeichnet sie als einen der ältesten in Medina entstandenen Texte. Vgl. dazu Nöldeke, S. 173 (1. Teil). Nöldekes chronologische Anordnung wurde auch von Bobzin übernommen. Vgl. Bobzin: Koran. Eine Einführung, S. 123. Es sei an dieser Stelle

die Sure komplett offenbart worden war. Damit widerlegt er schon eine grundlegende Äußerung des Papstes. Zudem führt er den Offenbarungsanlass an. So habe ein Mann aus Medina den Propheten aufgesucht und ihm gesagt, dass er seine beiden nichtmuslimischen Söhne aus Angst, ihnen könnte am jüngsten Tag die Hölle zuteil werden, zur Konversion zwingen wolle. Daraufhin sei dieser Vers offenbart worden. Die Essenz daraus sei: „Die Annahme des islamischen Glaubens erfolgt keineswegs durch Zwang."[711] Auch könne man aus dem folgenden Ḥadīṯ nicht schlussfolgern, dass der Islam die Menschen mit Krieg bekehren möchte. Dort heißt es: „Mir ist befohlen worden gegen *an-nās* (die Menschen) zu kämpfen bis sie sagen: ‚Außer Gott, dem Einen, gibt es keinen Gott!' Wer das sagt, schützt mir gegenüber sein Leben und sein Hab und Gut ausschließlich nach dem Recht des Islam und Gott allein rechnet mit ihm ab". *An-nās* beziehe sich in diesem Kontext nicht auf die Menschen an sich, sondern auf „die den Islam bekriegenden Menschen".[712] Es lägen auch keinerlei Berichte von Zwangskonversionen aus der islamischen Geschichte vor.[713] Ans Ende dieses ersten Artikels stellt der Großscheich eine Datenliste von knapp 8.000 Menschen aus zahlreichen Ländern, die zwischen den Jahren 2000 und 2005 aus freien Stücken zum Islam konvertiert seien und in seiner Behörde das Bekenntnis abgelegt hätten.[714]

2. Teil: Zunächst erklärt der Großscheich die sprachliche

angemerkt, dass die offizielle Anordnung der Suren dem Prinzip der Länge und nicht der chronologischen Entstehung folgt, wobei kleine Ausnahmen enthalten sind. So ist die erste Sure al-Fātiḥa (Die Eröffnende) mit sieben Versen eine der kürzesten. Sie eröffnet aber aufgrund ihrer essentiellen Bedeutung für den Islam den Koran. Hauptsächlich lassen sich die Suren so einteilen, dass die kürzeren während der ersten zehn Jahre in Mekka und die längeren nach der Auswanderung in Medina entstanden sind.

[711] Ṭanṭāwī, S. 10.

[712] Ebd., S. 14–15.

[713] Ebd., S. 15.

[714] Ebd., S. 16.

Bedeutung des Begriffes *ǧihād*[715] und stellt seine drei im islamischen Recht anerkannten Formen vor. Als erstes bedeute er die Selbsterziehung zur Erfüllung der göttlichen Vorschriften.[716] Die zweite Form sei der Kampf gegen das Wirken des Satans, wenn dieser versuche, die Menschen zu täuschen und in die Irre zu führen.[717] Die dritte Form sei schließlich das Kämpfen gegen Aggressoren. In diesem Zusammenhang beklagt Ṭanṭāwī die Reduzierung des Begriffes auf Kriege und Kämpfe und erlaubt sich dabei einen Seitenhieb gegen „prominente Autoren in Europa“, die sich unzureichend mit der genauen Bedeutung von *ǧihād* auseinandergesetzt hätten.[718] Der Frieden sei im islamischen Sinne der Idealzustand. Daher sei das Kämpfen nur ein Mittel, um gegen Ungerechtigkeiten vorzugehen. Im Folgenden werden einige Beispiele für die Bedeutung des Friedens (*salām*) im Islam vorgebracht. So entsprängen etwa die Begriffe *islām* und *salām* derselben Sprachwurzel. Auch der Gruß der Muslime drücke den hohen Stellenwert des Friedens im Islam aus.[719] Ebenso wird der Gottesname *As-Salām* (im dt. Text mit „der Herr des Friedens“ übersetzt) als Beispiel für das Streben nach Frieden im Islam angeführt.[720] Anschließend werden die Kriegszüge (*ġazawāt*) des Propheten anhand der Beispiele von Badr[721],

[715] *Ǧihād* wird von der arabischen Wurzel *ǧ-h-d* abgeleitet und hat in erster Linie die Bedeutung „Mühe, Anstrengung oder Eifer“.

[716] Als koranischer Beleg dazu wird Sure 91:7–10 angeführt.

[717] Hierzu nennt er Sure 35:6.

[718] Ṭanṭāwī, S. 18–20.

[719] Die gängige Grußformel unter Muslimen lautet: *As-salām ʿalaikum* (Friede sei mit euch). Der Begrüßte erwidert dann: *Wa ʿalaikum as-salām* (Und der Friede sei auch mit euch).

[720] Ṭanṭāwī, S. 20–21. Koranverse, die im Zusammenhang mit dem Frieden angeführt werden, sind u. a.: Sure 33:44; 16:32; 39:73; 10:10.

[721] Im kleinen, südwestlich von Medina gelegenen Ort Badr fand im Ramadan 624 (Jahr 2 Hiǧra) der erste Kampf zwischen den Muslimen und den Mekkanern statt, den die Muslime trotz deutlicher numerischer Unterlegenheit für sich entscheiden konnten. Vgl. EI^2: Badr (W. Montgomery Watt).

Uḥud[722] und al-Aḥzāb[723] besprochen. All diese Ereignisse seien Kämpfe gegen „Ungerechtigkeit und Aggression" gewesen. Die erste Schlacht habe das Ziel verfolgt, den nach Muḥammads Auswanderung in Mekka zurückgebliebenen und in schwere Not geratenen Muslimen zu helfen. Während die zweite Schlacht einen Akt der Selbstverteidigung gegen eine Agression, die von den heidnischen Mekkanern ausgegangen sei, darstelle. Die drittgenannte Schlacht sei ebenfalls die Folge eines Angriffs auf die Muslime in Medina gewesen, der mit Hilfe von jüdischen Oberhäuptern der Stadt stattgefunden haben soll.[724] Der Islam habe aber auch Regeln für den Kriegsfall aufgestellt. Es dürfe auf keinen Fall das Maß überschritten und Unschuldige getötet werden.[725] Wenn sich eine Möglichkeit zum Frieden anböte, solle sie auch wahrgenommen und Frieden geschlossen werden.[726] Als letzter Punkt wird der Kriegskodex genannt, zu dem gehöre:

> „das Verbot, abschreckende Grausamkeiten zu begehen, Verletzte zu töten, Pflanzen, Bäume und Früchte zu vernichten, Brunnen zu verschmutzen und Häuser zu zerstören; die Verpflichtung, die Kriegsgefangenen

---

722 Beim Berge Uḥud, etwa fünf Kilometer nördlich von Medina entfernt, fand 625 (Jahr 3 Hiǧra) die Rache der Mekkaner für Badr an den Muslimen statt. Dabei erlitten die Muslime eine verheerende Niederlage. Vgl. EI²: Uḥud (C. F. Robinson).

723 Unter al-Aḥzāb versteht man ein Bündnis verschiedener Gruppen, die im Jahre 627 (Jahr 5 Hiǧra) Medina belagerten. Ihre Armee soll etwa 10.000 Mann und 600 Pferde umfasst haben. Dieses Ereignis ist als die Grabenschlacht *(Ġazwat al-ḫandaq*; Ḫandaq ist das arabische Wort für Graben) besser bekannt, weil Muḥammad auf Anraten von Salmān al-Fārisī (Salmān dem Perser), einem seiner Anhänger, einen Graben um die Stadt hatte ziehen lassen, um so die Stadt besser verteidigen zu können. Dies führte zum Scheitern des Angriffs der Bündnispartner und stärkte die Position des Propheten. Vgl. EI¹: Khandaḳ (A.J. Wensinck); EI²: Khandaḳ (W. Montgomery Watt).

724 Ṭanṭāwī, S. 24–27.

725 Sure 2:190 und 22:38–40 enthalten wichtige Anordnungen zum Einhalten der Kriegsbedingungen.

726 So steht es etwa in Sure 8:61–62 geschrieben.

gut zu behandeln, den Feind zu amnestieren, wenn er darum bittet, und dafür zu sorgen, dass seine Sicherheit auf keinen Fall angetastet wird."[727]

3. Dieser Teil, in dem Ṭanṭāwī auf die Aussage eingeht, Muḥammad habe nur Schlechtes und Inhumanes gebracht, macht den Ärger des Gelehrten besonders deutlich. Dazu heißt es in der Einführung: „In diesem dritten Artikel nehme ich zur dritten Lüge Stellung, die die hässlichste und gemeinste ist."[728] Wieder hält er dem Papst vor, dass er das Zitat nicht kommentiert habe und somit den Eindruck erweckte, er sei mit dem Gesagten einverstanden.[729] Der Großscheich widerlegt die Behauptung, Muḥammad habe nur Schlechtes und Inhumanes gebracht wiederum mit einem Koranvers. Dieser schildert, dass Muḥammad dazu aufrief, sich die guten Tugenden anzueignen. Er gebot das Gute und verwehrte das Schlechte. Auch werde in diesem Vers erklärt, dass sein Kommen schon in den heiligen Schriften zuvor angekündigt worden sei.[730] In diesem Zusammenhang verweist der Großscheich auf die Verbindung zwischen Muḥammad und Jesus. Es wird z. B. die explizite Ankündigung des Erscheinens des Propheten als frohe Botschaft durch Jesus betont[731] und über Jesus als Muḥammads „Bruder im Prophetentum" gesprochen, auf den er einem Ḥadīṯ zufolge den größten Anspruch habe, da es zwischen den beiden keinen weiteren Propheten gab.[732] Muḥammads Auftreten sei in eine sehr schwierige und von Ungerechtigkeit überlastete Zeit gefallen, in der die Menschheit eine neue Botschaft benötigte. So sei der Prophet, dem der Koran einen edlen Charakter zuspreche[733] und der

727 Ṭanṭāwī, S. 30.
728 Ebd., S. 32.
729 Ebd.
730 Dies geht aus Sure 7:157 hervor.
731 Sure 61:6.
732 Ṭanṭāwī, S. 34–35.
733 Sure 68:4.

von den Menschen schon vor seiner Berufung den Beinamen al-Amīn (der Vertrauenswürdige) erhalten habe, mit der Mission beauftragt worden, die Menschen von Neuem auf den rechten Pfad zu führen.[734] Eine besonders wichtige ihm zugeteilte Eigenschaft sei die Gnade. Gott habe ihn als Gnade für die Menschheit geschickt[735] und der Prophet habe seine Anhängerschaft dazu angehalten, gnädig zu sein und ihnen dies auch vorgelebt, indem er seine Mitmenschen und vor allem die Schwachen unter ihnen stets gnädig behandelte. Aber auch in Situationen, in denen er angefeindet wurde, wie etwa, als er in aṭ-Ṭā'if[736] seine Botschaft zu verkünden versuchte und dabei schwere Feindseligkeiten erleiden musste, habe er Gott nicht um die Vernichtung ihrer Einwohner, sondern um deren Rechtleitung gebeten. So soll er gesagt haben: „O Gott! Leite meine Mitmenschen recht, denn sie wissen nicht, was sie tun!“[737]

4. In diesem vierten Artikel geht es um die Vernunft. Aus den Aussagen Benedikts XVI. in Bezug auf die Vernunft schließt Ṭanṭāwī, dass der Papst dazu tendiere, „mit der Vernunft nach Gott zu fragen“,[738] um der Behauptung, es gebe Gott nicht, entgegenzutreten. In diesem Kontext habe der Papst auf den muslimischen Gelehrten Ibn Ḥazm hingewiesen, der erklärt haben soll, „dass Gott auch nicht an sein eigenes Wort gebunden sei und dass ihn nichts dazu verpflichte, uns die Wahrheit zu offenbaren. Wenn er es wollte, müsse der

734 Ṭanṭāwī, S. 40.

735 Sure 21:107.

736 Die Stadt aṭ-Ṭā'if liegt südöstlich von Mekka und ist gegenwärtig die viertgrößte Stadt Saudi-Arabiens. In vorislamischer Zeit befand sich dort das Standbild der Göttin al-Lāt. Einige Bewohner der Stadt waren christlichen Glaubens. Vgl. EI²: Al-Ṭā'if (M. Lecker). Für einen kurzen Bericht für das Geschehen in aṭ-Ṭā'if siehe: Lings, S. 140ff.

737 Ṭanṭāwī, S. 44. Zum Aspekt der Gnade siehe ausführlich ebd., S. 41–44. Das Bittgebet Muḥammads erinnert an die Aussage von Jesus: „Vater, vergib ihnen, denn sie wissen nicht, was sie tun.“ Vgl. Lk. 23:34.

738 Ṭanṭāwī, S. 47.

Mensch auch Idolatrie treiben."[739] Dies nimmt der Großscheich zum Anlass, um zur Vernunft im Islam Stellung zu beziehen und erklärt zunächst die Bedeutung des Begriffes *al-ʿaqīda* (was hier mit „der Glaube" übersetzt wird. Man könnte den Begriff auch mit „Glaubensgrundlagen" wiedergeben). Damit sei „Vertrauen setzen in einige Ansichten, Prinzipien und Ideen",[740] die zum essentiellen Bestandteil eines Menschen gehören würden, gemeint. Den religiösen Glauben (*al-ʿaqīda ad-dīnīya*) bezeichnet er als „psychischen Bedarf", der den Menschen in dem Maße einnehme, dass ein psychisch normales Leben ohne den Glauben nicht mehr möglich sei. Alle Menschen hätten einen Glauben, den sie, auch wenn sie keinerlei Begründungen für ihn hätten, verteidigen würden. Alle Propheten hätten die Menschen zur gleichen Religion, dem Islam, im Sinne der aufrichtigen Gott Ergebenheit[741] aufgerufen und hätten dabei Anfeindungen erdulden müssen.[742] Schließlich kommt Ṭanṭāwī auf die Vernunft im Koran zu sprechen und weist darauf hin, dass viele Verse sich mit der Frage oder der Feststellung an die Menschen richten würden, sie hätten die Vernunft nicht gebraucht, um die „Wahrheit" zu erkennen.[743] Durch die im Koran in verschiedenen Formen enthaltenen rationalen Beweise sollten die Menschen dahingehend zum Nachdenken und zum Gebrauch der Vernunft angeregt werden, dass es nur einen Gott gebe. Zum einen gebe es die Form der Herausforderung, wenn etwa die Götzendiener zeigen sollen, was ihre Götter erschaffen hätten.[744] Zum anderen kom-

---

[739] Ebd., S. 48.

[740] Ebd.

[741] In diesem Zusammenhang werden Koranverse mit Bezug auf Noah, Abraham, Moses und Jesus angeführt, in denen die arabischen Begriffe *muslimūn* (Gott ergeben) oder *aslamtu* (ich ergebe mich) vorkommen. Vgl. Ṭanṭāwī, S. 51.

[742] Siehe ausführlich Ṭanṭāwī, S. 48–51.

[743] Siehe dazu Sure 2:44 und 171; 67:10–11.

[744] Sure 31:11; 16:17.

men sie als Gleichnisse[745] und in der Beschreibung des Kosmos mit all seinen „perfekt aufeinander" angepassten Elementen[746] vor. Bei dieser Gelegenheit wird auch ein Vers angeführt, der die christliche Lehre vom Sohn Gottes zurückweist und betont, dass Gott einer ist.[747] Mit der Vernunft könne man aber Gott nicht begreifen. Nach einem Ḥadīṯ solle über die Schöpfung Gottes, aber nicht über sein Wesen nachgedacht werden, da man es nicht angemessen würdigen könnte.[748] Demnach sei das Nachdenken über Gottes Gestalt oder die Art und Weise, wie Er existiere, verboten, da es zu „Verwirrung und perplexen Vorstellungen führt".[749] Zum Abschluss bezeichnet der Großscheich die Vernunft als „das Fundament der religiösen Verpflichtung"; mit dem Verborgenen solle man sich aber nicht beschäftigen, da Gott allein von dessen Wesen Kenntnis habe.[750]

5. Im letzten Artikel der Reihe fasst Ṭanṭāwī seine Erkläungen zum Dialog[751] in drei Aspekte zusammen: Bedeutung, Grundsätze und Vokabularium. Der Großscheich spricht in Bezug auf die Bedeutung über den Dialog im Allgemeinen, also über den Austausch zwischen den Menschen über alle Lebenslagen. Die Vielfalt der Menschheit sei ein göttlicher Wille, damit die Menschen einander kennenlernten.[752] Und so schlussfolgert er in einem Satz: „Der zwischenmenschliche Dialog ist für die

[745] Sure 39:29.
[746] Sure 21:22.
[747] Sure 23:91. Siehe dazu Ṭanṭāwī, S. 55–57.
[748] Ṭanṭāwī, S. 54.
[749] Ebd., S. 55.
[750] Ebd., S. 61.
[751] Wie man aus der Einführung zu diesem letzten Artikel verstehen kann, ist das folgende Zitat dafür ausschlaggebend, dass Ṭanṭāwī sich an dieser Stelle dem Thema Dialog zuwendet: „In diesen großen Logos, in diese Weite der Vernunft laden wir beim Dialog der Kulturen unsere Gesprächspartner ein. Sie selber immer wieder zu finden, ist die große Aufgabe der Universität." Vgl. Ṭanṭāwī, S. 62; Benedikt XVI., S. 32.
[752] Sure 49:13.

Menschen in Lebens- und Glaubensfragen so unerlässlich, wie z. B. Essen und Trinken."[753] Er nennt vier Grundsätze für den Dialog: Zum einen Ehrlichkeit, dann Objektivität und Einhalten des Themas, außerdem müsse als Ziel Recht und Wahrheit verfolgt werden und nicht Ruhm und Ansehen, und viertens Bescheidenheit. Bei seinen Ausführungen bringt Ṭanṭāwī Prophetengeschichten aus dem Koran und Überlieferungen über die Vertrauten Muḥammads. So berichtet er zum dritten Punkt über den Kalifen ʿUmar, der bei einer Beratung über die Höhe der Morgengabe bei der Eheschließung die Fakten durcheinander gebracht habe. Eine Frau habe ihm daraufhin widersprochen und ihn korrigiert. Der Kalif habe schließlich seinen Fehler eingesehen und zugegeben, dass er im Irrtum war.[754] Beim letzten Punkt betont er, dass Bescheidenheit und gegenseitiger Respekt zu einem gelungenen Dialog führen könnten, während „Überheblichkeit und Arroganz" ihn zum Scheitern verurteilten.[755] Was das Vokabularium angeht, so geht der Großscheich auf zwei verschiedene Dialogarten ein: zum einen der Dialog zwischen Gott und einigen seiner Geschöpfe und zum anderen der Dialog zwischen den Propheten und ihren Völkern.[756] Für unseren Zusammenhang ist es jedoch von viel größerer Bedeutung auf das Schlusswort Ṭanṭāwīs einzugehen, weil er damit seine Beweggründe eindeutig klarstellt:

---

[753] Ṭanṭāwī, S. 65.

[754] Ebd., S. 68.

[755] Ebd., S. 69. Zum Abschluss weist Ṭanṭāwī auf sein Buch „Adab al-Ḥiwār fī al-Islām" hin, in dem die Grundsätze des Dialogs näher beschrieben worden sind. Ṭanṭāwīs Buch enthält neben einer ausführlichen Darstellung dieser Grundsätze die Vorstellung der zahlreichen Formen des Dialogs in verschiedenen Kontexten. Dazu gehört u. a. der Dialog zwischen Gott und einigen seiner Geschöpfe, zwischen den Propheten und ihren Völkern, aber auch der Dialog mit den Schriftbesitzern.

[756] Siehe dazu Ebd., S. 70–75.

> „In dem vorliegenden Artikel geht es mir darum, Ihnen, Heiliger Vater, klarzulegen, dass zum Dialog, zu dem Sie aufrufen, der Islam schon lange auf eine vollkommenere, gerechtere, bessere und umfassendere Weise aufgerufen hat, weil er davon ausgeht, dass alle Menschen gleichen Ursprungs sind, dass ihre Glaubensunterschiede ihre Zusammenarbeit nicht hindern sollen und dass der Islam im Sinn der Ergebenheit angesichts Gottes und der Aufrichtigkeit, Ihm allein zu dienen, die Religion ist, die alle Gesandten verkündeten. Alle Propheten überbrachten den Menschen eine und dieselbe Botschaft, nämlich Gott allein zu dienen und die edle Moral einzuhalten."[757]

Anschließend erinnert er Benedikt XVI. daran, dass er ihm vor Monaten einen Brief geschickt habe mit der Frage nach seiner Meinung über die Muḥammad-Karikaturen und bedauert, bisher keine Antwort erhalten zu haben. Schließlich stellt er die Frage: „Gehört das zu den Kodexen des Dialogs, zu dem Sie, Heiliger Vater und Oberhaupt des Vatikans, mit lauter Stimme und in aller Öffentlichkeit aufrufen?" Diese Frage verbindet er mit der Hoffnung, dass die Taten der Geistlichen auch ihren Worten entsprechen.[758]

Analyse

Bei einer Bewertung der Ausführungen von Großscheich Ṭanṭāwī muss zunächst festgehalten werden, dass er im Gegensatz etwa zu den beiden vorgestellten Mağalla-Artikeln, die eher einen populistischen Charakter haben, mit seinen fünf Artikeln fachliche Argumente zu bestimmten Aussagen des Papstes, die zum Teil die Empörung ausgelöst haben, liefert. Damit bietet er eine Art Grundlage für einen konstruktiven Dialog, auch wenn er es manchmal versäumt, auf bestimmte Kritikpunkte, die sich gegen den Islam richten, einzugehen und sich an einigen Stellen den einen oder anderen Seitenhieb erlaubt.

---

[757] Ṭanṭāwī, S. 76.
[758] Ebd.

Als erstes sollen die inhaltlichen Aspekte besprochen werden. Ṭanṭāwī ist von Anfang an bemüht, die Aussagen aus der Regensburger Vorlesung „ins rechte Licht zu rücken" und klärt dabei einige wichtige Fragen. Jedoch sind die Erklärungen aus kritisch-wissenschaftlicher Perspektive nicht immer ausreichend und werfen neue Fragen auf. Damit macht sich das Dokument an manchen Stellen auch deutlich angreifbar.

In Teil 1 ist es dem Großscheich ein besonderes Anliegen, die Bedeutung des Verses „Kein Zwang in der Religion" zu verdeutlichen. Er geht direkt auf einen „Fehler" des Papstes ein, der behauptet hatte, dass der Vers aus der ersten Zeit der Gesandtschaft Muḥammads stamme. Ṭanṭāwī legt sich darauf fest, dass dieser aber der späteren medinensischen Zeit zuzuordnen sei[759] und interpretiert ihn in Anbetracht des Offenbarungsanlasses dahingehend, dass niemand mit Zwang bekehrt werden dürfe. Der Koranübersetzer und Kommentator Rudi Paret sieht dies jedoch anders. So schreibt er in seinem Kommentar zu dieser Stelle:

> „Der Passus soll demnach nicht besagen, daß man niemand zum Glauben zwingen *darf* (wie nach der üblichen Deutung), sondern, daß man niemand dazu zwingen *kann*; m. a. W. er predigt nicht Toleranz, sondern weist darauf hin, daß der Bekehrungseifer des Propheten infolge der menschlichen Verstocktheit weitgehend zur Erfolglosigkeit verurteilt ist."[760]

Der Islamwissenschaftler Lutz Berger macht darauf aufmerksam, dass dieser Vers im Gegensatz zur Gegenwart in der Geschichte „unter muslimischen Gelehrten weniger einheitlich"

[759] Patricia Crone weist darauf hin, dass es unter den frühen Koranexegeten u. a. auch die Meinung gab, der Vers sei aus der mekkanischen Zeit und in Medina aufgehoben worden. Vgl. Crone: Religious Freedom, S. 2–3. Die Autorin bietet in ihren Ausführungen verschiedene Deutungsmöglichkeiten des Verses an. Zur Lehre von *an-nāsiḫ wa-'l-mansūḫ* (dem Abrogierenden und dem Abrogierten) siehe EI^2: Naskh (J. Burton).

[760] Paret, Kommentar, S. 55.

gedeutet wurde.[761] Zwar könne die innere Haltung eines Menschen mit Zwang nicht geändert werden, explizit verboten sei dies jedoch nur, „wenn er sich gegen Schutzbefohlene richte, die die Oberherrschaft des Islam anerkennen würden."[762] Allerdings sei die moderne, von der Mehrheit der Gelehrten vertretene Deutung, dass der Vers die Religionsfreiheit gebiete, schon im Mittelalter bei der Siebenerschia und vor allem der Muʿtazila verankert gewesen und sei später im sunnitischen Islam ebenfalls aufgenommen worden.[763] Dem Großscheich kann nicht vorgehalten werden, dass er an dieser Stelle die Entwicklung der Interpretation dieses Verses mit seinen verschiedenen Deutungsmöglichkeiten nicht erwähnt. Das hätte wahrscheinlich den Rahmen des Artikels gesprengt. Allerdings wäre zu seiner Aussage, dass es keine historischen Berichte über Zwangskonversionen durch Muslime gegeben habe, schon ein Kommentar nötig gewesen, um besonders bei einem nichtmuslimischen Leser oder dem objektiven Beobachter nicht den Eindruck zu hinterlassen, er wolle ein durchweg positives Bild vom Islam und den Muslimen vermitteln, ohne zumindest auf Fehler in der Geschichte hinzuweisen. Es wurde in Kapitel 2.2 schon thematisiert, dass bei den islamischen Eroberungen eher die Vergrößerung des eigenen Territoriums und der wirtschaftliche Gewinn im Vordergrund standen, als die Konversion der eroberten Völker zu erzwingen. Wir haben aber auch gesehen, dass es unter manchen Kalifen zu diskriminierenden Maßnahmen gegen Christen und Juden kam. Auch wenn diese Maßnahmen, wie dort erwähnt, nicht mit den islamischen

---

[761] Berger, S. 224.

[762] Ebd., S. 225.

[763] Ebd. Berger geht in diesem Zusammenhang auch auf die praktische Umsetzung der Religionsfreiheit ein und berichtet dabei von Defiziten, insbesondere was den Abfall vom islamischen Glauben angeht. Zum Abschluss seiner Darstellung erklärt er, dass man es hierbei nicht mit einem spezifisch islamischen Problem zu tun habe. „Auch für die christlichen Kirchen war das Bekenntnis zur Glaubensfreiheit bis in die jüngste Zeit keine aus dem Glauben notwendig resultierende Selbstverständlichkeit." Ebd., S. 226.

Lehren vereinbar waren und deren Umsetzung mehr auf die Unterdrückung dieser Minderheiten abzielte, als dass sie eine Druckausübung für den Übertritt darstellen sollte, ist dies ein Fakt, den er hätte berücksichtigen müssen. Andererseits ist zu bedenken, dass Ṭanṭāwīs Schrift „So ist der Islam" heißt und in erster Linie das Ziel verfolgt, die „korrekte" islamisch-theologische Sichtweise des Themas zu veranschaulichen und nicht etwa ein sachlich historisches Bild des Verhaltens der Muslime abzuliefern. Dennoch hätte man hier zumindest einige distanzierende Hinweise auf die Handlungen und Anordnungen etwa des einen oder anderen Kalifen erwarten können. Damit wäre deutlicher geworden, dass die oft propagierte Unterscheidung zwischen dem Islam und den Taten der Muslime auch im historischen Kontext vertreten wird. Was den *ǧihād* angeht, so ist seine Klage, dass der Begriff auf Kriege und Kämpfe reduziert werde, durchaus vertretbar. Der Umgang mit diesem Begriff, sei es durch radikale Muslime oder auch durch westliche Populisten sowie teilweise in der medialen Berichterstattung, erweckt den Eindruck, dass dieser Begriff den Mittelpunkt des islamischen Glaubens darstelle. Dass im Koran das Wort *qitāl* (Kampf) in Bezug auf Kampfhandlungen viel häufiger als *ǧihād* gebraucht wird und „Muḥammad niemals offiziell einen *jihā*d erklärt hat; zumindest hat er aller Wahrscheinlichkeit nach nicht diesen Terminuns verwendet", wie Ourghi es beschreibt[764], wird in diesem Zusammenhang oft außer Acht gelassen. Aber auch hier macht es sich Ṭanṭāwī in seiner Darstellung zu einfach, indem er auf drei Feldzüge Muḥammads verweist, die in welcher Form auch immer als Notwehr betrachtet werden können. Da gerade aber dieser Punkt ein entscheidendes Vorurteil gegen den Islam bildet und Muḥammad im Abendland oft als Feldherr wahrgenommen wurde, hätte Ṭanṭāwī eine differenziertere Erklärung dazu liefern sollen. So hätte er z. B. erklären können, dass manche von

764 Siehe dazu Ourghi, S. 15. Zur Entwicklung des Verständnisses des *ǧihād* siehe ebd., S. 15ff.

Muḥammads Feldzügen – seien sie von ihm angeführt oder angeordnet worden – dazu dienten, den Lebensunterhalt zu sichern, was nach damaligen Stammesbrauch üblich war.[765] Diese Raubzüge wurden somit nicht mit der Absicht geführt, den Islam mit dem Schwert zu verbreiten. Bei den verwendeten Koranversen handelt es sich vorwiegend um solche, die, auch wenn sie über den Krieg berichten, friedliche Tendenzen verfolgen. Man soll etwa nur kämpfen, wenn man angegriffen werde und sich dabei nicht zu Übertreibungen hinreißen lassen oder Frieden stiften, sobald sich die Gelegenheit dazu anbieten würde. Es ist mit Sicherheit gut und wichtig, dass der oft ignorierte islamische Kriegskodex angeführt wird, aber der Koran enthält Kriegsstellen, auf die sich Islamkritiker besonders berufen, wie den in Kapitel 2.1 behandelten Vers 9:29:

„Kämpft gegen diejenigen, die nicht an Gott und den jüngsten Tag glauben und nicht verbieten (oder: für verboten erklären), was Gott und sein Gesandter verboten haben, und nicht der wahren Religion angehören – von denen, die die Schrift erhalten haben – (kämpft gegen sie), bis sie kleinlaut aus der Hand Tribut entrichten!"

Eine Interpretation dieses Verses wäre in diesem Zusammenhang angemessen und vielleicht auch von besonderer Notwendigkeit gewesen, da er sich nicht nur auf die heidnischen Mekkaner, sondern auch auf die Schriftbesitzer bezieht.

Die besonders große Empörung Ṭanṭāwīs in Bezug auf die Äußerung, dass Muḥammad nur Schlechtes und Inhumanes hervorgebracht habe, lässt sich nachvollziehen. Hierbei muss das allgemein im nichtmuslimischen Raum vorherrschende Muḥammad-Bild in Betracht gezogen werden. Hartmut Bobzin hat im ersten Kapitel seines Buches über

[765] Bobzin, Mohammed, S. 96–97. Bobzin erklärt zu den Feldzügen noch: „Es wäre daher eine Verkennung der Tatsachen, wollte man darin von vornherein etwas ‚Verwerfliches' sehen, das einem ‚Gesandten Gottes' nicht angemessen sei." Ebd., S. 97.

Muḥammad einige im Laufe der Geschichte des christlichen Abendlands verbreitete Vorstellungen von ihm zusammengetragen, die ihn als Pseudopropheten, Häretiker, Epileptiker, Antichristen oder Betrüger bezeichnen.[766] In den letzten Jahren wurde ihm vor allem das Image eines Terroristen zugesprochen. Die dänischen Karikaturen sind hierfür das beste Beispiel. Mit dieser Darstellung des Religionsstifters wird natürlich der Islam in seiner Gesamtheit als wertelose Religion hingestellt. So erscheint es als Selbstverständlichkeit, dass dies für Muslime nicht hinnehmbar ist.[767] Interessant ist, dass in diesem Zusammenhang vom Großscheich eine starke Verbindung zwischen Jesus und Muḥammad hergestellt wird. Der Verweis darauf, dass Jesus und Muḥammad Brüder in der Prophetie seien, suggeriert, dass sie die gleichen Werte und Normen an die Menschheit gebracht hätten. Damit soll also die Nähe zwischen Christentum und Islam in dieser besonders für den Dialog so essentiellen Hinsicht zum Ausdruck gebracht werden.

Was die Erklärungen zum Dialog anbelangt, lässt sich sagen, dass sie die Erwartungen kaum erfüllen. Gerade zu diesem Punkt wären Ausführungen nötig gewesen, die sich explizit auf den interreligiösen Dialog und seine Umsetzung in der Praxis beziehen, statt über den Dialog im Sinne des Austauschs zwischen den Menschen über alle Lebenslagen im Allgemeinen zu sprechen. Zu Beginn geht er noch auf ei-

---

766 Siehe dazu Bobzin, Mohammed, S. 9–21. Zum Ende des Kapitels werden dort auch einige wenige positive Ansichten behandelt.

767 Der zum Islam konvertierte, ehemalige deutsche Diplomat, Murad W. Hofmann erklärt z. B., dass der Koran in Bezug auf die Lebensregeln „ein durch und durch moralisches Buch“ sei. Die moralischen Anweisungen seien über den ganzen Text verstreut. Dabei verweist er aber auf eine Stelle, die Ähnlichkeiten zu den Zehn Geboten aufweise (dabei handelt es sich um Sure 17:22–39 aus der hervorgeht, neben Gott keine weiteren Götter zu verehren, Achtung vor den Eltern zu haben, nicht zu töten oder auch bescheiden zu sein). Vgl. Hofmann, Koran, S. 44–45. An anderer Stelle spricht er von den Prinzipien des heiligen Buches, die sich z. B. in Gerechtigkeit, Gleichwertigkeit aller Menschen, Gemeinwohl vor Eigennutz, Ehrlichkeit oder Aufrichtigkeit ausdrückten. Vgl. Hofmann, Islam, S. 51.

nen für den Dialog wichtigen und oft zitierten Vers (49:13) ein, der die Vielfalt der Menschheit als göttlichen Willen erklärt. Was danach folgt, ist zu stark theoretisch gehalten. Aus den vorgebrachten Versen und Geschichten, die zur Verdeutlichung der Grundsätze des Dialogs eingesetzt werden, lassen sich Eigenschaften wie Ehrlichkeit oder Bescheidenheit entnehmen und solche Erklärungen wären auch in einem umfassenden Werk zum „Dialog“ mit Sicherheit eine Bereicherung, aber in diesem so aktuellen Fall dient es der Sache nicht wirklich. Es bleibt fraglich, warum der Großscheich bei dieser ihm so wichtig erscheinenden Gelegenheit dem Papst nicht das islamische Konzept zum interreligiösen Dialog darlegt. Dieses Konzept wurde ja – wie im Laufe dieser Arbeit schon mehrfach gesehen – in der Maǧalla häufig thematisiert und scheint somit für die muslimische Seite für die Dialogbeziehungen wichtig zu sein. Das wäre der krönende Abschluss dieser fünfteiligen Artikelreihe gewesen und hätte auch der muslimischen Leserschaft den Stellenwert des Dialogs im Islam nochmals vor Augen geführt.

Aber Großscheich Ṭanṭāwī ging es hierbei nicht allein um die Entgegnung auf die päpstliche Rede. Analysiert man die letzten Aussagen seiner Artikelreihe, die er an den Papst richtet, erkennt man einen aggressiven Ton. Der Großscheich erklärt dem Papst, dass der Islam schon lange eine bedeutend bessere Methode für den Dialog biete als Benedikt XVI. sie anbiete. Außerdem handelt es sich hier auch um ein Kräftemessen. Ṭanṭāwī möchte dem Papst eine Lektion erteilen. In seinen Texten erklärt er, dass er es dem Papst übel nimmt, die Lügen des byzantinischen Kaisers einfach nur zitiert und nicht kommentiert bzw. verurteilt zu haben.[768] An einer Stelle wird er sogar etwas deutlicher. Dort heißt es in diesem Zusammenhang: „Da Seine Heiligkeit es nicht tat, haben wir uns für verpflichtet erachtet, Seiner Heiligkeit zu zeigen, was richtig und was falsch ist, was wahr und was erlogen ist, denn wer die Wahrheit und das Rechte nicht sagt, ist ein

[768] Siehe dazu Ṭanṭāwī, S. 5.

stummer Satan."[769] Der Begriff „stummer Satan" ist aus einem Prophetenausspruch hergeleitet. Demzufolge gelte derjenige, der die Wahrheit verbirgt, als stummer Satan. Damit wird dem Papst nicht nur vorgeworfen, bewusst die Wahrheit verschleiert zu haben. Ein weiterer Aspekt ist die am Ende des ersten Teils aufgestellte Liste tausender Konvertiten, die das Glaubensbekenntnis beim Großscheich gesprochen haben sollen. Ṭanṭāwī will damit die geistige Überlegenheit des Islams aufzeigen, die von vielen Menschen erkannt und angenommen worden sei. Dieses prahlende Auftreten kann als Demonstration von Stärke verstanden werden.

Auch wenn diese fünfteilige Artikelreihe quasi als offener Brief an Papst Benedikt XVI. gerichtet ist, bleibt es fraglich, ob es ihn je erreicht hat. Zumindest konnte keine Stellungnahme dazu gefunden werden. Auch in der Wissenschaft scheint diese Reihe nicht wahrgenommen worden zu sein. Vielmehr liegt die Vermutung nahe, als seien diese Artikel des Großscheichs für das eigene Publikum gedacht gewesen, das seinen Erklärungen folgen kann und dadurch eine Bestätigung im Glauben erfährt. Da es viele Fragen offen lässt, kann nicht davon ausgegangen werden, dass es Nichtmuslime oder Islamkritiker besonders beeindruckt oder gar überzeugt hätte.

Vermutlich war es auch ein Signal an die gekränkten muslimischen Massen, die in den vergangenen Jahren schon so manch eine Demütigung und Provokation hinnehmen mussten. Es sollte zeigen, dass al-Azhar präsent ist und ihre Rolle als Hüter und Verteidiger des islamischen Glaubens wahrnimmt.

Ganz im Gegensatz dazu wurde einem Brief von 138 muslimischen Gelehrten an den Papst und andere Vertreter der Christenheit aus dem Jahre 2007 mehr Aufmerksamkeit zuteil, wie im Folgenden aufgezeigt wird.

---

769 Ebd., S. 46.

5.7 A Common Word

Ṭanṭāwīs Erklärungen waren nicht die einzigen dieser Art. Es gab auch weitere muslimische Abhandlungen, die die Regensburger Vorlesung analysierten. Zu nennen ist hier z. B. das von Haider Ali Zafar, leitender Imam der Ahmadiyya Muslim Jamaat Deutschland e.V.,[770] herausgegebene Buch „Glaube und Vernunft aus islamischer Perspektive. Antwort auf die Regensburger Vorlesung vom Papst Benedikt XVI.“. In seinem Buch thematisiert er unter anderem in sieben Essays (ähnlich wie beim Großscheich der Azhar) konkrete missverständliche Punkte der Rede, wie *ǧihād*, Kriege in der Zeit Muḥammads, die Stellung von Andersgläubigen und die Frage, welche neuen Errungenschaften auf den Propheten zurückzuführen sind.[771]

Die größte Beachtung und Wirksamkeit erreichte die Initiative „A common word“. Im Islamica-Magazin[772] erschien ein auf den 12. Oktober 2006 datierter offener Brief an den Papst von 38 muslimischen Gelehrten aus verschiedenen Ländern, unter denen sich sowohl Sunniten als auch Schiiten

[770] Die Aḥmadiyya-Bewegung (bzw. ihr Qādiyānīya genannter Zweig) wurde Ende des 19. Jahrhunderts durch Mīrzā Ġulām Aḥmad (1839–1908), der für sich den Anspruch erhob, der Masīḥ (Messias) und Mahdī zu sein, in Indien ins Leben gerufen. Hauptsächlich ist die Bewegung in Pakistan und Indien verbreitet, es gibt mittlerweile aber in vielen muslimischen Ländern kleine Gemeinden. Theologisch unterscheiden sie sich von anderen muslimischen Strömungen insbesondere in Bezug auf den Tod Jesu. Ihrer Auffassung nach habe Jesus die Kreuzigung überlebt und sei nach Indien gegangen, wo er schließlich im Alter von 120 Jahren starb. Außerdem wird Aḥmad die Stellung eines Propheten zuerkannt. Innerislamisch ist die Bewegung, die sehr missionarisch wirkt, umstritten und gilt bei vielen Muslimen als nicht islamisch. Vgl. EI[1]: AḤMEDĪYA (M. Th. Houtsma); EI[2]: Aḥmadiyya (Wilfred Cantwell Smith).

[771] Siehe dazu: Haider Ali Zafar (Hrsg.): *Glaube und Vernunft aus islamischer Perspektive. Antwort auf die Regensburger Vorlesung vom Papst Benedikt XVI.* Frankfurt am Main 2007.

[772] Die US-amerikanische Zeitschrift kam von 1992–2009 vierteljährlich heraus. Auf der Homepage stehen nun alle bis dahin publizierten Hefte online zur Verfügung. Für mehr Informationen siehe: http://islamicamagazine.com/ (abgerufen am 23.02.2012).

befanden. Darin gehen sie inhaltlich auf die umstrittenen Aussagen der Vorlesung ein und machen deutlich, dass die Beziehungen zwischen dem Christentum und Islam, da sie gemeinsam 55 % der Weltbevölkerung ausmachten, den wichtigsten Faktor für den Frieden auf der Welt darstellten. Zum Abschluss wurden das Bedauern des Papstes und seine positiven Aussagen während des Treffens mit den Botschaftern muslimischer Staaten gewürdigt.[773] Diese Initiative ging auf die 1981 von Prinz Ḥasan gegründete Royal Aal al-Bait Institute for Islamic Thought[774] mit Sitz in Amman zurück und wurde von Prinz Ġāzī, einem Neffen Ḥasans, angeführt.[775] Als vom Vatikan keine Antwort erfolgte, unternahm das jordanische Institut einen zweiten Versuch. Am 13. Oktober 2007 erschien zum Fest des Fastenbrechens[776] und zum ersten Jahrestag der Veröffentlichung des Offenen Briefes der 38 Gelehrten an den Papst ein neues Dokument: „Ein Wort das uns und euch gemeinsam ist.[777] Ein offener Brief und Aufruf

[773] Der Brief ist abrufbar unter: http://ammanmessage.com/media/openLetter/english.pdf (abgerufen am 20.02.2012). Zum Treffen des Papstes mit den muslimischen Botschaftern, siehe Fischer, S. 199–201.

[774] Für nähere Informationen zum Institut, siehe: http://www.aalalbayt.org/en/index.html (abgerufen am 23.02.2012).

[775] Haddad/Smith, S. 370–371.

[776] Das Fest des Fastenbrechens (*ʿīd al-fiṭr*), auch „kleines Fest“ genannt, ist das zweithöchste Fest des Islam und folgt auf den Fastenmonat Ramaḍān.

[777] Dieser Aufruf ist an Sure 3:64 angelehnt. Dabei ist der erste Satz besonders wichtig: Nach Paret heißt es: „Ihr Leute der Schrift! Kommt her zu einem Wort des Ausgleichs zwischen uns und euch!“ Paret rätselt dabei, ob es sich hierbei um ein „Wort des Ausgleichs“ handelt, „auf das sich beide Parteien einigen können“ oder ob es zwischen ihnen eine klare Entscheidung herbeiführen solle. Vgl. Paret, Kommentar, S. 71. In anderen Übersetzungen ist nicht von einem Wort des Ausgleichs, sondern von einem gemeinsamen Wort die Rede. Vgl. Zirker, S. 46; Karimi, S. 49. Eine weitere Möglichkeit ist, dass man sich auf ein Wort einigen solle. Vgl. Hofmann, Der Koran, S. 74. Bobzin übersetzt den Vers mit „Kommt her zu einem Wort zwischen uns und euch auf gleicher Basis!“ Siehe dazu Bobzin, Der Koran, S. 54. Khoury bietet folgende Variante an: „… kommt her zu einem zwischen uns und euch angenommenen Wort“. Khoury, Der Koran, S. 124. Der Vers wurde von den muslimischen Autoritäten im Dokument als Dialogauftrag gebraucht. Wie wir schon in 4.1. gesehen haben, hat Zaqzūq bei der Vorstellung des koranischen

von religiösen Führern der Muslime an die religiösen Führer des Christentums." Die Autoren bzw. Unterzeichner waren dieses mal 138 Gelehrte verschiedener islamischer Rechtsschulen aus aller Welt, weshalb dieser Brief auch als „Brief oder Dokument der 138 Gelehrten" bezeichnet wird. Außerdem ist das über zwanzigseitige Schreiben nicht nur an den Papst, sondern an alle christlichen Führer der Welt gerichtet und ist in drei Hauptthemen unterteilt: Gottesliebe, Nächstenliebe und der Aufruf zu Dialog und Versöhnung („Kommt auf ein gemeinsames Wort zwischen uns und euch"). Dabei greifen die Autoren nicht selten auf Aussagen aus dem Neuen sowie dem Alten Testament zurück, um Parallelen zwischen Christentum und Islam zu betonen.[778] In den letzten Jahren sind aus verschiedenen Kreisen Stellungnahmen zu diesem Dokument abgegeben worden.[779]

Für den Zusammenhang dieser Arbeit ist diese Initiative allerdings hauptsächlich aus einem Grund von Bedeutung: es gilt zu untersuchen, warum die Azhar nicht offiziell daran mitgewirkt hat. Deshalb ist an dieser Stelle keine Wiedergabe des Textinhalts oder eine ausführliche Besprechung nötig.

Dass die Azhar-Universität diese Initiative nicht mitgetragen hat, verwundert ein wenig. Als Grund dafür wurde angegeben, dass man nicht dazu eingeladen wurde, am Entwurf des Dokuments mitzuwirken. Die Azhar-Vertreter, die es durch ihre Unterschrift unterstützt hätten, seien als Einzelpersonen und nicht als offizielle Repräsentanten der Einrichtung daran beteiligt gewesen.[780] Im Brief der 38 ist ʿAbla Muḥammad Kahlāwī, Dekanin der islamischen und ara-

Dialogauftrags, den al-Azhar als Richtlinie für ihre Haltung zum Dialog erklärt, diesen Vers als erstes zitiert.

[778] Das Dokument ist in verschiedenen Sprachen abrufbar unter: http://www.acommonword.com/downloads-and-translations/ (abgerufen am 20.02.2012).

[779] Auf der offiziellen Homepage von „A common word" werden über siebzig Antworten von verschiedenen christlichen Seiten und sogar einige jüdische Reaktionen angeführt. Siehe dazu:

[780] Haddad/Smith, S. 376.

bischen Studien am Fraueninstitut der Azhar, vertreten. Im Brief der 138 hat neben ihr der damalige Präsident der Universität und aktuelle Großscheich Aḥmad Muḥammad aṭ-Ṭaiyib unterschrieben. Man könnte an dieser Stelle vermuten, dass es vor allem auf den Widerstand des Großscheichs Ṭanṭāwī zurückzuführen ist, dass die Azhar sich nicht beteiligte. Schließlich hat immerhin der Präsident der Universität das Dokument unterstützt. Mittlerweile sind zur Liste der Unterzeichner, die inzwischen über 300 Namen enthält, weitere Professoren und ein ehemaliger Präsident der Universität hinzugekommen.[781] Die Haltung der Azhar in dieser Angelegenheit macht den Unterschied zwischen ihrem Selbstanspruch und der Wirklichkeit deutlich. Wie anhand von Maǧallatexten deutlich wurde, versteht sich al-Azhar als Sprachrohr der Muslime weltweit. Dies kann mit ihrer tausendjährigen Tradition und ihrem Status als größte islamische Lehranstalt zusammenhängen. Deshalb scheint man noch heute zu erwarten, dass solch ein gewagter Schritt wie „A common word“ nur vollzogen werden kann, wenn der Universität mindestens eine führende Rolle bei der Umsetzung der Idee zugestanden wird. Zwar genießt al-Azhar gegenwärtig noch große Popularität und Respekt in der islamischen Welt, aber man muss sich vor Augen führen, dass in den letzten Jahrzehnten verschiedene islamische Lehranstalten und Einrichtungen entstanden sind, die sich durchaus in der Lage sehen und über die Kapazitäten verfügen, eigenständig solche Initiativen ins Leben zu rufen. Daran zeigt sich, dass die Aussage Zaqzūqs aus dem Jahr 1994, al-Azhar sei ein Pendant zum Vatikan, insbesondere aus heutiger Sicht nicht bestätigt werden kann. Al-Azhar versucht, sich um die Belange der Muslime zu kümmern und setzt sich bei Konflikten, ob im arabisch-sprachigen Raum oder einer anderen Re-

[781] Die 138 Unterzeichner des Dokuments lassen sich finden unter: http://www.acommonword.com/index.php?lang=en&page=signatories. Für die Personen, die es nachträglich unterschrieben haben, siehe: http://www.acommonword.com/index.php?lang=en&page=new (beide abgerufen am 20.02.2012).

gion, für sie ein. Aber sie kann nicht für sich beanspruchen, die alleinige Vertretung für islamische Angelegenheiten zu sein. Selbst in Ägypten existiert schließlich die Instanz des Großmuftis, der unabhängig von der Azhar agiert. So gehörte der damalige Mufti zu den Unterzeichnern des Dokuments. Dies muss auch vor dem Hintergrund gesehen werden, dass es im Islam keine der katholischen Kirche ähnlichen Strukturen gibt. Aus der Perspektive des Dialogs, dessen Bedeutung in dieser Zeit so häufig propagiert wurde, hätte erwartet werden können, dass al-Azhar über solchen Dingen gestanden und diesen Aufruf unterstützt hätte. Daran, dass einige Azhar-Vertreter – sei es von Anfang an oder nachträglich – den Brief eigenständig signierten, wird allerdings deutlich, dass die Gelehrten und Dozenten an der Universität in ihrer individuellen Entscheidungsfreiheit nicht eingeschränkt sind.

5.8 Der Dialog wird eingefroren

Im Januar 2011 kam es zu einem Bruch in den Beziehungen zwischen al-Azhar und dem Vatikan. Der Dialog wurde seitens der Kairoer Universität vorerst auf Eis gelegt. Zum besseren Verständnis der Hintergründe, sollen nun Informationen aus jeweils einer Quelle der jeweiligen Instanzen für den folgenden Bericht wiedergegeben werden. Diese bieten auch eine gute Diskussionsgrundlage. Die Sicht der Azhar wurde von Prof. al-ʿAzab im Interview vorgestellt. Die vatikanische Perspektive soll anhand der damals aktuellen Schlagzeilen von Radio Vatikan dargestellt werden.

Am 20. Januar 2011 brachte Radio Vatikan unter dem Titel „Ägypten: Dialog wird ‚eingefroren‘“[782] eine Nachricht zu diesem Thema, die sich auf ein „Statement der Univer-

782 http://www.radiovaticana.org/ted/articolo.asp?c=455770 (abgerufen am 24.02.2012). Die nachfolgenden Zitate sind diesem online-Artikel entnommen.

sität" stützt. Daraus geht hervor, dass dieser Schritt aufgrund von „islamkritischen Aussagen von Papst Benedikt XVI." eingeschlagen werde. Der Papst hatte nach dem Anschlag auf Kopten in der Neujahrsnacht 2010/2011 erneut die Religionsfreiheit angemahnt und damit nicht nur al-Azhar, sondern vor allem auch die Regierung in Kairo gegen sich aufgebracht. Diese hatte ihre Botschafterin im Vatikan, „zu Konsultationen", nach Kairo zurückgerufen. Zum Abschluss dieser Schlagzeile wird darauf hingewiesen, dass die letzten bedeutenden Probleme zwischen dem Vatikan und der islamischen Welt auf die Regensburger Vorlesung zurückgehen, es aber insbesondere durch den Jordanienbesuch des Papstes im Mai 2009 zu „einer Art Blüte im Dialog" gekommen sei.[783]

Auf die Frage nach den Gründen für die Einstellung des Dialogs mit dem Vatikan lieferte Prof. al-ʿAzab eine ausführliche Antwort. Der Papst habe durch seinen öffentlichen Aufruf, sich für den Schutz der Christen im Irak und Ägypten einzusetzen, al-Azhar beleidigt. Man hätte sich gewünscht, dass derjenige, der „auf dem Thron Jesu sitzt, sich für alle Unterdrückten und Leidenden einsetzt und nicht nur für die Christen Partei ergreift, denn der Terrorismus im Irak kennt keinen Unterschied zwischen Muslimen und Christen oder Sunniten und Schiiten", sagte er. Hinsichtlich der Christen in Ägypten müsse der Papst verstehen, dass die Christen des Landes ein Teil des ägyptischen Volkes seien und keine europäische Strömung darstellten, die den Schutz Europas benötigten. Es existierten Probleme in Ägypten, die folglich auch nicht geleugnet würden. Allerdings versuche man sie selbst zu lösen.

Daraufhin wurde er etwas deutlicher: Warum ergreife der Papst nicht Partei für die Christen in Palästina, die jeden Tag von Israel diskriminiert werden? Prof. al-ʿAzab schlussfolgert, dieses Thema sei für den Vatikan ein Tabu. In Deutschland oder allgemein in Europa werde kaum kritisch

[783] Ebd.

über die Verbechen Israels berichtet. Wenn überhaupt, dann werde nur nebensächlich der rechte Extremismus in Israel erwähnt. Anders sehe es aber in Hinblick auf muslimische Extremisten aus. Dies sei eine Doppelmoral und Heuchelei, die al-Azhar nicht akzeptiere.

Es habe einige Versuche gegeben, auch nach der Revolution in Ägypten dem Vatikan zu signalisieren, dass man die Position des Papstes seit seiner Regensburger Vorlesung und die Assoziation des Islams mit Gewalt verurteile. Bis dato sei aber zu beobachten, dass im Vatikan eine Linie verfolgt werde, die für Muslime verletzend sei und die al-Azhar in ihrer Rolle als größtes islamisches akademisches Lehrzentrum missfalle. Daher bitte man darum, dass sich diese Art der Sprache ändere, erklärte er.[784]

In ähnlicher Weise hatte sich ʿAbd al-Muʿṭī al-Baiyūmī, ein Mitglied des Azhar-Rates, geäußert. Wie Radio Vatikan berichtete, habe dieser die Haltung des Papstes zum Islam im Allgemeinen verurteilt und gefordert, „zur Linie seines Vorgängers Johannes Paul zurückzukehren."[785] Zu dessen Zeiten sei der Dialog fruchtbar gewesen.

Das Medium des Vatikans hatte im selben Bericht vom 21. Januar zwei Erklärungen zur Reaktion der Azhar wiedergegeben. Zum einen wurde davon gesprochen, dass Beobachter darin „einen Gefallen" der Universität der ägyptischen Regierung gegenüber sähen. Zum anderen sprach man in Bezug auf al-Baiyūmīs Aussagen davon, dass darin ein Zeichen von „Verärgerung" darüber gesehen werden könnte, dass „der Dialog zwischen Kairo und Rom mittlerweile Konkurrenz bekommen" habe. Durch „A common word" war ein neues Dialogforum zwischen dem Vatikan und der islamischen Welt ins Leben gerufen worden, das seinen bisheri-

784 Interview vom 9.10.2011.

785 http://storico.radiovaticana.org/ted/storico/2011-01/456022_vatikan_was_steckt_hinter_der_absage_aus_agypten.html (abgerufen am 24.02.2012). Die nachfolgenden Zitate sind aus diesem Beitrag entnommen. Dort wird u. a. darauf hingewiesen, dass die Einstellung des Dialogs zwischen den beiden Institutionen in der ägyptischen Presse kaum Beachtung fand.

gen Höhepunkt im Jordanienbesuch des Papstes im Jahre 2009 fand.[786] Dem folgt eine sehr wichtige Erklärung: „al-Azhar muss also damit leben, dass es nicht mehr die einzige große Stimme des Islam dem Vatikan gegenüber ist. Der Bedeutungsverlust der Kairoer Uni läuft parallel zum Bedeutungsverlust Ägyptens innerhalb der arabischen (und islamischen) Welt."[787]

Eine personelle Streitfrage das Dialogkomitee betreffend stellt einen weiteren Grund für die Aussetzung des Dialogs dar. Für Februar 2011 war ein Treffen des gemeinsamen Dialogkomitees geplant, das es vorzubereiten galt. Prof. al-ʿAzab erklärte, dass von vatikanischer Seite zwei Personen an die Azhar kommen sollen, um die nötigen Vorbereitungen zu treffen. Mit einem dieser beiden Vertreter des Vatikans sei al-Azhar jedoch nicht zufrieden gewesen. Der Grund hierfür sei dessen Strenge im Umgang mit dem Islam und den Muslimen. Diese Kenntnisse würden auf die Erfahrungen, die man bereits mit ihm gemacht habe, zurückgehen.[788] Deshalb habe die Azhar-Seite darum gebeten, jemanden anderen an seiner Stelle zu schicken. Dieser Wunsch wurde aber abgelehnt. Prof. al-ʿAzab erklärte mir, al-Azhar würde in der Regel anders auf so eine Bitte reagieren. Wenn etwa Vorbehalte gegen einen ihrer Repräsentanten vorlägen und der Wunsch formuliert werden würde, diesen auszutauschen, so würde der Großscheich dem nachgeben. Sogar wenn es ihn selbst betreffen sollte, sagte er. Deshalb könne diese Reaktion seitens der Azhar nicht nachvollzogen werden. Schließlich habe man gesagt, dass keinerlei Vorbereitungen nötig seien und beschlossen, das Treffen des Dialogkomitees abzuwarten. Allerdings wurde eine Änderung der Haltung zum Islam

[786] Für Einzelheiten zu dieser Reise siehe: Sekretariat der Deutschen Bischofskonferenz (Hrsg.): *Apostolische Reise Seiner Heiligkeit Papst Benedikt XVI. ins Heilige Land. Predigten, Ansprachen und Grußworte.* Bonn 2009.

[787] http://storico.radiovaticana.org/ted/storico/2011-01/456022_vatikan_was_steckt_hinter_der_absage_aus_agypten.html (abgerufen am 24.02.2012).

[788] Es sei an dieser Stelle angemerkt, dass Prof. al-ʿAzab mir keinen Namen nannte.

und den Muslimen gefordert. Der Vatikan müsse von seiner beleidigenden Linie abkommen. Dies sei aber komplett ignoriert worden. Al-ʿAzab erklärte dies damit, dass man sich im Vatikan bewusst war, dass der Papst seine Meinung nicht ändern und sich nicht entschuldigen würde. Deshalb habe al-Azhar den Dialog vorerst ausgesetzt, bis sich die Umstände dafür wieder verbessern. Zum Schluss sagte er, dass der Dialog auf die gegenseitige Annäherung abziele. „Sie aber würden eine Sprache der Verleumdung und der gegenseitigen Entfremdung anwenden.", erklärte er.[789]

Das sind harte Worte und schwere Anschuldigungen, die zeigen, wie prekär die Situation zum damaligen Zeitpunkt war.

In einem weiteren Bericht des Radio Vatikan vom 24. Januar 2011 wurde in Anlehnung an Pater Bernardo Cervellera, dem Direktor der römischen Agentur asianews, die Vermutung geäußert, dass der Grund für den Abbruch des Dialogs in Wahrheit die Beteiligung des jordanischen Priesters Khaled Boutros Akasheh am geplanten Treffen darstellt. Akasheh ist seit 1994 Mitglied des Päpstlichen Rates für den interreligiösen Dialog und gilt als Islamkenner. Al-Azhar habe gedroht, den Dialog einzustellen, wenn dieser der vatikanischen Delegation angehören würde. Cervellera erklärte dazu, dass die Azhar-Vertreter mit niemandem zusammenkommen möchten, der über profunde Arabisch- und Islamkenntnisse verfüge. Des Weiteren wurde auf das Dialogabkommen verwiesen, in dem man sich darauf geeinigt hatte, dass jede Seite bei der Bestimmung ihrer Mitglieder absolut frei sei.

Bei dieser Gelegenheit wies Radio Vatikan unter Berufung auf die italienische Zeitung „Il Foglio" zum zweiten Mal auf ein Pamphlet hin, das den Titel „Gegen die Christen" tragen und von einem hochrangigen Azhar-Vertreter

[789] Wen Prof. al-ʿAzab mit „sie" meinte, ist nicht genau zu sagen. Es liegt nahe, dass damit Vatikan-Vertreter gemeint sind. Allerdings könnte es eine Anspielung auf den Westen im Allgemeinen sein.

verfasst sein soll. Der Veröffentlichung habe die Universität 2010 zugestimmt.[790]

Analyse

Als erstes soll auf die Aufregung der Azhar bezüglich der Forderung des Papstes nach mehr Schutz für die Christen unter anderem in Ägypten eingegangen werden. Diese wurde als Einmischung in innerägyptische Angelegenheiten verstanden. Wenn wir den bisherigen Verlauf dieser Arbeit ein wenig Revue passieren lassen, so sind wir schon mehrfach auf den Einsatz der Azhar für Muslime in verschiedenen Ländern und Kontinenten gestoßen. Sei es in den palästinensischen Gebieten, Algerien, Bosnien, Irak oder dem Libanon, die Universität hat sich stets zu Wort gemeldet und auf ein Ende der Gewalt gegen die Muslime gepocht. Deshalb verwundert die Verstimmung der Azhar über den Einsatz des Papstes für die Christen in der arabischen Welt. Warum sollte das Oberhaupt der größten christlichen Kirche stumm bleiben, wenn Christen in der Welt Opfer von Anschlägen oder Unterdrückung von welcher Seite auch immer werden, während al-Azhar sich ihrerseits dieses Recht einräumt? Allerdings macht der Hinweis von Prof. al-ʿAzab auf das Leid der palästinensischen Christen deutlich, dass er die Aussagen Benedikts XVI. als Angriff auf den Islam und die Muslime wahrnimmt. Denn seiner Meinung nach werden die palästinensischen Christen durch Israel diskriminiert und erhielten weder durch den Papst noch durch westliche Politiker und Medien Unterstützung. Denn weder der Papst noch sonst jemand anderes würde es wagen, eine solche kritische Aussage in Bezug auf Israel zu tätigen. Damit kommt der Vorwurf der Doppelmoral dem Papst gegenüber besonders zum Ausdruck und es ist naheliegend, dass der Vatikan hier stellvertretend für den

---

790 http://storico.radiovaticana.org/ted/storico/2011-01/456702_agypten_vatikan_der_wurm_ist_drin.html (abgerufen am 24.2.2012). Dieser Artikel ist bis auf die Anmerkungen zum Fall Akasheh fast identisch mit dem vom 21. Januar.

Westen per se zur Rechenschaft gezogen wird. Ob die Universität dem ehemaligen ägyptischen Regime kurz vor Ausbruch der Revolution wirklich Rückendeckung für seine diplomatischen Querelen mit dem Vatikan geben wollte, ist sehr fraglich. Vielleicht hätte man damals auf Druck der Regierung dahingehend reagiert, aber es ist sehr spekulativ, darin den ausschlaggebenden Grund zu sehen, da sich an der Haltung der Azhar dem Vatikan gegenüber auch nach dem Umbruch nichts verändert hat.[791] In Betracht gezogen werden muss aber das Misstrauen, das gegen Papst Benedikt XVI. in persona gehegt wird. Wie an den Nachrichten von Radio Vatikan deutlich wurde, hat nicht nur Prof. al-ʿAzab alleine die grundlegende Position des Kirchenoberhaupts verurteilt und dabei die Regensburger Vorlesung als Auslöser für die bestehenden Vorbehalte gekennzeichnet. Seine Formulierung, dass der Papst auf dem Thron Jesu Christi sitze und sich deshalb um die Angelegenheiten aller Menschen und nicht nur der Christenheit kümmern solle, hat einen ironischen Unterton.

Ein weiterer interessanter Aspekt ist der Hinweis auf den Bedeutungsverlust der Azhar, den Radio Vatikan mit dem „Bedeutungsverlust Ägyptens innerhalb der arabischen (islamischen) Welt“ in Einklag zu bringen versucht. Dass Ägypten, wahrscheinlich bedingt durch die zu sehr israelfreundliche und prowestliche Politik unter Mubārak, seine Vormachtstellung unter Arabern und Muslimen verloren hat, ist nicht von der Hand zu weisen. Allerdings war das Mitgefühl in der arabischen und islamischen Welt mit dem ägyptischen Volk während der Revolution deutlich bemerkbar und nicht wenige wünschen sich nach dem Umbruch die ehemalige zentrale Position des Landes in der Region zurück. Was nun die Azhar angeht, so wurde bereits angesprochen, dass sie an Bedeutung verloren hat. Dies bestätigte Prof. al-ʿAzab auch im Interview. Er nannte drei Ebenen, auf denen die Universität tätig sei: eine ägyptische, eine islamisch-arabische und eine internationa-

[791] Das Gespräch mit Prof. al-ʿAzab fand schließlich neun Monate nach der Einstellung der Beziehungen statt.

le.[792] In letzter Zeit habe al-Azhar an internationalem Ruhm verloren, weshalb der aktuelle Großscheich es sich zur Aufgabe gemacht habe, das Zentrum wieder dahin zu führen, wo es einmal war. Sollte die aus vatikanischer Sicht angesprochene Konkurrenzsituation im Dialog durch die Bildung eines neuen Forums durch den Vatikan und muslimische Persönlichkeiten tatsächlich ein Grund für die Einstellung der Beziehungen sein, so muss festgehalten werden, dass al-Azhar zwar in theoretischer Hinsicht diesen Bedeutungsverlust wahrgenommen hat, in der Praxis beansprucht sie aber immer noch eine Vorrangstellung für sich, die sie zumindest momentan nicht erfüllen kann.

Der letzte noch ausstehende Punkt ist die Debatte um die Beteiligung von Khaled Boutrus Akasheh. Was unter seiner vermeintlichen Strenge gegen den Islam und den Muslimen zu verstehen ist, lässt sich nicht sagen. Dies hat Prof. al-ʿAzab nicht weiter ausgeführt und es ist in unserem Zusammenhang nicht von zentraler Bedeutung. Wichtiger ist die Aussage von Prof. al-ʿAzab, dass man bereit wäre, jedes Mitglied der eigenen Delegation auszutauschen, wenn die Gegenseite solch einen Wunsch äußere. Ob der Großscheich wirklich die höchste Autorität im Dialog an der Azhar so leicht ersetzen würde, erscheint fraglich. Genauso fraglich ist die Vermutung von katholischer Seite, die Azhar wolle keinen christlichen Gesprächspartner haben, der die arabische Sprache perfekt beherrscht und über gute Kenntnisse des Islams verfügt. Durch diese Aussage entsteht der Eindruck, als soll vermittelt werden, dass die Vertreter der Universität regelrecht Angst davor hätten, sich auf eine theologische Diskussion mit Akasheh einzulassen, die sie nicht „gewinnen" könnten oder die sie vielleicht an ihrem Glauben zweifeln lassen könnte. Das scheint doch etwas gewagt. Man sollte doch

792 Ägyptisch durch seine geographische Situation, islamisch, weil an der Azhar alle wichtigen Formen des Islams gelehrt werden würden und arabisch vor allem aufgrund der Bedeutung der arabischen Sprache für den Islam. International, weil al-Azhar nach dem Fall Bagdads 1258 die islamische Kultur getragen habe.

davon ausgehen, dass es an der Azhar – trotz Bedeutungsverlust – genug muslimische Theologen gibt, die sich auch in solchen Debatten fundiert auszudrücken wissen. Allerdings lehnt al-Azhar seit jeher einen Dialog über zentrale Glaubensfragen ab, wie schon an verschiedenen Stellen dieser Arbeit angeführt wurde. Das heißt, die Kairoer Gelehrten würden sich erst gar nicht auf diese Form des Austauschs einlassen. Es ist schwierig, diesen Fall eindeutig aufzuklären, da keine offizielle ausführliche Begründung vorliegt und alles andere hier sehr spekulativ werden würde. Es lässt sich somit nicht genau sagen, was wirklich der ausschlaggebende Grund für den Bruch in den Beziehungen war. Am Ende muss festgehalten werden, dass seit der Regensburger Vorlesung von Papst Benedikt XVI. das Verhältnis ins Wanken geraten ist und sich nicht mehr stabilisieren ließ.

6. Beziehungen zu den Christen in Ägypten

Den Angaben des Auswärtigen Amtes zufolge hat Ägypten über 80 Millionen Einwohner. Davon sind über 90 % Muslime, die zu 99 % dem Sunnitentum angehören. Etwa 10 % der ägyptischen Bevölkerung sind Christen. Sie gehören mit 91 % hauptsächlich der koptisch-orthodoxen Kirche an.[793] Die Kopten bilden also die Hauptströmung der christlichen Minderheit in Ägypten und blicken auf eine jahrtausendealte Tradition zurück.[794]

---

793 http://www.auswaertigesamt.de/sid_4E272E10E69545F686E4C216DFF77CE2/DE/Aussenpolitik/Laender/Laenderinfos/01-Nodes_Uebersichtsseiten/Aegypten_node.html. (abgerufen am 25.5.2012) Dort wird auch kurz angemerkt, dass die Zahlen über die Kopten stark auseinandergehen. Laut Fischer Weltalmanach 2012 hat Ägypten knapp 83 Millionen Einwohner. Der Anteil der Muslime wird dort mit über 80 % angegeben, während er bei den Kopten mit 6–15 % beziffert wird. Vgl. Fischer Weltalmanach, S. 48. Koptische Minderheiten gibt es u. a. auch im Sudan und Libyen. Weitere christliche Gemeinden in Ägypten gehören der griechisch-orthodoxen, katholischen und protestantischen Kirche sowie anderen orientalischen Kirchen an. Zudem gibt es noch wenige Armenier. Siehe dazu Tamcke, Christen in der islamischen Welt, S. 75.

794 Die Kopten gelten als Nachfahren der alten Ägypter. Ihr Name kommt aus dem griechischen Wort *Aigyptos* und bedeutete nichts anderes als Ägypter. In der Geschichte der Kopten ist besonders das Konzil von Chalkedon im Jahre 451 erwähnenswert, das zur Spaltung der Kirche führte. Bei diesem Konzil entschied sich die Mehrheit für die Lehre der zwei Naturen Jesu, einer göttlichen und einer menschlichen. Die Kopten und weitere orientalische Kirchen lehnten dieses Dogma ab und sprachen sich für die Lehre des Kyrill von Alexandrien (gest. 444) aus, der die Gottheit und Menschheit Jesu in einer Natur vereint sah. Zur Geschichte, Lehre und weiteren Informationen zu verschiedenen Bereichen des Koptentums siehe: Brunner-Traut, Emma: *Die Kopten. Leben und Lehre der ägyptischen Christen in Geschichte und Gegenwart.* München 1991; Gerhards, Albert/Brakmann, Heinzgerd (Hrsg.): *Die koptische Kirche. Einführung in das ägyptische Christentum.* Stuttgart, Berlin, Köln 1994; Kolta, Kamal Sabri: *Christentum im Land der Pharaonen. Geschichte und Gegenwart der Kopten in Ägypten.* München 1985.

Bemerkenswert ist, dass im britischen Protektorat die Kopten zunächst als Verbündete der Kolonialmacht angesehen wurden und sie mit Butros Ġālī, einem engen Partner der Briten, 1908 den Premierminister stellten. Ġālī wurde zwei Jahre später von einem Nationalisten erschossen. Mit der Zeit war aber auch die Stimmung der Kopten der britischen Vorherrschaft gegenüber von Unzufriedenheit geprägt. Brissaud schreibt hierzu: „Andererseits versuchten die Briten auch, den Kopten ihr faktisches Finanz- und Steuermonopol zu nehmen, indem sie allen gebildeten Schichten Ägyptens die westlichen Verwaltungsmethoden nahebrachten.“[795]

Damit hatten sowohl Muslime als auch Christen Grund genug, um gemeinsam gegen die Besatzer zu revoltieren. In der neu gegründeten säkular-laizistischen Wafd-Partei, die den Besatzern den Kampf angesagt hatte, besetzten Kopten wichtige Ämter. So kann die Revolution von 1919, in deren Verlauf schließlich die Aufhebung des britischen Protektorats und die Unabhängigkeit Ägyptens gefordert wurden, zu den Höhepunkten der muslimisch-christlichen Beziehungen in Ägypten gezählt werden. Mit dem Motto „Ägypten den Ägyptern“ revoltierten Muslime und Christen Hand in Hand.[796] Eines der Symbole der Aufständischen war „eine Fahne mit einem Kreuz innerhalb eines Halbmonds.“[797] Auch al-Azhar zeigte Präsenz auf der politischen Bühne. Tausende strömten abends in die Moschee der Universität, wo Gelehrte und Studenten sie mit aufrührerischen Predigten zum Widerstand ermutigten.[798] Dass dabei auch koptische Priester die Möglichkeit bekamen, in der Moschee zu den Versammelten zu sprechen[799] ist ein Sinnbild dieser Revolution. Wie Badawy erklärt, „spielte die Azhar eine wichtige Rolle bei der Förderung der nationalen Einheit, indem sie

795 Brissaud, S. 148.
796 Meinardus, S. 76.
797 Behrens-Abouseif, S. 91.
798 Dodge, S. 145.
799 Meinardus, S. 76; Behrens-Abouseif, S. 91.

das koptische Element des ägyptischen Volkes fest mit dem muslimischen verband".[800]

1922 feierte Ägypten seine Unabhängigkeit. Ein wichtiger Grundsatz der neuen Verfassung, die ein Jahr später vorgestellt wurde, war, dass alle Ägypter vor dem Gesetz gleich sind.[801]

Der Zusammenhalt von 1919 wird an der Azhar häufig betont. So berichtete Prof. al-ʿAzab in seinen einführenden Worten im Interview kurz darüber und dieser findet auch in der Mağalla immer wieder Erwähnung.

Bei der Auswertung der Mağalla ist auffallend, dass seit ihrer Entstehung bis in die Mitte der 1960er Jahre die Kopten kaum ein Thema waren. In diesem Zeitraum lassen sich nur einige wenige Fatwas finden, die das Zusammenleben zwischen Christen und Muslimen im Allgemeinen betreffen.[802] Ansonsten wird im Rahmen von Texten, die die Position der Schriftbesitzer behandeln, kurze Hinweise darauf gegeben, dass der Prophet selbst explizit eine gute Behandlung insbesondere der Kopten angewiesen habe.[803] Vereinzelt werden auch kritische Berichte veröffentlicht, wenn z. B. Vertreter der koptischen Kirche in Schriften die Behauptung aufstellen, dass der Islam im Grunde die göttliche Natur Jesu nicht leugnen würde. Solche Behauptungen werden vehement zurückgewiesen und kritisiert.[804] Doch dies sind nur Einzelfälle, aus denen kein generell schlechtes Verhältnis zwischen al-Azhar und der koptischen Kirche in der damaligen Zeit abgeleitet werden kann. Besonders in der Regierungszeit von ʿAbd an-Nāṣir standen Kopten und Muslime in Ägypten in verschiedenen Situationen Seite an Seite. Meinardus erklärt hierzu, dass die Christen des Landes die Revolution von 1952 mittrugen und auch in der Suezkrise von 1956 ihre Loyalität

---

800 Badawy, S. 20–21.

801 Brissaud, S. 151; Siehe dazu auch die Ausführungen in Kapitel 2.2.

802 Diese wurden teilweise schon in Kapitel 2.3 besprochen.

803 Siehe dazu u. a.: MA, Bd. IX/23–1951/52, S. 22–26.

804 Siehe dazu: MA, Bd. IX/9–1938, S. 640–643; Bd. X/9–1938, S. 681–691; Bd. I/10–1939; S. 65–69; Bd. II/38–1966/67, S. 217–223.

dem Vaterland gegenüber zeigten.[805] Am 4. Oktober 1956 fand eine große Demonstration beim Sitz des koptisch-orthodoxen Patriarchats statt, bei der muslimische und christliche Würdenträger angesichts der schlimmen Situation nach der Verstaatlichung des Suezkanals eine islamisch-christliche Union verkündeten.[806] Alles in allem lässt sich sagen, dass die Beziehungen zwischen der koptischen Kirche und der damaligen Regierung gut waren. Zwar war laut Artikel 1 der damaligen ägyptischen Verfassung der Islam Staatsreligion, jedoch garantierte Artikel 2 die Gleichheit aller Bürger nach den Vorgaben der islamischen Gesetzgebung. Präsident Nāṣir bekräftigte diese Gleichheit in an die Christen gerichteten Ansprachen.[807] Ein Beispiel hierfür ist die Grundsteinlegung der neuen Sankt-Markus-Kathedrale in ʿAbbāsiya im Juli 1965, bei deren Verlauf Präsident Nāṣir betonte, dass es zwischen Christen und Muslimen keinen Unterschied gebe und alle die gleichen Pflichten und Rechte haben.[808]

Bemerkenswert ist auch, dass besonders in dieser Zeit viele christliche Institutionen und Gotteshäuser entstanden. 1961 fand die Eröffnung der neuen koptisch-theologischen Fakultät in Kairo statt und drei Jahre später wurde eine theologische Akademie gegründet, die seit 1972 sechs Zweigstellen hat. Sowohl in Kairo als auch in Alexandria stieg ab 1959 die Anzahl der Kirchen an.[809]

Den Gelehrten der Azhar könnte die Haltung des damaligen koptischen Papstes Kyrillos VI. zur Freisprechung der Juden von der Schuld am Tode Jesu im Zweiten Vatikanischen Konzil zugesagt haben. So bezeichnete Papst Kyrillos VI. diese Erklärung als „an imperialist-Zionist plot

805 Meinardus, S. 81–83.
806 Ebd., S. 83.
807 Kolta, S. 56.
808 Meinardus, S. 83.
809 Brunner-Traut, S. 80. Dort heißt es, dass die Zahl in beiden Städten seitdem jeweils von 60 auf 105 angestiegen ist.

against the Arab nations and the Arab Christians."[810] Damit vertrat er diesbezüglich die gleiche Meinung wie die Azhar. Weitere Parallelen zwischen al-Azhar und der koptischen Kirche aus der damaligen Zeit zeigten sich in der Palästinafrage und im arabischen Konflikt mit Israel 1967. In mehreren Weihnachts- und Osterbotschaften äußerte Papst Kyrillos VI. das Recht der Araber, Palästina zu befreien.[811]

Am 5. Juli, also kurz nach der arabischen Niederlage gegen Israel im Sechstagekrieg im Juni 1967, kommt es zu einer konkreten Zusammenarbeit zwischen Großscheich Ḥasan Ma'mūn und Papst Kyrillos VI. in Form einer gemeinsamen Erklärung[812], die sich an „the world's free conscience" richtet und die „a resounding cry" beinhaltet, dass die Araber Ungerechtigkeit nicht akzeptieren werden. Die freien Araber, ob Muslime oder Christen, hätten sich von der Angst vor dem Imperialismus, der lange Zerstörung auf der Welt verbreitet habe, befreit.

In vier Punkten fassen die beiden Geistlichen ihre Haltung und ihre Forderungen zusammen:

1. Der internationale Zionismus sei „a racial faction which is unconnected with religions" und sei der Gegenspieler des Islams und des Christentums und er zögere nicht, sie samt ihrer heiligen Stätten zu attackieren. Diese Feindschaft sei nicht neu, sondern habe eine lange Tradition.
2. Man verurteile die Angriffe auf die arabischen Länder „by a corrupt faction, and an erring clique", allen voran die Aggression auf Jerusalem, die Heimat von heiligen Stätten beider Religionen. Aufgezählt werden an dieser Stelle die Grabeskirche und der Felsendom, in dem sich

[810] Meinardus, S. 84. Brunner-Traut macht allerdings darauf aufmerksam, dass unter Kyrillos VI. die ersten Annäherungen an den Vatikan gemacht wurden. Siehe Brunner-Traut, S. 80.

[811] Meinardus, S. 84.

[812] Die nachfolgenden wörtlichen Zitate sind dieser Erklärung entnommen in: MA, Bd. II/39–1967/68, S. 15–16 (englischer Teil). In etwas verkürzter Form wird diese Erklärung in arabischer Sprache wiedergegeben in: MA, Bd. III/39–1967/68, S. 315–316.

die Al-Aqṣā-Moschee befindet, der im Islam der Stellenwert der zweiten *qibla*[813] und dritten heiligen Stätte[814] zugeschrieben werde.

3. Die Internationalisierung Jerusalems wird scharf verurteilt, denn die Stadt sei nicht nur die Herberge muslimischer und christlicher Stätten, sondern auch ein Teil des arabischen Staates. Daher sei eine Veränderung der Lage oder die Internationalisierung ein Angriff auf die Arabische *umma* (Nation/Gemeinschaft).
4. Im letzten Punkt dieser Erklärung wird dazu aufgerufen, standhaft die Arabische Sache zu verteidigen. Die Arabische Nation solle nicht zögern, den *ǧihād* auszurufen und diesen für ihre Rechte zu führen. Des Weiteren heißt es: „We also call upon them to confront firmly every aggressor or usurper, whatever would be the forces of injustice and aggression, for evident and distinct right is stronger than any bloc, mightier than any agglomeration.“

Die Erklärung ist in ihrem Inhalt und ihrer Form eindeutig. Die Muslime und Christen Ägyptens sind zutiefst betrübt über den Ausgang der kriegerischen Auseinandersetzungen mit Israel und bringen hiermit ihren Unmut zum Ausdruck. Schließlich fühlen sich beide Seiten als Opfer einer israelischen Aggression und sehen ihre bedeutenden Heiligtümer in Gefahr. Um die verbindenden Elemente zu stärken, sprechen sie nicht nur als Angehörige der jeweiligen Religion, sondern auch als Araber. Dieser Tenor passt in die Politik des damaligen Regimes, denn Präsident ʿAbd an-Nāṣir warb für einen arabischen Nationalismus. Dabei lag der Fokus folglich auf der Einheit der Araber, während die Religionszugehörigkeit keine vorrangige Rolle spielte. Interessanter-

---

[813] *Qibla* ist der arabische Begriff für Gebetsrichtung. Damit ist im islamischen Sinne die Kaaba in Mekka gemeint. Jedoch war in der Frühzeit des Islams Jerusalem die Gebetsrichtung der Muslime. Erst in der medinensischen Phase wurde die Richtung nach Mekka verändert.

[814] Nach Mekka und Medina.

weise machten sich beide Seiten am Ende ihrer Erklärung für den weiteren Kampf gegen Israel im Sinne des *ǧihād* stark. Hier wird deutlich, dass der Begriff des *ǧihād* sehr weit gefasst wird und Raum für unterschiedliche Interpretationen offen lässt. Den Autoren dieses Aufrufes geht es um die Verteidigung des eigenen Landes und der eigenen heiligen Stätten sowie der Befreiung der palästinensischen „Geschwister" – Muslime und Christen – von der israelischen „Unterdrückung". In diesem Fall können die Christen den *ǧihād* also mittragen.

Diese gemeinsamen Ausführungen sind nicht der einzige Beleg für ein gutes Verhältnis in dieser Zeit zwischen der Universität und der koptischen Kirche. Religiöse Feierlichkeiten werden zum Anlass genommen, um einander Besuche abzustatten oder Grußbotschaften zu versenden, die auch politische Aussagen beinhalten.

Als die Azhar im Jahre 1968 das vierzehnhundertste Jubiläum seit Beginn der koranischen Offenbarungen feierte, gratulierte auch eine große Delegation aus Vertretern der verschiedenen christlichen Strömungen Ägyptens dem Großscheich. Dabei habe die Delegation die Solidarität der Christen gegen Israels Angriffe auf die Religionen – also auf Islam und Christentum – und die Heiligtümer versichert.

In der Ausgabe der Maǧalla 1967/68 wird in der Rubrik „Nachrichten und Meinungen" (Anbā' wa Ārā') darüber berichtet, dass der Großscheich Glückwünsche mit den Königen und Präsidenten der islamischen Länder sowie den Oberhäuptern der Christenheit zum Opferfest und zu Weihnachten ausgetauscht habe. Alle, so heißt es in der Meldung, würden zu Gott beten, damit dieser sie zum Sieg gegen die Feinde der Menschlichkeit und all ihre Verbündeten führe.[815]

Zudem sandte der damalige Großscheich Ḥasan Ma'mūn seinerseits eine Gruppe von Gelehrten zum koptischen Papst und anderen christlichen Einrichtungen, um sich für deren Glückwünsche zum Jubiläum der koranischen Of-

[815] MA, Bd. IX/39–1967/68, S. 798–799.

fenbarungen zu bedanken. Dabei wurde über die Toleranz des Islams den Schriftbesitzern gegenüber gesprochen, die auf dem folgenden Ausspruch des Propheten basiere: „Wer einem *ḏimmī* Schaden zufügt, dessen Feind werde ich am Tage des Gerichts sein". Aufgrund dessen seien Muslime dazu angehalten, Christen und andere Schriftbesitzer stets gut zu behandeln.[816]

In der Grußbotschaft zu Weihnachten 1972 werden die Christen als „unsere Geschwister" bezeichnet, denen das gewünscht wird, was man sich selbst wünsche.[817] Darunter ein gutes Leben in einer sicheren Heimat.[818]

Diese Beispiele führen nochmals vor Augen, wie sehr die politischen Entwicklungen die religiösen Institutionen beschäftigten. In Ägypten hatte das „Feindbild Israel" offenbar zur Folge, dass Muslime und Christen näher zusammenrückten und ein einigermaßen harmonisches Verhältnis vorherrschte.

Dieses Verhältnis sollte mit Beginn der 1970er Jahre allerdings gedämpft werden. Die Niederlage gegen Israel von 1967 begünstigte das Erstarken islamistischer Bewegungen, welche zunehmend radikaler gegen Andersgläubige vorgingen. In der Folge kam es etwa ab 1972 zu religiösen Auseinandersetzungen in Ägypten. In Alexandria wurden Flugblätter verbreitet, in denen der erst ein Jahr zuvor gewählte koptische Papst Šinūda III. bezichtigt wurde, unter Muslimen missionarisch zu wirken. Dieser Vorwurf führte zu Demonstrationen von Muslimen. Einige Monate später wurde in dem Dorf Ḫanka im Nil-Delta eine Kirche in Brand gesetzt. Die Proteste der koptischen Gemeinde führten zu Gegenprotesten von Muslimen, bei denen ein Kopte mehrere Schüsse in die Luft abgefeuert haben soll. Dies provozierte muslimische Demonstranten so sehr, dass sie mehrere Häuser und Geschäfte

---

816 MA, Bd. X/39–1967/68, S. 874.

817 Diese Formulierung scheint an den Prophetenausspruch „Wünsche deinem Bruder das, was du dir selbst wünschst" angelehnt zu sein.

818 MA, Bd. X/43–1971/72, S. 989.

von Kopten anzündeten. Die ägyptische Regierung erklärte zu diesen Vorfällen, dass fremde Kräfte verantwortlich für die Auseinandersetzung zwischen Muslimen und Kopten wären. Diese hätten ein Interesse an religiöser Feindschaft im Land. Präsident Sādāt selbst äußerte sich auf diese Weise, als er im Dezember desselben Jahres sowohl dem Großscheich der Azhar als auch dem koptischen Papst einen Besuch abstatte.[819]

Bereits vor dem Besuch des Präsidenten hatte man an der Azhar auf die Situation im Land reagiert. In einem Appell an das ägyptische Volk rief der Großscheich dazu auf, darauf aufzupassen, die „Existenzschlacht“[820] nicht aus den Augen zu verlieren und nicht den Intrigen der Feinde zu verfallen. Er erinnerte daran, dass Krisen wie etwa bei der Revolution von 1919 und den Ereignissen 1956 Muslime und Christen zusammengeschweißt hätten. Alle lebten in der gleichen Heimat und teilten die gleichen Träume und Schmerzen. Ihr Feind sei derselbe und ihr Freund sei derselbe. Vor dem Staate seien sie in Bezug auf Rechte und Pflichten gleichgestellt.[821]

Dass mit dem Feind vor allem Israel gemeint war, wird aus einem weiteren Maǧalla-Text mit dem Titel „Die nationale Einheit“ (al-Waḥda al-Waṭanīya) deutlich. Darin heißt es, dieser Feind erkläre sowohl das Christentum als auch den Islam zum Unglauben und würde Jesus und Muḥammad der Lüge bezichtigen. Außerdem entehre er christliche und muslimische Heiligtümer. Um die Einheit zwischen den Angehörigen der beiden Religionen herbeizuführen, wird zum einen der politische Rivale Israel und die jüdischen Religion angegriffen. Zum anderen wird auf die guten Beziehungen zwischen Christen und Muslimen in der Geschichte Ägyptens

819 Farah, S. 2.

820 Arab.: *maʿrakat al-maṣīr*. Hiermit ist höchstwahrscheinlich der als existenziell empfundene Kampf gegen Israel gemeint.

821 MA, Bd. V/44–1972/73, S. 497–498. Dort sind auch kurze Stellungnahmen von Politikern abgedruckt.

hingewiesen. Dabei wird unter anderem erneut an die Revolution von 1919 erinnert. Dem Koranvers „Kein Zwang im Glauben" wird besondere Bedeutung beigemessen. Er wird als Untertitel des Beitrags verwendet und im Text als Grundlage für die gute Behandlung der Christen durch die Muslime erläutert. Auch der Ḥadīṯ, in dem Muḥammad explizit die gute Behandlung der Kopten anordnet, ist Gegenstand des Textes.[822]

Die Bemühungen der Azhar, den Konflikt zu beruhigen, reichten jedoch nicht aus. Wie in Kapitel 4.2.1 geschildert, entstanden in den darauffolgenden Jahren einige islamistische Gruppierungen, die immer wieder blutige Anschläge in Ägypten – zum Teil auch gegen Kopten – verübten. Auffällig ist, dass sich in Deutschland zwischen 1975–1977 gleich sieben koptische Gemeinden in Großstädten wie Berlin, Hamburg oder Stuttgart entwickelten,[823] was auf die verstärkte Auswanderung der Kopten in dieser Zeit hinweist. Von 1978 bis 1980 kam es in Oberägypten zu erneuten Auseinandersetzungen zwischen Kopten und Muslimen und in den Metropolen Kairo und Alexandria wurden einige Kirchen in Brand gesetzt. Hier sollte der Konflikt seinen Höhepunkt finden. Da die Regierung gegen diese Gewalt nicht viel unternahm, ließ der koptische Papst Šinūda III. 1980 die Osterfeierlichkeiten, zu denen ebenfalls Regierungsvertreter erwartet wurden, ausfallen, und zog sich in ein Kloster zurück. Auf Sādāts Ankündigung im Mai 1980, dass die *šarīʿa* die Hauptquelle der ägyptischen Verfassung werden würde, reagierte der koptische Papst mit Unverständnis und er verurteilte öffentlich diesen Schritt.[824] Nicht nur dieser Schritt Papst Šinūdas III. verärgerte den ägyptischen Präsidenten. Auch die bei seinem Besuch in den Vereinigten Staaten gegen seine Politik gerichteten Protestaktionen von in den USA lebenden Kopten

---

822 Siehe dazu ausführlich: MA, Bd. VI/44–1972/73, S. 509–516.
823 Siehe dazu Wahba, S. 63–65.
824 Hasan, S. 108.

vor den Vereinten Nationen und der ägyptischen Botschaft sorgten bei Präsident Sādāt für Unmut.[825]

Als es ein Jahr später zu weiteren schwerwiegenden Gewaltakten zwischen den Anhängern beider Religionsgemeinschaften kam, wurde dem koptischen Papst eine Mitverantwortung für das wiederholte Aufflammen der Konflikte angelastet. Dies führte schließlich dazu, dass er in einem Kloster in Wādī an-Natrūn unter Hausarrest gestellt wurde.[826] Dieser Zustand dauerte über vier Jahre an. Sādāts Nachfolger, Ḥusnī Mubārak begnadigte ihn 1985 und setzte ihn wieder in sein Amt ein.[827]

In Kapitel 4.2.1 wurde auch die ablehnende Haltung der Azhar zur islamistischen Gewalt in Ägypten dargestellt und muss an dieser Stelle nicht erneut thematisiert werden. Allerdings sollte das Verhältnis zwischen der Universität und der koptischen Kirche durch diese innerägyptischen Unruhen nicht ganz unberührt bleiben. Das Vorhaben Sādāts, die *šarīʿa* zum wichtigsten Bestandteil der ägyptischen Verfassung zu machen, war an der Azhar sehr positiv aufgenommen worden und wie in 2.3 bereits angeführt, hatte man schon 1978 einen Entwurf für eine islamische Verfassung erstellt. Dieser Verfassungsentwurf löste jedoch die Spannungen zwischen der koptischen Kirche und der Azhar-Universität nicht aus. Bereits in den Jahren zuvor verschlechterte sich das Verhältnis beider Institutionen. 1976 sorgte ein Gesetzesentwurf, der dem Parlament vorgelegt wurde, für Unmut bei den Kopten. Der Entwurf sah vor, die Apostasie vom Islam mit dem Tode zu bestrafen. Die Aufregung der koptischen Gemeinde in dieser Frage ist hauptsächlich darin begründet, dass es durchaus Fälle von Konversionen von Christen zum

---

825 Kolta, S. 57.

826 Hasan, S. 109–110.

827 Ebd., S. 113. Für eine übersichtliche Darstellung der angesprochenen Ereignisse um das Exil von Papst Šinūda III. siehe ebd., S. 103ff. Für Stellungnahmen von Šinūda III. zu dieser Zeit siehe das 1989 mit ihm geführte und in Buchform vorliegende Interview in: Maḥmūd Fauzī: *Al-Bābā Šinūda: Ḥiwār Mahẓūr an-Našr*. Kairo 1990.

Islam aus praktischen Gründen gab, z. B. um leichter eine Scheidung vom Ehepartner zu erwirken und zu einem späteren Zeitpunkt wieder das Christentum anzunehmen. So wurde im Januar 1977 eine koptische Konferenz abgehalten, in der unter anderem die Garantie der Glaubensfreiheit und die Nicht-Anwendung der šarīʿatischen Maßnahmen den Kopten gegenüber gefordert wurden.[828] Ein halbes Jahr später kam es zur Gegenreaktion von muslimischer Seite. Bei einer von Großscheich Maḥmud, einem „engagierten Verfechter der Anwendung der Scharia“[829], wie Görgün ihn beschreibt, einberufenen Konferenz der islamischen Organisationen wurde hauptsächlich folgendes festgehalten:

> „Jedes Gesetz und jede Vorschrift, die den Lehren des Islam widersprächen, seien null und nichtig. Die Anwendung der Scharia sei die einzige Lösung aller sozialen, politischen und wirtschaftlichen Probleme. Sie sei notwendig, und daher dürfe sie niemand verhindern oder verzögern. Das Parlament sollte ohne Verzögerung diejenigen Gesetzesentwürfe verabschieden, die bereits vorgelegt seien, u. a. den von den Kopten abgelehnten Strafgesetzesentwurf.“[830]

Der Gesetzesentwurf wurde wieder zurückgezogen und Sādāt ermahnte sowohl Maḥmūd als auch Šinūda III. „den religiösen Druck zu vermindern.“[831] Zudem machte er dem koptischen Oberhaupt gegenüber das Zugeständnis, dass jedes Jahr fünfzig neue Kirchen errichtet werden dürften. Dieser Schritt empörte die muslimische Seite.[832]

Wie in 2.3 erwähnt, beinhalteten die Veröffentlichungen der Maǧalla in den Folgejahren einige kritische Texte zum Christentum, aus denen das Misstrauen der Azhar gegenüber

[828] Görgün, S. 79–80.
[829] Ebd., 101.
[830] Ebd., S. 80.
[831] Ebd., S. 80.
[832] Ebd., S. 80. Zu weiteren Einzelheiten dieser Phase siehe die Ausführungen von Görgün, S. 78ff. und S. 101ff.

der koptischen Kirche bzw. der Christenheit im Allgemeinen in dieser Zeit hervorgeht.[833]

Eine Verbesserung des Verhältnisses wird wieder ab Mitte der 1990er erkennbar und steht im Zusammenhang mit der Amtsübernahme durch Muḥammad Saiyid Ṭanṭāwī, der ab 1996 das Amt des Großscheichs der Azhar bekleidete. So wird z. B. in der Mağalla mehrfach auf Besuche von Papst Šinūda III. und anderen Würdenträgern der koptischen Kirche beim Großscheich anlässlich der großen muslimischen Feste hingewiesen.[834] In dieser Zeit sehen sich die ägyptische Regierung und die muslimischen Institutionen mit Vorwürfen aus westlichen Ländern, insbesondere aus den USA konfrontiert, dass die Kopten im Land diskriminiert würden. Es sollte an dieser Stelle angemerkt werden, dass die Ambitionen der Azhar in Bezug auf die Einführung der *šarīʿa* in Ägypten in der Regierungszeit Mubāraks ad acta gelegt worden zu sein scheinen. Bei der Auswertung der Mağalla fällt auf, dass dies so gut wie nicht mehr thematisiert wurde. Die im Ausland erhobenen Vorwürfe fallen in eine Zeit, in der Anschläge auf ausländische Touristen, aber auch Kopten verübt wurden, und sowohl die Regierung, als auch al-Azhar, versuchen dies zu widerlegen und die nationale Einheit zu betonen. Bei verschiedenen Aufeinandertreffen mit ausländischen Vertretern, etwa aus dem kirchlichen Bereich, wird betont, dass Muslime und Christen in Ägypten die gleichen Rechte und Pflichten hätten und das Zusammenleben intakt sei. Diesen Eindruck versucht man verstärkt dem Ausland zu vermitteln, um das Image des Landes wiederherzustellen. Allerdings werden diese Erklärungen auch an die ägyptische Bevölkerung gerichtet, wie bei einem islamisch-christlichen Dialogtreffen in Alexandria im August 1996. Großscheich Ṭanṭāwī und Maḥmūd Zaqzūq äußerten sich bei diesem Dia-

[833] Neben den bereits angesprochenen Texten aus dieser Phase siehe u. a. auch: MA, Bd. IV/57–1984/85, S. 491–505. Bd. XII, S. 1925–1953.
[834] Siehe dazu u. a.: Bd. XI/68–1995/96, S. 1720–24; V/69–1996/97, S. 1715–17; I/70–1997, S. 153–55; XI/72–1999/2000, S. 1689–93.

logtreffen hinsichtlich der Gleichstellung von Christen und Muslimen in Ägypten in ähnlicher Weise.[835] Damit wurde versucht, in der damals prekären Situation Ägyptens die Menschen für das friedliche Zusammenleben zu sensibilisieren. Das Pochen auf die gleichberechtigte Position von Muslimen und Christen ist bis in die Gegenwart Gegenstand von Erklärungen der Azhar-Vertreter. Prof. al-ʿAzab hat dies im Interview zwar nicht explizit gesagt, aber aus seinen Aussagen wurde deutlich, dass er alles andere nur für Gerüchte halte.

Es zeigt sich, dass bis in die 1970er Jahre die Beziehung der Azhar zur koptischen Kirche relativ stabil und verflochten war. Beide Institutionen blickten auf Kooperationen in Krisenzeiten – etwa 1919 oder in der Regierungszeit Nāṣirs – zurück. Das Erstarken islamistischer Bewegungen und hauptsächlich der Versuch, die *šarīʿa* als maßgebliche Quelle der ägyptischen Verfassung zu verankern, führten zu Spannungen zwischen den beiden religiösen Institutionen. Es benötigte einige Zeit, bis eine Annäherung und Verbesserung des Verhältnisses wieder hergestellt werden konnte. Es wurde deutlich, wie stark die jeweilige politische Situation in Ägypten Einfluss auf diese Beziehungen hat. Dass in diesem Kapitel größtenteils über die „Beziehungen" und nicht über den „Dialog" gesprochen wird, hat seinen Grund. Im Vergleich zur Zusammenarbeit mit dem Vatikan oder der Anglikanischen Kirche, konnte kein offiziell organisiertes Dialogforum zwischen al-Azhar und der koptischen Kirche aufgefunden werden. An dieser Stelle sei daran erinnert, das Fauzī az-Zafzāf nach der Einigung mit dem Vatikan im Jahre 1998 erklärte, dass das gute Verhältnis zwischen Muslimen und Christen in Ägypten keinen Dialog benötige. Schließlich hätten sie mit der Einheit Ägyptens ein gemeinsames Ziel. Doch gerade diese so oft propagierte nationale Einheit hätte vielleicht während mancher Phasen einen intensiven sachlichen Austausch benötigt. Unter Großscheich Ṭanṭāwī haben

[835] MA, Bd. V/69–1996/97, S. 761.

sich die Beziehungen schließlich stabilisiert. Der aktuelle Großscheich aṭ-Ṭaiyib hat die Dringlichkeit eines Dialogs zwischen Muslimen und Christen in Ägypten erkannt und fördert diesen.

Das Modell der Zukunft? „Das Haus der ägyptischen Familie" (Bait al-ʿĀ'ila al-Miṣrīya)

Unter dem aktuellen Großscheich Aḥmad Muḥammad aṭ-Ṭaiyib hat die Arbeit der Azhar im Bereich des interreligiösen Dialogs eine neue Entwicklung genommen. Gegenwärtig strebt die Azhar-Universität eher die Förderung des Austauschs und der Zusammenarbeit auf lokaler Ebene an. Die Ambitionen sind zumindest in diesem Bereich also etwas heruntergeschraubt worden und die Konzentration ihrer Bemühungen für einen interreligiösen Dialog liegt aktuell vordergründig auf Ägypten. Dort kann al-Azhar auch direkt in der Praxis ihren Einfluss auf die gesellschaftspolitischen Verhältnisse zur Geltung bringen. Aus dieser Überzeugung heraus ist die Idee eines Forums entstanden, das sich interreligiösen Angelegenheiten im Land widmen soll. Es trägt den aussagekräftigen Namen „Haus der ägyptischen Familie". Damit soll offensichtlich ein deutliches Zeichen gesetzt und zum Ausdruck gebracht werden, dass alle Ägypter, Muslime und Christen eine Familie bilden.

Die im Folgenden angeführten Informationen und Hintergründe entstammen dem Interview mit Prof. al-ʿAzab.

Der entscheidende Auslöser für die Gründung dieses Forums war demnach der islamistische Anschlag auf die Saiyidat an-Naǧāt-Kathedrale in Bagdad im Oktober 2010. Dabei hatten mehrere schwer bewaffnete Männer das Gotteshaus gestürmt, Geistliche getötet sowie Geiseln genommen und mehrere Forderungen gestellt. Als mit der Hinrichtung der Geiseln begonnen wurde, kam es zur Erstürmung der Kathedrale durch irakische Sicherheitskräfte. Dieses Ereignis kostete beinahe siebzig Menschen das Leben und etwa sechzig Menschen wurden verletzt.

Daraufhin, so erklärte Prof. al-ʿAzab, habe Großscheich aṭ-Ṭaiyib gewarnt, dass man nicht darauf warten dürfe, bis die Gefahr nach Ägypten gelange. Daher ergiff er die Initiative zur Bildung eines Gremiums aus Muslimen und Christen, welches sich mit wesentlichen gesellschaftlichen Fragen befassen soll. Aṭ-Ṭaiyib wollte folglich mit dieser Maßnahme vorbeugend tätig werden, damit die irakischen Verhältnisse nicht nach Ägypten übertragen würden. In Ägypten hatte zur gleichen Zeit ein Fall für Spannungen zwischen Muslimen und Kopten gesorgt. Zwei koptische Frauen sollten zum Islam konvertiert und von der koptischen Gemeinde gefangen gehalten worden sein, was Proteste von Muslimen auslöste, die die Freilassung der beiden Frauen forderten. Dieser Punkt gehörte ebenfalls zu den Forderungen der Bagdader Attentäter, die in diesem Zusammenhang damit gedroht hatten, die Christen im Irak und in Ägypten zu vernichten.[836] Damit gab es also eine direkte Verbindung zwischen dem Attentat und den Zuständen in Ägypten, die den Großscheich alarmierten und zu solch einer Initiative bewegten.

Prof. al-ʿAzab erklärte, dass die azharitische Seite am 7. Januar 2011 den ersten Schritt zur Bildung eines solchen Gremiums unternahm. Anlässlich des Weihnachtsfestes stattete man dem koptischen Papst Šinūda III. einen Besuch ab und eröffnete ihm die Idee, ein interreligiöses Gremium zu bilden. Der Papst soll Gefallen daran gefunden und seine Mitwirkung zugesichert haben.

In Folge dessen kam es dann zur Bildung des Gremiums „Haus der ägyptischen Familie“, in dem neben der Azhar-Universität und der koptisch-orthodoxen Kirche – die als Nationalkirche in Ägypten gilt – Repräsentanten aus drei kleineren christlichen Gemeinden, nämlich der anglikanischen, evangelischen und koptisch-katholischen Kirche vertreten sind. Vervollständigt wird es durch eine Reihe christlicher und muslimischer Wissenschaftler aus den Fachgebieten Ge-

[836] Die Ereignisse des Attentats sind gut beschrieben in: http://www.taz.de/!60626/ (abgerufen am 22.7.2012).

schichte, Kulturwissenschaften, Soziologie und Vergleichende Religionswissenschaft.

Die Leitung des Gremiums obliegt dem Großscheich der Azhar und dem koptischen Papst. Ihnen ist jeweils ein Generalsekretär zugeordnet. Die Generalsekretäre fungieren auch jeweils als Stellvertreter der Leiter des Gremiums. Von muslimischer Seite waren es zur Zeit des Interviews, Maḥmūd Zaqzūq und christlicherseits der Stellvertreter von Šinūda III. im Amt des Papstes.

Der Vorsitz in der Leitung des Forums wird abwechselnd für je vier Jahre vom Großscheich und dem koptischen Papst besetzt. Die Teilnehmer einigten sich darauf, dem Großscheich aṭ-Ṭaiyib den Vorsitz für die erste Amtszeit zu übertragen, da er die Idee für die Bildung dieses Gremiums hatte.

Das Forum versteht sich als unabhängige höhere nationale Kommission (*hay'a qaumīya ʿulyā*), die einen eigenen Sitz hat und sich aus Spenden von al-Azhar und den Kirchen sowie weiteren nicht-staatlichen Einrichtungen finanziert. Prof. al-ʿAzab erklärte hierzu, dass man eine staatliche Subvention ablehne, um unabhängig von staatlicher Einflussnahme zu bleiben.

Zu den Aufgaben der Kommission äußerte sich Prof. al-ʿAzab ausführlich. Im Wesentlichen fühle sich das „Haus der ägyptischen Familie“ für zwei Aufgaben zuständig. Zunächst gehe es um die Verbesserung der religiösen Rhetorik bei Muslimen und Christen in Bezug auf den Anderen. Innerhalb der beiden Glaubensgemeinschaften gebe es Extremisten, die eine Rhetorik prägten, welche negative Entwicklungen innerhalb der Gesellschaft verschärfe. Die mediale Konzentration liege, wie etwa in Europa, auf dem muslimischen Extremismus und vernachlässige dabei andere Formen. Außerdem dürfe nicht vergessen werden, dass es einen rechten jüdischen Extremismus in Israel gebe, den die Medien nicht thematisierten. Besonders in Deutschland tue man sich aufgrund der Verantwortung des Holocausts schwer, die israelischen Verbrechen zu veruteilen. Prof. al-ʿAzab meint hierzu weiter, dass al-Azhar Verständnis für die deutsche Haltung habe. Jedoch „haben wir kein Problem damit, darüber zu reden, weil wir in unserer ganzen Geschichte niemanden unterdrückt haben", erklärte er.

Dann fuhr er mit der Erklärung der ersten Aufgabe fort. Um den Extremismus bei Muslimen und Christen in Ägypten erfolgreich zu bekämpfen, liege der Fokus auf der Entwicklung einer Sprache, die die essentiellen gemeinsamen Werte in beiden Religionen verdeutliche. Diese seien etwa Gerechtigkeit, Wohltätigkeit, Frieden, Bildung und Fortschritt sowie die Bekämpfung von Armut und Unwissenheit. Die Medien sollen in ihrer Berichterstattung dahingehend beeinflusst werden, diese der christlichen und muslimischen Religion gemeinsamen Werte als solche publik zu machen. Außerdem sei es eine Überlegung, ein Buch über diese Gemeinsamkeiten zu verfassen, dessen Inhalte Gegenstand im Schulunterricht und womöglich auch in den Predigten in Kirchen und Moscheen werden sollten. Damit solle dargestellt werden, dass die Lehren der himmlischen Religionen immer auf das Gute ausgerichtet seien.

Es gehe demnach um die Erstellung und Verbreitung eines Wertekodex, der zur Sachlichkeit in religiösen Ansprachen und dem friedlichen Zusammenleben der Menschen beitragen soll.

Die zweite Aufgabe sei die Untersuchung der Probleme, die aus einer übertriebenen Fixierung auf die Konfessionen resultieren, was in Ägypten häufig der Fall sei. Das Forum komme zusammen, um die tatsächlichen Gründe hierfür herauszufinden. Dabei müsse jedoch unterschieden werden zwischen dem, was tatsächlich religiös sei, und dem, was als religiös wiedergegeben werde, sagte er. Wenn etwa ein muslimischer junger Mann und eine christliche junge Frau, oder umgekehrt, eine uneheliche Beziehung miteinander führten und dies dann zu familiären Komplikationen führe, würde in den meisten Fällen automatisch die Religion damit in Verbindung gebracht. Doch die Unehelichkeit dieser Beziehung würde aufgrund der gesellschaftlichen Begebenheiten in allen arabischen Ländern zu Problemen führen, auch wenn z. B. der Mann und die Frau beide muslimischen Glaubens seien.

In solch einem Fall versuche das Forum klarzustellen, dass der Konflikt in erster Linie kein religiöser sei.

Eine weitere Aufgabe des Gremiums stellt nach Prof. al-ʿAzab eine situative Krisenarbeit dar. Prof. al-ʿAzab berichtete von Brandanschlägen auf zwei Kirchen. Das Forum habe daraufhin eine außerordentliche Sitzung einberufen und eine Delegation damit beauftragt, den Tathergang zu ermitteln. Die Vertreter dieser Delegation haben nach ihrer Untersuchung den Tathergang protokolliert. Das Gremium hat sich anschließend entschieden, Ergebnisse an den höchsten Rat der Armee weiterzugeben. Zu den Inhalten der Untersuchungen und den Ergebnissen machte Prof. al-ʿAzab jedoch keine weiteren Angaben. Er betonte, dass jene Tat, auch wenn sie im Namen der Religion verübt worden sei, schlichtweg ein Terrorakt war, für den die Täter nach einem fairen Prozess die Höchststrafe bekommen müssten.

Demnach wirbt das Gremium „Haus der ägyptischen Familie“ nicht nur in Reden und Erklärungen für die Verständigung zwischen Christen und Muslimen im Land, sondern versucht auch in aktuellen Konfliktsituationen zu vermitteln. Dabei versucht es auch herauszufiltern, was denn nun tatsächlich religiös legitimiert ist und was nicht.

Am Ende seiner Ausführungen zu diesem Projekt betonte Prof. al-ʿAzab, dass die Ägypter die Gründe für den religiösen Extremismus kennen würden. Den Glauben des Westens, etwas Besseres zu sein und sich das Recht nehmen zu dürfen, ihnen Befehle geben zu können, lehne man ab. Schließlich seien sie alte Völker, die eine lange Geschichte und Kultur nachzuweisen hätten, und seien imstande, ihre Probleme selbst zu lösen. Deshalb solle sich der Westen um seine eigenen Probleme kümmern, wie die Islamophobie, denn sie könnte Dimensionen annehmen, wie sie früher der Antisemitismus innegehabt hätte. Es gäbe zwar einen Konflikt mit Israel, aber was mit den Juden in Deutschland geschehen sei, lehne man entschieden ab. Er betonte, dass Juden und Christen von Muslimen stets gut behandelt worden seien und in Andalusien hätten die Juden eine wichtige Rolle in der Gesellschaft unter islamischer Herrschaft eingenommen. Darauf sei der Islam mit seiner Kultur stolz. Die Essenz aus alldem sei, dass der Islam praktisch und nicht nur theoretisch das Zusammenleben gefördert habe.

Wie sich den Ausführungen Prof. al-ʿAzabs entnehmen lässt, verbindet sich mit „Haus der ägyptischen Familie" ein Dialogverständnis, welches sich von dem, was bisher zu beobachten war, unterscheidet. Die Kommision scheint kein Dialogforum im herkömmlichen Sinne zu sein, sondern dient vielmehr der Konfliktlösung und Gewaltprävention innerhalb der ägyptischen Gesellschaft. Bereits am Namen und dem damit einhergehenden Selbstverständnis als unabhängige höhere *nationale* Kommission (*hayʾa qaumīya ʿulyā*) lässt sich erkennen, dass vordergründig der innerägyptische Dialog auf nationaler Ebene mit dem Ziel der Wahrung des sozialen Friedens in Ägypten im Vordergrund steht und weniger ein Austausch über theologisch-dogmatische Positionen.[837] Die Bildung dieses Gremiums stellt für die Azhar-Universität eine Chance dar, stärker auf die Gestaltung der ägyptischen Gesellschaft Einfluss zu nehmen. Bereits kurz vor Beginn der ägyptischen Revolution erkannte die Azhar-Universität, dass sie ihre hohe Reputation in der breiten ägyptischen Gesellschaft in stärkerem Maße nutzen kann, um stabilisierend in die aktuellen gesellschaftlichen Prozesse einzuwirken. Schließlich wird ihre Bedeutung im Ausland unter anderem auch daran gemessen, welche Rolle der islamischen Einrichtung bei der Lösung innerägyptischer Probleme zuerkannt wird.

Das Gremium „Haus der ägyptischen Familie", in dem hohe Würdenträger der wichtigsten Konfessionen im Land zusammenarbeiten, könnte im Verlauf der nächsten Jahre durch sein Wirken einen wichtigen Beitrag zum sozialen Frieden in Ägypten leisten.

---

837 Wie Méténier anmerkt, stehen beim innerägyptischen christlich-islamischen Dialog eher die Fragen der nationalen Einheit (*waḥda waṭanīya*) und der Modalitäten des tatsächlichen zivilen Zusammenlebens (*taʿāyuš*) zwischen Christen und Muslimen im Vordergrund als die Ausarbeitung gemeinsamer theologischer Positionen. Méténier, S. 117.

7. Zusammenfassung der Ergebnisse und Ausblick

In dieser Arbeit wurde das Wirken der Azhar-Universität im Dialog mit Christen untersucht. Dabei war neben ihrem Verständnis von Dialog über den Zeitraum der letzten achtzig Jahre auch dessen Umsetzung in der Praxis in zwei Bereichen Hauptbestandteil der Arbeit: Zum einen das Auftreten von Azhar-Vertretern bei ausgewählten Dialogkonferenzen und zum anderen der institutionelle Austausch mit dem Vatikan und der Anglikanischen Kirche. Abschließend rundete ein Überblick über die Beziehungen zu den Christen in Ägypten mit Fokus auf die Kopten, der größten christlichen Strömung im Land, die Arbeit ab.

Was das Dialogverständnis angeht, so kann festgehalten werden, dass al-Azhar seit Jahrzehnten im Großen und Ganzen die gleichen Prinzipien vertritt. Diesem Verständnis nach ist der Dialog unter den Anhängern der monotheistischen Religionen bereits ein im Islam verankertes Prinzip, das auf die Stärkung verbindender Elemente abzielt. Für al-Azhar stehen hierbei die Diskussion und Bekräftigung gemeinsamer Wertvorstellungen im Vordergrund. Christentum und Islam haben diesbezüglich ohne Zweifel viele Gemeinsamkeiten. Al-Azhar betont dabei immer wieder die wichtige Rolle, die diesen gemeinsamen Werten bei der Förderung von Toleranz und Frieden unter den Menschen zukommt. Diese Linie wird von der Azhar schon in den Reden von 1936 und 1939 vertreten, die – wie aus ihrer häufigen Erwähnung in der Maǧalla deutlich wird – bis heute noch an der Universität in Fragen des Engagements im interreligiösen Dialog einen hohen Stellenwert einnehmen. Dass die Azhar immer wieder an ihre Beteiligung an diesen zwei großen Konferenzen erinnert, ist verständlich. Schließlich kann sie auf diese Weise ihrer Bereitschaft zum Dialog eine lange Tradition verleihen. Andererseits bildet die ablehnende Haltung der Azhar Diskussionen über zentrale Glaubensinhalte der verschiedenen Religionen gegenüber ebenfalls einen roten Faden, der sich quer durch die gesamten Dialogaktivitäten zieht. So ist z. B. eine Debatte über die trinitarische Gottesvorstellung des Christentums und den strengen Monotheismus des Islams anscheinend nicht möglich, da dies die Frage nach der absoluten Wahrheit aufwerfen würde. Diese Frage zu diskutieren sieht die islamische Einrichtung aber weder als ihre Aufgabe noch als eine sinnvolle Tätigkeit an. Denn die Azhar geht, wie sich aus vielen Texten der Maǧalla herauslesen lässt, genauso wie ihr christliches Pendant davon aus, bereits im Besitz der absoluten Wahrheit zu sein und versucht diese an die Menschen weiterzugeben bzw. sie darin zu bestätigen. Dass Rowan Williams, dem Erzbischof von Canterbury, im Jahre 2004 gestattet wurde, das christliche Gottesbild zu erklären, scheint eine Ausnahme zu bilden. Dieses Beispiel macht wiederum deutlich, dass das Festhalten an diesem Prinzip vom Rahmen der Veranstaltung und auch vom jeweiligen Gesprächspartner abzuhängen scheint. Allerdings sollte die Rede des Erzbischofs nicht überbewertet werden; an der Azhar scheint der Inhalt dieser Rede nicht sehr stark rezipiert worden zu sein. In der Maǧalla findet sie jedenfalls keine Erwähnung. Auch wenn es Williams nur darum ging, Missverständnisse auszuräumen, scheint es nach den gewonnenen Erkenntnissen fraglich, ob die Würdenträger an der Azhar einem Repräsentanten des Vatikans solch ein Forum anbieten würden. Denn im Vergleich zur Anglikanischen Kirche war das Verhältnis zum Zentrum des Katholizismus lange Zeit von Misstrauen und großer Skepsis geprägt und ist bis in die Gegenwart hinein trotz des Dialogabkommens und der zwölfjährigen Zusammenarbeit kritisch geblieben. Die seit der Regensburger Vorlesung von Papst Benedikt XVI. erneut zunehmenden Spannungen, die zum Einfrieren der Beziehungen seitens der Azhar im Jahre 2011 geführt haben, zeigen, wie brüchig dieses Abkommen im Grunde schon immer war. Am schwierigen Verhältnis zum Vatikan lässt sich besonders deutlich erkennen, dass das Wirken und Auftreten der Azhar im Dialog vorwiegend mit den politischen Ereignissen und insbesondere mit dem politischen Kurs der ägyptischen Regierung zusammenhängt. So ist z. B. das Zweite Vatikanische Konzil, das als Wendepunkt in der Haltung der katholischen Kirche im Blick auf andere Religionsgemeinschaften und den interreligiösen Dialog gilt, trotz der daraus resultierenden Anerkennung des Islams an der Azhar nicht sonderlich gut aufgenommen worden. Denn mit der ebenfalls neu formulierten Position des Vatikans zum Judentum sah man in Kairo Israel, den damaligen Hauptfeind der arabischen und islamischen Welt, mit dem kein Frieden in Sicht war, gestärkt. Allerdings zeigt sich am Empfang von Kardinal König an der Azhar, dass man zu diesem Zeitpunkt dennoch nicht gänzlich gegen eine Kontaktaufnahme war. Jedoch steht während der Folgejahre weiterhin die Kritik an der Haltung des Vatikans zum Judentum und zur Mission im Vordergrund. Die Begegnung der Azhar-Verterter mit einer vatikanischen Delegation 1978 schließlich kam nur auf Druck Präsident Anwar as-Sādāts zustande, der sich hiervon im Zuge des Friedensprozesses mit dem jüdischen Nachbarstaat einen weiteren Bonus erhoffte. Bei all dem darf der religionspolitische Aspekt nicht außer Acht gelassen werden. Die größte Kirche des Christentums wird – in erster Linie bedingt durch ihren missionarischen Charakter – als wichtigster Konkurrent im Werben von Anhängern wahrgenommen, und daher kritischer betrachtet als z. B. die anglikanische Kirche. Aber auch das im Jahre 1998 unterzeichnete Abkommen mit dem Vatikan ist zumindest teilweise politisch motiviert gewesen. Man erinnere sich daran, dass der ehemalige Vorsitzende der Kommission für den Dialog zwischen den himmlischen Religionen, Fauzī az-Zafzāf, darin eine gute Antwort auf die Vorwürfe sah, dass in Ägypten die nationale Einheit, also das Zusammenleben zwischen Muslimen und Christen, nicht unbedingt vorbildlich sei. Diese Vorwürfe zielten natürlich vor allem darauf ab, dass die Lage der Christen im Land bedenklich sei.

Einen entscheidenden Einfluss auf die Beziehungen zur koptischen Kirche haben die politischen Verhältnisse in Ägypten. Bis zur Diskussion über die Verankerung der *šarīʿa* als Hauptquelle des Rechts in der ägyptischen Verfassung in den 1970er Jahren sind die Beziehungen zur koptischen Kirche als gut zu bewerten. Danach folgte eine Zeit polemischer Auseinandersetzungen, die einige Jahre andauern sollte, bis sich die Beziehungen wieder stabilisieren konnten.

Will man das Auftreten der Azhar im konkreten Dialogprozess inhaltlich analysieren, so lässt sich festhalten, dass ihre Vertreter bei den in dieser Arbeit behandelten Anlässen sich bemühten, die Toleranz des Islams anderen Religionen gegenüber zum Ausdruck zu bringen und den Frieden zwischen den Menschen als einen Idealzustand, der bereits im islamischen Glauben per se angelegt sei, zu erklären. Es ist also der Versuch, Vorurteile abzubauen, die vor allem im Westen schon seit geraumer Zeit existieren. An der Azhar wird dem auch dadurch entgegengewirkt. So wird z. B. in der eigenen Zeitschrift die Entstehung und Verbreitung der Ansicht, dass der Islam intolerant und gewalttätig sei, immer wieder Orientalisten angelastet. Dass die Azhar den interreligiösen Dialog zum Abbau von Vorurteilen nutzen will, ist durchaus legitim. Schließlich ist dies einer der Kernpunkte, die Dialog leisten sollte. Es reicht heutzutage aber nicht mehr aus, darauf zu pochen, dass der eigene Glaube eine friedliche Botschaft vertrete. Vielmehr sollten die Azhar-Vertreter auch bereit sein, sich mit kontroversen Themen innerhalb der eigenen Religionsgeschichte auseinanderzusetzen. Wie lassen sich etwa die Beutezüge der Muslime unter Muḥammad oder die arabisch-islamischen Eroberungen unter den Nachfolgern des Propheten mit einer friedlichen Religionslehre vereinbaren? Großscheich Ṭanṭāwī, unter dem der Dialog an der Azhar – unter anderem bedingt durch die politischen Vorkommnisse des letzten Jahrzehnts – enorm an Bedeutung gewonnen hat, hätte in seiner Stellungnahme zur Rede des Papstes diese Fragen mit einbeziehen und damit notwendige Aufklärungsarbeit leisten können. Immerhin sieht die Azhar sich nicht erst seit den Anschlägen vom 11. September 2001 als eine der zentralen Institutionen, die islamistisch motivierte Gewalt im Namen aller Muslime öffentlich verurteilt. Ausgenommen hiervon werden die legitmierten Selbstmordattentate in speziellen Fällen im palästinensisch-israelischen Konflikt, wie in Kapitel 4.2.2 beschrieben wurde.

Unter der Leitung seines amtierenden Großscheichs Aḥmad Muḥammad aṭ-Ṭaiyib scheint sich al-Azhar in verschiedenen Bereichen neu positioniert zu haben. Im Hinblick auf die Wahrnehmung der eigenen Bedeutung in der Welt ist der Beginn eines Wandels zu erkennen. Wie Prof. al-ʿAzab berichtete, schilderte der Großscheich bei einer seiner ersten Reden seine Vorstellungen einer Rückkehr der Azhar zu internationalem Ruhm. Dies kann als Eingeständnis eines in den letzten Jahren durch die Azhar-Vertreter selbst wahrgenommenen Bedeutungsverlusts gewertet werden. Dem Anspruch, für die Gesamtheit der Muslime zu sprechen, kann die Azhar derzeit nicht mehr gerecht werden.

Aufgrund dieses Bedeutungswandels konzentriert sich die Azhar in jüngerer Zeit stärker auf den innerägyptischen Dialog in Form des Forums „Haus der ägyptischen Familie“. Insbesondere die umwälzenden Ereignisse des „Arabischen Frühlings“ führten zu einer Neuausrichtung der Azhar-Aktivitäten. Seit dem Erfolg der Revolution in Ägypten konzentriert sich al-Azhar stärker auf innerägyptische Probleme und bemüht sich, ihren Einfluss auf den Prozess der Neugestaltung der ägyptischen Gesellschaft auszudehnen. In diesem Zusammenhang lassen sich auch erste Ansätze zu einer über die Religionsgemeinschaften hinausgehenden Ausweitung des Dialogbegriffs beobachten.

Infolge der Regensburger Vorlesung von Papst Benedikt XVI. ist allem Anschein nach das Vertrauen zwischen der Azhar und der katholischen Kirche verloren gegangen. Dass die Azhar soweit ging, den Kontakt zum Vatikan einzufrieren, dürfte daran liegen, dass aus Sicht der Azhar dieser Dialog nicht als sonderlich fruchtbar empfunden wurde. Es sieht danach aus, als ob die Erwartungen der Azhar, vor allem im praktischen Bereich durch den Dialog Veränderungen bewirken zu können, sich nicht erfüllten. Unter anderem erhoffte sich die Azhar, wie sich den Aussagen Fauzī az-Zafzāfs entnehmen lässt, dass die Bereitschaft zum Dialog mit dem Vatikan als ein Beweis für das harmonische Verhältnis den ägyptischen Christen gegenüber gewertet werde.

Stattdessen provozierte der Papst die Azhar durch seine Äußerungen über die angeblich schlechte Situation der Christen Ägyptens, was aus Sicht der Azhar eine Einmischung in die inneren Angelegenheiten Ägyptens darstellt. Man könnte den Abbruch der Beziehungen in diesem Zusammenhang als eine Aktion der Azhar ansehen, die dazu diente, das Gesicht in Ägypten und der islamischen Welt zu wahren und Stärke zu demonstrieren. Schenkt man den Erklärungen Prof. al-ʿAzabs Glauben, nach denen bereits im Oktober 2010, also vor der päpstlichen Äußerung, der Plan zur Bildung des „Hauses der ägyptischen Familie" vorhanden war – und damit die Zusammenarbeit zwischen Muslimen und Christen gefördert werden sollte – erscheint die Äußerung des Papstes aus Sicht der Azhar noch provokanter.

Es könnte auch sein, dass die öffentliche Wirksamkeit des Dialogs mit dem Vatikan nicht so groß war, wie al-Azhar sie sich gewünscht hatte und sie sich deshalb dazu entschloss, ihre Aufmerksamkeit anderen Projekten zu widmen, von denen sie sich eine breitere Wirkung erhoffte. Ob derartige Erwägungen tatsächlich für die Entscheidung der Azhar, den Dialog mit dem Vatikan einzufrieren eine Rolle gespielt haben, lässt sich nicht mit Sicherheit sagen. Die Gründung des „Hauses der ägyptischen Familie" dürfte ein Hinweis darauf sein, dass man bereits dabei war, über andere Möglichkeiten der christlich-islamischen Zusammenarbeit nachzudenken.

Es ist fraglich, ob diese Einfrierung des Dialogs mit dem Vatikan für die Position der Azhar-Universität und ihr Ansehen in der Welt sowie in Ägypten selbst tatsächlich förderlich ist. Diesbezüglich ist es wichtig, auf die Bedeutung, die die Zusammenarbeit mit solchen einflussreichen Einrichtungen für das eigene Prestige im internationalen Rahmen hat, hinzuweisen. Auch wenn die Azhar der Provokation aus dem Vatikan gegenüber in manchen muslimischen Kreisen und im Rahmen Ägyptens Stärke beweisen kann, gehen mit der Beendigung des Verhältnisses zum Vatikan eine Reihe von Einflussmöglichkeiten verloren, die durchaus im Interesse der Azhar hätten sein können. Allerdings ließ sich beobachten, dass al-Azhar auch während der Phase guter Beziehungen zum Vatikan die Möglichkeiten, die ihr offenstanden, nur in begrenztem Maße genutzt hat. Man bedenke nur, wie dürftig die Berichterstattung in der eigenen Zeitschrift über die Zusammenarbeit mit dem Vatikan war, obwohl man diese Tatsache hätte dazu nutzen können, um auf die Bedeutung und die erstrebte Gleichwertigkeit mit dem Vatikan vor der Leserschaft zu unterstreichen.

Über die Gründe, die dahinter standen, lässt sich leider nur wenig sagen. Vielleicht war man dem Vatikan gegenüber etwas misstrauisch geblieben und wollte nicht allzu große Risiken eingehen.[838]

Eine der Folgen des Endes der Beziehungen zum Vatikan, die sicherlich ebenfalls nicht im Interesse der Azhar sein dürfte, ist das Erstarken neuer Akteure im Bereich des interreligiösen Dialogs auf islamischer Seite, wie z. B. das Royal Aal al-Bait Institute for Islamic Thought in Jordanien. Dies könnte die Stellung gefährden, die al-Azhar bisher als Ansprechpartner für Fragen, die die Muslime in Europa betreffen, innehatte.

Allerdings ist nicht zu erwarten, dass dieser Schritt der Azhar allzu schwerwiegende Folgen für den christlich-muslimischen Dialog an sich haben wird. Wie bereits zu sehen war,

[838] Méténier macht darauf aufmerksam, dass die Idee des interreligiösen Dialogs für die Vertreter der Azhar in der Zeit von den 1970er bis in die 1990er Jahre noch recht neu war und im konservativen Lager, welches hinter dem christlich-islamischen Dialog eine versteckte Missionierungskampagne vermutete, auf großes Misstrauen stieß. Als es darüberhinaus noch Unstimmigkeiten im Verhalten der christlichen Seite gab, habe man die Vorbehalte als bestätigt angesehen. Méténier, S. 136. Es könnte sein, dass trotz des Abkommens von 1998, Reste dieses Misstrauens überdauert hatten.

setzt sich der Dialog weiterhin im Rahmen von Initiativen wie „A common word" fort, aus der das katholisch-muslimische Forum hervorgegangen ist.[839]

Wie eine erneute Zusammenarbeit zwischen al-Azhar und dem Vatikan aussehen könnte, hängt entscheidend davon ab, welche Position die jeweilige Instanz einnimmt. Werden die beiden Einrichtungen in diesem Konflikt auf ihr Recht bestehen oder sind sie bereit, auch Abstriche zu machen und zu versuchen, so einen neuen Weg in der Zusammenarbeit zu finden?

Unter Papst Franziskus fand wieder eine erste Annäherung statt. Wie Radio Vatikan berichtete, äußerte der Papst im September 2013 in einer persönlichen Botschaft an Großscheich aṭ-Ṭaiyib den „Respekt des Vatikan vor dem Islam und den Muslimen". Man solle sich für „das gegenseitige Verständnis zwischen Christen und Muslimen" einsetzen, „um gemeinsam für eine friedliche und gerechte Welt einzutreten." Laut der Meldung erwiderte der Großscheich, „die al-Azhar stehe für den Respekt zwischen allen Religionen, den Schutz der Menschenwürde und der hohen Werte, die im Koran und der islamischen Sunna verankert seien. Die Muslime seien bereit ‚zur Zusammenarbeit für das Wachstum der Gerechtigkeit und der Entwicklung unter den Völkern der Erde.'"[840]

Abschließend lässt sich sagen, dass die Azhar, wenn sie einen weiteren Bedeutungsverlust verhindern will, noch stärker daran arbeiten muss, sowohl ihre eigene Bedeutung und ihren Einfluss als auch den ihrer Partner im Dialog differenzierter und realistischer einzuordnen. Angesichts des wach-

[839] Dieses Forum hat mittlerweile zwei Mal getagt. Siehe dazu: Troll, Christian W.: *Neubeginn im Dialog – Die erste Konferenz des Katholisch-Muslimischen Forums.* In: Herder Korrespondenz 62(2008)12, S. 605–610; Dossier „Catholic-Muslim Forum" – *Second Seminar on „Reason, Faith and the Human Person. Christian and Muslim Perspectives.* In: Islamochristiana (2011) 37, S. 264–285.

[840] http://de.radiovaticana.va/news/2013/09/19/papst_schreibt_al-azhar-universit%C3%A4t_/ted-729793 (abgerufen, 5.8.2014).

senden Einflusses anderer islamischer religiöser Institutionen ist ein Umdenken, was die eigene Rolle in der islamischen Welt betrifft, unausweichlich. Ebenso sollte al-Azhar den Einfluss, den Institutionen wie der Vatikan auf die internationale Politik haben, nicht überbewerten.

Die Bedeutung, die der Azhar weiterhin unter Muslimen eingeräumt wird, sollte jedoch angesichts des Auftauchens neuer Akteure auf muslimischer Seite nicht unterschätzt werden. Schließlich verfügt diese Institution über eine tausendjährige Tradition und ist immer noch eine einflussreiche und die größte islamische Lehreinrichtung weltweit. Außerdem zeichnet sie sich durch ihre im Großen und Ganzen friedliche Haltung aus. Nicht zu vergessen ist auch die weltpolitische Bedeutung, die Kairo als ihr Standort innehat. In dieser Hinsicht hat die Meinung der Azhar durchaus ein Gewicht in Fragen, die die Lage im Nahen Osten betreffen.

In den kommenden Jahren wird, was das internationale Ansehen der Azhar betrifft, viel davon abhängen, welche Rolle die Azhar im innerägyptischen Diskurs einnimmt. Dabei wird ihr Verhältnis zu den Christen im Land besonders kritisch beäugt werden. Es wird sich zeigen, inwiefern das Projekt „Haus der ägyptischen Familie“, das mit Sicherheit eine sehr wichtige Initiative darstellt, tatsächlich das Modell der Zukunft in Ägypten sein und Einfluss auf das Zusammenleben der verschiedenen Konfessionen nehmen kann.

Nach der Untersuchung von gut 80 Jahren der Azhar-Geschichte im Dialog lässt sich sagen, dass sie ein zentraler Dialogpartner ist und auch in Zukunft sein kann. Die momentan zu beobachtenden Ansätze einer stärkeren Selbstreflexion geben Anlass zur Hoffnung, dass al-Azhar auch künftig ein wichtiger islamischer Dialogpartner für die anderen monotheistischen Religionen bleibt.

8. Literaturverzeichnis

ʿAbd al-ʿAzīz, Zainab: Al-Fātikān wa'-l-Islām. Kairo 1995.

Abu-Munshar, Maher Y.: Islamic Jerusalem and its Christians. A History of Tolerance and Tensions. London, New York 2007.

Abū Zaid, Naṣr Ḥāmid: Ein Leben mit dem Islam. Aus dem Arabischen von Chérifa Magdi. Erzählt von Navid Kermani. Freiburg, Basel, Wien 2001.

ADIC: The Path to intercultural and interfaith Dialogue. Kairo 2011.

Aguilar, Emilio Galindo: The Second International Muslim-Christian Congress of Cordoba (march 21–27, 1977). In: Islamochristiana 3–1977. S. 207–228.

Al-Anṣārī, Ḥamīd Maǧīd: al-Islām wa'l- masīḥīya. Multaqa al-Anwār al-ilāhiya. o.O. 1996.

Al-Azhar: Bayān al-Azhar wa nuḫba min al-muṯaqqafīn ḥaula mustaqbal miṣr. 19. Juni 2011.

Al-Ġazālī, Muḥammad: At-Taʿaṣṣub wa't-Tasāmuḥ baina'l-masīḥīya wa'l-Islām. Kairo 1989.

Al-Kūmī, ʿAbdal-ʿAzīz: Aṣ-Ṣaḥāfa al-islāmīya fi Miṣr fi'l-qarn at-tāsiʿ ʿašr. Al-Manṣūra 1992.

Al-Musaiyar, Muḥammad Saiyid Aḥmad: Naḥwa Dustūr Islāmī: Mašrūʿ Waḍaʿa Mawāddahū al-Azhar aš-Šarīf. Kairo 1995.

Armour, Rollin: Islam, Christianity, and the West: a troubled History. Maryknoll, New York 2003.

Aṣ-Ṣaʿīdī, ʿAbd al-Mutaʿāl: Tāriḫ al-iṣlāḥ fī-'l-Azhar. Kairo 1963. 2 Bde.

As-Sammān, ʿAlī: Aurāq ʿumrī. Min al-malik ... ilā ʿAbd an-Nāṣir wa as-Sādāt. Kairo 2005.

Aš-Šinnāwī, ʿAbd al-ʿAzīz Muḥammad: Al-Azhar, Ǧāmiʿan wa Ǧāmiʿatan. Kairo 1983/84. 2 Bde.

Ata, Mehmet: Der Mohammed-Karikaturenstreit in den deutschen und türkischen Medien: Eine vergleichende Diskursanalyse. Wiesbaden 2011.

Avis, Paul: The Anglican Understanding of the Church. An Introduction. London 2002.

ʿAzīz, ʿAbd al-Ġaffār: Man qatala Farağ Fūda? Nadwat ʿUlamā' al-Azhar. Kairo 1992.

Az-Zabīdī, Muḥb ad-Dīn al-Faiḍ Muḥammad Murtaḍā: Tāğ al-ʿarūs min Ğawāhir al-Qāmūs. Al-Maṭbaʿa al-Ḫairīya, Ğamālīya 1306 H.

Badawy, Abdellatif Awad: Die Azhar einst und jetzt. Aus dem Arabischen übersetzt von Manfred Fleischhammer. Halle 1971.

Baghajati, Carla Amina: „Mit Hochachtung dem Islam begegnen". Unterwegs zwischen Haltung und Handeln. In: Sinkovits, Josef/Winkler, Ulrich (Hg.): Weltkirche und Weltreligionen: die Brisanz des Zweiten Konzils 40 Jahre nach Nostra Aetate. Innsbruck, Wien 2007. S. 181–195.

Behrens-Abouseif, Doris: Die Kopten in der ägyptischen Gesellschaft: Von der Mitte des 19. Jahrhunderts bis 1923. Freiburg im Breisgau 1972.

Benedikt XVI.: Glaube, Vernunft und Universität. Erinnerungen und Reflexionen. In: Benedikt XVI.: Glaube und Vernunft: die Regensburger Vorlesung. Komm. von Gesine Schwan; Adel Theodor Khoury; Karl Kardinal Lehmann. Freiburg, Basel, Wien 2006. S. 12–32.

Benedikt XVI.: Christen und Muslime vereint im Dienst an den moralischen Grundwerten. In: Benedikt XVI.: Gott und die Vernunft. Aufruf zum Dialog der Kulturen. Augsburg 2007. S. 86–90.

Berger, Lutz: Islamische Theologie. Wien 2010.

Betz, Hans Dieter (Hrsg.): Religion in Geschichte und Gegenwart (RGG 4). Handwörterbuch für Theologie und Religionswissenschaft. Tübingen 2008.

Birringer, Thomas u.a.: Reaktionen auf die Regensburger Rede von Papst Benedikt dem XVI. In: Online-Dokumentation der Konrad-Adenauer-Stiftung e.V. http://www.kas.de/db_files/dokumente/7_dokument_dok_pdf_9227_1.pdf Berlin September 2006.

Bloss, Ingeborg/Schmidt-Dumont, Marianne: Zeitschriftenverzeichnis Moderner Orient Stand 1979. Hamburg 1980.

Bobzin, Hartmut: Mohammed. München 2002. 2. Auflage.

Bobzin, Hartmut: Der Koran. Eine Einführung. München 2007. 7. Auflage.

Bobzin, Hartmut: Der Koran. Aus dem Arabischen neu übertragen von Hartmut Bobzin unter Mitarbeit von Katharina Bobzin. München 2010.

Borrmans, Maurice: Notes et documents. ʿAbd al-'Azîz Kâmil, Al-

Islâm wa-l-Mustaqbal (L'Islam et l'avenir), Le Caire, Dâr al-Ma'ârif, 1975, 244 p. (coll. Iqra' n 401) et William Sulaymân, *Al-Ḥiwâr bayna l-adyân* (Le dialogue entre les religions), Le Caire, al-Hay'a al-miṣriyya l-'âmma li-l-kitâb, 1976, 197 p. In: Islamochristiana 3–1977. S. 241–244.

Borrmans, Maurice: Notes et documents: ʿAbd al-Wadûd Šalabî, Risâla ilâ l-Bâbâ Bûlus al-sâdis (Lettre ouverte au Pape Paul VI), Le Caire, Dâr al-Ansâr, juin 1978, 16 X 12, 67 p. In: Islamochristiana 4–1978. S. 217–220.

Borrmans, Maurice: ʿAbd al-Fattâḥ ʿAbd Allâh Baraka, Lâ huwa li-ḥisâb al-Islâm wa-lâ huwa li-ḥisâb al-Masiḥiyya (Ce n'est ni au bénéfice de l'Islam ni a celui du Christianisme), in Mağallat al-Azhar, 51 année, N 3, Rabîʿ I 1399/Février 1979, pp. 626–638. In: Islamochristiana 5–1979. S. 259–260.

Borrmans, Maurice: Wege zum christlich-islamischen Dialog. Frankfurt am Main 1985.

Braybrooke, Marcus: A wider vision: a history of the World Congress of Faiths, 1936–1996. Oxford 1996.

Brissaud, Alain: Islam und Christentum. Gemeinsamkeit und Konfrontation gestern und heute. Aus dem französischen von Ulrike Poyda. Deutsche Ausgabe. Berlin 1993.

Brückner, Matthias/Pink, Johanna (Hrsg.): Vom Chatraum bis Cyberjihad. Muslimische Internetnutzung in lokaler und globaler Perspektive. Würzburg 2009.

Brunner-Traut, Emma: Die Kopten. Leben und Lehre der ägyptischen Christen in Geschichte und Gegenwart. München 1991.

Bsteh, Andreas (Hrsg.): Friede für die Menschheit. Grundlagen, Probleme und Zukunftsperspektiven aus islamischer und christlicher Sicht. Wien 1994.

Buyukkara, Ali M.: The Fatimid Imams and „The People of the Book“ (Ahl al-Kitab). In: Hamdard Islamicus. Vol. XXV, No 2. S. 51–57.

Carlson, Jeffrey: What Will the Parliament Give to Chicago? In: World Faith Encounter, Nr. 7/1994, S. 43–46.

Chapman, Mark D.: Rowan William's Political Theology: Multiculturalism and Interactive Pluralism. In: Journal of Anglican Studies, Vol. 9 (1), 2011, S. 61–79.

Chattopadhyaya, Rajagopal: World's Parliament of Religions, 1893. Participation from the Indian subcontinent and the 1993 PARLIAMENT. Kalkutta 1995.

Chimelli, Rudolph: Islamismus. Zürich 1994.

Cohen, Mark R. / Somekh, Sasson: Interreligious Majalis in early Fatimid Egypt. In: Lazarus-Yafeh, Hava (Hrsg.): The Majlis. Interreligious Encounters in Medieval Islam. Wiesbaden 1999. S. 128–136.

Cohen, William B.: The Algerian War, the French State, Official Memory. In: Historical Reflections/Reflexions Historiques, Vol. 28, No. 2. New York 2000. S. 219–239.

Crone, Patricia: Islam and Religious Freedom. In: XXX. Deutscher Orientalistentag Freiburg, 24.–28. September 2007. Ausgewählte Vorträge, herausgegeben im Auftrag der DMG von Rainer Brunner, Jens Peter und Maurus Reinkowski, online Publikation, September 2009. http://orient.ruf.uni-freiburg.de/dotpub/crone.pdf.

Damir-Geilsdorf, Sabine: Herrschaft und Gesellschaft. Der islamistische Wegbereiter Sayyid Quṭb und seine Rezeption. Würzburg 2003.

Der neue Fischer-Weltalmanach: Zahlen, Daten, Fakten. Frankfurt am Main 2011.

Dharmaraj, Glory E. / Dharmaraj, Jacob S.: Christianity and Islam: A missiological encounter. Delhi 1999.

Die Bibel. Altes und Neues Testament – Einheitsübersetzung. Lizenzausgabe für den Herder Verlag, Freiburg im Breisgau 2005.

Dodge, Bayard: Al-Azhar. A Millennium of Muslim Learning. Washington D.C. 1961.

Donner, Fred McGraw: The early Islamic Conquests. Princeton, New Jersey 1981.

Dossier „Catholic-Muslim Forum" – Second Seminar on „Reason, Faith and the Human Person. Christian and Muslim Perspectives." In: Islamochristiana (2011) 37, S. 264–285.

Eißler, Friedhelm (Hg.): Muslimische Einladung zum Dialog. Dokumentation zum Brief der 138 Gelehrten („A Common Word"). Berlin 2009.

Elliesie, Hatem (Hrsg./ed.): Beiträge zum Islamischen Recht VII. Islam und Menschenrechte / Islam and Human Rights / al-islām wa huqūq al-insān. Frankfurt am Main 2010.

El Maghraoui, Abdelaali: Islamic Banking, Riba-Verbot und die Etablierung eines zinsfreien Bankwesens in arabischen Ländern. Tübingen 2011. http://tobias-lib.uni-tuebingen.de/volltexte/2011/5603/.

Epalza de, Mikel: Jesus zwischen Juden, Christen und Muslimen. Interreligiöses Zusammenleben auf der Iberischen Halbinsel (6.-17. Jahrhundert). Frankfurt am Main 2002.

Esposito, John L. (ed. in chief): The Oxford encyclopedia of the Islamic world. Oxford 2004.

Encyclopaedia of Islam (EI^2). New Edition. Hamilton A.R. Gibb et al. (Hrsg.). 11 Bde. Leiden/London 1960–2000.

Enzyklopädie des Islams (EIĞ). Martijn Th. Houtsma et al. (Hrsg.). 4 Bde. Leiden/London 1913–1934.

Farah, Nadia Ramsis: Religious strife in Egypt. Crisis and ideological conflict in the seventies. New York, London, Paris, Montreux, Tokio 1986.

Fischer, Heinz-Joachim: Zwischen Rom und Mekka. Die Päpste und der Islam. München 2009.

Fitzgerald, Michael L.: Die Erklärung *Nostra aetate*. Die Achtung religiöser Werte durch die Kirche. In: Sinkovits, Josef/Winkler, Ulrich (Hg.): Weltkirche und Weltreligionen: die Brisanz des Zweiten Konzils 40 Jahre nach Nostra Aetate. Innsbruck/Wien 2007. S. 29–43.

Flick, Uwe: Qualitative Sozialforschung: eine Einführung. Vollständig überarbeitete und erweiterte Neuausgabe. Hamburg 2007.

Fritsch, Erdmann: Islam und Christentum im Mittelalter: Beiträge zur Geschichte der muslimischen Polemik gegen das Christentum in arabischer Sprache. Breslau 1930.

Frühbauer, Johannes: Von der Erklärung der Religionen zur Erklärung der Staatsmänner. In: Küng, Hans (Hrsg.): Dokumentation zum Weltethos. München 2002. S. 117–137.

Fürlinger, Ernst (Hg.): Der Dialog muss weitergehen. Ausgewählte vatikanische Dokumente zum interreligiösen Dialog (1964–2008). Freiburg im Breisgau 2009.

Gad al Haq, Gad al Haq Ali: Grußbotschaft. Übersetzt und verlesen durch Dekan Prof. Dr. Mahmoud Zakzouk. In: Bsteh, Andreas (Hrsg.): Friede für die Menschheit. Grundlagen, Probleme und Zukunftsperspektiven aus islamischer und christlicher Sicht. Wien 1994. S. 49–51.

Gerhards, Albert/Brakmann, Heinzgerd (Hrsg.): Die koptische Kirche. Einführung in das ägyptische Christentum. Stuttgart, Berlin, Köln 1994.

Goddard, Hugh: Muslim Perceptions of Christianity. London 1996.

Görlach, Alexander: Der Heilige Stuhl im interreligiösen Dialog mit islamischen Akteuren in Ägypten und der Türkei. Würzburg 2007.

Görgün, Hilal: Die politische Rolle der Azhar in der Sadat-Ära (1970–1981). Istanbul 1998.

Gräf, Bettina/Skovgaard-Petersen, Jakob (ed.): Global Mufti. The Phenomenon of Yūsuf al-Qaraḍāwī. New York 2009.

Grimm, Dieter: Nach dem Karikaturenstreit: Brauchen wir eine neue Balance zwischen Pressefreiheit und Religionsschutz? In: Juristische Studiengesellschaft Karlsruhe. Jahresband 2007. Heidelberg 2008. S. 21–36.

Guixot, Miguel Angel Ayuso: In Memoriam Míkel de Epalza. In: Islamochristiana 36–2010. S. 11–22.

Güzelmansur, Timo (Zsgest. von, hrsg. von CIBEDO e.V.): Die offiziellen Dokumente der katholischen Kirche zum Dialog mit dem Islam. Regensburg 2009.

Haddad Nasri, Juliette/Dupré la Tour, Augustin s.j./Nashabé, Hisham: Al-Bayānāt al-Masīḥiya al-Islāmiya al-muštaraka: min 1954 m. ilā 1992 m. – 1373 h. / 1412 h. nuṣūṣ muḫṭāra. Beirut 1995.

Haddad Nasri, Juliette/Dupré la Tour, Augustin s.j./Nashabé, Hisham: Déclarations Communes Islamo-Chrétiens 1954 c. – 1995 c. / 1373 h. – 1415 h. Textes originaux et traductions françaises. Beirut 1996.

Haddad, Yvonne Yazbeck/Smith, Jane I.: The Quest for ‚A Common Word': Initial Christian Responses to a Muslim Initiative. In: Islam and Christian-Muslim Relations, Vol. 20, No. 4, Oktober 2009, S. 369–388.

Hagemann, Ludwig: Christentum contra Islam. Eine Geschichte gescheiterter Beziehungen. Darmstadt 1999.

Haiba, Muḥammad Manṣūr Maḥmūd: Aṣ-Ṣaḥāfa al-islāmīya fī Miṣr baina ʿAbd-an-Nāṣir wa's-Sādāt: 1952–1981. Al-Manṣūra 1990.

Halm, Heinz: Die Schia. Darmstadt 1988.

Halm, Heinz: „Al-Azhar, Dār al-ʿIlm, al-Raṣad. Forschungs- und Lehranstalten der Fatimiden in Kairo". In: Vermeulen, Urbain/De Smet, Daniel (eds.): *Egypt and Syria in the Fatimid, Ayyubid and Mamluk Eras* Vol. I. Proceedings of the 1st, 2nd and 3rd International Colloquium organized at the Katholieke Universiteit Leuven im May 1992, 1993 and 1994. Leuven 1995. S. 99–109.

Halm, Heinz: Der Islam. Geschichte und Gegenwart. München 2007. 7. Auflage.

Hanioğlu, Šükrü: A brief History of the late Ottoman Empire. Princeton, New Jersey 2008.

Harb, Muhammed: Mecelletü 'l-Ezher. In: Islam Ansiklopedisi/Türkiye Diyanet Vakfi, Band 28. Istanbul 2003. S. 236–237.

Ḫarbūṭlī, ʿAlī Ḥusnī: Al-Islām wa- ahl aḏ-Ḏimma. Kairo 1969.

Harms, Florian: Cyberdawa. Islamische Mission im Internet. Voraussetzungen, Analyse und Vergleich von dawa-Sites im World Wide Web. Aachen 2007.

Hasan, Sana: Christians versus Muslims in Modern Egypt. The Century-long Struggle for Coptic Equality. New York 2003.

Hatina, Meir: Fatwas as a Prism of Social History in the Middle East: The Status of Non-Muslims in the Nineteenth Century. In: Tamcke, Martin (Hrsg.): Koexistenz und Konfrontation: Beiträge zur jüngeren Geschichte und Gegenwartslage der orientalischen Christen. Münster, Hamburg 2003. S. 51–73.

Haus der Kulturen der Welt, Berlin (Redaktion: Thomas Hartmann): Gesichter des Islam. Vorträge der 2. Orient-Tagung im Haus der Kulturen der Welt 10.-12. Dezember 1991. Berlin 1992.

Heimgärtner, Martin: Die Disputatio des ostsyrischen Patriarchen Timotheos (780–823) mit dem Kalifen al-Mahdi. In: Tamcke, Martin: Christians and Muslims in Dialogue in the Islamic Orient of the Middle Ages. Würzburg 2007. S. 41–56.

Heine, Peter: Einführung in die Islamwissenschaft. Berlin 2009.

Hinterleitner, Manfred: Vorläufer der Endzeit oder Anbeter des alleinigen Gottes? Der Blick auf den Islam. In: Tworuschka, Udo (Hg.): Die Weltreligionen und wie sie sich sehen. Darmstadt 2008. S. 18–22.

Hofmann, Murad Wilfried: Der Koran: das heilige Buch des Islam/ aus dem Arab. Von Max Henning. Überarb. und hrsg. von Murad Wilfried Hofmann. Kreuzlingen; München 1999.

Hofmann, Murad Wilfried: Islam. Kreuzlingen, München 2001. 2. Auflage.

Hofmann, Murad Wilfried: Koran. Kreuzlingen, München 2002.

Hotz, Stephan: Mohammed und seine Lehre in der Darstellung abendländischer Autoren vom späten 11. bis zur Mitte des 12. Jahrhunderts. Aspekte, Quellen und Tendenzen in Kontinuität und Wandel. Frankfurt am Main, Berlin, Bern, Wien 2002.

Hourani, Albert: Arabic thougt in the liberal Age, 1789–1939. Cambridge 1983.

Howard, Damian: Kontextänderungen der christlich-muslimischen Beziehungen im heutigen Großbritannien. In: Hünseler, Peter/Di Noia, Salvatore (Hrsg.): Kirche und Islam im Dialog. Europäische Länder im Vergleich. Regensburg 2010. S. 126–172.

Huber-Rudolph, Barbara: Die katholische Kirche, die Muslime und der Geist von *Nostra aetate*. In: Sinkovits, Josef/Winkler, Ulrich (Hg.): Weltkirche und Weltreligionen: die Brisanz des Zweiten Konzils 40 Jahre nach Nostra Aetate. Innsbruck, Wien 2007. S. 197–212.

Hünseler, Peter/Di Noia, Salvatore (Hrsg.) Kirche und Islam im Dialog. Europäische Länder im Vergleich. Regensburg 2010.

Hunter, Erica C.D.: Interfaith Dialogues: The Church of the East and the Abbasids. In: Vashalomidze, Sophia G. (Hrsg.): Der christliche Orient und seine Umwelt. Wiesbaden 2007. S. 289–302.

Ibn Manẓur, Abū al-Faḍl Ǧamāl ad-Dīn Muḥammad: Lisān al-ʿArab. Dār Ṣādir/Dār Bairūt. Beirut 1955.

Ipgrave, Michael: Anglican Approaches to Christian-Muslim Dialogue. In: Journal of Anglican Studies, Vol. 3 (2), 2005, S. 219–236.

Jomier, Jacques: Notes et documents: Egypte: Réflexions sur la Recontre al-Azhar – Vatican au Caire, avril 1978. In: Islamochristiana 4–1978. S. 214–217.

Jukko, Risto: Trinity in unity in Christian-Muslim relations: the work of the Pontifical Council for Interreligious Dialogue. Leiden 2007.

Kallfelz, Wolfgang: Nichtmuslimische Untertanen im Islam. Studies in Oriental Religions Vol. 34. Wiesbaden 1995.

Kamali, Mohammad Hashim: Principles of Islamic Jurisprudence. Cambridge 1991.

Karimi, Ahmad Milad: Der Koran / vollst. und neu übers. von Ahmad Milad Karimi. Mit einer Einf. hrsg. von Bernhard Uhde. Freiburg, Basel, Wien 2009.

Kassis, Hanna: Symbolische und gesellschaftliche Erwiderungen des Islam in der Begegnung mit dem Christentum. In: Lutz-Bachmann, Matthias (Hrsg.): Juden, Christen und Muslime. Religionsdialoge im Mittelalter. Darmstadt 2004. S. 173–191.

Kenney, Jim: The Parliament: a summary reflection. In: World Faith Encounter, Nr. 7/1994, S. 40–43.

Kepel, Gilles: Das Schwarzbuch des Dschihad: Aufstieg und Niedergang des Islamismus. Aus dem Französischen von Bertold Galli. München, Zürich 2002.

Khaled, Muhammad Abu-Hattab: Die Al-Azhar. Ihre Geschichte, Funktion und Organisation unter besonderer Berücksichtigung ihrer germanistischen Abteilungen. In: Weber, Edmund (Hrsg.) in Zusammenarbeit mit Matthias Benad: Journal für Religionskunde. Frankfurt am Main. Nr. 138 (2010). http://web.uni-frankfurt.de/irenik/relkultur138.pdf (Abgerufen am 2.9.2012).

Khoury, Adel Theodor: Entretiens avec un musulman: 7e controverse / Manuel II. Paléologue. Introduction, texte critique, traduction et notes par Théodore Khoury. Paris 1966.

Khoury, Adel Theodor: Toleranz im Islam. Altenberg 1986.

Khoury, Adel Theodor: Christen unterm Halbmond. Religiöse Minderheiten unter der Herrschaft des Islams. Freiburg, Basel, Wien 1994.

Khoury, Adel Theodor: Der Koran: Arabisch-Deutsch / übersetzt und kommentiert von Adel Theodor Khoury. Gütersloh 2004.

Khoury, Adel Theodor: Kommen Muslime in den Himmel? Gelangen Christen ins Paradies? Beiträge zum christlich-islamischen Dialog. Würzburg 2007.

Kišk, Muḥammad Ǧamāl: Qirā'a fī fikr at-Tabʿiyya. Kairo 1994.

Klinkhammer, Gritt/Frese, Hans-Ludwig/Satilmis, Ayla/Seibert, Tina: Interreligiöse und interkulturelle Dialoge mit MuslimInnen in Deutschland. Eine quantitative und qualitative Studie. Bremen 2011.

Kolta, Kamal Sabri: Christentum im Land der Pharaonen. Geschichte und Gegenwart der Kopten in Ägypten. München 1985.

König, Franz: Islam und Christentum – heute. In: Kunz, Johannes (Hg.): Kardinal Franz König: Ansichten eines engagierten Kirchenmannes. Wien 1991. S. 13–28.

Körner, Felix: Vater, Sohn und Heiliger Geist. Das Bekenntnis der Dreifaltigkeit. In: Renz, Andreas, Gharaibeh, Mohammad, Middelbeck-Varwick, Anja, Ucar, Bülent (Hg.): „Der stets größere Gott". Gottesvorstellungen in Christentum und Islam. 2012. S. 129–139.

Korp, Harald-Alexander: Lachende Propheten. Witz und Humor in den Weltreligionen. Berlin 2008.

Krämer, Gudrun: Dhimmi or Citizens? Muslim-Christian Relations of Egypt. In: Nielsen, Jorgen (ed.): The Christian-Muslim frontiers. Chaos, clash or dialogue? London, New York 1998. S. 33–49.

Kusba, Muṣṭafā Dasūqī: Al-Muslimūn fi 'l-Āsiya 'l-wustā wa'l-Qauqāz. Kairo 1993. 3 Bde.

Kusba, Muṣṭafā Dasūqī: Al-Muslimūn fi Almānya usūlan ... wa-hiǧrāt. Kairo 1997.

Küng, Hans: Projekt Weltethos. München 1990.

Küng, Hans/Ess, Josef van: Christentum und Weltreligion Islam. München 1994. 204 S.

Küng, Hans/Kuschel, Karl-Josef: Erklärung zum Weltethos. Die Deklaration des Parlaments der Weltreligionen. München 1993.

Kunz, Johannes: Der Brückenbauer. Kardinal Franz König 1905–2004. Sein Vermächtnis. Wien 2004.

Kuschel, Karl-Josef: Weihnachten und der Koran. Düsseldorf 2008.

Lemke, Wolf-Dieter: Maḥmud Šaltūt (1893–1963) und die Reform der Azhar. Untersuchungen zu Erneuerungsbestrebungen im ägyptisch-islamischen Erziehungssystem. Frankfurt am Main 1980.

Lewis, Bernard: Der Islam von den Anfängen bis zur Eroberung von Konstantinopel. Zürich/München 1982. 2 Bde.

Lewis, Bernard: The Muslim discovery of Europe. New York – London 1982.

Linges, Safiyya M. (ins Dt. übers. u. hrsg.): Das Barnabas-Evangelium: wahres Evangelium Jesu, genannt Christus, eines neuen Propheten, von Gott der Welt gesandt gemäß dem Bericht des Barnabas, seines Apostels. Bonndorf im Schwarzwald 1994.

Lings, Martin: Muhammad: sein Leben nach den frühesten Quellen. Kandern im Schwarzwald 2000.

Lüddeckens, Dorothea: Das Weltparlament der Religionen von 1893: Strukturen interreligiöser Begegnung im 19. Jahrhundert. Berlin, New York 2002.

Lueg, Andreas: Das Feindbild Islam in der westlichen Öffentlichkeit. In: Hippler, Jochen/Lueg, Andreas: Feindbild Islam. Hamburg 1993. S. 14–43.

Maǧmaʿ al-Buḥūṯ al-islāmīya bi-'l-Azhar: Maǧallat al-Azhar. Kairo 1931 laufend.

Mahmood, Tahir: Der interreligiöse Dialog aus islamischer Sicht, Vergangenheit und Gegenwart. In: Katholische Akademie in Berlin (Hrsg.): One God three Truths? Ein Gott drei Wahrheiten? How far has the interreligious ecumenism progressed- Wie weit ist die interreligiöse Ökumene. Berlin 2000. S. 59–71.

Maḥmūd Fauzī: Al-Bābā Šinūda: hiwār mahẓūr an-našr. Kairo 1990.

Makin, Al: Benedict XVI. and Islam: Indonesian Public Reactions to the Regensburg Address. In: Islam and Christian-Muslim Relations, Vol. 20, No. 4, Oktober 2009, S. 409–421.

Marchetto, Agostino: The Second Vatican Ecumenical Council: a counterpoint for the history of the council. Scranton 2010.

Matuz, Josef: Das Osmanische Reich: Grundlinien seiner Geschichte. Darmstadt 1985.

Meinardus F.A., Otto: Two thousand years of Coptic Christianity. Kairo 1999.

Méténier, Edouard: Niveaux et Contextes du Dialogue Islamo-chretien en Egypte. In: Waardenburg, Jacques (ed.): Muslim-Christian Perceptions of Dialogue Today. Leuven, Paris, Sterling, Virginia 2000. S. 113–149.

Metzger, Albrecht: Der Himmel ist für Gott, der Staat für uns. Islamismus zwischen Gewalt und Demokratie. Göttingen 2000.

Michel, Thomas F.: A Muslim Theologian's Response to Christianity. Ibn Taymiyya's Al-Jawab Al-Sahih. Delmar, New York 1983.

Mourad, Suleiman A.: A Twelfth-Century Muslim Biography of Jesus. In: Islam and Christian-Muslim Relations, Vol. 7, N.1, 1996. S. 39–45.

Naef, Silvia: Bilder und Bilderverbot im Islam: vom Koran bis zum Karikaturenstreit. München 2007.

Neuner, Josef: Geleitwort. In: Sinkovits, Josef/Winkler, Ulrich (Hg.): Weltkirche und Weltreligionen: die Brisanz des Zweiten Konzils 40 Jahre nach Nostra Aetate. Innsbruck, Wien 2007. S. 13–15.

Noth, Albrecht: Die literarisch überlieferten Verträge der Eroberungszeit als historische Quellen für die Behandlung der unterworfenen Nicht-Muslims durch ihre neuen muslimischen Oberherren. In: Orientalisches Seminar der Universität Bonn: Studien zum Minderheitenproblem im Islam 1, Bonn 1973. S. 282–314.

Noth, Albrecht: Abgrenzungsprobleme zwischen Muslimen und Nicht-Muslimen. Die „Bedingungen ʿUmars (aš-šurūṭ al-ʿumariyya)“ unter einem anderen Aspekt gelesen. In: JSAI 9, 1987. S. 290–315.

Nöldeke, Theodor: Geschichte des Qorans. – Nachdr. d. 2. Aufl. Leipzig 1909–1938. Hildesheim 1961.

Nolte, Ernst: Die dritte radikale Widerstandsbewegung: Der Islamismus. Berlin 2009.

Ohlig, Karl-Heinz: Keine Einschränkung der Pressefreiheit. Zum Karikaturenstreit. In: Imprimatur, Heft 2, 2006. S. 77–79.

Ohlig, Karl-Heinz: Glaube und „Vernunft“. Zur „Vorlesung“ von Papst Benedikt XVI. am 12.09.2006 in der Universität Regensburg. In: Imprimatur, Heft 7, 2006. S. 246–248.

Ourghi, Mariella: Muslimische Positionen zur Berechtigung von Gewalt. Einzelstimmen, Revisionen, Kontroversen. Würzburg 2010.

Paret, Rudi: Kommentar und Konkordanz. Stuttgart; Berlin; Köln; Mainz 1986.

Paret, Rudi: Der Koran. Stuttgart, Berlin, Köln 1989.

Parrinder, Geoffrey: Jesus in the Qur'ān. London 1965.

Pellat, Charles: Arabische Geisteswelt. Ausgewählte und übersetzte Texte von al-Gahiz (777–869). Zürich, Stuttgart 1967.

Platti, Emilio: Yayḥā b. ʿAdī and his refutation of al-Warrāq's Treatise on the Trinity in relation to his other works. In: Samir, Khalil Samir/Nielsen, Jorgen S.: Christian Arabic Apologetics during the Abbasid Period (750–1258). Leiden, New York, Köln 1994. S. 172–191.

Posener, Alan: Der gefährliche Papst: eine Streitschrift gegen Benedikt XVI. Berlin 2011.

Ramaḍān, Muṣṭafa Muḥammad/Ḍihnī, Ilhām Muḥammad ʿAlī: Al-aqalliyāt al-muslima fī urubbā. Kairo 2011.

Rapoport, Yossef/Ahmed, Shahab (ed.): Ibn Taimiyya and his times. Oxford 2010.

Richter-Bernburg: Ein Wort des Ausgleichs für die monotheistischen Religionen? 138 muslimische Religionsgelehrte an die christlichen Kirchen. In: Lohlker, Rüdiger (Hrsg.): Hadithstudien – Die Überlieferung des Propheten im Gespräch. Festschrift für Prof. Dr. Tilman Nagel. Hamburg 2009. S. 163–182.

Riddell, Peter G.: Christians and Muslims. Pressures and potential in a post-9/11 world. 2004.

Ritter, Joachim (Hrsg.): Historisches Wörterbuch der Philosophie. Band II. Darmstadt 1972.

Rudolph, Ekkehard: Dialogues Islamo-Chrétiens: 1950–1993: introduction historique suivie d'une bibliographie étendue des sources arabes. Lausanne 1993.

Rudolph, Ekkehard: The Debate on Muslim-Christian Dialogue as Reflected in Muslim Periodicals in Arabic (1970–1991). In: Waardenburg, Jacques (ed.): Muslim Perceptions of other Religions. A Historical Survey. New York, Oxford 1999. S. 297–307.

Said, Edward: Orientalism. New York 1978.

Savory, Roger M.: „Relations between the Safavid State and its Non-Muslim Minorities". In: Islam and Christian-Muslim Relations, Vol. 14, No. 4, Oktober 2003. S. 435–58.

Schirrmacher, Christine: Mit den Waffen des Gegners. Berlin 1992.

Schirrmacher, Christine: Schlaglichter zum Karikaturenstreit und Bilderverbot in islamischen Gesellschaften. In: Leuschner, Eckhard und Hesslinger, Mark R. (Hrsg.): Das Bild Gottes in Judentum, Christentum und Islam. Petersburg 2009. S. 273–286.

Schmid, Hansjörg: Auf dem Weg zur Normalität. Ein Überblick über christlich-muslimische Dialoginitiativen. In: Herder Korrespondenz Spezial. 2–2009. S. 47–51.

Schmucker, Werner: „Die christliche Minderheit von Nagran und die Problematik ihrer Beziehungen zum frühen Islam." In: Orientalisches Seminar der Universität Bonn: Studien zum Minderheitenproblem im Islam 1, Bonn 1973, S. 183–281.

Schumann, Olaf H.: Der Christus der Muslime. Christologische Aspekte in der arabisch-islamischen Literatur. Köln 1988.

Seidensticker, Tilman: Der religiöse und historische Hintergrund des Selbstmordattentäters im Islam. In: Kippenberg, Hans G./ Seidensticker, Tilman (Hg.): Terror im Dienste Gottes. Die „Geistliche Anleitung" der Attentäter des 11. Septembers 2001. S. 107–116.

Sekretariat der Deutschen Bischofskonferenz (Hrsg.): Christen und Muslime in Deutschland. 23. September 2003. Bonn 2003.

Sekretariat der Deutschen Bischofskonferenz (Hrsg.): Apostolische Reise Seiner Heiligkeit Papst Benedikt XVI. ins Heilige Land. Predigten, Ansprachen und Grußworte. Bonn 2009.

Sirry, Mun'im A.: Early Muslim-Christian Dialogue: a Closer Look at Major Themes of the Theological Encounter. In: Islam and Christian-Muslim Relations, Vol. 16, N. 4, 2005. S. 361–376.

Smith, Wilfred Cantwell: The Azhar Journal – Survey and Critique. Princeton 1948. (unveröffentlicht).

Smith, Wilfred Cantwell: Islam in Modern History. London 1957.

Sulaimān, Wiljam: Al-Ḥiwār baina al-Adyān. Kairo 1976.

Swanson, Mark N.: Ibn Taymiyya and the Kitab Al-Burhan: A Muslim Controversialist Responds to a Ninth-Century Arabic Christian Apology. In: Haddad, Yvonne Yazbeck: Christian-Muslim encounters. Florida 1995. S. 95–107.

Swanson, Mark N.: The Christian al-Ma'mun Tradition. In: Thomas, David: Christian at the Heart of Islamic Rule. Church Life and Scholarship in ʿAbbasid Iraq. Leiden, Boston 2003. S. 63–93.

Swanson, Mark N.: Folly to the Hunafa': The Crucifixion in early Christian-Muslim Controversy. In: Grypeou, Emmanouela/ Swanson, Mark N./Thomas, David: The Encounter of Eastern Christianity with early Islam. Leiden [u. a.] 2006. S. 237–256.

Ṭanṭāwī, Muḥammad Sayyid: Adab al-Ḥiwār fi'-l-Islām. Kairo 1997.

Ṭanṭāwī, Muḥammad Sayyid: So ist der Islam. Ruhiger Dialog mit dem Papst vom Vatikan. Kairo 2006.

Tamcke, Martin: Christen in der islamischen Welt. Von Mohammed bis zur Gegenwart. München 2008.

Tamer, Georges (Hrsg.): Humor in der arabischen Kultur. Berlin 2009.

Thomas, David: Anti-Christian polemic in early Islam. Abu ʿIsa al-Warraq's „Against the Trinity". Cambridge 1992.

Thomas, David: The Bible in Early Muslim Anti-Christian Polemic. In: Islam and Christian-Muslim Relations, Vol. 7, N.1, 1996. S. 29–38.

Thomas, David: Early Muslim Polemic against Christianity. Abu ʿIsa al-Warraq's „Against the Incarnation". Cambridge 2002.

Thorau, Peter: Die Kreuzzüge. München 2004.

Troll, Christian W.: Muslime fragen, Christen antworten. Mainz am Rhein 2003.

Troll, Christian W.: Unterscheiden um zu klären: Orientierung im christlich-islamischen Dialog. Freiburg, Basel, Wien 2008.

Troll, Christian W.: Neubeginn im Dialog – Die erste Konferenz des Katholisch-Muslimischen Forums. In: Herder Korrespondenz 62(2008)12, S. 605–610.

Tworuschka, Monika: Leute der Schrift oder Verräter des Monotheismus? Der Blick auf das Christentum. In: Tworuschka, Udo (Hg.): Die Weltreligionen und wie sie sich sehen. Darmstadt 2008. S. 88–99.

Waardenburg, Jacques: Islamisch-Christliche Beziehungen. Geschichtliche Streifzüge. Würzburg 1993.

Waardenburg, Jacques: Muslim Studies of Other Religions. In: Muslim Perceptions of other Religions. A Historical Survey. New York, Oxford 1999. S. 3–101.

Waardenburg, Jacques: Muslims and Others. Relations in Context. Berlin, New York 2003.

Wahba, Adly B.: Die koptisch-orthodoxen Gemeinden in Deutschland. In: Karl Pinggéra (Hrsg.): Christentum im Schatten von Pyramiden und Minaretten. Beiträge zu Geschichte und Gegenwart der Koptischen Kirche. Hofgeismar 2009. S. 63–65.

Wasserstein, David J.: The „Majlis of al-Rida": A Religious Debate in the Court of the Caliph Al-Ma'mun as Represented in a Shi'i Hagiographical Work about the Eighth Imam ʿAli ibn Musa Al-Rida. In: Lazarus-Yafeh, Hava (Hrsg.): The Majlis. Interreligious Encounters in Medieval Islam. Wiesbaden 1999. S. 108–119.

Watt, William Montgomery: Muslim-Christian Encounters. Perceptions and Misperceptions. London, New York 1991.

Wehr, Hans: Arabisches Wörterbuch für die Schriftsprache der Gegenwart: arabisch – deutsch / Hans Wehr. Unter Mitw. von Lorenz Kropfitsch neu bearb. u. erw. Wiesbaden 1985.

Williams, Rowan: Documentation: Christians and Muslims before the One God: an Address Given at al-Azhar al-Sharif, Cairo on 11 September 2004. Islam and Christian-Muslim Relations. Vol. 16, No. 2, April 2005. S. 187–197.

Wise, Lindsay: Amr Khaled. Broadcasting the Nahda. In: TBS Journal 13 (2004). *(Abrufbar unter: http://tbsjournal.arabmediasociety.com/Archives/Fall04/wiseamrkhaled.html)*

Wittinger, Michaela: Christentum, Islam, Recht und Menschenrechte. Spannungsfelder und Lösungen. Wiesbaden 2008.

Yamūt, Šafīq: Ahl aḏ-Ḏimma fī muḫtalaf aṭwārihim wa ʿuṣūrihim. Beirut 1991.

Zafar, Haider Ali (Hrsg.): Glaube und Vernunft aus islamischer Perspektive. Antwort auf die Regensburger Vorlesung vom Papst Benedikt XVI. Frankfurt am Main 2007.

Ziolkowski, Eric J. (ed.): A Museum of Faiths. Histories and Legacies of the 1893 World's Parliament of Religions.

Zirker, Hans: Der Koran / [Muhammad]. Übers. und eingeleitet von Hans Zirker. Darmstadt 2010. 3. überarb. Auflage.

Zwemer, Samuel W.: The Moslem World: a quarterly review of current events, literature and thought among Mohammedans, and the progress of Christian missions in Moslem lands." April 1930: Vol. XX, No. II, S. 111–119.

9. Internetquellen

http://zentralrat.de/16130.php
http://www.adicinterfaith.org/
http://www.anawati-stiftung.de/georges_anawati.html
http://www.worldfaiths.org/
http://www.thecatholicuniverse.com/about-us/
http://www.wataninet.com/aboutus.aspx
http://www.arabwestreport.info/year-2009/week-10/29-william-sulayman-qiladah-reconciliation-between-national-and-religious
http://www.kath.net/detail.php?id=12743
http://www.cibedo.de/vatikan_muslime_karikaturen.html
http://www.adicinterfaith.org/html/england.htm
http://www.archbishopofcanterbury.org/articles.php/2078/building-bridges-christian-muslim-seminar-on-prayer
http://www.archbishopofcanterbury.org/articles.php/934/archbishops-letter-of-condolence-on-the-death-of-sheikh-mohammed-sayed-tantawi
http://www.archbishopofcanterbury.org/articles.php/2071/christians-in-the-middle-east-archbishop-on-world-at-one
http://www.archbishopofcanterbury.org/articles.php/539/a-truly-islamic-state-would-protect-christians-times-article
http://www.worldbulletin.net/index.php?aType=haberArchive&ArticleID=37814
http://www.radiovaticana.org/tedesco/Vatikanlexikon/curia/consiglio/consiglio_cultura.htm
http://www.katholisch.de/36636.html
http://www.uni-tuebingen.de/uni/nas/rede/rede06.htm
http://islam.de/6751.php
http://www.vatican.va/holy_father/benedict_xvi/angelus/2006/documents/hf_ben-xvi_ang_20060917_ge.html
http://english.ahram.org.eg/
http://islamicamagazine.com/
http://ammanmessage.com/media/openLetter/english.pdf
http://www.aalalbayt.org/en/index.html

http://www.acommonword.com/downloads-and-translations/
http://www.acommonword.com/index.php?lang=en&page=responses
http://www.acommonword.com/index.php?lang=en&page=jewish-responses
http://www.acommonword.com/index.php?lang=en&page=signatories
http://www.acommonword.com/index.php?lang=en&page=new
http://www.radiovaticana.org/ted/articolo.asp?c=455770
http://storico.radiovaticana.org/ted/storico/2011–01/456022_vatikan_was_steckt_hinter_der_absage_aus_agypten.htm
http://storico.radiovaticana.org/ted/storico/2011–01/456702_agypten_vatikan_der_wurm_ist_drin.html
http://www.auswaertiges-amt.de/sid_4E272E10E69545F686E4C216DFF77CE2/DE/Aussenpolitik/Laender/Laenderinfos/01-Nodes_Uebersichtsseiten/Aegypten_node.html
http://www.taz.de/!60626/
http://de.radiovaticana.va/news/2013/09/19/papst_schreibt_al-azhar-universit%C3%A4t_/ted-729793

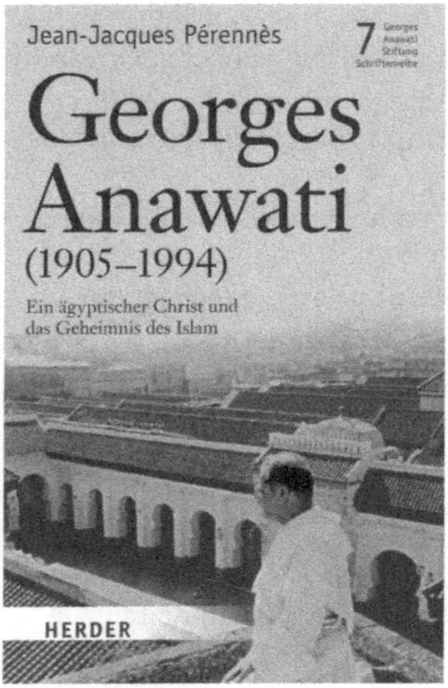

Jean-Jacques Pérennès
Georges Anawati
(1905–1994)

Ein ägyptischer Christ und
das Geheimnis des Islam

Schriftenreihe der
Georges-Anawati-Stiftung,
Band 7

432 Seiten. Kartoniert
€ 19,95 / € [A] 20,60 / SFr 28,50
ISBN 978-3-451-30379-1

Der Dominikaner Georges Anawati hinterließ ein beeindruckendes Werk zur Philosophie und Theologie des Islams. Er war Mitglied in verschiedenen päpstlichen Gremien für den interreligiösen Dialog und hatte entscheidenden Einfluss auf die Erklärung des Zweiten Vatikanischen Konzils über das Verhältnis der katholischen Kirche zu den Muslimen. Diese Biografie folgt dem Lebens- und Denkweg des großen Vorkämpfers für die christlich-islamische Verständigung und zeigt, dass seine Botschaft von unveränderter Aktualität ist.

Der Autor:
Jean-Jacques Pérennès ist Dominikaner und lebt in Kairo. Er ist Generalsekretär des von Georges Anawati gegründeten Dominikanischen Instituts für Orientalische Studien (IDEO) und als Provinzvikar zuständig für die Konvente in der arabischen Welt.

Buchreihe der Georges-Anawati-Stiftung

Religion und Gesellschaft.
Modernes Denken in der islamischen Welt

In dieser Reihe wird anhand sorgfältig ausgewählter Originaltexte aus der islamischen Welt in gut lesbarer deutscher Übersetzung der Zugang zu zeitgenössischen islamischen Denkweisen eröffnet.

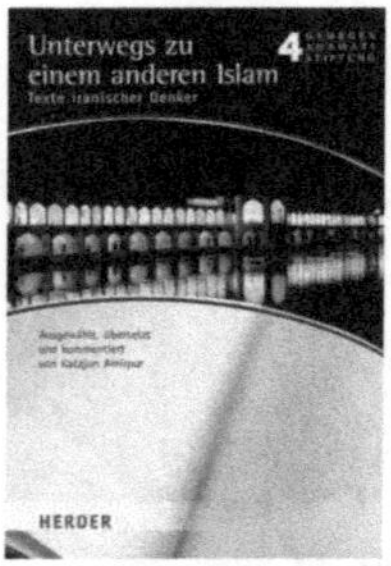

Unterwegs zu einem anderen Islam
Texte iranischer Denker
Ausgewählt, übersetzt und kommentiert
von Katajun Amirpur

184 Seiten. Kartoniert
€ 16,95 / € [A] 17,50 / SFr 24,50
ISBN 978-3-451-30309-8

Mohamed Aziz Lahbabi
Der Mensch: Zeuge Gottes
Entwurf einer islamischen Anthropologie
Ausgewählt, übersetzt und kommentiert
von Markus Kneer

224 Seiten. Kartoniert
€ 19,95 / € [A] 20,60 / SFr 28,50
ISBN 978-3-451-30346-3

Muslimische Stimmen aus Bosnien und Herzogowina
Die Entwicklung einer modernen islamischen Denktradition
Ausgewählt, übersetzt und kommentiert
von Armina Omerika

272 Seiten. Kartoniert
€ 17,99 / € [A] 18,50 / SFr 25,90
ISBN 978-3-451-30741-6